中青年法学文库

货币法学研究

刘少军　著

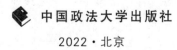

中国政法大学出版社

2022·北京

图书在版编目（CIP）数据

货币法学研究/刘少军著.—北京：中国政法大学出版社，2022.6

ISBN 978-7-5764-0522-4

Ⅰ.①货…　Ⅱ.①刘…　Ⅲ.①货币法－研究　Ⅳ.①D912.285

中国版本图书馆CIP数据核字(2022)第104315号

书　　名	货币法学研究 HUOBI FAXUE YANJIU
出版者	中国政法大学出版社
地　　址	北京市海淀区西土城路 25 号
邮　　箱	fadapress@163.com
网　　址	http://www.cuplpress.com (网络实名：中国政法大学出版社)
电　　话	010-58908466(第七编辑部) 010-58908334(邮购部)
承　　印	固安华明印业有限公司
开　　本	720mm×960mm　1/16
印　　张	21.25
字　　数	345 千字
版　　次	2022 年 6 月第 1 版
印　　次	2022 年 6 月第 1 次印刷
定　　价	88.00 元

刘少军

辽宁朝阳人，1963 年 12 月生，金融学学士、硕士，法学博士，1994 年破格晋升为副教授，1999 年晋升为教授。现任中国政法大学教授、博士生导师、金融法研究中心主任。中国银行法学研究会副会长、学术委员会主任，"全国大学生金融法知识竞赛"发起人和竞赛学术事务负责人，中国法学会第七次、第八次全国会员代表大会代表，北京市高级人民法院专家咨询委员会委员。

主要著作：《法边际均衡论——经济法哲学》《经济本体法论——经济法律思想体系研究》《货币财产（权）论》《金融法审判裁断标准》《金融经济法纲要》《金融法原理》《立法成本效益分析制度研究》《证券投资学》《投资管理学》等 10 余部。独著和主编教材：《经济法学总论》《金融法学》《金融法》《税法学》《税法案例教程》等 10 余部。

在国内外发表的主要论文：《法本质边际均衡论》《经济法的目标与体系研究》《论经济法的原则》《论法程序的本质与经济法程序》《法财产基本类型与本质属性》《论法律监督权与经济公诉权》；《金融法的基本理论问题研究》《信用货币财产权理论研究》《法定数字货币的法理与权义分配研究》《"法定数字货币"流通的主要问题与立法完善研究》《〈商业银行法〉改为"银行业法"的总体构想》《〈商业银行法〉组织制度修改中的权责分配问题》《电子货币性质与发行条件的法律规制》《货币区域化的法理思考与裁判标准》《虚拟货币性质与监管的法学研究》《货币流通效力与保证金关系的独立性》《银行抵销权的认定标准研究》《外资银行开放人民币业务后客户风险的法律分析》《人民币国际化的基本法律问题研究》《委托理财的性质分析与法理思考》《论投资调控的经济法律机制》《投资与通货膨胀的总量研究》《中央银行与总需求的调控》等 100 余篇。

前　言

　　货币作为一个专门的问题，在经济学、货币银行学等学科中是不存在任何疑问的，许多世界著名的经济学家、金融学家都有专门的货币学著作。在法学，特别是受西方民法学影响比较深的法学体系中，单独研究货币问题似乎是一件难以理解的事情。这是由于在他们看来，财产权仅能分为物权和债权，货币问题属于物权问题，它只是一种特殊的物权，不能成为独立的财产类型，也不需要有专门的学科对其进行研究。这种看法不能说完全没有道理，物权债权的二元划分在法学上也确实具有某些合理性，也在一定程度上反映了欧洲特定历史阶段的法学思维。但是，如果从整个世界货币发展史和法治史的角度看就会发现，这种看法仅适用于某些区域的特定历史阶段，是没有对货币问题完整充分认识的结果。

　　我国的货币法治史基本上是国家垄断货币发行、管理货币流通的历史，自从秦朝产生了法定货币以来，货币从来就是国家需要解决的主要问题。它与物权虽然有一定的联系，却基本上是两类不同性质的财产。秦始皇统一中国后就颁布了独立的《金布律》，以后各朝各代虽然有不断的补充和发展，但基本上都是沿用秦朝的货币法思想，目前世界的货币法思想也是同这一历史发展一脉相承的。在布雷顿森林体系破产后，它已经同有体财产不再存在直接联系，这同我国早期的认识是一致的。在当今的电子网络时代，货币财产的物质客体已经成了纯粹的电磁符号或加密字符串，改变电磁信号或加密字符串记录就可以变更货币的归属权，它们已经同具有现实客体的有体财产不再保持直接的必然联系。并且，即使是德国著名的民法学专家学者也不再承认货币是特殊物权。"直至在最新版本的法学学术著作中，货币仍旧被视为有体物，并且毫无保留地被归入到可消费的和可替代的所有权客体范围中。然而，货币早已不再属于此种范围。"〔1〕这并不是某位专家学者对待货币问题观点的变化，而是社会的客观现实。法学是解决现实生活中各种矛盾的社会科学，它不可能对社会现实视而不见。

我本人在开始接触法学问题时就难以接受货币是特殊物权的理论，这主要是由于本科和硕士都是学习金融学的，又在财经大学讲授相关课程长达12年之久，在此期间也发表和出版了许多相关论著。1996年中国政法大学组建新的财税金融法学科团队，作为人才引进的对象被动地开始法学的教学与研究。在从事法学教学与研究的这25年时间里，关注的重点主要是法哲学理论体系、经济法理论体系、金融法理论体系的建设。21世纪初我国开始第四次推动《民法典》的编纂工作，并形成了1209条的《民法典（草案）》。虽然当时由于各方面条件都不够成熟并没有作为正式的法典颁布，但却客观上推动了《物权法》的立法工作，并于2007年正式颁布实施。当时我国民法学界普遍认为货币是特殊物权，并将其作为特殊的动产来看待。在中国民法学研究会等起草的《物权法草案（建议稿）》中，专门规定了货币是特殊动产的条款。在此情况下，本人不得不站出来利用古今中外的货币理论和法律实践论证货币不是物权，并在许多场合强烈呼吁纠正这种错误认识。〔2〕有幸的是，在最终颁布的《物权法》中删除了全部相关内容，才不至于贻笑大方。目前我国民法学界、特别是年轻学者开始逐渐认识到物权债权理论存在的问题，也基本上不再讨论货币问题。

自从我国《物权法》不再规定货币问题之后，货币这一财产体系基本上已经淡出了民法理论的视野。2020年《民法典》终于颁布了，虽然知识财产也不在传统物权债权理论的范围之内，却仍提到了"民事主体依法享有知识产权"，并具体规定了知识财产的基本类型；虚拟财产虽然发展得还不够成熟，却也在《民法典》中作了原则性规定，基本上承认了它是一种新的财产类型。〔3〕但是，《民法典》却对货币这一非常成熟的财产类型只字未提，这虽使货币法摆脱了西方传统民法财产理论的束缚，却也成为法学财产理

---

〔1〕 ［德］罗尔夫·克尼佩尔：《法律与历史——论〈德国民法典〉的形成与变迁》，朱岩译，法律出版社2003年版，第281页。

〔2〕 参见刘少军："信用货币财产权理论研究——对〈民法典〉草案中相关内容的质疑"，载《法大民商经济法评论》第1卷，中国政法大学出版社2005年版。

〔3〕 参见《民法典》总则编，第123条、第127条的相关规定。

论，特别是民法学财产理论的空白。货币是现实生活中最活跃、最有吸引力的财产，也是最重要的民事权利之一。《民法典》设专章规定民事权利，其他财产也都或多或少地有所提及，却对货币财产权没有作出任何规定，这既是一种遗憾也是一种无奈。我国目前的民法学还没有真正形成系统的财产法理论，还没有能力对民事财产权利作出高度抽象的统一性规定。这就使得有体财产、知识财产、虚拟财产、货币财产等财产的归属权、请求权等在事实上不得不处于分隔状态，只能进行不同语境体系下的分别规定与研究。就本人所知，目前法学界对于货币法问题虽然有一些非专业性的碎片化研究，却还没有形成完整系统的货币法学体系。[1]

在本人看来，货币法学目前这种非专业化的研究状态，主要是由四个方面的原因导致的。第一，传统大陆法系的基本财产理论是物权债权理论，虽然这一理论在形成之初就遭到过许多专家学者的反对，却由于各种原因被法典采纳，从而成为对世界具有较大影响力的理论。在货币财产完全从物权中分离出来之后，还没有形成新的财产理论体系，更不知道应该将货币财产归属于哪个财产体系，于是只好采取避而不谈的态度。第二，传统英美法系受到经验主义哲学和判例法习惯的影响，不存在完整系统的财产法理论。虽然他们可以不受物权债权思维的束缚，在理论上却只能将其作为特殊动产来看待，更没有兴趣和可能构建完整系统的货币法学理论体系。第三，货币问题过于专业和复杂，它在经济学和货币银行学中都充满各种争议，这些理论和争议的广度与深度是普通法学专家学者难以驾驭的，如果没有扎实的相关学术功底是难以构建货币法学的完整系统体系的。第四，法学问题、特别是法学中的财产问题也是非常复杂的，它也是经济学和货币银行学专家学者非常陌生的领域，他们也难以构建起货币法学的完整系统体系。由此，货币法学研究事实上就成了各国法学理论研究的荒漠。

我本人有幸早期主要从事的是财税金融学的教学和研究，应该说还是有比较扎实的货币学功底的。此后又长期从事法哲学、经济法学和金融法学的教学与研究，可以说对法学理论与实践有比较全面的了解。2005 年后我对财产法和货币法问题进行了比较长时间的专题研究和总结，也发表了一系列关

---

[1] 参见 P. A. Mann, *The Legal Aspect of Money*, Clarendon Press, Oxford, fifth edition；[英] 查理斯·普罗克特：《曼恩论货币法律问题》，郭华春译，法律出版社 2015 年版。

于法定货币、电子货币、存款货币、虚拟货币、数字货币，以及货币国际流通和财产法理论等方面的论文，并于 2009 年出版了专著《货币财产（权）论》，比较系统地论述了财产法的基本理论、财产类型与本质、法定货币财产权、约定货币财产权、存款货币财产权、数字货币财产权、货币票据财产权，以及货币归属权与请求权等货币法学的基本问题。作为首席专家主持完成了国家社会科学基金重点项目《国际法视角下的人民币国际化问题研究》。在中国人民银行设计数字人民币初期，为相关人员进行了《法定数字货币的法理与权义分配研究》的专题讲座，明确了法定数字货币的基本法律框架，此后又为相关法规起草进行过多次讲座。在本人撰写的多版次《金融法学》教材中，也比较系统地总结了法定货币财产法、货币财产流通法、货币票据流通法的内容。在法的本质与构成要素研究中，形成了法本质边际均衡理论，法内在结构七要素理论（目标、原则、主体、客体、行为、责任、程序）等法哲学研究结论。这些为完整系统地进行货币法学理论研究奠定了较好的基础，也使我不断强烈地产生试图构建货币法学理论体系的愿望。

2014 年以来，随着我国不断推进全面依法治国的顶层设计，金融法领域的专家学者和国家相关部门开始规划未来金融法的立法体系，提出全面修订《中国人民银行法》《证券法》，制定"银行业法""期货法""支付结算法"等主张。受立法规划部门的委托本人起草了我国"银行业法"的立法大纲，多次应邀提出《中国人民银行法》《商业银行法》的修改建议，以及推进"支付结算法"立法的建议，这些立法规划都同货币法直接相关。按照本人、许多专家学者和国家相关部门的设想，首先应该在本次修改《中国人民银行法》的过程中，将原第三章"人民币"修改为"货币监管"，确定货币法的基本规范。将来应废止现行《票据法》，将现行《支付结算办法》完善为"支付结算法"，使其成为理论上的"货币流通法"。通过金融法庭和金融法院的经验总结，构建我国金融法的特殊纠纷解决程序。虽然我国不一定要制定专门的"金融诉讼法"，但应该在相关诉讼法中明确规定金融法的特殊纠纷解决程序，这其中也必然包括货币法的许多特殊程序问题。最终在条件成熟时，将《中国人民银行法》中的货币部分与"支付结算法"及相关诉讼问题统一，制定出我国完整系统的"货币法"。

近十几年来，本人一直在思考和研究货币立法和司法的问题，试图提出制定完整系统的"货币法"的具体构想。特别是随着我国人民币国际流通水平和国际货币地位的不断提高，各种加密数字化货币发行规划的不断提出与实践，我国相关立法规划中也不断提出相关的设想，对这一问题的研究也越来越迫切。由于本人在这方面已经有几十年的研究积累，也一直想对货币法规进行完整系统的学理上的总结和梳理，形成完整系统的货币法学理论体系和规范体系。并且，随着多年来在中国政法大学本科生中开设"货币流通法"及其相关课程，货币法学的基本思想和体系已经初步形成，只是苦于没有完整的思考和写作时间进行系统的整理。货币法学虽然可以成为一个完整系统的理论和规范体系，但它的内外部联系是非常复杂的，涉及的相关理论和实践问题也特别广泛。尤其是在法学领域，作为一个相对独立的财产法学体系，在已有的法学理论积累方面基本上是空白，仅有的几个理论上的结论也都是特殊历史时期特定国家的误解性解读，要完成这样一项工作是存在非常大的困难的。它既需要心如止水的深思，不能被外界事务所干扰，也需要夙兴夜寐的持续努力，不会因其他工作而中断。

2020年初春，一场席卷世界的新冠肺炎疫情把绝大多数专家学者都困在了家里，各种社会活动都基本上被取消或转移到线上，参加群体性活动的"野心"都被关在了清净的书房之内。这虽然是人类百年不遇的灾难，在我国各行各业相关人员的努力下，我们却可以过上足不出户的稳定生活。这对我个人来讲应该是非常难得的机遇，可以平心静气地认真思考货币法学问题了。经过半年多的认真整理和写作，终于在各种社会场所重新开放前完成了本书的初稿。真的感觉完成它好像是冥冥中某种力量的有意安排，或者是自己的人生使命。初稿完成后又利用其他工作之余进行了一年多的修改，现在自认为已经基本上达到了自圆其说的水平，感觉在主要问题上自始至终都不存在逻辑上的矛盾，对于任何一个主要的货币法规范都能够作出系统的一致性解释，并同其他财产体系和法学体系保持合理的关系，能够经得起整个法学体系、法学理论、法律规范、司法程序等的系统性检验。

货币既是一个客观问题，也是一个主观问题。从客观的角度来讲，它既是一个客观的存在，也是一个主体之外的客体，不具有哲学和法学意义上的主体性。从主观的角度来讲，货币并不是自然界本身或它的衍生物，完全是由人类自己创造出来的支付结算工具，是人类主观愿望的直接结果。我个人一直认为，社会科学工作者的主要贡献应该是不断总结实践者的创新行为，论证其存在的合理性和可能的危害性，从中总结出可以普遍应用的理论，并以该理论指导社会一定范围内的未来实践，不太可能在书房中直接产生如同自然科学一样的发明创造，除非自身也是一位社会实践者。虽然这部《货币法学研究》是本人第一次进行系统的法学体系阐释，它的各方面内容、规范却早已经随着货币的产生和发展而存在。只是这些内容长期被法学界忽视，基本上没有理会它在客体、价值追求、法学关系、司法程序等方面的特殊性。或者被放置在其他法学体系之下，按照其他学科的理论进行特殊化和碎片化的解释。我本人作出的贡献可能是对古今中外全部货币法理论与实践进行了系统化的总结和梳理，揭示了货币法学区别于其他法学的特殊性和独立性，初步整理出比较完整的货币法规范体系，初步形成比较系统的货币法学理论体系。但是，即使在我个人看来，这个总结肯定还是起始性的，随着对货币法学问题认识和研究的不断深入，随着货币和货币法实践的不断发展，随着社会对货币职能要求的不断变化，它还会得到不断深化和发展。

在书稿即将付梓之际，感谢几十年来我读过的相关著作的作者，货币法学既涉及经济学、货币银行学，也涉及法哲学、各具体法学，特别是财产法学的问题。感谢我读过的外文书籍、法规的译者，直接阅读翻译作品节约了大量选择外文资料和翻译相关内容的时间。感谢一起研讨问题的专家学者和学生，许多思想使我受到了很大的启发。我指导的许多博士、硕士研究生都对货币法的某方面问题进行了比较详细深入地研究，如郭向军、张西峰、韩露、马莉、陈文祥、王一鹤、赵一洋、闵海峰、王一柯等，其中许多人都出版了相关的专门研究著作，王一柯还同我出版了《货币财产（权）论》，这些都是本书的准备工作。同时，也特别感谢我相关论著的评论和批评者，他们使我更加深刻地反思已有的认识。感谢出版社的领导和编辑，他们为本书的出版花费了大量的心血，也使许多问题更加精确和完善。感谢我的家人，使我能够全身心地进行这些问题的研究和写作。希望本书的出版能够推动货币法学理论研究和司法实践的进步，使法学不断成为更加严谨的社会科学。法学至少应与社会发展同步，才不会成为人类前进的障碍！

2021 年 7 月 18 日，于北京昌平东关宁馨苑

目　录

第一章
货币的性质与体系

第一节　货币的本质属性

货币是一个特殊的财产体系，在社会生活中占有重要地位。货币法学是法学体系的组成部分，它的基本依据应该是各国的货币法律、法规、法理。就此而言，它具有非常悠久的历史，是一个比较古老的法规体系。随着经济发展水平的不断提高，特别是网络技术的发展，近些年来货币体系得到了极大的丰富，货币类型和流通手段不断创新，迫切需要有专门的学科对其进行专业的法学归纳探究，货币法学研究应从货币的性质与体系开始。

一、货币的性质

货币是社会一定范围内普遍接受的，能够作为支付结算工具使用的通用信用财产。在传统西方法学理论中货币理论是没有地位的，它通常仅仅被作为特殊物权来看待。无论纸币还是硬币，"它们都同样是被当作动产来对待的"，[1]"在法律上，货币的性质被界定为所有的由法定机构发行的，以计量单位命名的，在该货币区域内被作为普通的交换媒介的所有动产"。[2]"货币是充当一切商品的等价物的特殊商品，在民法上属于种类物。"[3]尽管在我国原《物权法》制定中有些学者强烈反对这种认识，[4]再加之我国

---

〔1〕　F. H. 劳森、B. 拉登：《财产法》，施天涛等译，中国大百科全书出版社 1998 年版，第 35 页。

〔2〕　P. A. Mann, *The Legal Aspect of Money*, Clarendon Press, Oxford, fourth edition, p. 8.

〔3〕　张俊浩主编：《民法学原理》，中国政法大学出版社 1998 年版，第 309 页。

〔4〕　参见刘少军："信用货币财产权理论研究——对〈民法典〉草案中相关内容的质疑"，载王卫国、赵旭东主编：《法大民商经济法评论》（第一卷），中国政法大学出版社 2005 年版。

原《物权法》事实上并没有将货币规定为"物权"，一些民法学者也开始认识到货币不应是物权。但是，许多民法学者仍然严格固守着传统民法的"城池"。"它的财产法规定至今还如同一个顽固的自由主义壁垒一样，抵御着社会法律思想的冲击并迫使它在城门外安营扎寨。"〔1〕这种理论主要起源于传统大陆法系的"物债二分"学说，这一学说确有一定道理，但也存在严重的缺陷。法学上的财产是一个非常庞大的体系，不可能仅仅用物权和债权两个概念就能界定清楚，当代社会的许多财产，如知识财产、货币财产、虚拟财产、股权财产、信托财产、资源财产等，都难以进行这种二选一性的界定。这种划分也割裂了基础财产及其衍化、财产归属与财产行为之间的关系，既不符合法学构成要素的基本理论，〔2〕也不符合当代社会生活的现实。〔3〕

在经济学中，货币理论从来就是核心内容，比较经典的货币学说包括货币金属论、货币名目论、货币数量论等。货币金属论是西方早期的货币学说，该学说认为货币必须是金银，只有金银才是货币。"既然其他一切商品只是货币的特殊等价物，而货币是它们的一般等价物，所以它们是作为特殊商品来同作为一般商品的货币发生关系。"〔4〕这段论述被我国学者总结为，货币是固定充当一般等价物的特殊商品。货币名目论是继金属论之后产生的另一种比较经典的货币学说，货币名目论者认为，"货币只不过是商品交换的工具，它的价值无非是人们予以主观规定的，因而货币只不过是名目而已。比如货币国家论，认为货币的价值是由国家的法律自由规定的，至于货币本身是否足值无关紧要……货币数量论，是货币名目主义的另一种形式"。货币数量论者认为，"货币本身是无所谓有无价值的，只是货币在作为商品交换的媒介时，由于具有购买力，能交换到商品，才具有价值。……货币数

---

〔1〕 ［德］拉德布鲁赫：《法学导论》，米健、朱林译，中国大百科全书出版社 2003 年版，第 67 页。

〔2〕 法学基本构成要素理论认为，当代法学由目标、原则、主体、客体、行为、责任、程序七项基本要素构成，参见刘少军：《法边际均衡论——经济法哲学》，中国政法大学出版社 2017 年版，第 84~87 页。

〔3〕 在我国 2020 年颁布的《民法典》中，既为了维护传统"物权债权"的理论体系，也是明显感觉到了这个理论存在的问题，没有单独规定"债权"编，更没有对货币问题进行任何规定，完全放弃了货币财产。

〔4〕 ［德］马克思、恩格斯：《马克思恩格斯全集》第 23 卷，人民出版社 1972 年版，第 108 页。

量的多与少，成了商品价格高与低的原因"。[1]许多著名的经济学家也都有过类似的表述，"货币本身是交割后可清付债务契约和价目契约的东西，而且也是储存一般购买力的形式"。[2]"货币是人们普遍接受的无论在何处都可用以交换商品和劳务的东西。"[3]

虽然货币不是传统西方法学理论的独立内容，但实践中也不可能没有相关规定和相应的法学理论。这些理论概括起来主要包括货币物权论、货币国家论、货币社会论等。货币物权论者认为它是物权中的特殊动产，如法谚所云"货币属于其占有者"。"货币的占有者即货币的所有者，货币的所有者必为货币的占有者。"[4]这既是传统大陆法系的理论，也被英美法系所接受。货币国家论也可以称为货币法律论，该理论认为货币是国家依据法定职权发行的，并由法律赋予其货币地位的动产，它的价值是由法律赋予的，而非来自铸造货币的金属材料价值。"最高法院在系列案件中进一步确立国家享有法偿货币的定值权和兑换权。因此，货币的国家理论被视为美国法律的一部分。"货币社会论认为，货币之所以能够成为货币，并不是来自于法律的规定或国家的发行，而是来自于社会的普遍承认或接受。某货币如果不能得到社会的普遍接受，就不可能成为真正意义上的货币。而能够得到社会普遍接受的支付结算工具，尽管没有法律的承认或国家的发行，也可能成为实际发挥作用的货币。"货币的认可同社会的态度息息相关……任何东西只要能发挥货币的职能，便属于货币。"[5]

这些研究在揭示货币的性质上作出了较大的努力，也在一定程度上反映了货币某些方面的本质，却也存在着明显的不足。第一，当代社会的货币不宜称之为商品，许多法规都明确规定买卖流通货币属非法行为。[6]它虽然能够与商品相对应，却不是交易的对象，也没有买卖的需要。第二，货币是物

---

[1]　潘正汇编著：《当代西方货币学说》，山东人民出版社 1988 年版，第 16 页。

[2]　[英]凯恩斯：《货币论 货币的纯理论》上卷，何瑞英译，商务印书馆 1997 年版，第 1 页。

[3]　[美]米尔顿·弗里德曼：《货币的祸害——货币史片断》，安佳译，商务印书馆 2006 年版，第 20 页。

[4]　梁慧星、陈华彬编著：《物权法》，法律出版社 1997 年版，第 214 页。

[5]　[英]查理斯·普罗克特：《曼恩论货币法律问题》，郭华春译，法律出版社 2015 年版，第 19~23 页。

[6]　我国《人民币管理条例》规定：禁止非法买卖流通人民币；纪念币的买卖，应当遵守中国人民银行的有关规定。因此，没有依法退出流通的普通人民币不是商品。

权源于历史的误解，货币表现为有体物只是特殊时期某区域的特殊现象，目前的货币早已经同有体物没有了直接关系，也已经不能再兑换成金银等贵金属。"直至在最新版本的法学学术著作中，货币仍旧被视为有体物，并且毫无保留地被归入到可消费的和可替代的所有权客体范围中。然而，货币早已不再属于此种范围。"〔1〕第三，货币不可能仅仅是某特殊的金属，除西方国家普遍使用的金银之外，我国更长时间使用的是铜币，目前，也同金属或商品没有任何的直接关系。第四，货币也不可能仅仅是符号或数量，如果仅仅是符号或数量，就不可能成为支付结算工具，也不可能同其他财产进行对等的交易。第五，货币更不是固定的，许多货币，特别是人类社会最初的货币并不是完全固定的，不同时期可能会发生不同的变化。当代社会产生了许多新的货币形式，并且还处于不断的变化之中。应该对法学界和经济学界关于货币的传统认识进行纠正，只有清楚地认识其性质和特征，才能进一步研究它的法学规范问题，才能形成逻辑严谨、界限清晰的货币法学。

货币性质的核心是它的信用属性，是它本身代表的价值能够得到社会的普遍信任，无论这个价值是否能够表现为现实生活中具体的客体。因此，无论是经济学上的货币金属论、货币名目论、货币数量论，还是法学上的货币物权论、货币法律论、货币社会论等，虽然都在一定程度上表明了货币某些方面的属性，却都没有能够真正揭示出货币最为本质的属性。前者从具体表现形式上说明了货币可以是特定的商品、特定的物或特定的金属；后者却否定了货币的这些表现形式，认为货币可以是不具有物质形态的特定价值符号，或者表现为特定的数量；这本身就是前后矛盾的。矛盾的核心在于只看到了现象，却没有从根本上认清它的本质。货币可以从形式上表现为特定的商品、特定的物或特定的金属，本质在于它能够使社会公众信任它们具有的价值，在于它能够提供物质财产上的信用。货币可以表现为一定的价值符号，也可以表现为一定的数量，本质在于这些符号或数量同样具有可信任的价值。只要这个价值存在，无论采取什么形式，都能够被社会公众承认或接受。否则，即使有法律的强制约束，也难以真正地实现流通。货币的本质不在于它的具体表现形式，而在于它价值上的信用。物质货币是客体提供的信

---

〔1〕 ［德］罗尔夫·克尼佩尔：《法律与历史——论〈德国民法典〉的形成与变迁》，朱岩译，法律出版社 2003 年版，第 281 页。

用，符号货币是其数量控制主体提供的信用。"货币之所以具有流通效力，能够充任普遍的交易媒介，本质上是因为货币具有独立的信用。"[1]

二、货币的特征

货币的特征是本质的外在表现，也是判断其是否为货币的标准。它主要包括财产性、通用性、工具性、稳定性、区域性五个方面。第一，货币的财产性是指它必须是能够得到法规承认的财产。虽然，货币不是商品买卖的对象，也不是作为法规承认的有体物的物权。物权的客体只能是有体物，不应该存在无体物这种不合常识的概念。[2]但是，货币必须是财产，无论它在客观存在形式上是黄金、白银、青铜，还是特定证券或账户上记录的价值符号，它都必须是财产。否则，作为同其他消费性财产或投资性财产交易的相对方，就不可能在价值上形成交易的对等关系，这种交易也就不可能达成。"没有人会愚蠢到用一个有价值的东西去交换一个无价值的东西，除非他有把握能把那个无价值的东西再换成有价值的东西。"[3]并且，还必须再一次强调，"如上文所述，货币通常不属于商品"。[4]

第二，货币的通用性是指它必须能够被一定范围内的社会公众普遍接受，至少是被社会上的某些人普遍接受。货币是人类社会的重要发明，这种发明的核心动因是它能够在不同的交易中充当媒介，不断地服务于财产的流通。如果货币不能够通用，在某交易中被作为货币来看待，在另一种交易中又被作为其他财产来看待，交易相对方拒绝接受该财产，它就不能在事实上发挥货币的基本功能，也就不可能称其为货币。当然，货币的通用性可以有范围或领域的限制，它可以是某较小范围内的货币，也可以是某较大范围内的货币，还可以仅是某流通领域的货币，仅服务于某类社会主体。它可以具有相对较高的通用性，也可以具有相对较低的通用性，但必须具有适当的通用性。"在不同的地区，对不同的人群来说，作为货币的那些东西将会具有

---

〔1〕 刘少军、王一轲：《货币财产（权）论》，中国政法大学出版社 2009 年版，第 33 页。

〔2〕 《德国民法典》规定：本法所称的物为有体物；有些民法学者认为知识财产等为无体物。

〔3〕 ［德］西美尔：《货币哲学》，陈戎女等译，华夏出版社 2002 年版，第 76 页。

〔4〕 ［英］查理斯·普罗克特：《曼恩论货币法律问题》，郭华春译，法律出版社 2015 年版，第 35 页。

程度不等的'流通性'。"它必须是"流动性最高的资产"。[1]

第三，货币的工具性是指它不是可以直接提供日常消费的财产，而是一种作为价值标准和交易媒介的非消费性财产，它只是工具、手段，而不是目的。货币在现实生活中的首要职能是作为价值标准，以货币的单位衡量交易中财产的价值，并以此作出交易价格的判断。同时，它又是不同财产之间进行交易或投资的媒介，在财产流通过程中，它起到的是桥梁和纽带的作用，也被称为购买力"暂时的居所"。此外，货币还是一种非消费性的财产，它不是交易各方最终需要的财产，某社会主体需要货币不是将其用于现实的消费，而是将其作为可以通过交易取得消费品或直接取得投资品，最终取得消费品的工具，它不能向社会公众提供终极的现实的直接的生活消费。"可接受性并非指它是一个可用于消费的物品，而是指一种代表了能用于购买其他商品和服务的购买力的临时载体的东西。"[2]

第四，货币的稳定性是指它必须具有能够取得社会公众信任的稳定价值。首先它不会因为某种原因丧失财产属性，其次它不会发生价值大幅度波动而给持有人带来难以预见的损失。如果某货币失去了价值稳定性，即使有法规的强制约束也会在事实上难以发挥货币的功能，至少公众可以选择使用其他替代品或替代方式执行货币的功能。同时，从法学的角度讲，如果某财产主要是交易对象而不是支付结算工具，如果某财产以价格波动为正常状态，这种财产应该属于某交易性资产而不是货币，也不应该承认它是法学意义上的货币。货币是以自己被社会普遍承认的价值量而成为货币的，它最终是以其稳定的价值受到社会信任而被普遍接受的，失去了稳定性也就失去了货币的灵魂，"货币的量就是货币的质"。[3]

第五，货币的区域性是指它只能在某受到普遍接受的区域流通，超越这个区域它就不再是货币，或者它的货币属性会受到影响。货币的区域性既可以是指地理上的某个地域，也可以是指空间上的某个范围；这个区域既可以由法规来限定，也可以仅依靠社会公众的自主意愿来承认。并且，它最终的

---

〔1〕〔英〕弗里德里希·冯·哈耶克：《货币的非国家化》，姚中秋译，新星出版社 2007 年版，第 60 页、第 61 页。

〔2〕〔美〕米尔顿·弗里德曼：《货币的祸害——货币史片断》，安佳译，商务印书馆 2006 年版，第 20 页。

〔3〕〔德〕西美尔：《货币哲学》，陈戎女等译，华夏出版社 2002 年版，第 189 页。

决定因素还是社会公众的普遍信任，没有社会公众的信任，法规的强制约束也只能起到一定的辅助作用。历史上曾经多次出现某种法规强制性货币，因为其价值不稳定，不能被社会公众接受而不得不进行更替的情况，也有许多政权的更替就直接起因于货币的大幅度贬值。"每个人之所以乐于接受某种货币，是因为人们深信别人也同样会接受它，而不是因为货币的物质形式具有某种满足人的生活需要的能力。"[1]

第二节　货币的认定体系

货币是一个非常复杂的财产体系，"人们也可以作出法律拟制（legal fictions）：存在着一种清晰界定的被称为'货币'的东西，可以与其他东西严格清晰地区分开来；这样的一种拟制，旨在满足律师或法官的工作，但在人们探讨与货币有关的事件的典型后果的时候，这种拟制从来就不能成立。……其发挥货币功能的程度，其实是渐次变化的"。[2]虽然货币的认定存在一定难度，但也不是完全不能够进行划分。它涉及法规关系和相关的权利义务，是货币法学必须明确的问题，而它首先需要研究的是货币的法学认定体系。

一、法理认定体系

从法理学的角度而言，货币的认定首先是其性质和特征的认定问题，它揭示的是货币的本质属性，是确定某财产是否属于货币的问题。在此基础上，还需要从法学性质上对其进一步划分和确认，以便按照货币的不同法学属性将其分为不同类别，对不同种类的货币进行不同法学性质的规范和监管，在发生相关纠纷时按照不同的权利义务体系认定相关主体的责任。按照这一认定标准，货币可以进一步分为约定货币和法定货币。

（一）约定货币

约定货币是历史上最早出现的货币形式，虽然产生"货币法"后法定货

---

〔1〕［美］米尔顿·弗里德曼：《货币的祸害——货币史片断》，安佳译，商务印书馆 2006 年版，前言。

〔2〕［英］弗里德里希·冯·哈耶克：《货币的非国家化》，姚中秋译，新星出版社 2007 年版，第 60 页、第 61 页。

币成为货币的主要形式，但约定货币也是始终存在的，在当代社会它又依靠网络技术变得非常活跃。"约定货币是指一定范围内的主体，通过交易习惯逐渐形成的能够被该范围内的各主体共同承认的货币。"[1]约定货币的法理学性质属于相关主体之间通过格式合同确定的货币，是通过合同形式被全体受约人共同承认的货币。在这种货币得到法规承认之后，它的合法条款就具有了法的效力，就能够作为分配各方当事人之间权利义务的依据。并且，货币法规也应该对约定货币有一定的规范，这些规范中的权利义务内容应该是约定中的当然条款。同时，约定货币也不是一个任意的法学范畴，它也必须符合货币的性质和基本特征。在约定货币与其他财产之间还是有明确的法学界限的，并不是任何财产都能够成为约定货币。

不同历史时期，约定货币的表现形式和使用范围也是有区别的，古代约定货币在表现形式上，前期主要是特殊的商品，后期主要是特殊的装饰品，不同社会阶层使用的货币也存在一定的区别。"在人类历史上，据说米、布、木材、牛、驯鹿以及其他牲畜，羽毛、兽皮、一定重量的皮革，普通大小和质量的衣料和席子，干鱼片、烟草、食盐、糖、杏仁、枣子、椰子甚至鸡蛋都曾被作为通货使用。"[2]随着社会生产能力水平的不断提高，货币逐渐从实际的消费品向装饰品转化，基本多被固定为黄金、白银、青铜等贵金属或类似财产，这应该同它的财产性和方便性相关。"为了避免这种不便，除自己劳动生产物外，身边随时带有一定数量的某种物品，这种物品，在他想来，拿去和任何人的生产物交换，都不会被拒绝。"[3]我国最初也是以劳动产品为货币，最终基本固定于海贝或青铜。"币与世易，夏后以玄贝，周人以紫石，后世或以金钱刀布"；"农工商交易之路通，而龟贝金钱刀布之币兴焉"。[4]由此可见，以何种财产作为货币，不仅取决于它是财产，还取决于必须是方便进行交易的财产。

虽然，约定货币在历史上从来没有间断，但真正的复兴还是在今天的网

---

〔1〕 刘少军编著：《金融法学》，清华大学出版社 2014 年版，第 93 页。传统研究中经常使用私人货币、社区货币等概念，采用约定货币的概念是为了表明其法学性质及与法定货币的关系。

〔2〕 〔英〕马歇尔：《货币、信用与商业》，叶元龙、郭家麟译，商务印书馆 1986 年版，第 270 页。

〔3〕 〔英〕亚当·斯密：《国富论》，郭大力、王亚南译，商务印书馆 2015 年版，第 19 页。

〔4〕 （汉）恒宽：《盐铁论·错币》；（汉）司马迁：《史记·平准书》。

络社会。当代的约定货币按照它的价值基础，可以分为无锚约定货币和有锚约定货币。无锚约定货币是指没有作为其价值基础的锚，仅依靠货币数量的技术或主体控制而被社会信任的约定货币，它的流通价值是通过有限的数量得以形成的。有锚约定货币是指以其他财产作为其价值基础的锚，不是仅依靠货币数量控制而被社会信任的约定货币。它通常是以现实生活中的法定货币或黄金、白银等贵金属作为货币价值的锚，许多当代约定货币还约定发行人需要持有一定规模或比例的其他财产作为价值担保的准备金，以提高它的社会信用水平。当然，无论是约定有明确价值锚的货币，还是没有约定存在明确价值锚的货币，它们首先都必须是法规承认的财产，符合财产的一般性特征，同时还必须符合货币的基本特征。随着社会经济不断向一体化、多元化、网络化发展，会产生两种方向相反的利益倾向：一方面为提高效率要求货币更加单一化和统一化，另一方面为服务于不同的需要又要求其更加多样化和内部化。这就需要既发展符合前者要求的法定货币，也要给符合后者要求的约定货币保留合理的空间。

（二）法定货币

法定货币在法理学上是与约定货币相对的概念，"是指由国家法律特别规定的货币，其货币地位是国家法律承认的、具有强制力，任何社会主体都不得否认它的货币地位"。[1]法定货币与约定货币的法学地位是不同的，法定货币是国家或国家联盟的法律明确承认的，在区域内任何主体都无权否定它在法上的地位；约定货币首先需要得到监管机关的认可才会被依法承认是货币，非法的约定货币并不会被承认为是货币；法定货币的效力及于该法律的所有调整范围，它的权利义务在该范围内都具有强制效力；约定货币即使得到法的承认，它的权利义务范围也只能及于全体受约人，非受约人既不享有其权利也不承担其义务。从历史的角度来看，法定货币是约定货币发展到一定阶段的产物，按照法的性质、地位和调整范围的不同，法定货币还可以进一步分为法规货币、法律货币、国际货币。

法规货币是指由国家行政或经济法规特别规定的货币，它的货币地位是由行政或经济法规承认的、具有法规性质的强制力，在不违反法律的条件

---

[1] 刘少军：《金融法学》，中国政法大学出版社2008年版，第99页。这里需要注意的是，法定货币不同于法偿货币，关于货币的法偿性问题，将在货币本位体系中具体论述。

下，受该法规约束的主体或范围不得否认它的货币地位。据史书记载，我国的第一部法律是《禹刑》，"夏有乱政，而作禹刑"。[1]这时并没有关于货币的法律，《禹刑》中也没有关于货币方面的规定，文献中也只有"虞夏之币，金为三品，或黄，或白，或赤，或钱，或布，或刀，或龟贝"，考古中仅出土过天然海贝和仿制的骨贝、石贝，应该认为这时还基本上处于约定货币向法规货币过渡的阶段。商周时期有明确的刑事立法，如《汤刑》《九刑》《吕刑》，文献记载中也有明确的财产方面的规定，却没有货币方面的规定。但是，文献记载和考古出土都明确表明这时已经有了统一的铸币，如铜贝、刀币、布币、圆钱、蚁鼻钱等，并已经有了严格的货币单位。因此，应该认为这时已经有了明确的法规货币。外国法律早期也没有明确规定过货币的内容，如《乌尔纳姆法典》《汉谟拉比法典》《十二铜表法》等，更没有专门的货币法，但明显有严格的货币材料、货币单位等的规定。可以认为，在西方的古希腊、古罗马时期已经有了明确的法规货币。

法律货币是指由国家法律特别规定的货币，它的货币地位是由国家法律明确承认的、具有国家法律性质的强制力，即使是国家行政首长也不得违反，不得否认它的货币地位。它与法规货币的本质区别是，法规货币通常是由国王或行政长官决定的，在很大程度上代表的是他本人的信用；法律货币是由国家法律规定的，代表的是国家的信用。我国最早的法律货币的代表是秦朝的货币，它是由法律直接明确规定的。"及至秦中，一国之币为三等，黄金以溢名，为上币。铜钱识曰半两，重如其文，为下币……惠文王二年，天子贺，行钱……始皇三十七年，复行钱。""钱十一当一布，其出入钱以当金、布，以律……贾市居列者及官府之吏，毋敢择行钱、布……有买（卖）及买（也），各婴其贾（价）……钱善不善，杂实之……百姓市用钱，美恶杂之，勿敢异……其金及铁器入以为铜。"[2]外国最早的法律货币应是公元925—935年英国《格拉利铸币法》规定的银币，它在内容上与我国秦朝的《金布律》类似，都规定了严格的货币铸造、货币单位、兑换比例、法偿效力、信用性质等内容。

国际货币是指具有国际流通效力的法定货币，它又可以具体分为某国法

---

〔1〕（周）左丘明：《左传·昭公六年》；（汉）司马迁：《史记·平准书》。
〔2〕（汉）司马迁：《史记·平准书》、《史记·六国年表》；《秦律十八种·金布律》。

定货币的国际流通和国际法定货币的发行与流通两种情况。某国法定货币的国际流通古已有之，我国许多朝代的货币都曾经在周边国家流通，现在的人民币也在许多周边国家流通。古希腊雅典的货币、古罗马的货币也都曾经在周边国家流通，当代美元、人民币、英镑等也在许多国家流通。国际法定货币的发行与流通，是指某国家联盟共同发行和流通统一的货币，如1998年欧洲中央银行正式成立，2002年后该货币区域的国家正式开始统一发行和流通欧元，甚至有学者设想将来发行和流通世界统一的法定货币。某国法定货币的国际流通面临的最大法学问题是货币的主权问题；国际法定货币的发行与流通面临的问题主要是货币发行的利益问题、货币经济调控的职能问题，以及货币政策与财政政策的协调问题。采用国际法定货币虽然理论上可行，但实际操作中会面临许多技术和利益上的障碍，从目前来看这些障碍在短期内是无法克服的。因此，世界统一货币的理想虽然美好，要克服现实的障碍却是非常艰难的。"尽管国家理论在货币法领域仍然占据主导地位，欧洲美元市场的增长为社会理论提供了新活力。"[1]

二、形式认定体系

以法学基本理论或权利义务的来源作为认定货币的标准，可以将其分为约定货币和法定货币，这种认定对进一步明确货币的性质，深入研究货币的具体规范和纠纷解决思路是非常重要的。同时，也必须指出货币规范是多方面、多角度的，还应该在此基础上引入货币的形式认定标准，形式对内容也往往有重要的决定作用。按照货币存在形式的不同，可以被依法认定为货币的主要包括金属货币、证券货币、记账货币三种基本类型。

（一）金属货币

金属货币是完全或主要以贵金属材料作为信用基础的货币。虽然在世界货币发展史上，约定货币时期就存在过将特定的金属作为货币的情况，也正是由于这一传统才发展出真正的金属货币。但是，它的真正代表形式还是进入法定货币时期后的金属货币，又可以具体分为金属铸造货币和金属原料货币两类。金属铸造货币是指由特定的贵金属铸造而成的货币，主要包括铜

---

〔1〕　[英]查理斯·普罗克特：《曼恩论货币法律问题》，郭华春译，法律出版社2015年版，第61页。

币、银币、金币等，它是法定货币初期的主要货币形式。金属原料货币是指以特定的贵金属原料作为货币，它又可以具体分为金属原料约定货币和金属原料法定货币两类。前者是在约定货币时期以金属原料本身作为支付结算手段的货币；后者是在法定货币时期以金属原料作为货币价值的锚，实际流通的是金属归属权利证券的金属货币。

金属货币不同于金属硬币，金属硬币虽然也是用金属铸造的，但与货币的信用基础无关，以金属的形式铸造主要是为了方便流通；金属货币的贵金属是货币的信用基础，它本身就是货币财产的价值基础。当然，金属货币的价值基础也并不完全是货币金属本身的财产信用。在货币金属足值的条件下，它本身就基本上代表了货币的价值，但也还存在货币的铸造费用问题。如果考虑到铸造费用，货币的实际价值有时是超过货币单位的，这会导致外国大量使用本国货币和货币储藏；如果货币单位是铸造费用与金属价值之和，会形成一种比较稳定的金属货币；如果货币单位低于铸造费用与金属价值之和，这个差额就是货币发行收入，在许多政权末期，往往都会采取这种办法获取财政收入用于战争等的支出。[1]

（二）证券货币

证券货币是指以纸质或相近材料制作成的证明或设定权利的货币证书，这种证书并不是货币本身，它只是记载货币权利的特种证券。按照这种证券法学性质的不同，可以将其分为证权证券货币和设权证券货币。证权证券货币是指它本身不设定货币权利，而只是已经存在的金属货币财产权利关系的证书，它的具体表现主要是银行证券货币。世界上最早的银行证券货币应该是我国北宋时期（1023 年）成都交子行发行的"商交子"，[2] 它是为方便货币流通，以存入银行业机构的金属货币为依据开出的不记名货币保管和提取证书，持有该证书的主体可以凭此向接受方以交付的方式进行支付结算，从而代替金属货币实际清结交易或债权债务。西方国家最早发行的银行证券货

---

〔1〕 这里需要注意铸币税与货币发行收入的区别，从本来意义上讲，铸币税是国家为支付货币的铸造费用而设立的一个税种，铸币税收入应该用于支付金属货币铸造或重铸的费用。但是，如果铸币税收入高于铸造或重铸的费用就会形成纯粹的财政收入，如果在货币铸造过程中降低货币的成色、重量等，也会形成纯粹的财政收入。这类收入应该称为货币发行收入而不应称为铸币税，它们具有不同的法学含义。

〔2〕 "交子"是四川方言，用货币法学的语言来表达应该是票券或证券的意思，当时成都的商人设立交子行发行交子，主要是为了代替大额的铁钱流通，以方便交易、提高流通效率。

币，应该是 1661 年瑞典斯德哥尔摩银行发行的 "银行券"（Bank Note），[1] 它是西方银行证券货币的雏形。真正的银行证券货币是不记名的、事先印刷完成的，并记载有保证兑付和签章的不同面额的货币证券。由于银行存在超过持有的金属货币数量发行银行券的可能，据此又产生了证券货币发行的准备制度。目前，由于各主要货币区域已经不再存在金属货币，证权证券货币也已经被设权证券货币所取代。

设权证券货币是指证券本身即设定货币权利的货币证书，它与证权证券货币都是货币权利证书，但它不是证明而是设定货币权利的证书，持有人享有的货币权利以证书的存在而存在、证书的灭失而灭失。证权证券货币与设权证券货币是有本质区别的，证权证券货币是金属货币的权利证书，它证明的是金属货币权利；设权证券货币已经同金属货币无关，它是证券本身设定的货币权利，是真正意义的纸币。我国南宋时期（1161 年）发行的 "官交子"有"钱会中半"的规定，具有了一定设权证券货币的性质，真正的设权证券货币应该是元朝《至元宝钞通行条划》（1287 年）规定的 "至元宝钞"，它已经基本上同金属货币没有直接联系，是带有一定证权属性的设权证券货币。西方最早的设权证券货币应该是美国 1775 年发行的 "大陆币"，它是纯粹依靠 "国家"信用发行的证券货币，1862 年依据《法偿货币法案》发行的证券货币则是真正法律规定的设权证券货币。[2] 在此之后，各国的证券货币在证权与设权之间不断变动，直到 1971 年美元停止兑换黄金，1976 年国际货币基金组织达成货币非黄金化的《牙买加协议》，世界各主要货币才都成为纯粹的设权证券货币。

（三）记账货币

记账货币是指以货币经营机构账户或当代电子网络系统中的货币账户，登记记录或数字加密区块记录形式存在的货币，它与证券货币既有本质的联系，也有明显的区别，它不是以货币证书作为货币财产归属的依据，而是以账户记录作为归属的依据。并且，这种归属不是直接的而是间接的归属。这

---

　　[1]　也有学者认为在西方社会，瑞士银行于 1661 年第一次发行了银行券。参见［英］约翰·F. 乔恩：《货币史 从公元 800 年起》，李广乾译，商务印书馆 2002 年版，第 213 页。

　　[2]　美国 1862 年《法偿货币法案》（*Legal Tender Act*）不应译为 "法定货币法案"，法偿货币与法定货币在法学上是有区别的，该货币上印刷的 "this note is a legal tender"的含义应该是 "本证券为法偿货币"。

里需注意的是，记载货币财产行为权利的支付结算工具，既不属于证券货币，也不属于记账货币，它是货币流通工具而不是货币本身。当然，它们在产生之初确实存在一定的联系，但在法学上还是有明显区别的，分别形成不同的法规关系。记账货币按照账户登记货币性质的不同，可以将其分为约定记账货币与法定记账货币、设权记账货币与证权记账货币。它们分别属于不同的货币体系，形成不同的货币法关系。

约定记账货币是以约定货币为基础，在货币经营机构账户或网络系统中的货币记录，又可以进一步分为约定的设权记账货币和约定的证权记账货币。其中，设权记账货币是由发行约定货币的行为产生的记账货币，它在发行之初就以记账货币的形式存在。目前，在现实生活中主要表现为各种形式的"网络虚拟货币"，世界上最早发行网络虚拟货币的应该是美国弗劳茨（Flooz）公司发行的网络货币。[1]证权记账货币是以设权记账货币为基础，在货币经营机构账户或电子网络系统登记的货币记录。由于这种记账货币都是在账户中流通的，往往发行账户与流通账户是合而为一的，在同一账户中登记流通。目前，约定记账货币的发行与流通规模已经比较大，许多交易虚拟商品的平台都发行和流通这种货币。

法定记账货币是以法定货币为基础，在货币经营机构或网络系统中的货币记录，也可以进一步划分为法定的设权记账货币和法定的证权记账货币。其中，设权记账货币是由发行法定货币的行为产生的记账货币，它在发行之初就以记账货币的形式存在。目前，我国中央银行已经发行了设权记账货币，其他许多国家的中央银行也准备发行这种货币，以适应网络时代货币流通的需要，在现实生活中这种货币通常俗称为"法定数字货币"。证权记账货币是以法定的设权记账货币或证券货币为基础，在货币经营机构或网络系统中的货币记录。由于它们都是法定货币，如果仅以法定记账货币流通，则可以登记在同一账户中；如果需要改变货币性质，则可以将法定货币兑换成为其他的记账货币，并约定其他的权利义务内容。无论是约定记账货币还是法定记账货币，它的货币财产归属关系都以账户上登记的主体姓名或名称来确定，它的货币财产数量都以登记的货币记录余额为依据。"记账货币的独

---

〔1〕 1998年美国弗劳茨（Flooz）公司第一次发行网络虚拟货币，用以代替银行卡进行网络交易。由于当时的理念过于超前并没有取得成功，该公司于2001年破产。

立具有很多后果……通货膨胀会侵蚀记账单位的购买力，但不会影响其基本性质。"[1]

第三节　货币的本位体系

货币的认定体系是从法理和形式的角度对货币体系进行的初步分类，它是货币体系第一层次的整体性概括。货币的本位体系是在此基础上，依据货币的价值基础进行的进一步划分。货币的本位是指它的价值标准或基准，[2]它应该是由法律明确规定的，没有明确的价值标准或基础，货币的价值没有一个确定的锚，就会影响币值的稳定，引起价值标准和经济秩序的混乱，货币法必须对此进行认真研究，作出明确的规定。就整体而言，货币本位体系具体包括客体本位体系和主体本位体系两种基本形式。

一、客体本位体系

货币本位是货币法必须明确规定的内容，无论是约定货币还是法定货币都存在本位问题，都应该依法作出明确的规定或约定，以评估和计量其信用水平。货币的客体本位是以某客体作为货币价值标准或基准的本位体系，在货币史上，客体本位主要表现为货币金属本位。它应规定的内容主要包括货币金属、货币成色、货币形态、货币公差、货币兑换等。按照货币金属的种类，客体本位体系包括单本位货币和复本位货币。

（一）单本位货币

单本位货币是指由某单一种类的客体或金属作为货币价值基础和计量单位的货币。按照历史的发展顺序，又可以具体分为铜本位货币、银本位货币、金本位货币。铜本位货币通常是以青铜铸造成的货币，在西方古罗马时期就曾存在过铜本位货币，此后也有个别时期流通铜币。我国古代货币的核心是铜本位货币，夏商周时期的铜贝、刀币、布币、圆钱等都是青铜铸币，

---

〔1〕　[英] 查理斯·普罗克特：《曼恩论货币法律问题》，郭华春译，法律出版社 2015 年版，第79 页。

〔2〕　货币的本位是外来语言，在货币法领域本位一词是对（standard）的翻译，它的基本含义是货币的价值标准或基准，在法学其他领域应该慎用。详见史有为："'本位'梳疑"，载《语言科学》2009 年第 4 期。

秦朝的半两钱、汉朝的五铢钱、唐朝的开元通宝等更是我国历史上著名的法定货币，这些时期使用的主要是铜本位货币，也是以铜本位作为我国基本的本位制度。秦朝的《金布律》对货币金属、货币形态、货币单位、货币公差、货币铸造等都进行了明确的规定，[1]这同我国货币流通以普通民众为核心、重农抑商等的基本国策是有直接联系的。

同我国形成比较鲜明对照的是，西方国家古代主要采用银本位货币，在古希腊、古罗马时代就大量流通银币。英国在《格拉利铸币法》后形成了比较完善的银本位货币，并规定有严格的货币金属、货币成色、货币形态、货币公差、货币兑换、货币铸造制度。银本位货币具体包括银币本位货币和银两本体货币两种基本形式，西方国家主要采取的是银币本位货币，这主要同他们的经济制度和流通规模相关。我国自宋朝以后也逐渐开始流通银两本位货币，主要以银块的形式进行流通。但是，银本位货币是一种不够稳定的货币，由于白银的产量不够稳定，价值经常发生较大波动。再加之随着经济的发展、流通规模的扩大，客观地要求价值更高、币值更加稳定的货币服务于流通，最终被金本位货币所取代。

世界各国自古以来就有使用黄金作为货币的习惯，虽然早期它基本上不是流通货币，却也具有一定的货币职能，甚至许多王朝都铸造少量的金币。但是，真正的金本位货币还是从1816英国颁布《金本位制度法案》和《铸币条例》后开始的。金本位货币是一种比较完善的货币体系，它的核心内容是金币可以按照规定自由铸造，黄金与其他金属货币及银行券等可以自由兑换，黄金和金币可以自由地出入国境。它又可以具体划分为金币本位货币和金块本位货币。其中，金币本位货币是最典型的金本位货币，它限制了国家增发货币、以取得财政收入的可能。1922年在意大利热那亚召开的世界货币金融会议上决定实行金块本位货币，它要求各国不再铸造和流通金币，但规定银行券的含金量，且只能有限制地兑换黄金。在此制度下，金块成为本位货币，[2]银行券开始由证权证券货币向设权证券货币过渡。

---

[1] 参见（汉）司马迁：《史记·平准书》，《秦律十八种·金布律》，（后晋）赵莹主编：《旧唐书·食货志》。

[2] 金块本位货币事实上是一种不完整的金本位货币，这种货币本位形式在银本位货币的条件下也曾经存在，它们都属于过渡时期介于两种本位货币之间的特殊货币形式。

（二）复本位货币

复本位货币是指由某几种客体或金属作为货币价值基础和计量单位的货币。按照历史的发展顺序，又可以具体分为铜银复本位货币、金银复本位货币、汇兑复本位货币。铜银复本位货币主要是我国采用的货币形式，我国自产生货币时起白银就有一定的货币职能，特别是自宋朝起，在流通中的比重开始不断增大，元朝初年白银作为元宝钞的价值基础开始成为本位货币，并与铜币一起形成了铜银复本位货币体系。1261年元朝颁布《元宝交钞体例》，规定了元宝交钞以白银作为价值基础，并与白银金属货币、铜币一起作为货币流通，这一时期实行的应该是比较典型的铜银本位货币体系。即使颁布《至元宝钞通行条划》后至元宝钞只以白银确定钞票的价值，不能再以钞票自由地兑换白银，也禁止民间自由买卖金银之后，铜币也依旧是本位货币，也仍然具有一定的铜银本位货币的性质。[1]

金银复本位货币是介于银本位货币与金本位货币之间的一种复本位货币，它又可以具体分为金银平行本位货币和金银双重本位货币两种基本形式。金银平行本位货币是指金币和银币各自按自己的价值流通、互不干扰，法规不规定两种货币之间比价的本位货币。金银双重本位货币是指为稳定货币流通秩序，法规明确规定金币与银币之间兑换比例的本位货币。平行与双重本位货币的问题不仅在金银复本位货币中存在，在铜银复本位货币中也同样存在。金银两种货币同时流通的复本位货币现象古已有之，但法规明确规定其作为本位货币还是近代的现象。英国于1344年进入金银复本位货币时代，美国于1792年《铸币法案》颁布后也正式进入复本位货币时代。[2]但是，由于复本位货币的两种货币之间总是存在价格差异，影响货币流通秩序的稳定，最终各国的复本位货币均被单本位货币所取代。

从整个世界的角度看，最后的客体本位体系是黄金的汇兑复本位货币。在金本位货币的后期，由于战争等原因，各国开始不断提高黄金的证权证券货币（银行券）的流通地位，甚至限制银行券自由兑换黄金，最终在19世纪30年代的大危机中纷纷放弃了传统的金本位货币。1931年英国首先宣布

　　[1]　我国的铜银复本位货币并不是一种稳定的货币形式，特别是在这种货币本位体系形成的初期。

　　[2]　同年，美国还颁布了《铜币铸造规定法》，但铜币只是小面额的硬币，并不是本位货币。

放弃了传统的金本位货币，1933 年美国颁布《紧急银行法案》赋予总统管制黄金和外汇交易的权力，在此后颁布的《6102 号行政命令》和《黄金储备法案》中虽仍然规定了美元的含金量，却在事实上停止了兑换黄金。1944年世界各主要国家达成《国际货币基金协定》，并规定了美元保持法定含金量，成员方的货币属于证权证券货币，成员方货币与美元保持法定汇率，可以按照含金量兑换美元和黄金，形成以美元为核心的黄金汇兑复本位货币体系。1971 年美国总统宣布美元停止兑换黄金，1976 年国际货币基金组织成员达成《牙买加协议》，宣布黄金非货币化、各国货币之间实行自由浮动汇率，货币的客体本位体系基本在世界上终结。1935 年中华民国政府颁布《法币政策实施办法》就已经放弃了银本位货币，开始流通不兑现的设权证券货币，我国的客体本位体系也正式终结。

二、主体本位体系

货币客体本位体系的主要优点是货币的价值以某种客体为信用基础，能够适当排除政策因素的干扰，有利于货币价值和市场秩序的稳定。但同时也使得货币供应严重缺乏弹性，不能按照需要进行适度的调节控制。并且，还使得国际收支和经济无法独立运行，不利于经济的独立自主。"在一个单个市场参与者累积其分散财产而相互竞争的社会里，不能将货币的存在及其价值任由货币自身发展。"[1]客体本位体系被主体本位体系替代是社会发展的必然趋势，货币主体本位体系是以主体信用作为价值基础的货币体系，它与客体本位体系并不是直接对接的关系，而是在客体本位体系中逐渐形成的，它又具体包括国家本位货币和单位本位货币。

（一）国家本位货币

国家本位货币是指以国家信用作为价值基础的本位货币，它是在客体本位体系中由银行信用逐步形成和发展而来的，是将证权证券货币转化为设权证券货币的过程。我国最早的银行雏形出现于唐朝，宋朝时就正式有了银行的记载，[2]并发行了最早的证权证券货币（商交子），此后也是最早转化为

---

〔1〕［德］罗尔夫·克尼佩尔：《法律与历史——论〈德国民法典〉的形成与变迁》，朱岩译，法律出版社 2003 年版，第 288 页。

〔2〕（宋）蔡襄：《教民十六事》，第六条记载"银行轧造吹银出卖许多告提"。

设权证券货币（元宝钞），却没有形成完善的国家本位货币。西方较早形成比较完善的国家本位货币体系的银行，应该是 1694 年设立的英格兰银行。它从 1725 年开始印刷发行不同面额的银行券，这些银行券可以直接兑换金币，是典型的证权证券货币。1797 年英国颁布《银行限制法案》，取得了暂时不兑换本位货币的权利。1844 年颁布的《银行特许状法》也称为《英格兰银行条例》，限制了其他银行增发各自银行券的权利，将新增银行券的发行权全部授予英格兰银行，逐渐统一了英国的银行券发行权。1928 年颁布《通货和钞票法案》，在法律上确立了英格兰银行的银行券垄断发行权。1931 年英国放弃金本位货币，该银行券成为英国的设权证券货币，取得了国家本位货币的地位。1913 年美国颁布《联邦储备法案》，发行联邦储备银行券，《牙买加协议》后它也成为纯粹的设权证券货币。

在当今世界，基本上都以设权货币作为本位货币的条件下，货币的直接信用基础就变成了中央银行的信用，以中央银行的信用作为货币价值的本位或锚。虽然，各国中央银行的资本构成与体制不完全相同，但事实上，中央银行都是国家的银行，中央银行的信用最终都是国家的信用，并由各国"中央银行法"进行严格地规范，这里将这种类型的本位货币称为国家本位货币。国家本位货币的信用基础主要包括两个方面：一是国家的货币发行准备金；二是国家的货币发行制度。目前，各国的货币发行准备金虽然不再要求有严格的比例，但也有严格的准备数量和内容要求，准备的内容主要包括外汇、国债、黄金等资产。国家的货币发行制度包括两个方面：一是货币政策目标；二是货币发行程序。货币政策目标主要包括稳定币值、经济增长、充分就业、国际收支平衡；货币发行程序各国虽不完全一致，但都有比较严格的审批程序和审批权力限制，不得任意发行货币，以维护国家的货币本位信用。[1]"只要银行券可以随时兑换货币，发行银行券的银行就决不能任意增加流通的银行券的数目。"[2]

国家本位货币不仅可以用单个国家的信用作为价值基准，还可以通过建立国家联盟，以该联盟的信用作为价值基准，或者进一步建立国际货币组

---

[1] 参见我国《中国人民银行法》，美国《联邦储备法案》，英国《英格兰银行法》等的具体规定。

[2] ［德］马克思、恩格斯：《马克思恩格斯全集》第 25 卷，人民出版社 1975 年版，第594 页。

织，以该组织的信用作为价值基准。以国家货币联盟的信用作为价值基准发行的本位货币，最典型的代表形式应该是欧洲中央银行发行的欧元；以国际货币组织的信用作为价值基准发行的本位货币，最典型的代表形式应该是国际货币基金组织的普通提款权和特别提款权。虽然，国际货币基金组织的提款权并不是现实的本位货币，需要兑换成某些国家的主权货币才能用于国际支付结算，但也应该属于主体本位货币体系。当然，国家货币联盟或国际货币组织发行的货币并不是典型的国家本位货币，它们的货币价值基础并没有独立国家那样完整，甚至会受到许多外部因素的影响而缺乏独立性。但是，它们也可以相对独立于单个国家的信用，具有相对稳定性的一面。"欧元的诞生并没有否定货币的国家理论，相反，却验证了该理论。"〔1〕

（二）单位本位货币

单位本位货币是指以某社会单位的信用作为价值基础的本位货币，它是客体本位货币体系和国家本位货币之外的货币本位体系，且在任何时代都存在的单位本位货币。从整体上来讲，国家本位货币主要表现为法定货币，单位本位货币主要表现为约定货币，法定货币体系的其他记账货币仅具有部分单位本位货币的属性。在目前社会中，单位本位货币按照其流通范围主要包括特别约定货币和普通约定货币。其中，特别约定货币主要服务于某特定市场，由该市场的核心主体向客户发行以本单位信用为基础的约定货币，它通常只能在本市场内部流通，不得超越特定的市场范围。普通约定货币是由特定主体向社会任意接受它的主体发行的，是以本单位信用为基础的约定货币。普通约定货币可以面向任何愿意接受它的主体发行，也可以在任何愿意接受它的主体之间进行流通，是一种不受特定流通范围限制的货币。

单位本位货币虽然从理论上讲也可以采取证券货币的形式，但考虑到维护法定货币的流通地位，许多国家法律都严格限制其他证券货币的流通，这种货币往往只能采取记账货币的形式，且约定货币的服务领域仅限于网络虚拟财产流通的支付结算。〔2〕单位本位货币的信用既可以来自本单位的独立财

---

〔1〕 [英]查理斯·普罗克特：《曼恩论货币法律问题》，郭华春译，法律出版社2015年版，第16页。

〔2〕 参见我国《中国人民银行法》规定：任何单位和个人不得印制、发售代币票券，以代替人民币在市场上流通；我国《外汇管理条例》规定：中国境内禁止外币流通，并不得以外币计价结算。我国《关于加强网络游戏虚拟货币管理工作的通知》中规定，虚拟货币不得购买实体商品。

产，也可以来自社会公众对其货币技术控制能力的信任。并且，随着网络经济的不断发展，单位本位货币发行和流通数量的不断扩大，法律必须对发行单位的信用基础提出一定的要求，这些要求应主要包括财产准备要求、技术控制要求、币值稳定要求等。特别是对于普通约定货币来说，为维护公共利益还应该提出更严格的要求，明确规定它的发行收入必须作为回赎准备金，以信托关系存储于信用水平达到一定程度的金融机构。只有这样，单位本位货币才能够作为国家本位货币的补充，共同推动社会的发展。"当今，对于经济学家来说，公众的认可和信心是界定货币的重要标准。"[1]

第四节　货币的地位体系

货币的本位体系是从货币信用基础的角度对货币体系的分类，它是货币法对货币价值进行深入研究和良好控制的基础，如果这些概念不清晰，相关研究和规范就难以深入。货币的地位体系是指在货币法规范的调整下，不同类型货币在整个货币体系中的地位层级。任何货币流通系统中都应该有严格的货币地位体系规范，货币的相关主体只有清楚各种货币的地位体系，才能建立起币值稳定、流通高效、秩序良好的货币流通环境。就整体而言，货币的地位体系主要包括流通地位体系和信用地位体系。

一、流通地位体系

货币的流通地位是指不同类型的货币在现实货币流通中所处的地位层级，以及不同层级货币的流通范围，它是由法定规范而不是由公众的接受程度形成的。在现实的货币流通中存在许多类型的货币，为方便公众使用这些货币、实施不同的支付结算行为，提高货币体系的流通效率、维护货币的流通秩序，法规必须对其进行不同地位的规范。按照不同类型货币在流通中的地位划分标准，可以将其分为本位地位货币和偿付地位货币。

（一）本位地位货币

本位地位货币是指不同类型的本位货币及其内部不同类型的货币之间，

---

〔1〕［英］查理斯·普罗克特：《曼恩论货币法律问题》，郭华春译，法律出版社2015年版，第22页。

在流通中的地位层级和流通范围。按照货币的本位地位不同可以将其分为法定本位货币和约定本位货币，按照各本位货币内部地位的不同可以将其分为本位货币和辅助货币。其中，法定本位货币是国家法规直接确定的本位货币，它既是本位货币也是法定货币，这是当代社会最基本的货币形式。许多学者都认为，"绝对不可以私人制造货币，否则将抛弃 400 年的国家理论的真知灼见和国家实践的经验"。[1]实践证明法定本位货币也不是绝对的，还应该允许在一定范围内存在约定本位货币作为法定货币的补充。约定本位货币是社会公众依法通过共同约定形成的本位货币，它的主要表现形式是单位本位货币。在法定与约定本位货币之间，法定货币在整个法域内都具有本位货币效力，约定货币只在约定范围内具有本位货币效力。

法定货币与约定货币内部还可以分为本位货币与辅助货币，本位货币是指在某货币体系中作为价值标准或基准的货币。它既包括质的标准也包括量的标准，质的标准是指它的信用基础质量，量的标准是指每个货币标准单位的价值数量。"在以金属铸币流通的条件下，它是指以法定货币铸造而成的符合法律要求的金属铸币。"在以国家信用作为价值基础的条件下，它是指由国家信用保证的一个货币单位整数倍以上的法定货币。"辅助货币是指本位货币单位以下的，用于零星支付的小面额货币"，[2]它是辅助本位货币流通的货币。本位货币与辅助货币的性质认定是由其所属的特定货币体系决定的，法定货币体系中的本位货币与辅助货币都是法定货币，约定货币体系中的本位货币与辅助货币都是约定货币。在同一货币性质体系中，本位货币与辅助货币之间的兑换关系是由该货币规范规定的，任何货币体系都应该明确规定它们之间的兑换比例，以及不同本位货币、辅助货币之间的兑换比例。[3]

（二）偿付地位货币

偿付地位货币是指不同类型的本位货币和辅助货币及其内部不同类型的货币之间，在支付结算中的偿付效力地位层级和流通范围。按照货币的偿付

---

[1]　[德] 罗尔夫·克尼佩尔：《法律与历史——论〈德国民法典〉的形成与变迁》，朱岩译，法律出版社 2003 年版，第 289 页。

[2]　刘少军：《金融法学》，中国政法大学出版社 2008 年版，第 98 页。

[3]　参见我国《中国人民银行法》《人民币管理条例》，美国《铸币法案》《铜币铸造规定法》，英国《通货与钞票法》，欧盟《关于欧洲中央银行体系和欧洲中央银行的议定书》等的规定。

地位不同，可以将其分为法偿货币与约偿货币。按照法偿货币的偿付效力地位还可以进一步分为无限法偿货币和有限法偿货币。其中，"法偿货币是指具有法定偿付效力的货币，它在流通中具有绝对的支付效力，任何非特别约定给付标的的相对人都有权以法偿货币完成交易，相对方不得拒绝接受；否则，将被视为非法行为"。法偿货币并不等同于法定货币，法定货币是其认定标准，它的货币性质是由法规确认的；法偿货币是其偿付效力标准，它的支付结算效力是法规确认并强制实施的。因此，"法偿货币一定是法定货币，而法定货币不一定是法偿货币"。[1]许多证权证券货币是法定货币，但它们在成为设权证券货币之前通常不是法偿货币。并且，法偿货币的概念和制度也多是为了使设权证券货币获得强制性支付结算效力才专门立法进行规定的。[2]法偿货币是一个古老的规定，最早可见于我国秦朝《金布律》和英国《格拉利铸币法》的相关规定。

法偿货币还可以分为无限法偿货币和有限法偿货币，它是对货币法偿效力的进一步规定。通常，本位货币具有无限法偿效力，可以进行任何规模货币的支付结算，非经特别约定，对方不得拒绝接受；辅助货币通常仅具有有限法偿效力，只在一个货币单位以内具有法偿效力，超过一个货币单位必须支付本位货币。这主要是由于在金属本位货币时期，本位货币与辅助货币的铸造金属不同，同等金额本位货币与辅助货币的金属价值不同。在货币主体本位体系下这种区别已经不复存在，没有必要再限制辅助货币的法偿效力。但是，考虑到客户的支付方便，许多国家还是规定了支付辅助货币的数量限制，这已经同原来的法偿效力无关。[3]约定货币的法学性质决定了它不存在法定偿付效力问题，却存在约定偿付效力的问题。通常，约定货币在偿付效力上不存在本位货币与辅助货币的区别，它们都应该按照事先约定的偿付效力条款在受约人内部使用；当然，如果约定的条款中规定了效力层级也应该承认它的效力。

---

〔1〕 刘少军：《金融法学》，中国政法大学出版社 2008 年版，第 98~99 页。

〔2〕 参见我国《中国人民银行法》，美国《联邦储备法案》，欧盟《欧盟条约》，英国《英格兰银行条例》等关于法定货币法偿效力的规定。

〔3〕 参见我国《中国人民银行法》，英国 1971 年《硬币法案》，欧盟《欧元条例》等的规定。

二、信用地位体系

货币的信用地位是指不同类型货币的信用基础，以及现行法规范框架下的地位层级，它既取决于法规的规定，也取决于主体的信用水平。法规通过规定主体的性质和财产制度影响其信用水平，主体自身的实际信用也在很大程度上影响着它的信用水平，"因为货币的价值主要由中央银行的货币政策和市场力量决定"。[1]现实生活中，货币的可接受程度不仅取决于法规的规定，也取决于货币职能与货币利益的均衡。按照不同类型货币的信用地位，可以分为国家信用货币、银行信用货币、商业信用货币。

（一）国家信用货币

国家信用货币是指以国家信用作为货币信用基础的货币体系，主要包括本国的银行法偿货币、财政法偿货币，以及外国的银行法偿货币、财政法偿货币。银行法偿货币通常是指由各国中央银行依法发行的法定货币，无论中央银行的资本和体制状况如何，它们通常都是国家机关，它们的信用基础都是国家的信用。从世界货币发展史来看，中央银行起源于普通的商业银行，中央银行货币起源于商业银行最初发行的银行券，依据这一传统它在成为中央银行之后也是国家法定证券和记账货币的垄断发行机关。中央银行发行的法定货币直接代表的是其自身的信用，最终代表的是该国家的信用，它的信用水平最终取决于国家的信用水平；某国家联盟中央银行发行的法定货币最终代表的是该联盟的信用水平。

国家或国家联盟的法定货币并不一定都是由中央银行发行的，按照国家发行法定金属铸币的传统，许多国家在进入主体本位货币时代之后，仍然保留着客体本位货币时代铸造金属货币的传统，由国家财政机关以国家信用为基础发行金属硬币，这些金属硬币就构成了国家的财政法偿货币。如美国、英国等国目前的硬币都是由财政机关负责铸造发行，而不是由中央银行同其他货币统一发行的；欧元的硬币虽然发行权属于欧洲中央银行，却可以由各成员国进行设计和铸造。无论它们是由中央银行还是由财政机关发行，依据的最终都是国家的信用，它的信用水平都是以国家的经济、政治实力为基础

---

〔1〕〔英〕查理斯·普罗克特：《曼恩论货币法律问题》，郭华春译，法律出版社2015年版，第24页。

的，这些货币都属于具有国家信用地位的法定货币和法偿货币。当然，这个信用基础并不能保证它的信用水平一定可靠，夸张一点说，主体本位货币的发展过程，"基本上就是政府制造通货膨胀的过程"。[1]

具有国家信用地位的货币不仅包括本国货币，还包括外国的银行法偿货币和财政法偿货币。在当代社会，世界主要货币的国际流通已经成为普遍现象，国家的对外贸易水平、国际收支状况、国际货币政策、外汇管理制度、国际货币法等，都直接或间接地影响着某国货币的信用水平，并进而影响着它们被相关国家及其公众接受的程度，影响着某具有国家信用地位的货币在国际上的流通规模。此外，国内法对其他国家法定货币的保护程度，对他国货币在本国流通的态度，以及司法过程中的法院管辖和法律适用等，也都在一定程度上决定着他国法定货币在本国的流通状况。无论他国法定货币在本国的流通状况如何，在世界经济、金融一体化的背景下，完全排斥他国主权货币在本国的流通是不可能的，这不仅是由于它的法定信用地位与本国货币相同，还同它的实际信用水平和本国的接受程度相关。"现今，英镑及其他货币都不具有可兑换性，完全取决于发行银行的信用。"[2]

（二）银行信用货币

银行信用货币是指以银行业机构的信用作为货币信用基础的货币体系，主要包括银行货币、结算货币、存款货币、银行票证等。在货币历史上，真正的银行货币应该是指银行业机构，以自身的信用为基础发行的银行券。在目前社会，作为证权证券货币的银行券已经不复存在，它已经演化为今天的设权证券货币。但是，从未来发展的角度看，随着各种约定货币的不断出现，至少在理论上也应保留银行货币存在的可能空间。当然，网络社会条件下的银行货币不应该再以证券货币的形式出现，如果货币法能够允许它存在，也只能采取约定记账货币的形式。并且，如果以银行信用为基础发行银行货币，还必须建立完善的财产担保制度和发行准备制度，以保证它成为一种具有较高信用水平的货币。甚至有学者认为，"如果我们要让自由企业和市场经济存活下去，那么，我们别无选择，只能用

---

〔1〕〔英〕弗里德里希·冯·哈耶克：《货币的非国家化》，姚中秋译，新星出版社2007年版，第33页。

〔2〕〔英〕查理斯·普罗克特：《曼恩论货币法律问题》，郭华春译，法律出版社2015年版，第77页。

私人发钞银行间的自由竞争，取代政府对货币发行的垄断和国家性货币体系"。[1]

结算货币是指付款人通过支付结算机构将其货币暂时保存于银行业机构，以用于向收款人支付货币而形成的货币。它在历史上曾经采取过金属货币、证券货币等形式，主要由金匠银行、货币兑换银行进行经营，是当代银行的初级形式。目前，主要由专业支付结算机构采取记账货币的形式经营，它的具体货币性质取决于付款人交付货币的性质，既可以是法定货币，也可以是法定货币的衍化形式，还可以是合法的约定货币。结算货币在收付款人和支付结算机构之间形成的是信托关系，支付结算机构和收付款人之间形成的是独立财产关系，不得作为支付结算机构的破产清算财产。如果支付结算机构依法将结算货币转存于中央银行或商业银行，作为办理支付结算的准备金，则构成在这些机构的结算货币。银行业机构为进行货币清算而保存于清算银行的货币也属于结算货币，它们之间形成的也应该是信托关系，而不是普通的存款关系，普通存款关系具体形成的是存款货币关系。[2]

存款货币不同于结算货币，它是将货币存入银行业机构记载有存款人姓名或名称的账户中，银行业机构收取管理费用并支付存款利息，作为存款人投资和支付结算工具的货币。存款货币形成的是一种综合法规关系，是货币财产关系、货币归属关系、货币行为关系、行为监管关系的统一。存款人对该货币享有支配权，银行业机构必须保证存款人随时支取或支付给第三人，同时取得存款余额的间接支配权，有权以支付利息为前提对外进行投资，存款人因取得利息而使其存款可以成为破产财产。并且，这些货币行为还必须接受货币鉴定、反洗钱、反违法犯罪等的监督管理。在目前社会中，绝大多数法定货币都会通过各种途径转化成为存款货币，以便通过银行业机构实现货币的增值、取得利息收益，同时还可以获得方便的支付结算服务，银行业机构通过提供这些服务取得经营收益。"大多数法律关系并不是由某种单一

---

〔1〕 ［英］弗里德里希·冯·哈耶克：《货币的非国家化》，姚中秋译，新星出版社2007年版，第132页。

〔2〕 参见我国《民法典》合同编、《中国人民银行法》《信托法》《非金融机构支付服务管理办法》《非银行支付机构客户备付金存管办法》等的相关规定。

的关系组成，而是一个由各种法律上的联系组成的综合体。"[1]

银行票证是在记账货币的基础上衍化而来的一种支付结算和信用工具，它并不是典型的货币形式，既不具有法偿效力，也不一定会被收款人普遍接受，只是由于它是社会普遍使用的支付结算工具。通常，特定的交易相对方都会接受这种付款方式，并且又是以银行业的信用为基础，而将其近似地看成为一种银行信用货币。能够发挥这种功能的银行票证可以有很多种类型，主要包括银行汇票、保付支票、支付凭证、付款证书、付款承诺等。它们的共同特征是银行业机构作为第一责任的付款主体，以该银行业机构的信用担保款项的支付结算。由于运营正常的银行业机构通常都具有比较高的社会信誉，这些票证也有较强的货币功能。当然，银行业机构的信用基础是其净资产和法定的信用控制制度，以及监管机关的严格监管。一旦该银行业机构破产，这些承诺也会变成破产财产权，并不能保证他们能够获得全额和及时的偿付。"但是，如果债权人拒绝接受由一家具有良好信誉机构发行的银行汇票并坚持要求以法偿货币偿付，那么法院会认定债权人的态度不合理并支持偿付的有效性。"[2]

（三）商业信用货币

商业信用货币是指以非银行业机构的信用作为货币信用基础的货币体系，主要包括约定货币和商业票据。在货币流通史上，商业信用曾经高于银行信用。在目前社会，由于银行业的经济实力日益强大，再加之有严格的法规体系控制它的信用水平，银行信用的平均水平要远高于商业信用。在不能或不方便获得银行信用的条件下，或者存在具有较高信用能力的非银行业机构的条件下，使用约定货币或商业票据也是可以接受的选择。约定货币有许多种类，不同类型的约定货币，其信用水平也不完全相同。并且，接受约定货币还存在直接要求发行主体兑付，还是要将其支付给第三方主体，以及第

---

[1] [德]卡尔·拉伦茨：《德国民法通论》，王晓晔等译，法律出版社 2003 年版，第 262 页。在传统的法学理论中，长期存在存款货币是物权还是债权的争论，这是法学财产理论处于初级水平的现象。货币不是有体物不可能存在物权问题，财产归属与行为关系并不是简单的物权、债权二选一，而是以归属关系为基础的复杂权利体系，甚至这个体系中还包括许多财产义务，财产在现实生活中多是权利义务的综合体。

[2] [英]查理斯·普罗克特：《曼恩论货币法律问题》，郭华春译，法律出版社 2015 年版，第175 页。

三方主体是否乐于接受该约定货币的问题。通常，直接要求发行主体兑付会具有较好的可接受性，正常情况下不会存在拒绝接受的问题；如果是向第三方支付，难度会相对比较大，法定货币、存款货币、银行票据的信用水平通常要高于约定货币，交易相对方更乐于接受信用水平较高的货币。

商业票据是指以非银行业机构的信用作为支付结算保证的流通和信用工具，它也不是典型意义上的货币形式，并且普遍的信用水平要低于银行票据。但是，在相互具有较高信用度的长期贸易合作伙伴之间也经常作为支付结算和信用工具，也具有一定的货币功能，也可以近似地将其作为一种商业信用货币来看待。商业票据主要包括商业承兑汇票和商业本票。商业承兑汇票是纯粹的商业票据，它的信用基础是付款人和承兑人的信用；商业本票的信用基础是付款人的信用，它们同约定货币应该属于同一信用层级。它们都是当代信用层级较低的支付结算工具，仅具有一定程度的货币属性。如果从货币职能的角度，特别是从它们都是支付结算工具的角度来看，也可以近似地将其作为一种特殊类型的货币来看待。

货币的性质与体系是研究货币法学的前提，如果不能对货币的本质属性和基本特征有清楚的认识，就不能在现实生活中判断某财产是否是货币，就不能对某财产是否适用货币法规则或其他法规则作出明确的判断，就可能导致适用法规和确定权利义务的失误。如果不能对货币的认定体系、本位体系、地位体系有清楚的认识，就不能在现行生活中对货币进行系统的完整的类型划分，就不能认清每一类货币的本质属性与基本特征，就不能在此基础上建立起不同的货币法关系，就不能在具体纠纷的审理过程中对各方当事人是否应承担责任，以及承担何种类型与程度的责任给以明确的判断，就不能按照货币法的目标和原则公正合理地解决货币矛盾，就无法进一步进行货币法的深入研究。货币无论在法学还是在经济学上都是一个非常复杂的体系，并会随着社会的发展变得越来越复杂。"这种情形如此的不合常理，以致萨维尼那样伟大的思想家都只能以'神秘'来解释它。"[1]

---

[1] Menger Carl, *On the Origin of Money*, Economic Journal, Volume 2, (1892) pp. 239.

第二章
货币法学基本理论

第一节　货币法的属性

货币法是一个古老的法规体系，我国有着两千多年的货币法历史。由于近百年来，在我国法学界占主导地位的是西方法学思想，他们仅把货币作为黄金、白银等有体物进行研究，并没有形成独立的法学体系。"要实现此种目标，……首先的困难在于，英国（或美国）似乎并不存在上面提及主题的文献。"[1]这种情况在目前也没有根本的改变，需要我们结合货币法治史和当代货币法的变化，将其作为相对独立的学科进行系统研究。从而总结和揭示货币法的基本法理，服务于立法和司法实践。

一、货币法的界定

货币法是货币法规和货币法学的简称，是在货币活动发展到必须以法规形式进行规范的程度后产生的法规体系和在此基础上形成的法学体系。它们之间是现象与本质的关系，货币法规是货币法的现象，也是它的直接表现形式，是由享有货币立法权的机关制定的具体规范。货币法学则是以相关货币法规为基础素材，以货币发行与流通的规律和实践要求为基本依据，经过司法活动的不断探索和专家学者的归纳总结分析，形成的相对完整系统的货币法理论体系，它们之间既有内在的联系，也有明显的区别。

（一）货币法规

货币法规按照不同的标准可以进行不同的分类，按照调整的范围可以分

---

〔1〕〔英〕查理斯·普罗克特：《曼恩论货币法律问题》，郭华春译，法律出版社2015年版，前言。

为国内法规、国际法规和跨境合约；按照国内法规颁布机关的地位，可以分为货币法律、货币条例、货币规章、立法解释、司法解释、司法建议等。其中，国内货币法规是指它的效力范围主要限于法规制定国家或法域内部的货币法规，它又可以分为全国法规和域内法规，域内法规的效力范围仅及于全国范围内的一定区域。国际法规是指以国家身份参加的国际货币组织制定的法规，除声明保留的条款外它具有当然的法规效力，如《国际货币基金组织协定》《巴塞尔协议》等。[1]跨境合约是指国际货币性民间组织制定的规范性文件，它的效力虽然不及于整个国家，却也对国内各加入该组织的主体具有约束力。目前，许多货币流通行为都是跨境实施的，也有许多民间国际货币合作组织，它们之间的协议也有约束力。[2]

从国内立法的角度来看，货币法律、货币条例虽然分别是由最高立法机关和最高行政机关颁布的，虽然在效力层级上有高低之分，但它们在整个国家范围内都具有约束力；货币规章则是国家货币监管机关制定的规范性文件，它的主要规范对象是货币经营机构和社会公众，通常无论在效力范围还是在效力层级上都低于法律和条例。货币的立法解释、司法解释则分别是由规范性文件的颁布机关进行的解释，以及法院、检察院等司法机关对相关货币法规进行的进一步解释和说明，它们在执法过程中也具有强制效力。货币的司法建议通常是权威司法机关或专家学者，依据其分析理解对规范性文件提出的司法建议和说明，这些建议和说明虽然不具有直接的执行效力，却会对货币纠纷的实际解决具有重要的参考价值，也应是货币法规的重要来源。[3]"真理是，法在不断演进着，从未达到一致。"[4]

---

〔1〕 参见国际货币基金组织制定的《国际货币基金组织协定》，以及各相关修正案和决议等规范性文件；巴塞尔银行监管委员会制定的《关于统一国际银行资本衡量和资本标准的协议》《有效银行监管核心原则》《巴塞尔协议Ⅲ》等规范性文件。

〔2〕 随着世界经济一体化、金融一体化趋势的不断增强，国际金融往来不断增加，由此也不断形成许多非国家主体加入的民间性国际货币组织，它们的规则文件对加入的主体也具有约束力。如国际商会（ICC）的《托收统一规则》《跟单信用证统一惯例》，环球银行金融电信协会（SWIFT）运营规则，国际保理商联合会《国际保付代理通则》，我国的人民币跨境支付系统（CIPS）运营规则等。

〔3〕 我国最高人民法院《全国法院民商事审判工作会议纪要》也明确指出，规章、规范性文件与上位法规不冲突的应参照适用。并且，《审判工作会议纪要》本身就是司法建议的性质，不具有直接的执法效力。

〔4〕 O. W. Holmes, *The Common Law*, Harvard University Press, 1963, p. 5.

（二）货币法学

从司法实践的角度来看，货币法学是以货币的法学价值追求为目标，以货币法规为基本依据，评价和判断各种货币行为的合法性，并最终将其结果付诸实施的学问。它的核心是以货币法规为基础，具体找到现实生活中实际的货币行为监督管理和司法裁判标准，即找到现实生活中实际产生直接效力的法的过程。现实生活中的法并不直接等同于规范性文件，"法是以综合社会效果最优为目标，在不破坏现有社会基本法制体系的条件下，它的实证价值、功利价值、道义价值的最佳边际均衡点，即能够获得最佳综合社会效果的点"。[1]科学合理的执法和司法裁判才是现行生活中实际发挥作用的法，"活法是支配生活本身的法，即便它不具有法律命题的形式"，但"它构成了人类社会中法律秩序的基础"。[2]货币法规与货币法学既存在内在的联系，也具有本质的区别。从联系的角度讲，货币法学必须以货币法规作为基本依据，它不能不顾及具体规定任意进行研究；从区别的角度讲，货币法学是专家学者对货币法规的学术或实践解读，具有比较强的主观色彩，是具体指导执法和裁判主体进行纠纷解决的依据。

在现实生活中，货币法规包括许多规范性文件，这些文件的法学地位层级、效力范围不尽相同。规范性文件往往是普遍的、抽象的、固定的和有严格层级结构的规定，虽然这些都使其成为法治的基础，不会受到某些权力或规范执行者的主观控制，可以保证它能够得到正确的贯彻执行。"自古以来的经验表明，一切被授予权力的人都容易滥用权力"，如果不严格按照这些规范执行，"国家便将腐化堕落"。[3]但是，这些规范性文件毕竟不能直接解决发生在具体时间、地点和条件下的现实货币纠纷；"实现这个任务的方法应该是'认识所涉及的利益、评价这些利益各自的分量，在正义天秤上对它们进行衡量，以便根据某种社会标准去确保其间最为重要的利益的优先地位，最终达到最为可欲的平衡'。"[4]任何纠纷最终必须交由执法者或裁判者进行裁决，

---

〔1〕　刘少军：《法边际均衡论——经济法哲学》，中国政法大学出版社2017年版，第67页。

〔2〕　Ehrlich, *Fundamental Principles of the Sociology of Law*，中国社会科学出版社1999年版，第493页、第502页。

〔3〕　［法］孟德斯鸠：《论法的精神》，张雁深译，商务印书馆1982年版，第150页。

〔4〕　［美］E. 博登海默：《法理学　法律哲学与法律方法》，邓正来译，中国政法大学出版社2001年版，第145页。

完全离开人的判断是不可能实现法治的。这就要求必须由法学专家学者将货币法规进一步归纳总结成为货币法学，使其成为具有严格理论分析和系统逻辑思想的法学体系，以便能够更好地指导货币法的实践活动和纠纷解决。

二、货币法的内容

货币法的内容是指一个完整系统的货币法体系应包括的要素，它通常由货币财产法、货币行为法、货币裁判法构成。从法学的角度讲，货币首先是一种特殊的财产，货币法首先是货币财产法。即使在传统法学中，"它们都同样是被当作动产来对待的，"[1]在实物货币阶段，它就是普遍的有体财产，应该适用这类财产的规范。当发展到法定货币阶段后，它的特殊性才越来越强，特别是当其完全成为主体的信用后，已经同有体财产不再有直接的联系，完全成为一种独立的财产类型，形成自己独立的财产法。作为财产法，首先必须从静态的角度或从行为结果的角度，研究它的归属关系和权利义务关系，这是它产生财产行为关系的基础。因此，货币法学的首要内容是货币的归属规范和权利义务规范。

货币的静态或结果规范虽然是基础规范，却不是核心规范，将货币财产与其他财产相分离并不是为了占有或实际消费，而是要其现实地发挥支付结算功能。货币法的核心是货币行为法，是规范它在作为支付结算工具过程中形成的关系。"在任何法律系统中，决定性的因素是行为，即人们实际上做什么……除非我们将注意力放在被称为'法律行为'的问题上，否则就无法理解任何法律系统。"[2]货币行为法主要包括，货币发行兑赎规范、法定货币流通规范、记账货币结算规范、记账货币支付规范、货币票据流通规范、货币流通清算规范。它们是货币发行、流通、清算、兑赎的整个行为过程的规范体系，也是货币纠纷产生的核心领域。在此过程中，各方相关主体的权利义务构成货币行为法的基本内容。

从法学的角度而言，任何法学问题最终都会归结为责任的确认问题，如果没有最终的执法裁决或司法裁判，法学研究也就失去了实际的操作性意

---

〔1〕　[英] F. H. 劳森、B. 拉登：《财产法》，施天涛等译，中国大百科全书出版社 1998 年版，第 35 页。

〔2〕　Friedmann, *An Introduction to American Law*, Stanford University Press, 1984, p. 46.

义。并且，执法裁决或司法裁判并不仅仅是被动地适用现行规范的过程，它同时也是主动地寻找法的最佳边际均衡点的过程。"规范并非借解释由原则中发现的，毋宁是借裁判的统合过程被创造出来的。只有判例法才能告诉我们，什么是真正的法。"[1]货币法学在性质上除货币财产法、货币行为法之外，还应该是货币裁判法。这不仅是由于货币肯定存在裁判问题，更主要是由于货币的裁判不同于普通裁判法，具有许多自身的特殊性，在法学体系上必须进行相对独立的研究。并且，在此过程中还涉及当事人的责任问题，也需要进行一定的责任法理论的应用研究。货币法学还涉及主体法和监管法问题，还存在主体行为和监管行为问题。这些问题只是货币法学的附属性问题，不是其核心需要解决的问题，它们虽然同货币法学相联系，却不是其核心内容。因此，从法学构成要素的角度看，货币法学的基本性质属于财产法学，是一个特殊的法学财产体系。

第二节　货币法的原则

货币法的原则是指贯穿于整个货币法体系的基本指导思路或准则，它是立法与司法的基本目标。"目的是全部法的创造者，每条法律规则的产生都源自一种目的，即一种实际的动机。"[2]社会科学本质上是价值科学，法学原则是功利法、道义法价值思想的体现，它既是规范制定的来源，也是规范实施的归宿，它的效力层级应高于普通规范。"它以阐释的精神，旨在使原则高于实践，以指明通往更美好的未来的最佳道路。"[3]进行任何法学体系的研究都必须首先明确它的原则，它是整个体系的灵魂，是对其法学价值追求的总体概括。货币法的原则反映的主要是它的流通效率、权益均衡、财产独立、行为优先等价值追求。

一、流通效率原则

货币法的流通效率原则是指它以提高流通效率作为基本的价值追求，以

---

〔1〕［德］卡尔·拉伦茨：《法学方法论》，陈爱娥译，商务印书馆 2003 年版，第 19 页。

〔2〕［美］E. 博登海默：《法理学　法律哲学与法律方法》，邓正来译，中国政法大学出版社 2001 年版，第 106 页。

〔3〕［美］德沃金：《法律帝国》，李常青译，中国大百科全书出版社 1996 年版，第 367 页。

是否有利于提高流通效率作为判断某行为的价值标准。货币是支付结算手段，不是一种可以用于实际消费的财产，人类发明货币、法学界定货币的基本价值追求就是为了提高流通效率，可以说流通效率是货币的生命和灵魂。从古至今，货币的形态在不断发生变化，它每一次变化的核心推动因素都是为了提高流通效率。"在一个经济资源和技术既定的条件下，如果该经济组织能够为消费者提供最大可能的各种物品和劳务的组合，那么，这个经济就是有效率的。"[1]在货币法中，流通效率是在各当事人之间分配权利义务的基础性标准，也是它能够制定和实施的基本依据。能够提高流通效率的行为会得到它的正面评价，而可能降低流通效率的行为则往往会得到它的负面评价，这是由货币的基本社会功能决定的。"财富最大值原则要求将权利赋予最初那些评价该权利价值最高的人，以便尽量减少交易成本。"[2]

货币流通效率应主要包括两个方面的追求：一是提高货币流通速度；二是提供便捷的支付结算方式；它们都是流通效率的直接表现。这不仅需要货币有统一的客体、统一的单位，还要求有方便快捷的支付结算工具，要求货币行为和货币关系不与其他行为和关系发生直接的连带关系，使其他行为和关系状况不会对货币关系构成影响，降低货币流通效率。并且，即使在货币关系内部它的行为起点也不以权利来源为依据，它的行为结果也不会因行为的瑕疵而否定。尽管在流通效率和信用安全之间始终存在着矛盾，每一次流通效率的提高，每一种提高流通效率的方式，都会在一定程度上降低货币信用的安全度，却每一次都既能够得到社会的普遍接受，也能得到货币法的充分肯定。因此，货币法必须以流通效率作为基础性原则，以此作为货币立法与执法的基本价值准则。"法可以理解为导致个人采取的有效率的行为的诱因体系；对法的评价标准是促进效益最优选择的效率性。"[3]

二、权益均衡原则

货币法的权益均衡原则是指在设定和判断货币权益的过程中，应保持个体权益、整体权益、行业权益、主权权益之间的边际均衡，以实现综合社会

---

[1] [美]威廉·D. 诺德豪斯、保罗·A. 萨缪尔森等：《经济学》，胡代光等译，首都经济贸易大学出版社 1996 年版，第 272 页。

[2] R. A. Posner, *The Economics of Justice*, Harvard University Press, 1983, p. 71.

[3] [美]波斯纳：《法理学问题》，苏力译，中国政法大学出版社 1994 年版，第 3 页。

效果的最优化。货币在当代社会是个体的重要财产，个体权益是最基本的道义权益，离开个体权益，其他权益也就失去了根本动力来源。传统民法学曾经以"私权神圣"来宣誓个体对财产权的要求，虽然它是特定时期极端个人主义思想的体现，却也反映了个体财产权益的重要性。[1]"财产的法律概念就是一组所有者自由行使其不受他人干涉的关于资源的权力。"[2]在货币法的制定和实施过程中，必须充分考虑到个体权益，保护个体对货币的归属和行为权益，保障其不受到非法侵害。特别是应保障货币财产价值的基本稳定，不应通过法定货币价值的变化产生事实上征收个体财产的效果。同时，还必须充分保护货币财产的流通安全，尽力保护和公正合理地分配流通中货币财产的损失责任，稳定社会中货币财产的运行秩序。

货币不同于普通的有体财产，能够存在相对完整的财产归属关系。自从货币取得法定地位之后，它就不再具有完整的财产归属关系。我们难以从财产权的角度在货币属于其发行机关还是实际持有主体之间进行绝对划分，他们各自享有不同内容的货币财产权。并且，货币发行机关代表的主要是它的整体财产权益，特别是在国家本位货币时代，它不仅是普通的财产，还被不断赋予经济增长、充分就业、国际收支平衡等功能，它使货币财产关系日益复杂，货币财产权益不断成为既需要考虑个体权益、又需要考虑整体权益的特殊财产，这既是对传统个体财产权益的某种剥夺，也是对普通财产在权益上的附加。事实上，在传统法学理论中，个体享有完整的财产权益也是一种历史的误解。"只有在国家那里，所有的权利才拥有其现实性和完整性。"[3]个体不可能享有完整的某财产权益，当代社会"它已不再被视为物或作为某种客体而存在，而已经变成了单纯的法律关系的集束"。[4]

货币财产不仅要考虑整体权益，还需要在货币经营行业权益与个体权益、整体权益之间作出合理的边际均衡。货币经营行业是当代社会的特种行

---

〔1〕　参见法国《人权宣言》第 17 条的规定，它首次在立法上提出了"私权神圣"的思想。

〔2〕　[美]罗伯特·考特、托马斯·尤伦：《法和经济学》，张军等译，上海三联书店、上海人民出版社 1999 年版，第 125 页。

〔3〕　[德]罗尔夫·克尼佩尔：《法律与历史——论〈德国民法典〉的形成与变迁》，朱岩译，法律出版社 2003 年版，第 241 页。

〔4〕　[美]科宾："对股票交换的评论"，载《耶鲁法律评论》1942 年第 31 期。

业，它既享有经营法定货币、结算货币、存款货币、甚至约定货币的特权，为社会公众提供支付结算服务并获取收益，同时，又在清算机构与经营机构、社会公众之间形成特定的权利义务关系。这些权利义务分配得是否合理，直接关系到货币流通效率的目标能否实现，关系到货币经营行业是否能够得到健康稳定的发展，关系到公众的货币权益能否得到现实的维护和保障，最终关系到货币清算、支付结算责任在不同主体之间的合理分担。如果不能对货币的个体权益、整体权益、行业权益进行科学合理的分配，它的分配结果不能达到这些权益的最佳边际均衡点，受到损失的不仅是某方主体，还是整个社会的货币利益。因此，货币财产权益的分配不能仅考虑某方主体的利益，还应对整个社会的货币利益进行综合权衡。

货币财产权益不仅要考虑到个体权益、行业权益、国家权益，在国际流通条件下，还必须考虑到主权利益。在世界经济一体化、金融一体化的背景下，流通的仍然是主权货币，它必然关系到货币发行国与流通国之间的主权利益。虽然，货币在发行国与流通国都会产生正面的和负面的利益，流通国为维护自己的货币主权也可以限制外国货币，但在许多情况下这往往也会损害自身的经济利益，必须在合理的程度上接受外国货币。同时，货币发行国为维护自身的利益，在立法时往往会加入域外效力的规定，以尽量获得货币财产利益的国际优势。"国内法赋予的权力对应于国际法上的权利，其他国家原则上不得反对此种权利的行使。……一国有权调整其本国的货币确实是一项普遍接受的原则。"[1]在此条件下，货币立法与司法就不能仅考虑个体、行业、整体权益，还必须考虑主权利益，并尽量使这四方面的权益达到一个最佳的边际均衡点，维护货币流通秩序的和谐稳定。

三、财产独立原则

货币法的财产独立原则是指依据货币法规形成的财产体系，相对独立于依据其他法规形成的财产体系，它是相对独立的财产体系。在货币产生初期的约定货币时代，它的客体本身就是消费品，它与其他有体财产并没有发生本质的分离。在进入法定货币阶段后，随着货币客体越来越不具有实际的消

---

〔1〕 ［英］查理斯·普罗克特：《曼恩论货币法律问题》，郭华春译，法律出版社2015年版，第497页。

费功能，随着货币功能和权益的不断附加，随着货币的法学价值追求越来越同其他财产发生本质上的区别，随着货币法规的日益增加和不断完善，它开始逐渐脱离有体财产而形成一个相对独立的财产体系。并且，在行为关系上也逐渐同其他行为相分离，成为在客体和行为上都相对独立的体系。这既是当代社会对货币功能的客观要求，也是货币功能发展的必然结果。具体而言，货币财产独立原则主要包括，财产类型独立、财产关系独立、财产行为独立、财产责任独立、确认程序独立五个方面。

货币法的财产类型独立是指货币是一个相对独立的财产类型，它在法学上同其他财产类型是相互独立的。法学上的财产既不同于实际财产，也不同于经济学意义上的财产，它是财产客体与财产权利相结合形成的结果。"财产在本质上首先是一个客体，它是区分是否是财产及不同财产的根本标志；法学意义上的财产还必须有法赋予它的权利或权力，它们构成了财产的客观条件和主观条件。"[1]货币在客体上同其他财产具有明显区别，其他财产的客体都是供实际消费的某种客观存在，货币的客体则是不可以供实际消费的信用，它不具有实际消费上的意义。货币客体存在的意义是作为社会普遍的价值标准和支付结算的手段，并在此基础上作为金融活动和经济运行调控的工具。这也进一步决定了设定于该客体上的权利义务不同于其他财产，最终使它在财产上必然成为一个相对独立的类型。

货币法的财产关系独立是指货币是一个相对独立的法规关系，它在法规上同其他财产关系是相互独立的。在财产法意义上，法规关系是以某财产客体为对象设定的权利义务或权力责任体系，它是主体与客体之间关系以及主体与主体之间关于客体关系的规定性，不同性质和功能的客体决定了它们之间的这种规定性的根本区别。"更通俗一点讲，财产从实证分析角度而言，全然是由法律直接规定的。"[2]货币的客体并不是可实际消费的财产，货币的功能也不是服务于社会公众的生活消费，它在现实生活中的功能与实际消费并没有直接关系。这就决定了设定在该客体之上的主体权利义务或权力责任，不可能与其他实际消费性财产相同，除财产这一共性之外，基本上没有其他共性。由此形成的法规关系之间也是具有根本性区别的，这种法规关系

---

[1]　刘少军：《法边际均衡论——经济法哲学》，中国政法大学出版社 2017 年版，第 187 页。
[2]　梅夏英：《财产权构造的基础分析》，人民法院出版社 2002 年版，第 260 页。

必然相对独立于其他财产关系。法规关系的独立进一步决定了在处理货币财产问题时，不能直接援引其他财产关系的规定或法理。

货币法的财产行为独立是指货币行为规范是一个相对独立的体系，它在法规上同其他财产行为规范是互不相容的。在财产法意义上，财产行为规范取决于其客体的功能和法学价值追求。"法律客体在任何情况下都与法律世界的一个确定点联系在一起。"〔1〕货币客体的功能与其他财产功能的根本区别决定了主体可以对其实施的行为以及这些行为的规范，货币存在铸造、印制、发行、交易、回兑、回赎等行为及这些行为的规范，却不单独存在占有、使用、收益、处分等行为及这些行为的规范。即使存在同其他财产具有共性的财产归属权及归属转移行为，货币法中这些行为的性质和规范也同其他财产具有明显区别，许多规范与其他财产规范存在巨大差异，甚至同其他财产行为规范完全相悖。同时，在货币法行为中规定有相对独立的行为规范体系，这个体系是不能与其他财产行为体系相互融合的，更不能以其他财产体系的行为规范直接替代货币财产方面的行为规范。

货币法的行为责任独立是指它的责任规范是一个相对独立的体系，它在法规上同其他行为责任规范存在明显差异。在财产法意义上，财产对主体的责任既包括权利主体因财产而导致的侵犯相对方利益的责任，也包括相对方侵犯财产权利主体利益的责任。"犯罪具有质与量上的一定范围，从而犯罪的否定，作为定在，也同样具有质与量上的一定范围。"〔2〕货币法虽然也包括这两个方面的责任，但它的责任内容与其他财产存在比较大的区别，它不存在财产客体的直接损害责任，也不存在财产归属的直接侵犯责任，这些责任即使存在，也不受货币法的规范。除此之外，货币法中还有许多其他财产法不存在的责任，如货币的违法发行责任、价值波动责任、经济运行责任、经营资格责任等。并且，即使是同其他财产具有共性的责任，货币法的责任规范也同其他财产法具有明显区别。在货币法中规定有相对独立的责任规范体系，这个体系既不能由其他财产法替代，也不能直接融合。

货币法的责任确认程序独立是指它的程序规范是一个相对独立的体系，

---

〔1〕 ［德］拉德布鲁赫：《法学导论》，米健、朱林译，中国大百科全书出版社 2003 年版，第 65 页。

〔2〕 ［德］黑格尔：《法哲学原理》，范扬、张企泰译，商务印书馆 1961 年版，第 104 页。

它在法规上同其他责任确认程序存在明显差异。传统财产法上的责任主要是财产利益责任，在责任确认程序上主要是个体利益的责任确认程序，通常不涉及整体利益责任问题，这是由其不同的财产类型、财产关系、财产行为、行为责任等共同决定的。"不同立法形式的基础不应从不同的学说传统中去探寻，相反，却应从不同的经济、社会和政治关系及其本位中去寻找。"〔1〕此外，货币法的责任确认程序还包括整体责任程序、决策责任程序、监管责任程序等非传统的财产责任程序。并且，即使普通的货币财产责任程序，也由于其财产类型、财产关系、财产行为、财产责任的独立性需要进行相对独立的确认，难以同其他的财产类型、财产关系、财产行为、财产责任混同。当然，货币法的财产独立原则也并不是绝对的，货币财产与其他财产都存在财产意义上的共性，这也决定了它们之间也存在替代和融合的可能，但只能是在尊重独立性基础上的替代和融合。

四、行为优先原则

货币法的行为优先原则是指在货币财产法体系中，财产行为结果在法上的效力要优先于财产归属的效力，它同其他财产原则在效力层级上是反向的。普通财产的基础效力层级是归属关系，归属关系的效力优先于行为关系的效力，法优先保护的是归属关系。这种理论概括起来就是，归属权与行为权、支配权与请求权、绝对权与相对权的区别，并以归属权优先、行为权平等作为基本原则。"物权是一种对物的权利，请求权则是针对一个人的权利。物权是一种骑我的马、使之驾车，总之，随意去使用的权利，是自行处置物的权利；请求权则是一种另一个人的处置权利，即他向我交付已卖出之马。"〔2〕这种理论对于解决以有体物为核心的财产权利问题具有很大的帮助，可以明确界定财产权利的性质和归属关系，也充分体现了法优先保护归属性权利，充分保障权利人对财产占有的稳定性。它的直接结果是权利人对财产的追及效力，可以不依靠相对人的配合直接对其财产主张权利。

虽然，这种对客体和对主体的划分存在着一定的逻辑问题，也不完全符

---

〔1〕 ［德］罗尔夫·克尼佩尔：《法律与历史——论〈德国民法典〉的形成与变迁》，朱岩译，法律出版社 2003 年版，第 240 页。

〔2〕 ［德］拉德布鲁赫：《法学导论》，米健、朱林译，中国大百科全书出版社 1997 年版，第 63 页。

合现实生活中财产权利的复杂状况，将各种财产权利统一划分为两种极端的权利类型，要求主体只能在二者之间选择其一，否定了在归属权与行为权之间存在其他财产权的可能性，却也不是没有任何道理。在货币法产生和发展的初期，由于是以客体的形式实现自己对社会的信用，货币的具体形态也表现为黄金、白银等贵金属或金属铸币，西方法学理论普遍认为货币是特殊的物权，适用物权法的普遍规范，我国学者也完全接受了这一理论。"货币是代表一定财产权的凭证，是民法上一种特殊的物。"[1]"货币为民法上一种特殊的物，依其性质，为一种特殊的动产。"[2]"货币为物中动产，在法律上属于物的一种，具备物所具有的基本法律特征。"[3]但是，货币的物质形态只是其外在形式，货币的本质是信用而非有体物。"它的客体是发行主体的信用，这种信用也是一种客观存在。只是在金属货币时代，它是货币金属的物的信用；在信用货币时代，它是发行主体的人的信用，无论货币的形式如何变化，其本质是不变的。"[4]

在财产法学上，货币虽然有时在外在形态上也表现为特殊的有体物，但它在本质上同有体物却非同一财产类型，它们具有不同的客体和财产权利义务或权力责任。并且，它们的财产价值追求和财产权利归属的确认原则也是相互对立的。有体财产的归属权为优先性权利，该权利对客体具有追及效力；货币财产的归属权为劣后性权利，行为权才是优先性权利。货币法以行为权利的结果来确定货币财产权的归属，无论这一行为是否以货币的归属为条件，也无论这种行为本身是否合法，这种货币行为的结果都会得到货币法的承认，都会受到货币法的保护，行为结果的接受人都依法享有完整的货币财产权，在货币法领域受到严格的保护。"货币财产权享有独立于其他属性的财产权，享有货币财产权不需要以任何其他财产权利和财产行为的存在作为依据，只要事实上持有货币就享有货币财产权。"[5]

货币法的财产行为优先原则，是由其客体和法学价值追求的特殊性决定的。货币的财产客体是信用，货币财产本质上是一种主观财产，它的财产客

---

〔1〕 张俊浩主编：《民法学原理》，中国政法大学出版社 2000 年版，第 377 页。

〔2〕 梁慧星、陈华彬编著：《物权法》，法律出版社 1997 年版，第 213 页。

〔3〕 张庆麟："论货币的物权特征"，载《法学评论》2004 年第 5 期。

〔4〕 刘少军：《法边际均衡论——经济法哲学》，中国政法大学出版社 2017 年版，第 193 页。

〔5〕 刘少军：《金融法学》，中国政法大学出版社 2016 年版，第 113 页。

体并不具有现实的可消费性，法学保护该财产客体的归属是没有直接的财产法意义的，权利人并不能因客体的归属而在现实生活中使用该客体，获得自身的消费性满足或将其直接作为生产经营资料。"主观财产的效用性并不在于客体，而在于被社会承认的某种财产观念。"[1]同时，货币的现实意义是提高流通效率，货币法也必然以提高流通效率、保护货币流通的稳定性作为自己核心的价值追求，必须以货币行为优先作为自己的法学原则。当然，货币行为优先原则仅是货币法的原则，它的财产法效力仅限于货币法的范围内，从最终财产利益的角度而言，还必须进行不同类型财产权利的综合判断、才能得出最终的结论。应充分考虑不同财产体系之间的独立与协调、特别与普通、形式与实质、效率与公平等关系。

第三节　货币法的关系

货币法的关系是指由货币法各构成要素之间形成的关系，它又可以分为法规关系和法学关系。"法律关系是法律规范在指引人们的社会行为、调整社会关系的过程中，所形成的人们之间的权利和义务关系，是社会内容和法的形式的统一。"[2]按照比较有代表性的传统观点，它具体由主体、内容、客体构成。[3]由于法律、法规只是法学的基础资料，并不等同于法和法学，法律关系并不等同于法学关系。货币法学关系是指货币法学在本体构成要素上的关系，它是对货币法学进行内部要素结构分析过程中使用的工具。按照法的基本构成要素和本体构成要素理论，[4]货币法学关系主要包括货币法的主体、货币法的客体、货币法的行为。

---

〔1〕 刘少军：《法边际均衡论——经济法哲学》，中国政法大学出版社 2017 年版，第 192 页。

〔2〕 张文显：《法哲学范畴研究》，中国政法大学出版社 2003 年版，第 96 页。

〔3〕 法律关系的概念最早由德国法学家萨维尼提出，并被苏联学者继承，我国学者也经常使用。它的研究对象是法律文件，是对法律文件内部结构进行分析的工具。并且，其他国家的学者还有不同的表述。

〔4〕 法的基本构成要素理论认为，一个完整系统的法学体系由法的目标、原则、主体、客体、行为、责任、程序七个要素构成，法的本体构成要素由法的主体、客体、行为三个基本要素构成。参见刘少军：《法边际均衡论——经济法哲学》，中国政法大学出版社 2017 年版，第 84~87 页。

一、货币法的主体

货币法的主体是指直接参加货币行为，依法享有货币权利或权力、承担货币义务或责任的货币法学关系当事人。它是货币法学区别于其他法学的重要标志之一，不同的法学关系有不同的直接参加该行为的当事人，货币法学关系就是他们之间通过货币行为形成的，关于货币的权利义务或权力责任关系。货币法学主体可以有不同的划分标准，按照主体的地位和性质可以将其分为发行监管主体、经营管理主体、支付结算主体。

（一）发行监管主体

货币的发行监管主体具体包括货币发行主体和货币监管主体。货币发行主体是指依法享有货币发行权的主体，它在不同的货币形态下可以表现为不同的主体。在实物货币时期，货币的发行主体就是货币财产的生产主体；在金属铸币时期，他是依法享有铸币权和铸币发行权的主体，通常主要是国家或国家行政首长；在银行货币时期，最初是普通商业银行，目前是依法享有法定货币垄断发行权的中央银行或财政机关。此外，它还包括依法取得发行权的各类约定货币发行主体，它们在法规地位和性质上虽然不是国家机关而是普通社会单位，但在经监管机关依法核准之后，也可以取得约定货币的发行权，依法发行约定货币。

货币监管主体包括货币发行与流通的监督管理主体和自律管理主体，他们在法规地位和性质上具有明显的区别。通常，货币发行与流通监管主体就是法定货币的发行主体，具体表现为各法定货币区域的中央银行和具有相关权力的其他国家机关。它们享有本货币区域内货币法或相关法规授予的法定货币发行权和流通监督管理权；负责约定货币发行主体的资格审核，授予普通社会单位约定货币发行与流通管理权。[1]通常，约定货币的发行主体有权依法发行并自律管理约定货币的流通，接受国家货币监管主体的监督管理。此外，货币经营管理主体经监管机关的授权也具有一定的授权监管权和自律管理权，授权监管权是代表监管机关行使监督管理权，自律管理权是依据生效的自律管理约定管理组织内部的成员。

---

[1] 参见英国《银行特许条例》，欧盟《欧洲联盟条约》《关于欧洲中央银行体系和欧洲中央银行的议定书》，美国《联邦储备法案》，我国《中国人民银行法》等的规定。

（二）经营管理主体

货币的经营管理主体具体包括普通经营主体和清算经营主体。普通经营主体是指依法享有货币业务经营管理权的银行业机构，具体包括商业银行、支付机构，以及约定货币的发行与管理机构等。其中，商业银行是指依法享有社会公众存款吸收权的银行业机构，它们有权将社会公众的法定货币等转化为存款货币，并以存款货币的形式委托代理公众支付结算和自主的投资业务。[1]支付机构是指依法专业经营货币支付结算业务的专业性企业，它经营的货币是结算货币而不是存款货币，不能用这些货币对外投资以获取利息，也不能作为支付机构的破产财产。[2]约定货币的发行与管理机构，通常既是约定货币的发行主体，也是其经营管理主体。

清算经营主体是指依法享有货币支付结算的清算业务经营管理权的银行业机构，它们具体包括行业清算机构、国家清算机构、国际清算机构等。其中，行业清算机构是指依法享有本行业支付结算的清算业务经营管理权的银行业机构，具体包括商业银行支付结算的清算机构和公共网络支付结算的清算机构。国家清算机构是指依法享有整个国家支付结算的清算业务经营管理权的机构，它通常是中央银行自身或其附属机构。国际清算机构是指依据成员机构之间的约定，享有对成员机构之间国际支付结算的清算业务经营管理权的机构，具体包括以中央银行为成员的清算机构、以普通商业银行为成员的清算机构、以其他支付机构为成员的清算机构，以及由某国设立的专业经营国际成员之间清算业务的清算机构。[3]

---

　　[1]　参见英国不同时期的《银行法》，美国《国民银行法》《银行控股公司法》及其修正案，我国《商业银行法》《银行业监督管理法》等的规定。

　　[2]　参见我国《中国人民银行法》《银行业监督管理法》《非金融机构支付服务管理办法》《非银行支付机构客户备付金存管办法》等的规定。

　　[3]　参见《联合国国际贷记划拨示范法》《联合国电子商务示范法》《联合国结算最终性指令》《联合国电子资金划拨法律指南》，国际清算银行《系统重要性支付系统的核心原则》，欧盟《欧洲市场基础设施监管规则》《系统重要性支付系统监管要求条例》《支付服务指令》《欧洲中央银行泛欧自动实时全额结算快速转账系统指引》，国际商会《托收统一规则》，美国《电子资金划拨法》《统一商法典·4A编》《HH条例》《CHIPS规则和行政程序》《FEDWIRE资金转账日间透支协定》，我国《中国人民银行法》《银行卡清算机构管理办法》《支付清算组织管理办法》《中国现代化支付系统运行管理办法》《大额支付系统业务处理办法》《小额支付系统业务处理办法》《人民币跨境支付系统业务规则》，以及《SWIFT章程》《SWIFT服务条款和条件》等的规定。

（三）支付结算主体

货币的支付结算主体是指依法享有货币财产归属权，实施货币支付结算行为的普通社会主体，他们既包括实施支付结算行为的单位，也包括实施该行为的个人。这些主体实施的支付结算行为既包括法定货币及其衍生货币的支付结算行为，也包括约定货币及其衍生货币的支付结算行为。这些单位或个人虽然是货币法的主要货币财产权利人，有权依法实施证券货币或记账货币的支付结算行为，并依法享有基本的货币财产归属权，该权利受到货币法的严格保护。但是，他们的行为也必须遵守货币法，也必须按照货币法的要求实施其货币行为。否则，也会影响到其财产权和行为权的效力。并且，他们即使从货币法的角度丧失货币财产权，也并不一定丧失全部的财产权利，还可以依据基础性的财产利益主张财产权。[1]

支付结算主体是享有货币财产基本归属权和行为权的主体，货币法的大部分规范都是对其归属权和行为权的规范。同时，他们也必须对货币承担合理的义务和责任，不得滥用归属权利和行为权利。当代社会的货币虽然仍然是基础性财产，但这种财产同其他有体财产或知识财产存在着明显的区别，它已经不具有较高的财富储藏功能，各种社会主体持有货币后都会将其转化成为各种形式的金融资产，即使有较高的流动性需求，也会将其转化为具有较强流动性的货币资产，而不是持有货币财产本身，最常用的做法是将其转化为存款货币。对于这些主体而言，货币的主要功能是价值标准和支付结算手段，而不是财富储藏手段，将其称为支付结算主体相对于将其称为货币归属主体更为恰当。"货币被认为是价值贮藏手段或衡量财富的标准，这可能反映了经济学角度的看法，但并未获得权威支持。"[2]

二、货币法的客体

货币法的客体是指它所规范的各主体行为指向的对象，即各种类型的货币。"无论财富的社会形式如何，使用价值总是构成财富的物质内容。在我

---

〔1〕 参见我国《民法典》总则编、《中国人民银行法》《商业银行法》《票据法》《支付结算办法》等的规定。

〔2〕 ［英］查理斯·普罗克特：《曼恩论货币法律问题》，郭华春译，法律出版社2015年版，第33页。

们所要考察的社会形式中，使用价值同时又是交换价值的物质承担者"，[1]无论是何种形式的财产，它首先都必须能够表现为主体之外的客体。货币法学的核心是关于客体的法学，它的核心内容就是对各种货币的规范。当代社会流通的货币有许多种类，按照法理的认定体系主要包括：约定货币和法定货币；按照货币存在的形式主要包括：证券货币和记账货币；按照货币的本位地位主要包括：本位货币和辅助货币；按照货币的偿付地位主要包括：法偿货币和约偿货币；按照货币的法偿效力主要包括：无限法偿货币和有限法偿货币；按照货币的信用地位主要包括：结算货币、存款货币、银行票证、商业票据等。这些都是货币法规范的客体，货币法学的核心就是关于这些货币的财产归属规范，以及在此基础上形成的财产行为规范。

法学中关于客体的规范不同于其他学科，自然科学关于客体的规则是其物质构成和运动规律；经济学关于客体的规则是其价值的运行规律，以及如何运用这些规律实现高速、稳定、协调的经济运行和增长；法学关于客体的规则是研究客体创制、客体归属，以及关于客体的行为中各方相关主体应该享有的权利或权力、义务或责任，通过这些规范更好地实现社会运行和发展目标对它的功能要求，更好地为人类的生产经营和生活消费服务。货币法学中对每种货币的分类都包含着特定的权利义务或权力责任分配，每种货币都是一个权利义务或权力责任的集合，这个集合构成了这种货币的法学规定性，并通过这些规定性实现社会普遍要求的货币法学所要达到的特定社会目标。"在任何社会中，由于人类结群而居，并为控制和使用相对稀缺的资源而竞争，这些关系的发生也就势所必然。"[2]

三、货币法的行为

货币法的行为是指它所规范的各主体关于不同类型货币及其衍生财产的行为，它的核心是各相关主体的行为规范。"法律行为的本质在于旨在引起法律效果之意思的实现，在于法律制度以承认该意思方式而于法律世界中实

---

〔1〕　［德］马克思、恩格斯：《马克思恩格斯全集》（第 23 卷），人民出版社 1972 年版，第 47～48 页。

〔2〕　［英］F. H. 劳森、B. 拉登：《财产法》，施天涛等译，中国大百科全书出版社 2003 年版，第 1 页。

现行为人欲然的法律判断。"〔1〕它是在社会普遍行为规范的基础上就货币行为作出的进一步特定规范，在存在各类普通行为规范的条件下，应优先适用货币法的专门行为规范，在没有货币法的专门行为规范的条件下，应适用社会普通的行为规范。在任何一个法学体系中行为规范都是其核心内容，法学最终需要规范的正是不同主体的行为，甚至有学者认为"主体就等于它的一连串的行为"。〔2〕按照货币行为涉及主要主体类型的不同，可以将其具体分为发行监管行为、经营管理行为、支付结算行为。

（一）发行监管行为

货币的发行监管行为可以进一步分为发行兑赎行为和监督管理行为。发行兑赎行为又可以进一步分为发行行为和兑赎行为。货币发行行为是创制货币的行为，由于当代货币都已经成为主体信用货币，创制行为本身就能够取得货币发行收入，且创制行为人有义务维护币值的基本稳定，必须对创制行为有严格的创制资格限制，取得某类货币的创制资格才有权利实施货币的创制行为；否则，这种行为应该认定为非法甚至是严重犯罪行为。货币兑赎行为是支付结算主体将法定货币的证券或约定货币回兑或回赎给发行主体的行为。在当代货币体系中，法定货币的价值是不得退还的，它的回兑实质上是货币证券的兑换，是将不适宜流通的货币证券兑换为新的货币证券的行为；约定货币的回赎则是货币本身价值的退还行为，在货币权利人要求退还其货币价值时应该按照发行价值回赎该货币。〔3〕

货币的监督管理行为包括发行兑赎的监管行为和货币流通的监管行为。它通常被授予给各货币流通区域的中央银行，其他法规执行综合监督机关也享有补充性的监管权力。〔4〕货币监管权是同法定货币共同产生的一种国家权力，在法偿货币产生后它的地位得到进一步加强，在进入主体信用货币阶段后它变成了一种非常重要的国家权力。并逐渐同传统的行政权力相区别，成为相

---

〔1〕 〔德〕迪特尔·梅迪库斯：《德国民法总论》，邵建东译，法律出版社 2000 年版，第 143 页。

〔2〕 〔德〕黑格尔：《法哲学原理》，范扬、张企泰译，商务印书馆 1961 年版，第 126 页。

〔3〕 参见英国《银行特许条例》，欧盟《欧洲联盟条约》《关于欧洲中央银行体系和欧洲中央银行的议定书》，美国《联邦储备法案》，我国《中国人民银行法》《中国人民银行残缺污损人民币兑换办法》《不宜流通人民币挑剔标准》等的规定。

〔4〕 参见我国《宪法》《中国人民银行法》《银行业监督管理法》《人民检察院组织法》等的相关规定。

对独立的国家权力，有些学者称其为"第四权力"的组成部分。[1]它的监管对象主要包括，货币发行行为、货币兑赎行为、证券货币流通行为、记账货币流通行为、货币流通清算行为，以及货币经营管理主体的经营行为、货币流通工具的创制行为、社会公众的支付结算行为等。[2]这些货币行为都受到法规的严格规范，许多不仅涉及当事人的个体利益，还涉及整体货币利益，不能简单地希望通过个体对自身利益的保护使这些规范得到执行，往往还必须通过国家权力的介入才能得以实施。

（二）经营管理行为

货币的经营管理行为可以进一步分为普通经营行为和清算经营行为。普通经营行为是指银行业机构，如商业银行、支付机构，以及约定货币的发行与管理机构的行为。这些机构都属于当代社会的特殊经营机构，它们要经营货币业务，首先必须向监管机关申请获得货币业务经营管理权。非经专门授权的经营行为属于非法行为，不仅会受到监管机关或司法机关的处罚，还会导致经营行为不具有法规效力。即使是在本货币区域之外经营本区域的货币业务，也应该获得发行主体的许可，至少要得到发行主体的默许。同时，还需要遵守东道国的相关法规、得到监管机关的核准，否则，也属于非法经营行为。在英国，"即使英国没有承认相关国家或政府，英国法院在适当的情况下仍可以承认该国的货币法"。[3]同时，这些经营机构必须遵守法定或约定的证券货币、记账货币流通行为规范。

清算经营行为是指各类货币清算机构的行为。这些机构也属于当代社会的特殊经营机构，经营货币清算业务也必须取得监管机关的专门授权，否则也属于非法经营行为。如果是国际清算机构，至少也需要得到其组成成员的授权，且只能对其成员经营清算业务，并严格遵守成员间的约定。否则，也属于违约行为，影响行为的效力。同时，无论是国内清算机构还是国际清算

---

[1]　Freidman, Milton, *Should There be an Independent Monetary Authority? In Search of a Monetary Constitution*, Oxford University Press, 1962.

[2]　参见我国《中国人民银行法》《商业银行法》《银行业监督管理法》《票据法》《人民币管理条例》《支付结算办法》《非金融机构支付服务管理办法》《非银行支付机构客户备付金存管办法》等的规定。

[3]　[英]查理斯·普罗克特：《曼恩论货币法律问题》，郭华春译，法律出版社2015年版，第20页。

机构，都必须首先遵守清算货币属人性质的流通行为规范，以及本区域内清算货币属地性质的流通行为规范，还必须遵守各成员之间约定的货币流通与清算行为规范，依法按约使用特定的支付结算工具，保护本区域或外区域支付结算主体的货币权益。货币的清算行为规范主要包括，清算单证规范、清算账户规范、清算资金规范、清算程序规范，以及关于清算行为最终结果的清算效力规范、破产效力规范、责任分配规范等，这些行为规范对维护正常的货币流通秩序、提高货币流通效率具有重要意义。

（三）支付结算行为

货币的支付结算行为可以进一步分为直接支付结算行为和间接支付结算行为。货币的直接支付结算行为是指行为人之间不需要通过第三方主体，直接通过证券的交付实现货币财产权转移的货币流通行为，它是证券货币基本的货币流通行为。通常，直接支付结算行为只能在法定或约定的特定货币区域内进行，超越该货币区域的证券货币支付结算就会存在货币主权问题。在双方都不放弃一定货币主权的条件下，只能通过货币兑换行为，兑换成为统一的货币才能完成该支付结算。如果某方放弃一定的货币主权，则可能实现不同货币区域之间证券货币的直接支付结算，不需要再兑换成为统一的货币。货币直接支付结算行为的主要规范包括，货币区域行为规范、货币兑换行为规范、货币质量行为规范、货币审核行为规范、货币行为效力规范等，它们共同构成直接支付结算的行为规范体系。[1]

货币的间接支付结算行为是指行为人通过在第三方主体设立的货币账户，间接实现货币财产权转移的货币流通行为，它是记账货币基本的货币流通行为。当代社会的法定记账货币、结算货币、存款货币、货币票证、约定货币等流通行为，都是通过商业银行、支付机构、清算机构，以及约定货币的发行与管理机构的流通行为间接实现的。它既包括本货币区域内的流通行为，也包括不同货币区域间的流通行为。在支付结算关系比较复杂的条件下，往往需要通过多个货币经营管理主体才能完成流通行为。间接支付结算行为的主要规范包括，货币经营机构行为规范、货币清算机构行为规范、支付结算工具使用规范、付款人委托行为规范、收付相关主体行为规范、收款人收款行为

---

〔1〕 参见我国《中国人民银行法》《人民币管理条例》，英国《货币法》，美国《联邦储备法案》等的规定。

规范、收付款行为效力规范等。它们既有法定行为规范也有约定行为规范，法定行为规范是自动生效的规范，约定行为规范是需要满足特定条件才在受约人之间生效的规范，它们共同构成间接支付结算的行为规范体系。[1]

第四节　货币法的沿革

货币是一个古老的概念，它的产生有非常悠久的历史。我国最早使用"货币"一词是在《后汉书》中："东汉光武帝建武六年，述废铜钱，置铁钱。货币不行，百姓苦之。"货币的产生是一个过程，现在很难、也不太可能给货币的产生界定一个准确的时点，即使是货币法的产生，也很难从目前的考古发现和文献记载中给出明确的答案。但是，我们还是能够从相关资料中大致推测出货币法产生的时间，并根据货币法的不同完善程度将其分为不同的时期。纵观世界货币法的历史，可以将其分为法规货币时期、法律货币时期、国际货币时期三个主要阶段。

一、法规货币时期

从目前的考古发现和文献记载来看，世界上最早的法律肯定不是货币法。在已知的能够比较明确地了解其内容的法典，如《乌尔纳姆法典》《汉穆拉比法典》《十二铜表法》，我国的《禹刑》《汤刑》《九刑》《吕刑》中，虽然都有以货币进行赔偿的规定，却都没有具体的关于货币的规定，可见这一时期并没有完整系统的货币法。并且，从当时的市场发展情况来看，既不需要、也不可能制定出当代法学意义的货币法。但是，当时的法典中已经有了明确的货币单位，也明确统一发行金属铸币。如公元前7世纪的吕底亚金币、6世纪古希腊的德拉克马和波斯的德利克等；我国商周时期的铜贝、刀币、布币、圆钱、蚁鼻钱等。既然有了金属铸币和明确的货币单位，就不可能没有任何关于货币的强制性统一规定，只是这些规定应该主要是行政法规性的而不是国家法律性的，可以根据国王的行政命令随时发生变化。这一时

───────────

〔1〕 参见我国《民法典》总则编、《中国人民银行法》《商业银行法》《票据法》《支付结算办法》《国内信用证结算办法》《银行卡业务管理办法》《保理业务管理暂行办法》《非金融机构支付服务管理办法》等的规定。

期应该是货币法的初期状态，根据这一特点可以将这一时期称为法规货币时期。"多年以来，金属铸币权一直被认为属于君主物权，其行使无须获议会或其他批准。"[1]

法规货币时期关于货币的规定应该已经具备了货币法的核心构成要素，已有明确的货币本位、货币单位、货币发行、法偿效力、货币流通等方面的规定。这时的货币本位主要包括黄金、白银、青铜等；货币单位是以货币材料的重量单位作为单位，并且有明确的货币结构体系；有了清楚的货币发行权规定，限制、甚至完全禁止私人铸造货币；在一定程度上强制流通统一发行的货币，并有了一定的货币法偿效力的规定。但是，这一时期的货币法还不够成熟，它往往不是国家法律，而只是国王的行政命令，不同的国王经常会变动规定的内容。在货币本位方面，往往是货币材料的客体信用与国王的主体信用交织在一起。在货币发行上，虽然国王发行的货币占主导地位，却也存在私人发行货币的情况。虽然也有一定程度的流通领域和法偿效力规定，但这些规定既不完善，执行力也不是很强。特别是当时国家财政收支还是实物与货币共存的，并不完全采取货币形式，货币还没有成为完全统一的价值标准和流通手段。甚至在一些区域还广泛地存在不同类型的民间约定货币，这是由当时的市场需要决定的。

二、法律货币时期

法律货币是法规货币进一步发展的必然结果，在这一时期国家制定有明确的货币法，它是国家法律，而不是国王的行政命令，国王也没有权力通过行政命令变更货币法的内容。同时，货币法的内容也逐渐得到完善，同当代的货币法已经没有本质上的区别。首先，法律有非常明确的货币本位的规定，前期主要采取黄金、白银、青铜等金属客体信用本位体系，后期主要采取中央银行主体信用本位体系，有比较严格的货币本位信用维持的规定。其次，法律规定有严格的货币单位和单位之间的兑换比例体系，并逐渐由具体的重量单位演化为抽象的货币形式单位。再次，法律规定有严格的货币发行制度，没有获得法律授权任何人不得任意发行货币，特别是不能发行主体信

---

[1] [英]查理斯·普罗克特：《曼恩论货币法律问题》，郭华春译，法律出版社 2015 年版，第 15~16 页。

用本位货币。最后，法律还规定有严格的法偿效力制度，特别是在主体信用本位时期以后，法偿效力制度被规定得日益系统和完善。这一时期的最大特点是，随着货币的符号化、证券化、资产化，货币流通制度得到了极大的发展，结算货币、存款货币、货币票据等衍生货币逐渐成为货币流通的主要形式，并形成了完整的法律体系。

我国是世界上最早制定比较完善的货币法的国家，秦朝的《金布律》是世界上最早的货币法，主要是关于货币和市场方面的规定，也是进入法律货币时代的标志。该法对货币本位、货币单位、货币发行、法偿效力、货币流通等都作出了非常明确的规定，它以国家垄断开采货币材料、铸造货币、保证货币品质、维护流通秩序为基本特色。直到清朝末年这些基本制度都没有发生本质的变化，即使今天的货币法理论也是以此作为基本依据的。我国也是最早产生法定证券货币、法定记账货币，以及结算货币、存款货币和货币票据的国家。这些既是由货币发行、监管主体的身份因素，也是由货币支付结算主体的身份因素，以及社会经济发展状况因素等决定的。也在很大程度上是由政治、文化因素决定的，同我国历史上特殊的主体身份制度、经济制度、政治制度、文化传统等有着十分明确的相关性。直至中华民国时期颁布《国币条例》《金券条例》《兑换法币办法》《金圆券发行办法》《中华民国票据法》，新中国颁布《中国人民银行法》《商业银行法》《票据法》《人民币管理条例》等才形成今天的货币法体系。

西方最早的货币法应该是英国公元 10 世纪的《格拉利铸币法》，它是西方国家第一次以法律的形式对货币进行了比较完整系统的规定，具体内容包括货币本位、货币单位、货币铸造、法偿效力等，初步形成了英国的货币法体系。在此之前基本上没有完整系统独立的货币法律，这也是同西方的主体、经济、政治制度和文化传统联系在一起的。在此之后，随着西方这方面制度的变化、商业经济的繁荣，银行业开始逐步发展起来，货币开始由客体本位体系转化为主体本位体系。通过《金本位制度法案》《银行券法》《通货与钞票法》《银行牌照法案》《银行特许法案》《英格兰银行法案》《票据法》《支票法》等的颁布，建立起今天以英镑为核心的英国货币法体系。西方国家另外一个有较大影响力的是美国的货币法体系，它于 1792 年颁布《铸币法案》和《铜币铸造法》后开始建立自己的货币法体系，此后随着《法偿货币法案》《国民货币法》《国民银行法》《联邦储备法案》等的颁布和《统一商法典》的认同，逐步建立起以美元为核心的美国货币法体系。在此时期，约定货币的发行与流通往往被严格禁止，虽然事实上也存在各种法定货币替代工具，却没有形成约定货币流通体系。

三、国际货币时期

法律货币按照本位体系可以分为金属客体信用和中央银行主体信用两个时期。在金属客体信用时期，由于客体信用不存在主权属性，除货币法有限制性规定外，可以自由地在国际之间流通。在我国，由于某些时期货币的铸造成本高于法定价值，甚至曾经出现过周边国家通过战争手段夺取法定货币的现象。在进入中央银行主体信用时期后，货币价值的根本决定因素是发行国的经济能力，具有较高国际经济地位国家的货币往往会在弱势国家流通，这时东道国往往会放弃部分国家货币主权，甚至使外国货币在本国流通明确合法化。从法学的角度讲，货币国际流通的标志性事件是国际货币基金组织的设立和《联合国家货币金融会议最后决议书》的签订，它从法律角度使货币的国际流通具有了明确的国际法依据。

1944年联合国的主要成员国，共同签署了《联合国家货币金融会议最后决议书》及其附件《国际货币基金组织协定》。按照这两个法律文件的规定，美元是只能对国家兑换黄金的证权证券货币，其他国家的货币为设权证券货币；并规定了美元与黄金的法定兑换比例，以及其他成员国货币同美元的兑换比例，使美元具有了国际流通货币的属性。并且，在此基础上形成了国际收支调节制度、国际信贷监督制度、国际金融统计制度、国际汇率制度、国际储备制度、国际清算制度等国际货币制度体系。国际货币基金组织创制普通提款权和特别提款权两种非直接流通的记账货币，它可以通过兑换成其他国家的货币而实际流通。普通提款权相当于国际货币基金组织提供的贷款，特别提款权相当于基金组织中储备资产的提取。[1]

1971年《史密森协定》决定美元对黄金贬值，美国联邦储备委员会拒绝他国中央银行以美元兑换黄金，各国货币开始事实上实行浮动汇率。1976年达成《牙买加协定》，美元不再同黄金保持法定关系，而成为纯粹的设权证券货币，其他国家货币也不再同美元保持固定汇率，世界货币体系进入各

---

〔1〕 参见《国际货币基金组织协定》第15~25条，以及相关规范性文件的规定。

国主权货币自由竞争的时代。国际货币基金组织的普通提款权和特别提款权也不再由美元确定价值，而是由世界各主要货币确定价值。[1]各国货币的国际化流通，以及其他国家对某国货币的承认程度取决于该国货币的信誉和东道国对自身货币主权的放弃程度，不再有国际货币组织的统一规定。在此条件下，1999 年欧洲各主要国家签订《欧洲联盟条约》《关于欧洲中央银行体系和欧洲中央银行的议定书》，决定将成员国作为统一货币区域，设立欧洲中央银行，发行统一流通的欧元，使其成为依据法律规定流通的国际货币。其他国家货币要实现国际流通，则需要东道国放弃部分货币主权。[2]

当代社会的货币，不仅是支付结算工具，还是发行国影响其流通范围内经济运行和金融市场的重要工具，对世界经济影响比较大的国际性货币可以给其发行国带来巨大的直接和间接的经济利益。当然，也同时会面临许多国际经济和金融市场风险。此外，当代货币还是间接解决国家财政收支差额的重要工具，特别是在发生比较大的财政收支困难的情况下，主权国家都会在一定程度上发挥货币发行的作用。因此，虽然有许多理想主义学者提出发行世界统一货币的想法，如果要求主要国际性货币发行与流通国放弃这些利益，为了世界各国的共同利益接受世界货币的发行与流通是比较困难的，除非各国的经济状况都能够达到比较一致的情况出现。近些年来，随着网络技术的发展和多样化货币流通的需要，开始出现了各种具有无价值基础锚和有价值基础锚的约定货币。即使没有价值基础锚，也可能通过技术手段控制其发行量，从而产生由技术决定的货币本位信用。这些约定货币的发行与流通可以不受法定货币主权区域的限制，在一定程度上也能够起到国际货币的作用。纵观货币法的发展历史，它的发展方向一直是受效率和道德指引的，也是功利法和道义法价值追求的实证均衡。

―――――――――――

〔1〕 目前是由美元、欧元、人民币、日元、英镑五种货币，按照分配的比例共同确定其价值。

〔2〕 目前美元、欧元、人民币、日元、英镑等主要货币都能够在一定程度上实现国际流通，由于这些货币都具有明确的主权范围，如果超越这一范围流通，东道国就必须部分地放弃货币主权。

第三章
货币财产归属规范

第一节　货币财产的界定

　　财产是法学上的古老概念，从产生之日起就有关于它的规定，货币自形成之日起也就首先是财产，此后即成为特殊的财产。随着货币法的日益完善它也不断从普通财产中独立出来，逐渐成为一个相对独立的特殊财产体系。目前，它已经完全脱离了财产的物质形态，只保留了其价值属性，即使其价值也主要是由法定程序进行控制的。因此，必须对货币财产规范进行认真的总结研究，以维护正常的财产秩序。　"货币是最重要的现代社会沟通媒介，……没有什么能像货币那样容易引起公众敏感。"[1]

一、货币财产认定

　　财产的认定标准是财产法的首要内容，是区分法学意义上财产同其他意义上财产的根本标志，也是进行财产归属确认、财产行为认定、财产纠纷解决的必要条件。货币法的核心内容是货币财产法，研究货币法的前提是货币财产的认定问题。如果货币不能认定为法学意义上的财产，也就没有对其进一步研究的必要，也就从根本上不属于货币法的问题。作为法学意义上的财产，必须满足它的客观条件和主观条件。货币财产的客观条件是它成为财产的客观规定性，主观条件是它成为财产的主观规定性。

　　（一）客观条件认定

　　财产首先是主体之外的客观存在，任何主体都不可能把另外一个主体作

---

　　[1]　[英] 查理斯·普罗克特：《曼恩论货币法律问题》，郭华春译，法律出版社 2015 年版，第5页。

为财产。当然，如果这个客观存在与主体没有关系而应属于自然界，也不可能成为法学关注的对象。就财产客体与主体的关系来看，要成为财产必须具备效用性、稀缺性、可控性三个基本条件。财产的效用性是指客体对主体的有用性，"不论财富的社会形式如何，使用价值总是构成财富的物质内容"。[1]任何客体如果没有效用性就不可能具有价值，也就不具备成为财产的基本前提。财产的效用性既可以是物质方面也可以是精神方面的，既可以是直接的也可以是间接的，既可以是生产经营也可以是生活消费中的，甚至可以是对生产经营或生产消费具有辅助性间接效用的。就货币而言，它不具有直接的可消费性和物理上的使用价值，它对主体的效用是间接的、辅助性的，却也是当代生产经营或生活消费不可或缺的。货币虽然不具有直接的生产经营或生活消费上的效用性，却具有以其价值在支付结算上的效用性。

财产的稀缺性是指满足主体需要的这些客观存在在数量上的有限性，稀缺不仅产生经济学问题也产生法学问题。如果能够满足主体需要的客观存在是可以无限供给的，就没有必要以法的形式调整不同主体与客体之间的关系，主体之间也不可能为了可以任意满足需要的客体而发生纠纷，也就没有必要制定和实施财产法。虽然财产的价值不一定全部是由客体的稀缺性创造的，但价格却肯定与客体的稀缺性相关，没有客体的稀缺性就不可能产生交易价格。当然，财产的稀缺性既可以由客体的自然属性决定，也可以由客体的某种社会属性决定。就货币而言，金属货币的稀缺性主要是由其自然属性决定的；证券货币、记账货币的稀缺性主要是由其社会属性决定的，是发行主体主动控制其数量的结果。

财产的可控性是指满足主体需要的稀缺性客观存在，必须是主体可能以某种方式直接或间接控制的客体，并具有以合理方式排除他人控制或消费的属性。排他性是财产的基本条件，不能排除他人对财产的控制，就难以在法学上将其界定为财产，即使作出这样的界定，实践中也无法进行具体操作。同时，这种可控性还必须以合理的方式，如果控制方式不合理或不经济，社会只能选择其他方式满足主体的需要，而不是将其界定为财产。当然，财产的可控性可以是直接的也可以是间接的，只要能够对某客体进行合理的排他性支配，就能够产生交换价格、就能够界定为财产。就货币而言，金属货币

---

〔1〕 ［德］马克思、恩格斯：《马克思恩格斯全集》（第23卷），人民出版社1972年版，第48页。

和证券货币都能够为主体直接控制，能够满足可控性的需要；记账货币则只能为主体间接控制，这虽然会因为便利而使其控制程度有所降低，却还能够实现对它的支配，也具有明确的可控性。

（二）主观条件认定

财产的客观条件认定，主要强调其客观规定性，它可以界定经济学意义上的财产，却还难以认定为法学意义上的财产。要成为法学意义上的财产，还需要进行主观条件的认定。这些主观条件应包括法定性、权责性、本源性。财产的法定性是指法学意义上的财产必须得到法的承认，不能得到法的承认不得主张财产利益。社会利益是多种多样的，法保护的利益也是多种多样的，但并不一定都从财产利益的角度进行保护。要获得财产利益上的保护，首先必须在法上承认它是财产。这种承认既可以是法规的明确规定，也可以是司法中被普遍接受的裁判，甚至可以是能够被社会普遍接受的理论。"决定一种利益是否是财产并不是逻辑上的，而取决于政治选择。"[1]法定货币作为财产是有法规明确规定的，约定货币作为财产有些是法规承认的，也有些是法官裁判承认的。能够满足货币认定标准的都应该被承认为货币财产，但自称为货币的并不一定被承认为货币财产。[2]

财产的权责性是指被依法承认的财产，必须有明确的权利义务或权力责任的规定。法学上承认某客体为财产的目的，在于规定主体对其可以利用的程度和方式。因此，财产法就必须既规定主体对客体的权利或权力，也必须规定对它的义务和责任。规定权利或权力是确定对其利用的能力，规定义务或责任是明确对其利用的限度。当代社会不承认绝对的财产权利，也不承认财产的绝对归属关系，财产在本质上是主体对客体利用关系的规定。"某些法律现实主义者，以及某些批判法律学者，认为财产是一组社会关系。"[3]这些规定既可以来自规范性文件的直接规定，也可以来自当事人之间有效的约定。就货币而言，主体对法定货币享有的权利或权力、承担的义务或责任主要来

---

〔1〕 王战强："十九世纪的新财产：现代财产概念的发展"，载《经济社会体制比较》1995 年第 1 期。

〔2〕 参见我国《民法典》总则编，第 127 条的规定。我国 2007 年以前并不承认"网络虚拟货币"为财产，2007 年多部委发布《关于进一步加强网吧及网络游戏管理工作的通知》后，在司法裁判中才逐渐承认这些约定货币为财产，世界上绝大多数国家也是首先通过司法裁判承认约定货币为财产的。

〔3〕 ［美］Stephen R. Munzer、彭浩："财产社会关系论"，载《私法》2005 年第 2 期。

自法规的直接规定，约定货币则既来自法规的直接规定，也包括当事人之间的特别约定；它们的归属性权利义务或权力责任主要是由法规规定的，行为性权利义务或权力责任更多是由当事人之间约定的。

财产的本源性是指主体享有的财产权利义务或权力责任，都必须具有法承认的特定来源和依据才能成为合法财产。否则，它的财产属性也不能得到法的承认。它或是主体依法从自然界中直接取得的劳动成果，或者是来源于以某合法财产为基础进行加工生产的结果，或者是来源于主体的发明创造，或者是来源于主体的信用积累，或者是来源于财产交易的结果，或者来源于财产投入取得的利益，或者是来源于其他法规承认的权利或权力享有方式。总之，要成为财产就必须享有基本的财产权利，该财产权利还必须具有合法的权利来源。就货币而言，货币财产最终都来源于法定的货币发行权，以及依据该发行权实施的特定发行行为。没有这一本源而产生的货币，要么本身不具备货币的属性、不能成为货币，要么不会得到货币法的承认、不是法学意义上的货币。即使是通过财产交易或投资获得的货币，它也必须具有合法的来源、具有货币法承认的本源性依据。财产不能来源于主体的主观臆造，否则就不可能存在稳定的社会财产秩序。"财产的法律概念就是一组所有者自由行使不受他人干涉的关于资源的权力。"[1]

二、货币财产地位

无论是法定货币还是依法承认的约定货币，它们都是法学意义上的财产。就其财产地位而言，传统法学通常认为它是有体财产中的动产或者是对银行的债权。货币"是在发行国境内充当普遍的交易手段，由法定机构发行并依记账单位的基准对其定值的所有动产"；[2]"它们都同样是被当作动产来对待的"；[3]或者认为"货币只是相对于债务人而言的债权"。[4]货币财产在法学中的地位是货币法学必须解决的问题，它直接涉及货币财产规范的

---

〔1〕［美］罗伯特·考特、托马斯·尤伦：《法和经济学》，张军等译，上海三联书店、上海人民出版社1999年版，第125页。

〔2〕F. A. Mann, *The Legal Aspect of Money*, 5th ed., Clarendon Press, 1992, p. 8.

〔3〕［英］F.H. 劳森、B. 拉登：《财产法》，施天涛等译，中国大百科全书出版社1998年版，第35页。

〔4〕［英］查理斯·普罗克特：《曼恩论货币法律问题》，郭华春译，法律出版社2015年版，第24页。

统一性与独立性、货币纠纷适用的法学体系，最终决定着货币法纠纷的裁判结果。通常，财产独立地位的确定标准主要包括财产客体标准、财产价值标准、财产权责标准、财产行为标准。

(一) 货币客体标准

财产法是以客体为基础构建的法学体系，不同客体与主体之间会形成不同的效用关系、稀缺关系、支配关系，法学必须据此设定不同的归属和行为规范体系，并在此基础上形成不同的纠纷裁判标准和利益分配结果。因此，财产客体是划分财产法体系的重要依据。按照客体的性质和归属可以分为国家资源和社会财产。在以国家为世界基本划分单位的条件下，任何财产都首先表现为国家资源，它是产生其他财产的基础。[1]国家资源是指在国际法上可以归属于国家的各种资源，它是进一步进行财产界定的法理基础，离开国家不存在财产的法理前提。国家资源主要包括自然资源和社会资源。自然资源是指在国家领土、领海、领空等国际法界定范围内对人类具有效用性的全部自然存在，社会资源是该范围内对人类具有效用性的全部社会存在。这些资源既可以完全由国家掌握不再进行进一步划分，也可以在此基础上进一步界定社会财产或财产权，有利于更有效地满足社会个体的需要。

资源的财产界定应该是以社会发展需要为依据的，自然资源中不宜界定为私人财产的应作为公共自然资源。任何个体都享有这些资源的合理利用权、资源探查权、资源开采权、资源使用权、资源收益权，利用这些资源实现个体利益。[2]同时，也必须承担对自然资源保护的义务和责任，为社会的共同利益服务。社会资源中不宜界定为私人财产的应作为公共社会资源，如人文资源、信息资源等。任何个体应该享有这些资源的合理利用权、开发经营权、经营收益权等，以利于这些资源的积累和保护。这些客体的自然属性和社会属性决定了，不能将其完全界定为私人财产权。同时，为了这些资源的合理开发和利用，也必须界定在此之上的私人财产权利，这些私人财产权

---

〔1〕 社会以个体为起源的契约论只是一种道义论的假说，并不是人类社会的现实，理论界已经没有人再完全认同道义契约论。人类社会首先并不是绝对的个人独立和个人财产，它首先表现为氏族、部落、国家，然后才能从这个整体中划分出个体。没有这个整体，人类就没有生存的基础，更无从谈起个体财产利益的划分。整体和个体是一个问题的两个方面，社会既需要个体也需要整体。

〔2〕 参见我国《民法典》物权编、《森林法》《草原法》《水法》《矿产资源法》《煤炭法》《土地管理法》《专属经济区和大陆架法》《海域使用管理法》，以及各国相关法规的具体规定。

利也必须受到财产法的严格保护。财产法和财产权不是简单的公私划分，它是一个综合的权利义务或权力责任体系。

在市场经济条件下，财产法的核心是完全或主要可以界定为个体权利的部分，个体财产权利才是市场经济运行的根本动力，也是市场经济发展的重要目标，居民生活水平的提高在很大程度上是以财产的数量和质量为标志的。按照客体性质的不同的，可以具体分为有体财产、知识财产、虚拟财产、信用财产等。有体财产的客体是自然物质，具有唯一性、实体可控性和不可同时使用性。知识财产的客体是人类的发明创造，既不具有唯一性也不具有直接可控性，还能够被不同主体同时使用。虚拟财产的客体是存在于网络空间的成果，它的生产和消费都只能在虚拟空间内，同实体生产经营和消费没有直接关系。信用财产的客体是某客观存在的可信任性，它客体的存在取决于主体对其社会评价的维护程度，在客体的维护主体同客体权利的享有主体不一致时存在巨大的财产风险。信用财产主要表现为货币信用和产业信用，产业信用在现实中主要表现为商标、商誉等。

从财产法的角度讲，财产的客体不同，它存在的方式就不同，对财产本身的维护责任也就不同；财产的客体不同，它对主体的功能也不同，拥有财产的目的、能够实施的财产行为、支配它的方式也就不同。财产客体的这些区别必然导致财产的创制规范、维护规范、归属规范、行为规范，以及可能产生的财产纠纷类型具有非常大的区别，这些必然成为划分财产法类型的重要依据。就货币客体而言，它虽然同产业信用具有一致性，却也有本质的区别。货币信用中既包括发行主体的信用，也包括货币客体本身的信用，货币的财产价值虽然主要是由发行主体维护的，但它并不是货币财产权的持有主体，它在货币价值和货币权利上是分离的。同时，由于货币财产客体在本质上只是一个价值符号，也不具有实际的使用价值，导致它在持有方式、行为内容、行为方式、行为目的、行为结果等方面同其他财产有明显的区别。这些客体上的区别决定了在财产法上将其同其他财产完全等同是不可行的，它应该是相对独立的财产类型。"货币越是在本质意义上成其为货币，人们也就越不会在物质意义上需要货币。"[1]并且，它也不是交易的对象。"如果

---

〔1〕　〔德〕西美尔：《货币哲学》，陈戎女译，华夏出版社 2002 年版，第 182 页。

货币是交换媒介，就不能成为交易的客体。"[1]

(二) 货币价值标准

法学是以明确的价值追求为基础构建起来的社会科学，"法规范始终在追寻特定目的……它同时也是一种由较高位阶的总体出发所作的思考"。[2]不同类型的财产由于在社会中发挥的作用不同，法学对它们的价值追求设定也不同。对于有体财产而言，它的核心价值在于财产的使用，而占有财产的客体又是使用的前提。因此，法学非常强调对其客体占有稳定性的保护，甚至将其归属权利设定为独立于主体关系的权利，权利人可以直接对客体行使追及权。知识财产的核心价值在于保护发明创造，在权利归属上既强调发明创造人的权利，也强调投资人的权利，它的财产权利有明确的有效期限，当它不再先进了，财产权利也就灭失了。产业信用财产的核心价值在于保护产品或服务质量的信用，严格禁止非权利人使用他人商标、标识、名称，甚至禁止各种混淆、近似标志或名称的使用，以维护权利人的产业信用利益。"法的价值追求是指法满足社会需要的属性，是法的应有价值和目标价值。"[3]法学价值追求不同，它的权利义务或权力责任内容也就不同，在法学上就必须将其分为不同的财产类型。

货币不仅在客体上同其他财产有本质区别，在价值追求上也同其他财产有本质的区别，它的基本价值追求是价值稳定、效率提高、经济增长。[4]第一，无论是在客体本位货币还在主体本位货币时代，对于货币持有人而言，货币本身的价值量都是一个外在的变量，他没有能力决定自己持有财产的价值。在此条件下，稳定币值就成为货币法的基本价值追求，这一价值追求在其他财产法中是不存在的，也当然不会有相应的规范。第二，货币流通的基本价值追求是提高流通效率，它的全部流通行为规范都是围绕着这一目标而

---

〔1〕 [英] 查理斯·普罗克特：《曼恩论货币法律问题》，郭华春译，法律出版社 2015 年版，第 33 页。

〔2〕 [德] 卡尔·拉伦茨：《法学方法论》，陈爱娥译，商务印书馆 2003 年版，第 12 页。

〔3〕 [英] 彼得·斯坦、约翰·香德：《西方社会的法律价值》，王献平译，中国人民公安大学出版社 1990 年版，第 3 页。

〔4〕 我国《中国人民银行法》规定的货币基本价值追求为"保持货币币值的稳定，并以此促进经济增长"；美国 1977 年《联邦储备法案》规定的货币基本价值追求为：经济增长、充分就业、币值稳定（Federal Reserve Act：①To promote maximum output and employment；②To promote stable prices）。

设定的，这种价值追求在其他财产法中也是明显不同的。第三，当代社会的货币不仅是调控经济运行和增长的基本工具，还要追求经济增长以及相关的充分就业和国际收支平衡等目标，这些价值追求也是其他财产法不可能充分考虑的。事实上，不仅其他财产法不可能将这些内容其作为价值追求，甚至基本上不会考虑这些问题。在如此不同的法学思想指导下制定的法，它们在具体内容上是不可能相同的，也更不可能将其作为同一财产类型，按照共同的规则处理货币财产案件。

（三）货币权责标准

财产法的具体表现是设定在某财产上的权利义务或权力责任，它是按照该财产的客体属性为实现其价值追求服务的。有体财产法的基本内容是财产的权利，具体包括归属权、占有权、使用权、收益权、处分权等。[1]事实上，完整的有体财产法不仅规定权利也规定义务，甚至还规定了权力与责任，只是这些内容规定在相关的其他法律之中。[2]知识财产法和产业信用财产法的基本内容也是财产权利，具体包括认定权、归属权、使用权、收益权、处分权等。由于它们之间的客体不同，知识财产和产业信用财产就不存在占有权的规定，作为发明创新的客体或信用的客体，是难以有事实上的占有权的。并且，是否构成知识财产或产业信用财产还需要国家相关机关的认定，其他权利内容即使名称相同，具体含义也不完全相同。如果将自然资源和社会资源的财产权也考虑在内差异就会更大，它们不可能具有个体的归属权，却可能有认定权、占有权、使用权、收益权、处分权，但这些权利内容都是不完整的。并且，还往往会受到国家权力的限制，甚至还规定有义务和责任。因此，虽然它们都是财产，却由于差异比较大，不可能置于同一财产法中进行统一规定，而必须单独或相对独立地制定不同类型的财产法，对它们的财产权利义务或权力责任分别进行规范。

货币法的权利义务或权力责任同这些财产相比，差异更加明显，无论是

―――――――――――

〔1〕　法国大革命及后来的法国《民法典》将道义契约论贯彻到现实的法律中，将社会的起源理解为绝对独立的个人和绝对独立的财产，财产绝对归属个人；并规定"所有权是对于物有绝对无限制地使用、收益及处分的权利"（参见法国《民法典》第544条的规定）。事实上，任何主体都不可能享有某财产所有的权利，且不说财产中还包含义务和权力与责任。因此，这里使用归属权而不再使用所有权的概念。

〔2〕　在各国的宪法、行政法、经济法、自然资源法等法律文件中，都有对个体财产权的限制性规定。

法定货币还是约定货币，它的首要权利或权力都是货币发行权，它是一切货币财产权的基础。并且，发行主体还因此享有货币发行收入归属权和承担发行费用支付义务。货币持有人并不是其全部财产权的完全享有人，他享有的只是以货币价值为内容的财产价值权利。同时，货币价值的高低不是由持有人决定的，而是由发行人决定的，发行人需要承担在一定幅度内保证货币价值稳定的义务或责任。另外，货币不存在占有权、使用权的问题，货币的客体是客体或主体的信用，它不可能被货币持有人占有或使用，更不可能用于实际的消费。货币持有人只能进行货币本身价值的保存或作为支付结算工具，在此他只享有价值的保存或支付结算权利。再者，货币持有人也不享有货币本身的收益权和处分权，货币本身不能占有和使用，没有占有权和使用权就不可能直接产生收益权和处分权。货币本身是不具有价值的直接增值性的，只有将其价值用于投资，转化为其他财产，如股权、债权、存款权等才可能产生收益权。货币本身只能进行支付结算、不能直接处分，直接处分法定货币的行为属于非法行为，处分约定货币的行为属于违约行为。[1] 因此，即使按照权责标准，货币也应该是相对独立的财产。

（四）货币行为标准

法学最终要解决的是行为问题，没有行为就不会有违法或违约，研究法学也就没有直接意义，甚至有学者认为"主体就等于它一连串的行为"。[2] 财产法的起点虽然是财产的创制或财产权的归属，核心问题还是行为问题。传统有体财产法理论不承认存在财产行为，将财产进行"物权和债权"的选择性划分，认为财产权非物权即债权。这种划分在处理法学问题上确实有一定的道理，也能够比较清晰地解决部分财产法问题。但是，它忽略了财产的归属也是由某种特定的行为，如登记行为、颁发证书的行为、占有行为等形成的。并且，通过行为可以依法确定或约定无限多种优先权和特殊类型的财产权利，如担保财产权、股东财产权、信托财产权、存款财产权、结算财产权等，这些财产权中既包括支配权又包括请求权，现实的财产权许多都是综合性的。"仅仅从物权出发，将物权作为法律规

---

〔1〕 从古至今，货币持有人都没有任意处分货币的权利，即使是约定货币也不得任意处分。这是由于货币持有人并不享有完整的货币财产权，他只享有货币价值的权利，只能处分货币价值而不是货币的全部权利。

〔2〕 ［德］黑格尔：《法哲学原理》，范扬、张企泰译，商务印书馆1961年版，第126页。

定的真实对象，将债权只建构为获得物权的手段，该上述两种方式都是不合适的。"[1]

财产不仅包括有体财产，还包括知识财产、虚拟财产、产业信用、货币财产等，这已经是当代社会的财产法事实；甚至还应包括公共自然资源和社会资源，它们中的某些权利也是现实的财产权，有些还是非常重要的财产权，如土地使用权、采矿权、资源使用权、合理利用权等。试图在物权和债权之间划出一条清晰的界限，即使在理论上也有不可克服的困难。[2]在法学上应将其修改为客体法和行为法，分别总结财产的客体规范和行为规范。其中，客体法主要研究总结关于财产本身的原生性规范，特别是其中的归属性权利规范；行为法主要研究总结关于财产行为的衍生性规范，特别是法定的行为规范。不应再以"物权优先、债权平等"的原则来构建这两个财产法体系，在当代社会，归属权不一定优先，行为权也不一定平等，它们都是一个优先权系列，不同的法律规定或约定会形成不同的优先权。

货币财产是一个更加复杂的财产体系，它不仅在归属规范上相对独立于其他财产，在行为规范上也是其他行为规范无法替代的。从归属规范的角度讲，货币不存在客体直接归属问题，只存在客体价值的直接归属问题；从行为规范的角度讲，无论是货币发行行为、货币兑赎行为，还是货币流通行为、流通清算行为等，都基本上不能直接使用其他财产法的行为规范，都是由特殊的法规调整的，各相关主体都享有不同的权利或权力、承担不同的义务或责任。这是由货币在当代社会中的地位和性质决定的，它们大多不是普通主体根据自由意志实施的任意性行为。即使是对约定货币而言，它的货币发行主体资格、货币发行行为、货币发行数量、货币价值稳定、货币流通范围、货币流通安全、货币赎回行为也都应是有严格规范的，不能简单地将其理解为普通的合同行为，因为它关系到各方当事人的利益，以及整个社会的

---

[1]　[德] 罗尔夫·克尼佩尔：《法律与历史——论〈德国民法典〉的形成与变迁》，朱岩译，法律出版社 2003 年版，第 236 页。

[2]　在目前世界各国的法律体系中，不仅债权具有时限，为使有限的资源得到合理利用物权也有时限的限制；如我国《民法典》第 188 条规定，主张权利时限最长 20 年，英国法规定财产权异议期限为 12 年。

经济秩序和货币秩序。[1]因此，即使从行为法的角度看，货币法也应具有相对独立的地位，不能简单地附属于其他财产法。

三、货币财产结构

货币不仅在财产地位上不同于其他财产，在财产结构上也同其他财产有明显的区别。它不仅从法理认定的角度有法定货币与约定货币之分，在财产性质上不同于有体财产、知识财产、产业信用财产、网络虚拟财产，在货币财产内部还存在着严格的结构层次。货币财产的权利或权力并不是由某个主体独立享有的，它的义务或责任也不是由某个主体独立承担的。按照货币所处的行为领域，可以将其分为货币客体结构和货币信用结构。

（一）货币客体结构

货币的客体是信用，客体本位货币是客体的信用，主体本位货币是主体的信用。当代社会由于流通的都是主体本位货币，货币的客体都已经表现为发行主体的信用，它直接决定着货币价值的高低和波动情况。因此，无论是对于法定货币，还是对于约定货币，都对其发行主体有严格的限制，法定货币的发行主体通常只能是各货币区域的中央银行，约定货币的发行主体必须是监管机关核准的单位。货币法还严格控制货币的发行数量和流通价值，严格禁止货币价值的大幅度波动。否则，发行主体就必须承担相应的货币法责任。同时，发行主体还必须将发行收入和自身的其他财产作为货币价值的担保，或者作为货币持有人价值损失的补偿。就此而言，货币财产的客体应该最终归属于货币发行主体，毕竟它是发行主体的信用。

货币财产的客体是一个双层次结构，它既是发行主体的信用，同时在货币持有人持有货币后他也享有归属权。事实上，货币发行主体享有的是货币的创制权和发行收入获取权，同时必须向持有人担保货币价值的基本稳定。货币持有人享有的是货币价值的归属权，而不是货币本身的归属权，货币本身只是一个价值的信用符号，既不具有现实的客体，也不具有可消费性，更没有有体财产法意义上的占有权、使用权、收益权、处分权。货币持有人享

---

[1]　参见美国《虚拟货币业务统一监管法》，日本《金融科技修订法》《资金结算法》，芬兰《虚拟货币提供商法案》，我国《关于加强网络游戏虚拟货币管理工作的通知》《关于防范代币发行融资风险的公告》等相关规定。

有的并不是完整的货币权，而仅仅是货币财产价值的归属权。"唯一取消了对商品种类依赖性的所有权客体的是货币，其之所以是货币，恰恰是因为货币不能够用于使用和用益。"[1]并且，这个价值归属权中的价值量还是由发行主体决定的，而不是由持有人决定的。货币财产具有非常特殊的客体结构，它包括发行主体和持有主体两个财产结构层次。

（二）货币信用结构

货币不仅具有特殊的财产客体结构，还因客体信用的不同而被区分为不同的主体信用结构。按照主体信用层级的不同，可以将其具体分为法定货币、结算货币、存款货币、货币票证和约定货币等。法定货币是由中央银行垄断发行的货币，中央银行作为国家机关，它代表的是国家的信用。虽然国家信用并不能保证货币价值的绝对稳定，它对货币价值的调整还会受到国家经济实力的影响，还会考虑到经济增长、充分就业、国际收支平衡等问题，但通常认为它应该是具有最高信用层级的货币。结算货币通常是专业支付结算机构经营的货币，它是法定货币的直接转化形式，需要将付款人的货币全部保管于中央银行或商业银行作为备付金，不能成为支付结算机构的破产财产。它的信用水平取决于保管机构的信用水平，具有仅次于法定货币本身的信用水平，应是具有第二层次信用水平的货币。[2]

存款货币通常是由法定货币转化成的银行存款，约定货币由于法规通常会限制它的流通范围，仅能够在受约人之间以记账货币的形成流通，不会形成可以进行存款投资的商业银行性货币运行机制，不会成为商业银行的存款货币。存款货币的最终价值不仅取决于法定货币的价值，还取决于存款银行的信用水平，它能够成为存款银行的破产财产，存款银行任何信用水平的变化都会影响到它的实际价值。[3]货币票证的信用水平实质上是票证付款人的信用水平，银行票证等同于商业银行的信用水平，商业票据等同于非银行付款人的信用水平。约定货币的信用等同于发行人的信用水平，就目前来讲，

〔1〕［德］罗尔夫·克尼佩尔：《法律与历史——论〈德国民法典〉的形成与变迁》，朱岩译，法律出版社2003年版，第243页。

〔2〕参见我国《中国人民银行法》《商业银行法》《非金融机构支付服务管理办法》《非银行支付机构客户备付金存管办法》等法规的相关规定。

〔3〕参见我国《企业破产法》《商业银行法》《存款保险条例》，以及其他国家破产法、银行法的相关规定。

由于它的发行人均为普通单位，它的信用水平应等同于商业票据的水平。由此可见，货币不仅是相对独立的财产体系，还是价值结构相当复杂的财产体系。它的财产性质、财产结构进一步决定了它的归属关系和法规关系是非常复杂的，必须由相对独立的财产法体系对其进行专门的规范。"从远古直到1971 年，每种主要货币都直接或间接地与一种商品相联系。……直到尼克松总统最终中止了纸币与商品的联系，……自那以后，再没有哪一种主要货币与商品有任何联系。"[1]

第二节　货币财产的归属

货币财产的界定是厘清它与其他财产的相关关系，以及其内部的客体和信用层级关系，这是进一步研究和总结货币财产归属关系的前提。在财产法领域，财产的首要法学问题是它的归属权利或权力问题，它既是产生财产行为的基础，也是财产纠纷裁判的基本依据。货币对于其持有人而言享有的仅是价值权利，它的财产归属问题主要是价值归属问题，而不是全部客体归属问题，它的归属规范也不同于其他财产。货币财产归属的基本规范主要包括，证券持有归属、记账登记归属、虚拟核算归属。

一、证券持有归属

货币财产的本质是客体或主体的信用价值及其衍化形式，它们都是财产归属主体无法直接掌握和控制的。然而，财产必须有明确的权利掌控和认定工具才能证明其存在，主体才能据此实施财产行为。因此，必须为货币财产归属关系的掌控与认定设计一定的工具。它可以有许多种类型，在客体本位货币条件下可以是金属货币本身，在主体本位货币条件下由于发行主体的信用不再具备特定的物质形态，只能设计成为特定类型的证券或证书。货币持有人凭借此证券或证书证明自己为该货币价值的权利人，享有该价值的财产权。"由于个人财产的组成成分在货币数量的财产中解体了，由此个人的财

---

〔1〕〔美〕米尔顿·弗里德曼：《货币的祸害——货币史片断》，安佳译，商务印书馆 2006 年版，第 19 页。

产转入到一个纯粹的数量中。"[1]

(一) 货币证券类型

这里的货币证券是指货币发行人或付款人亲自或委托他人制作的，以此为依据设定相关货币价值权利的证券或证书。这种证券或证书不是证明某种已经存在的权利或权力，而是设定某种货币价值权利，持有人只要持有该证券或证书，即享有其记载的货币价值财产权，其他主体不得以其他理由否认持有人的货币财产权。该证券或证书就是货币财产权的本源性来源，货币法不承认任何其他货币财产权利来源。即使证券或证书持有人取得该证券或证书的行为违法或违约，也不影响持有人对货币财产权的享有和行使。主张该货币财产权存在瑕疵的主体，最终只能通过普通财产法关系向持有人主张财产请求权而不能主张货币财产归属权。这些具有货币财产权归属效力的证券或证书主要包括，设权货币证券和设权储值工具。

设权货币证券是指依法有权设定独立货币财产权的主体发行的货币证券，主要包括法定证券货币和约定证券货币。法定证券货币是由国家造币单位专门制作的、代表货币财产权的证券。它一旦被社会公众持有，就代表持有人享有证券上记载数额的货币财产权，除非货币发行人能够明确证明该证券为伪造或变造，否则即使事实上是伪造或变造的，也不影响持有人享有货币财产权，这是由货币法的性质决定的。[2]不仅法定货币可以采取证券的形式发行，约定货币也可以采取证券的形式发行。约定证券货币持有人依据他与发行人和其他受约人的约定，也依法按约享有独立的货币财产权。如果约定货币证券被伪造或变造，且发行人不能证明哪些证券是伪造或变造的，他也只能接受它的货币财产权性质，因此而受到的损失在货币法的范围内只能由发行人自己承担，然后再通过普通财产法进行追偿。

设权储值工具是指依法有权设定独立货币财产权的主体发行的储值工具，主要表现为结算货币或存款货币的储值券或储值卡。货币储值券是指由

---

[1] [德] 罗尔夫·克尼佩尔：《法律与历史——论〈德国民法典〉的形成与变迁》，朱岩译，法律出版社 2003 年版，第 282 页。

[2] 在不同的历史时期，都曾经出现过敌对国家之间相互印刷对方法定证券货币投入流通的情况，对方国家虽然明知存在这种现象也不得不接受这一现实，它无法证明哪些证券货币是伪造的。即使目前也有许多货币被伪造或变造的情况，如果合法的发行人不能证明它是伪造或变造的货币，货币法就只能承认它们都是合法货币，货币发行人不能就货币总额主张抗辩。

发行人发行的，代表结算货币或存款货币价值的不记名、不挂失的，仅凭持有就对其享有相应货币财产权利的储值票据。它在现实生活中主要是指商业银行的定额保付票据、非银行业的定额商业票据等。它们本身就代表相应的货币财产权利，即使有其他证据证明持有人的持有存在瑕疵，这种证明也不具有货币法上的效力。货币储值卡是指由发行主体发行的，代表结算货币或存款货币价值的不记名、不挂失的，仅凭持有就对其享有相应货币财产权利的储值卡片。它在现实生活中主要表现为金融机构的储值卡片或普通单位的消费卡片等，它们本身就代表相应的货币财产权利，即使有其他证据证明持卡人的权利存在瑕疵，也只能通过普通财产法主张财产权，无权对抗持卡人的货币财产权利。"换言之，纸币构成了持有人的货币资产。"[1]

（二）证券持有认定

货币财产权的证券持有归属，是确认货币财产权的基本方式之一，它的认定必须具备法定的必要条件，这些条件主要包括承诺条件、持有条件、本证条件。发行人的承诺条件是指发行人在发行该货币证券时必须明确承诺，本证券不以任何形式的姓名或名称登记作为确认财产权的依据，且仅以货币证券的持有事实作为享有货币财产权的依据，如果没有这种承诺，就难以构成货币财产权的证券持有归属。证券持有条件是指持有人持有该货币证券的事实，只有持有人事实上持有该证券，才能享有货币财产权。发行人本证条件是指发行人是持有人货币财产权抗辩的本证方，如果不能证明某主体持有的证券是非本人发行的，就必须按照承诺承认持有人享有货币财产权，且只能对特定证券而不能对该证券的发行总额主张抗辩。[2]

特定证券抗辩和总额抗辩的区别在于，它仅是对特定持有人持有的特定证券的抗辩，只要不能证明该特定证券是伪造或变造的，就只能认定为合法有效的证券，持有人就享有该证券代表货币价值的财产权。证券总额抗辩是在发生伪造或变造且发行人不能辨别的条件下，依据发行总额与流通总额的差额而否认某持有人享有货币财产权。他只能通过普通财产法向伪造或变造人主张赔偿权利，这种赔偿同货币法没有直接关系。同时，发行人不得因流

---

〔1〕　[英] 查理斯·普罗克特：《曼恩论货币法律问题》，郭华春译，法律出版社 2015 年版，第 35 页。

〔2〕　这里的本证方是指在纠纷裁判中承担证明责任的一方，它是由法规或法官依法进行具体分配的，如果本证方不能证明自己的主张就必须承担不利的裁判结果，反证方无须提供反证。

通总额高于发行总额而进行相应比例的货币贬值，它只能通过其他法律和财产关系向伪造人或变造人追偿损失。并且，对于该类货币的收款方而言，如果是法偿货币，他必须无条件接受，不得因有贬值的可能而拒绝接受；对于约偿货币而言，也必须遵守约定不得违约拒绝接受。"现在，在所有国家的货币法律中都明确规定了货币的唯名主义。"〔1〕

二、记账登记归属

货币不仅可以用证券或证书作为财产价值的掌控和认定工具，还可以用特定账户记载的方式作为其财产价值的掌控和认定工具。采取何种方式既取决于法规的规定，但更多情况下是取决于支付结算各方的选择。在没有法规约束的条件下，证券货币主要服务于小数额的支付结算，记账货币主要服务于大数额的支付结算。它们之间不仅存在财产价值掌控和认定工具的区别，还可能存在货币财产性质、具体归属认定标准等的区别。〔2〕

（一）记账凭证类型

记账货币是现实生活中的主导性货币形式，特别是随着网络技术和通信技术的发展，以及公众对货币支付结算便利性需求的增长，它在货币中的地位会越来越高，使用规模会越来越大。在目前和可以预见到的未来，记账货币的基本类型主要包括法定记账货币、约定记账货币，以及在它们的基础上衍化而来的结算货币、存款货币等。记账货币不是货币财产权利人亲自直接持有的货币，而是保存于货币经营机构为权利人专门设立的货币账户中的货币。从本质上讲，权利人的货币财产就是这些货币账户中的数字记录，它的财产数额就是账户记录的余额。由于这些记录并不能为权利人直接掌握或控制，还必须为财产权利人设计货币财产权的凭证，这些凭证主要包括账户凭证、账户记录、身份证明。

账户凭证是指记载有权利人货币账户号码和名称的账户工具，持有该凭证即能够证明该账户内的货币余额属于该凭证记载的权利人。通常，现实生

---

〔1〕　[德] 罗尔夫·克尼佩尔：《法律与历史——论〈德国民法典〉的形成与变迁》，朱岩译，法律出版社2003年版，第289页。

〔2〕　参见我国《商业银行法》《票据法》《现金管理暂行条例》《支付结算办法》《非金融机构支付服务管理办法》《银行账户管理办法》，美国《统一商法典》，日本《资金结算法》等关于记账货币支付结算的规定。

活中的账户凭证主要包括，账户证书、账户卡片、账户程序等。账户证书是记载有账户号码、名称、货币余额等相关信息的书面账户凭证；账户卡片是采用电磁卡片的方式记录账户号码、名称等相关信息的卡片式电子账户凭证；账户程序是安装于电子处理设备中的账户登录程序，能够合法登录账户的主体即认定为账户权利人。它们的作用都是用于证明该证书、卡片的持有人或程序操作人即为账户的可能权利人，没有账户凭证则不可能享有账户货币的财产权，仅凭账户凭证也不能享有货币财产权。

账户记录是指登记有号码和名称的账户中货币收支及收支余额的不同形式的记录，它代表的是货币财产权的价值数额，既可以记载于货币经营机构的纸质账簿中，也可以记载于电子账簿中，还可以去中心化地记载于每位收付款人的区块链式货币收支账户中。身份证明是指货币持有人的身份证明，它可以是纸质或卡质的身份证书，也可以是约定的身份密码，还可以是默认账户的凭证持有人即为权利人本人。具体以何种方式确认权利人的身份，取决于事先与货币经营机构的约定，通常多以账户凭证和身份证明二者共同证明某货币账户中的货币财产归属于特定权利人。在当事人同货币经营机构当面办理支付结算业务的条件下，通常需要账户凭证、身份证明和本人三项证据才能证明货币财产的归属关系。在非当面办理支付结算业务的条件下，往往需要账户凭证和身份证明两项证据；甚至可以仅需要账户凭证一项证据，就可以证明支付结算操作人即为货币权利人；这里的身份证明通常是指操作人的电子签名。[1]

（二）账户持有认定

货币财产权的账户持有归属，是确认货币财产权的基本方式之一。它认定的法定条件主要包括货币经营权利、货币账户约定、凭证合格标准、差异认定标准、代理认定标准、损失救济标准等。记账货币需要记录在货币经营机构为客户开设的货币账户中，它首先需要保证账户本身是合法有效的，它的基本条件是经营机构必须依法享有货币经营权；否则，货币账户应为无效账户，账户中的货币财产也不会受到货币法的保护，只能通过普通财产法主

---

[1] 参见我国《电子签名法》《商业银行法》《票据法》《支付结算办法》《银行卡业务管理办法》等的规定，以及美国《统一电子交易法》，欧盟《电子签名指令》，《联合国电子商务示范法》等的规定。

张财产权。记账货币的种类很多，每种货币又可以同经营机构有不同的约定，在法规许可的范围内，合法有效的约定确认方式就是实际的归属权认定方式。按照约定的凭证和凭证合格标准，只要客户能够提供纸质或电子的确认凭证，且符合法定和约定标准，就享有货币的财产权利。

如果在提供的相关凭证中，存在经营机构与客户记录不一致的情况时，经营机构应该作为证明客户记录凭证存在瑕疵的本证方。如果不能证明，就必须承认客户的货币财产权。经营机构与客户之间都可以委托代理人代理确认货币财产权，只要符合代理人认定的法定或约定条件，代理人的行为就具有货币法上的效力。当代社会的记账货币都是由商业银行、专业支付结算机构等经营的，它是以经营机构为核心面向众多客户的支付结算行为，并以此从客户的收费中取得业务经营收益。在此过程中，它既可以在许可范围内选择效率较高、风险较大的经营模式，也可以选择安全度较高、风险较小的经营模式，这会使客户的货币财产权面临不同的损失风险。如果客户的货币财产权受到不确定侵害，只要不能证明客户没有尽到合理的注意义务，经营机构就必须承担客户损失，保护客户的货币财产权。[1]如果客户的货币财产价值受到非法侵害，经营机构必须承担损失赔偿责任。[2]

三、虚拟核算归属

在当代社会，货币经营机构不仅可以通过记账货币管理客户的货币财产，并承担相应的货币财产责任。在法规许可的条件下，还可以通过货币记账方式，将客户账户中未实际支出的余额虚拟登记为自己的货币财产。在不改变记账货币归属关系和数额的条件下，将其以自己的名义用于贷款投资、其他投资等业务，从而获取货币经营收益。利用这种记账方式可以将某货币财产转化为"货币乘数倍"的货币财产，从而产生由于会计核算技术形成的货币财产虚拟核算归属。从货币财产权的角度讲，它既是真实的货币财产，

---

〔1〕 参见我国《商业银行法》《票据法》《支付结算办法》《非金融机构支付服务管理办法》《最高人民法院关于审理票据纠纷案件若干问题的规定》《最高人民法院关于审理银行卡民事纠纷案件若干问题的规定》等的规定。

〔2〕 参见我国《商业银行法》《外国中央银行财产司法强制措施豁免法》《金融机构协助查询、冻结、扣划工作管理规定》等的相关规定。

也是真实的货币财产归属。[1]

（一）虚拟核算类型

货币账户的虚拟核算是银行业的特定经营方式导致的，它突破了物质财产单一财产权的限制，通过会计核算技术而产生的货币财产。它并不是虚假的货币财产，只是事实上增加了货币财产的数量，这些货币也都是真实的货币财产。这种技术只有通过银行业的存款和贷款或其他投资业务才能够实现，它实质上是在存款货币账户中货币数量和归属没有改变的条件下，将存款人的存款货币余额同时又登记为银行业的投资资金来源，即将同一数量的货币财产进行了再次会计登记而产生的。[2]它的前提条件是，货币财产只是一种价值符号而非实际的有体财产，如果是有体财产则无法将同一物质变成同样的多个物质，并同时被登记为不同主体享有归属权的财产。就此而言，货币同有体财产具有本质区别，有体财产不可能同时设定多个相同归属权。"市民财产权利的任何对象都不可能完全抽取掉一般的资金化，但是货币却极端地摆脱了所有的有体物，成为了纯粹的清偿能力。"[3]

能够通过会计核算创造派生货币财产的只有存款货币，它的具体创造手段主要包括存款货币和在途货币两种形式。将货币财产转化为存款货币是银行业的特权，只有享有这种特权才能够实现将同一财产转化为两种同时存在的归属权。从理论上讲，存款货币既可以通过法定货币转化，也可以通过约定货币转化。但是，为了控制约定货币的流通范围，许多国家的货币法都禁止将约定货币转化为存款货币，它只能以结算货币的形式存在，从而不会通过会计核算手段使账户中的货币收支余额同时也形成银行业的归属权。[4]并且，即使是法定记账货币账户，也不得登记银行业的货币归属权，从而使其不具有创造新的货币归属权的能力。能够创造货币归属权的另外一种形式是

---

[1] 货币乘数是货币银行学中的一个概念，它是指货币供应量与基础货币量的比值，它反映的是记账货币可以通过存款、贷款或投资关系，从最初的基础货币中派生出多倍的记账货币。

[2] 这里的银行业是指任何依法有权吸收公众存款、将其转化为存款货币，并用该存款货币进行投资的货币经营机构，它们都有能力通过会计核算将同一存款货币转化为多倍的存款货币。

[3] ［德］罗尔夫·克尼佩尔：《法律与历史——论〈德国民法典〉的形成与变迁》，朱岩译，法律出版社2003年版，第287页。

[4] 参见《非金融机构支付服务管理办法》《关于加强网络游戏虚拟货币管理工作的通知》《关于防范代币发行融资风险的公告》等的规定，它要求将客户的货币全部转存为备付金，不再有派生货币的可能。

在途货币，虽然在途货币从付款人的角度讲是还没有交付完成的货币，它的货币财产权应归属于付款人。但是，银行业却可以通过记载货币财产在付款人账户上减少和收款人账户上仍然没有增加，形成在会计核算上归属于银行业的货币财产。它使同一特定的货币财产事实上形成两个归属权，既归属于付款人，同时又归属于银行业机构。

（二）虚拟核算认定

财产权的核心是支配权，银行业的会计核算制度有能力使同一货币财产形成两个相同的货币财产支配权，存款人有权支配自己账户中的存款，银行业机构有权支配部分存款货币余额，同时还能够支配部分在途货币的余额。这不同于普通的货币借贷行为，借出人将自己的财产借出后在归还之前就无权支配这一财产。在存款人与银行业机构之间，双方都有权依法支配这些存款货币，不会产生任何的权利障碍和限制，他们的财产权利都是归属权而不是占有权，不能简单地作为借贷关系来看待。当然，这种归属权也不同于所有权，他们双方都不享有全部的财产权利，事实上也从来没有主体享有某财产的全部权利，民法学中关于所有权的规定只是特殊时代的误解。"许多法律的共同悲剧，质言之，其系伟大法律思想的果实而非种子，这个阴影也笼罩着民法典。"[1]银行业虚拟核算形成的货币财产归属权，主要是通过存款货币账户余额的登记和收付款账户登记来认定的。

银行业有许多不同性质的货币财产登记账户，不同性质的账户，它的货币财产也具有不同的性质。就虚拟核算形成的银行业货币财产归属权而言，只有在会计核算中登记的普通存款货币账户的余额，才可以认定为是其享有虚拟归属权的货币财产，其他性质账户的货币财产不能形成银行业的虚拟归属权。如结算账户、托管账户、保证金账户的货币财产余额，即使从虚拟的会计核算角度，也不得按照自己的意志运用，这些账户中的货币财产，银行业机构在虚拟意义上也不享有其归属权。这是由于这些账户存在法定或特别约定的第三方优先权利或禁止运用条款，银行业机构不得将账户余额同时登记为自己的货币余额，从而主张虚拟的支配权。银行业机构能够主张虚拟归属权的另一种货币财产是在途货币，它的认定标准是，已经在付款人账户中

〔1〕〔德〕弗朗茨·维亚克尔：《近代私法史》（下），陈爱娥、黄建辉译，上海三联书店2006年版，第459页。

进行了货币财产减少登记，还没有在收款人账户中进行增加登记之间的在途货币余额，它是由于会计核算登记的时间差而形成的银行业机构的虚拟货币财产归属权。虚拟货币财产归属权是现实的财产支配权，银行业机构可以完全按照自己的意志实际运用该财产。[1]

第三节　货币的归属关系

货币法从财产的角度而言，首先是货币体系内的财产，形成其体系内的财产权利义务或权力责任关系。同时，货币财产规范又是普通财产规范的特别规范，在货币法之外还要受普通财产法的调整，形成普通财产关系。这里所称的货币归属的关系就是研究在货币法的规范之外，货币归属同其他财产权利之间的关系，以及货币归属同普通财产归属的关系。它是不同财产的特性与特性之间的关系，以及财产特性与共性之间的关系。就整体而言，这些财产关系可以概括为，货币归属的独立性、货币归属的完整性、货币利益的协调性三个方面。

一、货币归属的独立性

货币归属的独立性是指货币归属关系仅受货币权利义务或权力责任的调整，其他财产关系或法学关系的状况不直接影响货币归属关系。事实上，货币归属关系的变化并不是同其他行为无关，往往正是由于其他关系的变化才引起货币归属关系的变化。但是，为维护货币流通信用、提高货币流通效率、稳定货币流通秩序，实现单独制定和实施货币法的价值目标，各国货币法都强调货币客体归属的独立性和货币归属行为的独立性。

（一）客体独立性

货币客体归属的独立性是指货币财产的价值利益仅受其自身归属规范的影响，其他关系不能直接改变货币客体的归属关系，具体表现为客体归属认定标准的独立性和客体价值变动关系的独立性。货币是一种特殊的财产，这

---

〔1〕　参见我国《民法典》物权编、合同编，《商业银行法》《会计法》《审计法》《商业银行资本管理办法》（试行）、《最高人民法院关于人民法院办理执行异议和复议案件若干问题的规定》等，以及其他国家相关法规的规定。

种特殊性集中表现在它的客体上，货币财产的信用是一种主观的判断，并不是有体的客观存在，必须借助于特殊的货币价值支付结算确认工具才能够被主体实际控制。同时，货币财产又不是现实生活中可消费的财产，社会对其客体不具有消费性偏好，同一类型的客体对于所有主体都仅具有相同的意义。同一类别货币财产归属关系的确认标准都是统一的，完全排除以其他方式确认其享有归属权的可能性，其他财产归属关系的确认标准对于货币归属权没有效力，具有归属认定标准的独立性。

货币财产的客体是其自身的货币价值，它并不是由持有人共同决定的，也主要不是由市场供求决定的，而主要是由货币发行人决定的，货币价值的变化基本上独立于交易对象和市场的变化，主要取决于货币发行人的货币数量行为，除此之外不会使客体本身受到损失。这种货币财产价值变化形成的财产关系仅发生在发行人与持有人之间，他们之间的这种财产关系也独立于其他财产关系。通常，其他财产关系中客体价值的变动，权利人只能被动接受，无权要求导致这一变动的主体承担损失责任。就货币而言，持有人并不能事实上占有财产客体，客体价值的变动也主要是由发行主体决定的，在发行主体与持有主体之间就客体形成的是独立财产关系，这种财产关系相对独立于其他关系。"国王不仅有权发行货币，更有权决定即将流通货币之票面金额或价值，中世纪似乎就已经承认这一点。"[1]

（二）行为独立性

货币归属的行为独立性是指货币归属关系仅受货币行为规范的影响，其他关系不能直接改变货币的归属关系，它具体表现为货币行为规范的独立性和货币行为结果的独立性。货币行为规范的独立性是指货币财产的归属关系仅受货币行为规范的影响，其他行为规范和行为关系均不能直接改变货币的归属关系。在现实生活中，货币行为同其他行为，如交易行为、投资行为等是交织在一起的，往往是由交易行为或投资行为才引起货币行为。但是，交易行为、投资行为等引起货币行为的规范效力不能及于货币行为的效力，货币行为的效力仅受货币行为规范的约束，即使相关行为违法违约或由于其他原因无效，也不会影响货币行为的效力。并且，本次货币行为的效力仅受本

---

〔1〕　[英] 查理斯·普罗克特：《曼恩论货币法律问题》，郭华春译，法律出版社 2015 年版，第251 页。

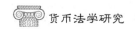

次货币行为的影响，不同货币行为之间的效力也不能直接相互影响，使其成为一种相对独立于其他行为和其他货币行为的行为。

货币行为结果的独立性是指货币财产的归属关系仅受货币行为结果规范的影响，其他行为结果规范、其他货币权利规范和行为规范都不能直接改变货币行为结果规范决定的归属关系。首先，货币行为结果规范独立于货币权利规范，即使是不享有货币归属权利的主体实施了某货币行为，或者该主体的行为不符合法定或约定的行为规范，只要他的行为结果符合货币法的行为结果规范，仍然应该按照货币法的行为结果规范确定货币的归属关系。即使引起这一结果的货币权利关系或货币行为关系违法或违约，只要最终结果符合货币法关于归属关系确认的规定，就应以行为结果确定货币的直接归属关系。其次，货币某行为结果形成的直接归属关系，独立于货币行为权利关系和行为程序关系。如果行为人或权利人提出该归属关系的抗辩主张，只能通过普通财产关系解决。尽管"大多数法律关系并不是由某种单一的关系组成，而是一个有各种法律上的联系组成的综合体"。[1]

二、货币归属的完整性

货币归属的完整性是指单次的货币归属关系是一个完整的整体，不得直接以任何理由对其进行分割和分别处分。事实上，引起货币财产关系的交易关系、投资关系或其他关系导致的最终财产结果，很可能是在主体之间进行份额分配的，使得某一行为的结果被不同主体获得不同份额的分配。但是，货币行为和货币行为结果是具有独立性的，它的行为结果只能是完整性的，这既包括财产归属的完整性，也包括效力的完整性。

（一）财产完整性

货币归属的财产完整性是指无论由任何关系引起的货币归属关系，这一财产关系都是单次的完整归属关系，不得直接对货币归属关系进行分配或分别处分。货币关系是一个相对独立的财产关系，无论是货币行为关系、行为结果关系还是归属确认关系，都只遵守行为人的行为指令，形成最终的货币行为结果，并按照结果的确认规范认定货币财产的归属关系。这种归属关系只会产生两种结果，或者归属关系有效，或者归属关系无效，不可能出现部

---

〔1〕 ［德］卡尔·拉伦茨：《德国民法通论》，王晓晔等译，法律出版社2003年版，第262页。

分生效的情况。这是由于货币财产客体是它的价值，它在财产属性上是完全一致的，行为人按照一致的权利、实施一致的行为、最终必然取得一致的结果，不可能存在结果不一致的现象。因此，任何一次货币归属关系的变化，都会导致该次全部货币财产关系的变化。在货币财产归属关系纠纷中，不可能直接出现部分变化的情况。"如果金币或银行票据充当支付手段，……其转让代表的不仅是占有的转移，还代表财产权的转移。"[1]

货币财产归属的完整性还取决于货币财产关系的价值追求，货币法的最高价值追求是为了提高流通效率。货币财产本质上不同于有体财产，有体财产最终向社会提供的是使用价值，它的作用在于生产经营的中间消费或日常生活中的最终消费。货币财产并不能向社会提供最终消费，它只是其他财产流通的支付结算工具、是流通过程中的财产。如果对提高流通效率没有帮助，货币的存在就没有实际意义。提高流通效率除采取其他技术手段外，在货币法领域主要是应简化流通程序、明确财产归属确认标准，增加货币流通的稳定性和确定性，尽量不在货币法领域引入实质性的财产归属规范，当然也就不按照实质性原则划分当事人之间的责任份额，以完整的货币财产完成直接的流通过程、实现权利转移。如果当事人之间存在实质性的财产纠纷，再按照实质性的原则进一步分配其财产责任。

（二）效力完整性

货币归属的效力完整性是指无论由任何关系引起的货币归属关系，这一财产关系都是单次具有完整效力的归属关系，不得主张部分归属关系有效或部分关系无效，它具体包括货币归属的行为效力完整性和结果效力完整性。货币归属的行为效力完整性要求，货币财产行为只能认定为具有货币法效力和没有货币法效力两种情况，不得作出部分有效或部分无效的分割或处分。货币财产行为既可能是法定行为也可能是约定行为，或者是法定和约定因素同时存在的综合性行为。无论何种行为形成的财产归属关系，它们或者是合法守约的有效行为，或者是违法违约的无效行为。有效行为依法按约发生改变货币财产归属的效果，无效行为依法按约不发生改变货币财产归属的效果，不存在部分改变归属效果的情况。

---

〔1〕　［英］查理斯·普罗克特：《曼恩论货币法律问题》，郭华春译，法律出版社 2015 年版，第43 页。

货币归属的结果效力完整性要求，单次的货币财产行为只能发生全部归属关系改变或全部归属关系没有改变两种结果，不得出现部分结果有效或部分结果无效的分割或处分。这是由于货币财产的归属规范是非常明确的，符合归属确认条件就应确认持有人享有货币财产权，不符合归属确认条件就应确认持有人不享有货币财产权，不应该存在部分确认或部分不确认的情况。同时，货币法之所以规定明确的确认标准，也是为了保证货币归属结果效力的完整性，以将交易行为或投资行为等引起货币流通关系的实质性纠纷排除在货币流通体系之外，从而提高货币的流通效率、稳定货币的流通秩序。如果按照引起货币流通的实质性关系来认定货币行为结果，就会使货币流通处于经常的纠纷争议之中，导致货币流通效率下降、货币流通秩序混乱，并进一步影响整个社会的经济效率和经济秩序。

三、货币利益的协调性

货币归属的独立性和完整性是货币法对其财产归属关系的基本要求，它是货币财产流通的基本规则，是货币法范围内的财产归属基本规范，以体现货币法的基本价值追求。但是，财产关系是非常复杂的，特别是在民事领域，在实质性层面上不可能都是独立的完整的财产关系，要最终确认货币财产归属关系，还必须在货币法基本规则的基础上，进一步考虑普通财产法的基本规则。它是特殊财产法与普通财产法的关系，是预先纠纷解决规范与最终纠纷解决规范的关系。货币归属关系的最终解决，还必须将货币法与其他财产法相结合，综合协调最终的货币财产归属关系，货币利益的协调性主要包括归责协调性、责任协调性。

（一）归责协调性

货币归属的归责协调性是指在最终确认货币归属责任中，货币法与其他财产法，特别是财产法与普通财产法之间应该相互协调，通常应按照独立与协调原则、特别与普通原则、形式与实质原则、效率与公平原则、预先与最终原则确定货币财产归属关系。这些原则要求，首先应该按照独立原则、特别原则、形式原则、效率原则、预先原则，从货币法的角度确定货币财产的归属关系，它们分别强调的是货币法的归属关系独立性、货币法的特别财产法性质、货币法的形式优先性质、货币法的效率优先性质，按照货币法预先判断归属关系。这些原则强调的是货币法在货币财产归属适用上的优先性，它既是货币法基本价值追求在财产归属关系判断上的体现，也是货币法在判断归属关系上与其他法的本质区别。

在现实生活中，具体的财产归属关系是复杂的，它不仅包括货币财产，还包括许多其他财产归属，甚至包括非财产法的关系，这时就必须进一步按照协调原则、普通原则、实质原则、公平原则和最终原则等综合判断财产归属关系。如果不再涉及其他财产关系或相关关系，则应首先按照货币法本身的原则确认归属关系。如果还涉及其他财产关系或相关关系，则应首先按照货币法的独立性、特别性、形式性、效率性、预先性原则，按照货币法确定财产归属关系；然后再通过另外的纠纷解决程序，单独按照实质性原则确定最终的财产归属关系，以兼顾货币法与其他财产法、特别财产法与普通财产法之间的关系。但是，这些货币法之外的货币财产权主张只能是请求权不能是归属权。如果当事人接受将全部财产关系和相关关系统一进行综合判断，且能够最终解决全部纠纷也可直接综合解决。"于此'正确'不是指永恒不变的真理，则是指就此法秩序于此时的正确性。"[1]

（二）责任协调性

货币法是一个相对独立的法学体系，在不考虑其他财产关系和相关关系的条件下，应该按照货币法的归责原则和责任标准承担责任。货币法的责任标准、责任类型、责任程度都是有其相对独立性的，这种独立性是由货币的财产性质、价值追求、流通方式等因素决定的，同其他财产关系和相关关系有比较大的区别，并往往由货币法直接进行明确的规定，或者在当事人之间进行明确的约定。在不涉及其他财产关系和相关关系的条件下，应该严格按照货币法的规定或约定确定当事人的责任。但是，由于货币财产归属关系的变化往往是因其他财产关系或相关关系的变化引起的，即使货币本身也既是特别财产也是普通财产，不可能完全不考虑其他财产关系和相关关系情况，也应该综合考虑责任的协调性问题。

在综合考虑责任协调性的过程中，第一应考虑的是货币法特别责任规范同普通财产责任规范的协调问题，既应考虑到货币财产的特殊性，也应考虑到它与其他财产的共同性。第二应考虑到客观性与主观性的协调问题，货币法的财产规范主要强调的是客观性，在考虑个体财产关系时，也应进一步考

---

〔1〕　〔德〕卡尔·拉伦茨：《法学方法论》，陈爱娥译，商务印书馆 2003 年版，第 196 页。

虑主观性的问题。主观性更强调的是道德问题，财产问题也不能不顾及财产道德。第三应考虑财产责任、行为责任和人身责任的协调问题。通常，财产问题主要应以财产作为承担责任的对象，至少应首先考虑财产责任。在不能考虑财产责任或必须辅之以行为责任，或者以行为进行补偿更合理时，也应该考虑行为责任。货币财产问题较少涉及人身责任，如果仅承担财产责任或行为责任不足以补偿损失时，也可以给受害人以道义补偿，也可以考虑人身责任。它虽然对补偿受害人的损失没有直接帮助，却可以给受害人以道义补偿，也可以预防未来的违法行为。"司法裁判根据它在具体情况下赋予各法益的'重要性'，来从事权利或法益的'衡量'。"〔1〕

---

〔1〕 ［德］拉德布鲁赫：《法学导论》，米健译，中国大百科全书出版社 2003 年版，第 98 页。

第四章

货币财产权能规范

第一节　货币权利的性质

货币虽然不能够直接消费，却是当代社会最活跃的财产，没有任何财产能够如此受到国家和社会的关注，也没有任何财产如此具有吸引力。货币财产不仅具有归属问题，还进一步存在它的权利义务内容问题，它既是持有人实施某货币行为的权利基础，也是他的具体能力界限。研究货币财产的具体权利义务应首先研究货币权利的性质，它是货币财产特殊属性的具体表现，也是决定货币财产权利义务的重要因素。货币权利的性质可以概括为主权财产权、设定财产权、流通财产权、兑换财产权四个方面。

一、主权财产权

传统财产的实际意义是生产经营或生活消费，客体是财产的决定性因素，至少不具有较强的主体烙印，同主权没有必然的联系。当代货币的客体是主体信用，是依据货币法发行与流通的，具有非常强的主权色彩。法定货币是国家或区域主权的重要组成部分，是本国或本货币区域财产权的一般性代表；约定货币可能会直接进行国际发行与流通，也会影响国家的主权利益和流通秩序。"铸币在很大程度上被视为权力的象征，跟旗帜一样。"[1]货币的主权财产权性质可以概括为，域外立法权、域外流通权、域外价值权、域外监管权。

---

〔1〕　[英]弗里德里希·冯·哈耶克：《货币的非国家化》，姚中秋译，新星出版社 2007 年版，第 28 页。

（一）域外立法权

货币法虽然被普遍认为属于国内法或某货币区域的区域法，却也含有比较多的国际法成分，这是由于无论是否存在法规上的限制，某国家或区域的货币都必然涉及国际流通问题，至少某国家或区域的货币会被外国或外区域的主体持有，它必然会与不同货币法区域间的主体发生联系。在此条件下，无论本国或本区域的货币立法是否考虑到域外主体的利益，它都会同这些主体的利益直接相关，货币立法权必然具有域外立法权的属性。无论货币法是否规定了立法的域外效力，它实际上都会具有一定程度的域外效力，至少域外主体持有的域内货币价值是由发行主体决定的，如果货币发生法定的大幅度贬值，域外主体会因此受到实际损失。因此，货币法是具有域外效力的法，即使是内部立法，也可能受到外部干涉。[1]

货币立法权的主权性质不仅体现在其域外性质上，还体现在域内的立法权力限制上。通常，只有主权国家或国家联盟才有权制定货币法，才享有法定货币的发行权，非主权国家或没有经主权国家授权的地区，没有权力独立发行自己的法定货币。即使是约定货币的发行与流通，也需要有主权国家监管机关的发行授权，否则这种货币发行也属于非法发行。[2]在实际操作中，法定货币的发行权通常各国都立法授予中央银行，也有许多国家的货币发行决策权属于立法机关，中央银行只享有发行执行权和日常发行规模的决策权。[3]约定货币的发行权和流通规范虽然控制得相对宽松，不同类型和流通范围它的发行许可权也不一致，通常比较重要的需要经过立法机关批准，普通约定货币也需要国家货币监管机关核准。[4]

（二）域外流通权

经济往来是各国或各货币区域之间不可避免的，特别是在世界经济一体化、金融一体化的条件下，各种经济往来必须使用某种货币作为支付结算工

---

〔1〕 参见《国际货币基金组织协定》中关于各成员方货币法立法权的限制性规定。

〔2〕 美国宪法规定国会有权决定铸造货币，管理本国货币与外国货币的价值，各州不得铸造硬币、发行信用券，使其他非金银的铸币成为法偿货币。在法院的许多裁判中也认为，州政府为了流通目的发行纸质支付媒介应是被禁止的，国家享有法偿货币的发行权、定值权和兑换权。

〔3〕 参见美国《联邦储备法案》，英国《英格兰银行条例》，我国《中国人民银行法》的相关规定。

〔4〕 2019年天秤币（Libra）协会提出"天秤币发行与流通方案"，美国国会就该方案组织了多次听证会，并最终否决了他们的方案，禁止金融监管机关批准该协会发行天秤币。

具，这就必然涉及货币在不同国家、不同区域之间的流通问题。在法定货币流通条件下，某国或某区域的货币是由货币法直接规定的，货币的国际流通必然会遇到法的严格地域性与货币流通跨地域性的矛盾。解决这一矛盾的唯一手段，只能是东道国全部或部分地放弃自己的货币主权，"从而使本国或本货币区域法定货币的境外地位发生变化。这种变化主要可以采取三种基本方式，即默示方式、明示方式和共同货币方式"。[1]默示与明示方式通常只是部分放弃货币主权，共同货币方式则是几个国家共同享有货币主权。并且，这种主权放弃主要是针对法定货币而言的，结算货币、存款货币等虽然也有主权性，但各国通常都默示承认它的流通效力。

约定货币虽然不是直接由货币法规定的，它的发行主体却也需要取得注册登记地国的授权许可才能够发行，它的约定内容也必须符合本国的货币法和合同法才具有效力，它并不是完全同法的严格地域性无关。但是，货币法和合同法对约定货币的规范只能是原则性的，通常不会规定当事人之间的具体权利义务，它的主权属性弱于法定货币。约定货币的客体是私人发行主体的信用，国家或国家联盟也不会对它的信用水平采取主权性措施，东道国通常不会对约定货币采取主权性限制手段。当然，约定货币的国际流通也会影响东道国的货币流通秩序，也要适用东道国货币法对它的限制性规定，也要受到东道国货币监管机关的监督管理。如果违反东道国的相关制度，也要受到执法或司法机关的依法处罚。"国内法赋予的权力对应于国际法上的权利，其他国家原则上不得反对此种权利的行使。"[2]

（三）域外价值权

货币的域外流通不仅涉及流通权的问题，还会进一步涉及货币财产价值问题。无论是法定货币还是约定货币，它的价值都是由发行主体决定的。首先，是货币财产价值的域外承认问题。在此问题上国际法普遍认为，货币财产应同其他财产一样是财产。作为财产，应该受到东道国财产法的保护，只

---

[1] 刘少军："货币区域化的法理思考与裁判标准"，载吴志攀主编：《经济法学家》（2007），北京大学出版社 2008 年版。

[2] ［英］查理斯·普罗克特：《曼恩论货币法律问题》，郭华春译，法律出版社 2015 年版，第497 页。

是外国的法偿货币在东道国不再具有主权性的法偿效力。[1]"主权属于君主，财产权属于个人。"[2]"英镑与外国货币（在英国）唯一实质的区别在于，前者是英镑债务的法偿货币，后者明显无法承担此种职能。"[3]其次，是货币财产价值的域外变动问题。货币价值的变动不仅会对本国或本区域的货币持有人产生影响，也同样会对域外的持有人产生影响，这种影响又可以进一步分为对发行人的影响和对持有人的影响，对法定货币和约定货币发行人的影响，以及不同变动方式和幅度的影响几个方面。

就对发行人的影响来看，如果法定货币的变动是市场化的，且在正常波动幅度范围内，通常不需要承担责任，持有人只能自行承担损失；如果变动是非市场化的，且超过正常波动幅度，就可能需要对此承担国际公法的责任，依法接受相关国际组织的处罚；[4]但是，国家货币机关除需要承担国内法责任外，[5]通常不直接对域外普通公众承担国际法上的责任，国家享有财产问题的主权豁免权。[6]如果是约定货币的币值变动，无论由于何种方式、只要超过正常的波动幅度，在法理上就应该向持有人承担损失赔偿责任，不得利用货币价值变动获取利益。同时，如果货币价值变动影响到交易各方的利益，且变动幅度超过正常波动水平，也应该考虑是否构成合同法意义上的情事变更，当事人之间是否可以修改或解除合同。

（四）域外监管权

货币的域外立法权、流通权、价值权是属人性质的权利或权力，域外监管权则是属地性质的权力，它是东道国对域外法定货币或约定货币的监管权

---

〔1〕 有学者认为域外的法定货币应视为普通财产，也有学者认为域外的法定货币应视为货币，还有学者认为它们在本质上没有区别。事实上，域外的法定货币仍然是货币，它虽然也是财产却是作为货币的财产，具有价值变动的法定性与市场性的问题，还存在货币兑换市场的问题，同普通财产是有区别的。

〔2〕 Hugo Grotius, *The Rights of War and Peace*, The Hague, 1899, p. 103.

〔3〕 [英]查理斯·普罗克特：《曼恩论货币法律问题》，郭华春译，法律出版社 2015 年版，第 52 页。

〔4〕 参见《国际货币基金组织协定》中关于操纵汇率、汇率偏差的认定标准及处罚措施。

〔5〕 我国 2004 年宪法修正案第 22 条规定，公民的合法的私有财产不受侵犯，国家为了公共利益的需要，可以依照法律规定对公民的私有财产实行征收或者征用并给予补偿。按照这一规定的法理，如果国家依法调整法定货币价值并达到征收的效果，应该对货币持有人给予补偿。

〔6〕 参见《联合国国家及其财产管辖豁免公约》《欧洲国家豁免公约》等国际法的相关规定。

力。它的具体权力主要包括，出入境监管权、流通监管权、兑换监管权、经营监管权、违法处罚权。出入境监管权是指对法定货币或约定货币进出本国或本区域关境的监管权力，它又可以具体分为出入境限额监管制度和申报监管制度。限额监管制度主要是针对法定证券货币规定确定的出入境限额，超过规定限额不得出境或入境；申报监管制度是规定出入境申报限额，超过限额必须办理申报手续，法规不对出入境金额有绝对的限制。[1]货币域外流通监管权是指对域外法定货币、记账货币在本国或本区域流通的监管权力，它具体包括流通限制制度和流通行为制度。流通限制制度主要是控制甚至禁止域外证券货币在本国或本区域内流通，以维护自身法定货币的地位；流通行为制度主要是规范域外证券货币和记账货币在域内的流通行为，包括流通领域、流通主体、流通方式等，以维护境内货币流通秩序。[2]

域外兑换监管权是指域外法定货币或约定货币兑换主体、兑换市场的监管权力，它具体包括兑换主体监管制度和兑换市场监管制度。兑换主体监管制度主要是规范域外货币的兑换经营主体和经营行为；兑换市场监管制度主要是规范域外货币的兑换市场，包括市场主体规范、交易品种规范、交易行为规范等。[3]域外经营监管权是指域外法定货币或约定货币经营主体、经营行为的监管权力，包括货币经营许可制度、货币经营行为制度等。各国法规对域外货币经营的监管指导思想并不完全一致，有些国家对域外货币经营进行严格监管，有些国家认为不会影响本国或本区域货币流通不予以严格监管，甚至允许金融机构自主经营。域外违法处罚权是指对主体实施的某域外货币违法行为，依据国内或域内法享有的执法处罚权力，包括直接监管处罚权和司法处罚权。但是，"虽然外国中央银行可能会在商业性质的案件中受到英国法院的裁判管辖，它们的资产仍然享有执行豁免"。[4]

---

〔1〕 参见我国《国家货币出入境管理办法》，它的主要目的在于监管法定证券货币进出国境的情况，防止利用证券货币实施违法犯罪行为。我国目前采取的是限额监管制度，从未来方便经济往来、繁荣边境贸易的角度看，应该改为申报监管制度，它是世界主要国家普遍采取的监管制度。

〔2〕 参见我国《外汇管理条例》《跨境贸易人民币结算试点的管理办法》等的具体规定。

〔3〕 参见我国《外汇管理条例》《银行办理结售汇业务管理办法》《银行结售汇统计制度》等的规定。

〔4〕 ［英］查理斯·普罗克特：《曼恩论货币法律问题》，郭华春译，法律出版社2015年版，第542页。参见各国中央银行财产域外执行豁免法，我国《外国中央银行财产司法强制措施豁免法》等的规定。

二、设定财产权

传统财产的核心是客体或使用价值，法的意义在于承认它是财产并保护其占有、使用等财产利益。货币虽然在金属货币时期也表现为有体财产，但发挥作用的却不是它的使用价值而是价值，当代社会也才可能采用不具有实体使用价值的货币。货币法的意义不在于承认某客体为财产，而在于依法设定某种价值存在为货币。没有其他财产法，这些财产依然存在，依然会发挥它的财产效用；没有货币法，则不会有真正的货币，即使有货币，也难以发挥它的货币效用。"货币被视为毫无特异性的、无质的物，其实用性恰恰在其不能被使用中。"[1] 货币的设权财产权性质可以概括为，特设财产权、他设财产权、政设财产权。

（一）特设财产权

法学意义上的财产不同于经济学，只要具有交换价值就可以认为是财产，它首先必须得到财产法的承认。许多学者认为财产不仅需要得到法的承认，它具体的权利种类和内容也必须由法律明确规定，不能由当事人任意创设或改变，甚至在许多国家的法律中也对此进行了明确的规定。[2] 虽然也有许多专家学者表示反对，认为财产只需要法的承认并对其基本权利种类和内容进行规定即可，不应该对其进行严格的限制，妨碍主体之间根据需要创设新的财产权利和内容。特别是对于知识财产和产业信用财产而言，如果严格限制它们的权利种类和内容则并不利于财产的充分利用，事实上也存在许多突破这种限制的情况。无论是否要严格规定财产权利的种类和内容，财产必须得到财产法的明确承认却是没有争议的。如果当事人之间任意约定财产的类型、权利、效力，就难以建立起正常的经济秩序。

货币财产与传统财产的核心区别之一，在于它不仅是货币法承认的财产，还是货币法专门设定的财产。第一，在当代社会某财产是否是货币、

---

[1] ［德］罗尔夫·克尼佩尔：《法律与历史——论〈德国民法典〉的形成与变迁》，朱岩译，法律出版社 2003 年版，第 281 页。

[2] 我国《民法典》总则编第 114 条规定，物权是权利人依法对特定的物享有直接支配和排他的权利，包括所有权、用益物权和担保物权；第 116 条规定，物权的种类和内容由法律规定。法国《民法典》第 543 条规定，对于财产，得取得所有权，或取得单纯的用益物权，或仅仅取得土地供自己役使质权。日本《民法典》第 175 条规定，物权除本法及其他法律规定外，不得创设。

是何种类型的货币，是货币法创设的而不是对已有货币的承认。即使是约定货币，没有货币监管机关的核准也不得任意创设。第二，货币不仅是货币法直接或间接创设的，还必须专门规定何种具体客观存在是货币，而不是任何符合条件的客观存在都是货币。虽然，可以通过事后的认定确认某客观存在为货币，但没有事先的规定或核准创设货币的行为也应属于非法行为。第三，任何货币类型和行为都有严格的规范，如本位规范、结构规范、发行规范、衍生规范、流通规范等，行为人不得任意实施货币行为。否则，该行为应属于违法行为或无效行为。总体而言，货币是货币法特别创设的财产，它的财产性质虽然不是创设的，它的货币性质肯定是特别创设的。[1]

（二）他设财产权

传统财产权利的原始取得来源于财产客体的发现、制造、创造或维护，它是归属权人实施的创制财产客体的结果，财产客体的创制人为最初的权利归属人。有体财产的创制或是来源于自然资源的合理利用，或是来源于自然衍生物的控制，或是来源于矿产资源的开采，或是来源于财产的加工制造，这些行为中主体为该财产的最初权利人。知识财产的创制来源于发明创造人利用特定的条件实施的研究行为，并通过国家专利机关的特别核准而成为专利权归属人。产业信用财产的创制来源于产业信用的不断积累，并通过国家监管机关的特别核准而成为商标权人、商誉权人。无论采取何种具体方式取得财产客体，创制这一客体的主体都会被认定为财产的原始归属权人，享有最初的财产归属权。在此之后，虽然财产客体可以不断在不同主体间交易或转让，但他们都只能是继受归属权人。[2]

货币财产客体的创制人是发行人，是发行人的客体信用或主体信用构成了货币财产的客观存在，并由发行人最终决定这一客观存在的价值量。即使是在金属货币的条件下，货币客体的价值量也是由发行人决定的，他可以通过改变客体的成色、比例、重量来调整货币的信用水平，从而改变货币财产

---

〔1〕　我国《中国人民银行法》规定，我国的法定货币是人民币；美国《联邦储备法案》规定，联邦储备银行发行的联邦储备券是法偿货币和流通货币；英国《银行特许条例》规定，英镑为法定和法偿货币。

〔2〕　参见我国《民法典》物权编、《专利法》《商标法》《会计法》，以及其他国家相关法律的规定。

的价值含量。但是，发行主体事实上并不是货币的实际持有人，货币持有人持有的也并不是货币的客体，而是货币客体代表的价值量。在现实的货币流通中，货币财产的归属权人实际掌握或控制的是发行人创制客体的价值。并且，这个客体的价值也不是由归属权人而是由货币发行人决定的，货币财产权是一种他人创制和决定的财产权，货币财产归属权人享有的只是这个价值的支配权和支付结算权。[1]

（三）政设财产权

货币的特设财产权、他设财产权属性决定了它可以成为政设财产权，它不仅服务于归属权人的价值支配和支付结算需要，还要服务于发行人的货币政策需要。传统财产的客体直接为归属权人掌握和控制，可以完全按照自己的意志依法对客体进行使用、收益和处分，客体的价值除受市场因素决定外，不受任何其他因素的影响。如果不考虑市场因素，这些财产的客体则完全受其归属主体的支配，即使他将其中的部分权利转让给他人，也能够按照约定收回其转让的权利，不会最终失去对财产客体的支配权，直至该财产的客体完全灭失或失去对归属权人的使用价值。因此，传统财产完全是为归属权人服务的，私主体掌握其财产权就可以完全用于实现私人的个体利益，公主体掌握其财产权就可以完全用于实现社会的公共利益，它的财产归属与客体掌控、服务对象、价值决定等都是一致的。

货币财产则不完全是为其归属权人服务的，发行人发行货币的目的除为发行人的利益服务外，还要服务于货币政策。法定货币要服务于国家或货币区域的货币政策，约定货币要服务于发行单位的货币策略。法定货币的货币政策通常主要包括稳定币值、经济增长、充分就业、国际收支平衡四个基本目标。在这些政策目标中，除稳定币值同货币归属权人的利益直接相关外，其他三个货币政策目标都与其货币财产权没有直接关系，也不是直接为其货币财产权服务的。甚至稳定币值本身也不完全是为其归属权人服务的，货币法考虑更多的还是整个社会的经济运行秩序和增长秩序。并且，货币政策还要服务于财政的特殊需要，尽管货币法规定了货币政策的独立性，事实上却

---

[1] 参见我国《中国人民银行法》《人民币管理条例》《关于加强网络游戏虚拟货币管理工作的通知》，以及其他国家相关法律法规的规定。

无法完全独立于财政的特别需要。[1]虽然约定货币会以稳定币值为基本策略，它的最终目标也不完全是为归属权人服务的。

三、流通财产权

传统财产法核心保护的是财产的占有和使用，流通交易并不是它的基本存在形式和保护目标。货币的直接功能是作为支付结算工具服务于其他交易、投资等引起的财产权转移，它的基本表现形式是流通财产权。货币的这一性质不仅使其成为设定财产权，还使货币法的内容要比其他财产法更加复杂和具体，带有非常强的整体利益属性。它既是公法意义上的财产，也是私法意义上的财产；既为发行主体服务，也为流通主体服务。货币的流通财产权性质可以概括为，标准财产权、标价财产权、记录财产权。

（一）标准财产权

货币是财产交易的产物，任何财产的交易或资本的投入，如果没有货币的参与都会变得非常困难，这不仅是由于不同财产之间性质上的差异，也是由于财产交易时间上的差异。如果没有货币作为媒介来消除这些差异，经济运行将会增加许多复杂的程序。特别是对于异地的财产交易或资本投入行为，还会增加巨大的重复运输成本。然而，对于比较理想的市场而言，仅仅有货币这一媒介是不够的，它还必须有统一的货币和货币单位。如果某市场的货币不统一，或者货币单位不一致，这个市场也是难以高效率运转的。"在货币经济的发展史上，人们发现贸易集市不仅在贸易发展史上，而且在货币发展史上也发挥了重要的作用。"[2]它不仅促进了商业贸易的发展，同时也促进了货币和货币法的发展。

市场的基本要求之一是货币类型和货币单位必须统一，在没有货币法对其进行统一规范的条件下，只能通过创立货币兑换业来解决，它是银行业的

---

〔1〕　参见我国《中国人民银行法》、美国《联邦储备法案》、英国《英格兰银行法》等的相关规定。货币政策通常难以绝对独立于财政政策，虽然 1998 年英国《英格兰银行法》建立了独立的货币政策委员会，但为了公共利益或在经济紧急情况需要时，还需要接受财政部门的指示。并且，货币政策委员会也要根据财政部门的指南制定货币政策。
〔2〕　[英] 约翰·F. 乔恩：《货币史——从公元 800 年起》，李广乾译，商务印书馆 2002 年版，第 206 页。

最初发展形式，直至今天它也是一个辅助性的银行业机构。[1]在存在统一货币法的条件下，肯定会将货币和货币单位作为该市场唯一的价格标准或价值尺度。在金属货币时期这是黄金、白银等的主要作用，"金的第一个职能是为商品世界提供表现价值的材料，或者说是把商品价值表现为同名的量，使它们在质的方面相同，在量的方面可以比较。因此，金执行一般的价值尺度的职能"。[2]在当代社会，无论是法定货币还是约定货币，它们都是该货币区域内的价值标准或价值尺度。并且，许多货币法都禁止使用其他货币作为价值标准，以提高该货币区域的市场效率。

（二）标价财产权

市场是消费品和投资品及其衍生品的交易场所，它们都难以通过自身直接或相互表现其价值量，都要求有统一的价值标准来衡量它们的价值数量、进行价格的比较与交易。因此，各国或各货币区域相关法规都有严格的价值标准规定，不以本法定货币区域内的统一货币衡量财产价值的属于违法行为，不以本约定货币范围内的统一货币衡量财产价值的属于违约行为。同时，还要求必须将财产价格以法定或约定货币，按照货币单位和价格标注规范的要求进行明确标注。不得利用虚假或使人误解的价格标识，如虚假标价、模糊标价、虚构标价、隐蔽标价等，诱骗消费者、投资者或其他经营者进行交易。否则，可能构成价格欺诈，将受到相应的违法处罚。这既是货币法的基本要求，也是价格法的要求，更是良好市场秩序的要求。[3]

货币作为标价财产权，不仅包括普通财产的标注规范，还包括资本市场、货币市场的标价规范，不同种类货币之间兑换或交易的标价规范；甚至还进一步包括各种类型价格指数的编制和公告规范，现货或即期价格标注与期货或远期价格标注规范，直接标价方法标注与间接标价方法标注规范等。这些规范不仅规定在货币法中，也规定在相关市场交易与监管的规范之中，它们共同构成货币财产价值的价格标注体系，以便于市场参与者了解市场行

---

〔1〕 参见我国《商业银行法》《外汇管理条例》《香港货币兑换商条例》等关于货币兑换业的相关规定。

〔2〕 ［德］马克思、恩格斯：《马克思恩格斯全集》第23卷，人民出版社1972年版，第112页。

〔3〕 参见我国《中国人民银行法》《价格法》《外汇管理条例》《关于商品和服务实行明码标价的规定》《价格违法行为行政处罚规定》《禁止价格欺诈行为的规定》的规定，以及各国相关法律法规的规定。

情、掌握市场动态、开展有效的市场竞争。同时，各类财产或资产标注的价格也是研究市场发展变化趋势、制定宏观政治经济政策、进行重大决策的重要条件和基本依据。"我们的晚餐并非来自屠宰商、酿酒师和面包师的恩惠，而是来自他们对自身利益的关切。"[1]

（三）记录财产权

财产或资产的价格不仅存在标注问题，还存在记录问题；既存在财产或资产价格自身的记录问题，也存在货币本身数量的记录问题。经济活动是以财产或资产为基础的活动，各级决策部门不可能都亲自记录不同类型财产或资产的实物数量，并以此作为各种经济决策的依据。在绝大多数情况下，他们依据的都是财产或资产价值的记录。这就需要对各类财产或资产进行严格的会计核算和统计计算，并由不同的审计部门进行严格的核算或计算质量的审查和监督。这些行为的基础是以货币单位作为基本依据的价值记录，它们最终构成各级各类相关部门的经济信息数据，这些经济信息数据都是以货币财产的本位单位为基本依据的。[2]

在现实生活中，不仅传统的财产或资产需要以货币财产价值作为记录的依据，即使是货币本身也需要以其货币单位作为价值数量的记录依据。"商品生产要求货币形式的资本或货币资本作为每一个新开办企业的第一推动力和持续的动力。"[3]任何经济活动大多都必须首先以一定数量的货币作为起点，绝大多数经济活动的结果也表现为一定数量的货币财产。这些货币财产通常不会都以证券货币的形式存在，多数是以各种类型记账货币的形式登记在金融机构的账户中的，这时也必须使货币财产权成为记录财产权才能对其进行记录。当代社会的整个财产和经济信息系统，主要就是以货币财产为基础的价值记录系统，这个系统的建立和运行是以货币价值记录为前提的，它是当代社会的基础信息体系。[4]

四、兑换财产权

在整个财产体系中，货币财产以外的财产都是特定财产，每种财产都有

---

〔1〕　[英]亚当·斯密：《国富论》（上），谢祖钧译，新世界出版社2007年版，第12页。

〔2〕　参见我国《会计法》《审计法》《税收征收管理法》，以及各国相关法律法规的规定。

〔3〕　[德]马克思、恩格斯：《马克思恩格斯全集》第24卷，人民出版社1972年版，第393页。

〔4〕　参见我国《中国人民银行法》《商业银行法》《证券法》《保险法》《信托法》《票据法》《统计法》《银行账户管理办法》等法律法规，以及世界各主要国家相关法律法规的规定。

其自身的特殊属性，不同财产之间是不能自由兑换的。即使是同一属性的财产，由于它们在具体存在形式和使用功能上的差异，或者在权利分割上不能进行无差别的同等份额划分，也不能实现自由兑换。财产权利人要将某一财产转化为另一财产，或者将某一形式和功能的同类财产转化为另一形式和功能的财产，只能通过财产的交易来实现。货币是通用财产权，为更好地实现创制它的目的，还必须使其成为兑换财产权。货币的兑换财产权性质可以概括为，本位与辅助货币、正常与残损货币、法定与约定货币、证券与记账货币、本国与外国货币的兑换权。

（一）本位与辅助货币

本位货币与辅助货币的兑换，涉及它们之间在客体性质上是否相同、它们之间的兑换比例，以及兑换权利义务的分配三个问题。在不同的本位体系下，货币客体性质是存在差别的。在客体本位体系下，通常本位货币与辅助货币是由不同材质的货币材料铸造而成的，同等名义价值量货币额的货币材料价值并不完全相同，本位货币具有无限法偿效力，辅助货币仅有有限法偿效力，它们只能在一个本位货币单位之内自由兑换。在主体本位体系下，本位货币与辅助货币不存在客体上的差异，除为了支付结算方便限制它们的兑换数量外，货币法都规定它们可以自由兑换。本位货币与辅助货币的兑换比例是重要问题，货币法必须作出明确的规定，目前通常采用十进位制的比例，历史上也有其他进位制度的规定。[1]

本位货币与辅助货币兑换权利义务的分配并不涉及财产权问题，它主要涉及的是货币收付双方的兑付方便问题，以及在发生较大数额支付结算时货币清点费用的分配问题。从服务于客户的角度讲，客户应享有本位货币与辅助货币的兑换权利，经营机构应承担兑换义务，特别是金融机构应明确承担兑换义务。对于较大数额辅助货币或小面额本位货币的清点费用问题，应该区分普通社会公众和经营机构。普通社会公众支付任何数额的辅助货币或小额本位货币都不应该承担清点费用，这应该是经营机构的支付结算公益义务。经营机构在支付较大数额的辅助货币或小额本位货币时，应该由支付方承担清点费用，许多特定行业的经营机构经常发生大量辅助货币或小额本位

---

[1] 各国古代、近代都有不同进位制度，当代世界各国货币法基本上都采用十进位制度。

货币支付的情况，应该支付相应的清点费用。[1]

（二）正常与残损货币

正常货币与残损货币的兑换，涉及它们之间在客体性质上是否相同、它们之间的兑换标准，以及兑换权利义务的分配三个问题。在客体本位体系下，正常与残损货币兑换问题包括，货币残缺的兑换问题和货币磨损的兑换问题。货币残缺的兑换是指金属货币本身出现损坏或缺失不能达到法定标准、需要兑换成标准货币的状况；货币磨损的兑换是指金属货币由于流通等原因，导致重量降低到标准以下、需要兑换成标准货币的状况。在主体本位体系下，主要是证券货币的证券残损问题，它们的兑换权利主体应是货币持有人，兑换义务主体是货币发行人或其委托的货币经营机构，兑换的财产损失应由发行人直接承担或以铸币税收入承担。[2]

正常货币与残损货币的兑换标准主要包括货币真伪标准、残损比例标准、兑换比例标准等。首先，能够进行残损兑换的只能是真实的货币，伪造变造货币的行为在任何社会都是违法甚至犯罪行为。伪造变造货币的证明责任由兑换人承担，不能证明是伪造变造的就应该予以兑换，能够证明为伪造变造或达不到兑换认定标准的则丧失兑换权。其次，残损货币的兑换比例各时期的规定并不完全一致，通常金属货币按照剩余的重量确定兑换比例，证券货币按照剩余的面积确定兑换比例。残损重量或面积在规定公差范围内的予以全额兑换，超过规定的公差范围只能按照比例兑换，超过规定的范围不再被认定为货币的不予兑换，金属货币只作为货币材料、证券货币则只能作为废弃证券处理。对于证券货币而言，比例兑换并不是由于货币的价值贬损，而是出于促使持有人保护货币证券的目的。[3]

（三）法定与约定货币

法定货币与约定货币的兑换，主要涉及约定货币的货币法地位、兑换比

---

〔1〕　参见刘少军："银行该不该收'数钱费'"，载《当代金融家》2014年第7期。

〔2〕　在我国自《金布律》就明确规定了残损货币流通问题，多数由国家为公众提供兑换服务；西方国家自英国《格拉利铸币法》后也明确规定了货币的重铸问题，通常以铸币税收入支付重铸费用。

〔3〕　我国《金布律》规定，"钱善不善，杂实之。……百姓市用钱，美恶杂之，勿敢异"。这里强调的是无论货币重量如何，只要是真正的货币即等值流通，具有一定的主体信用性质。东晋以后民间逐渐开始对货币按照质量进行区分，到唐代以后开始有了等级标准，以解决货币质量不统一的问题。

例的稳定性标准，以及兑换权利义务的分配三个问题。自从法定货币出现以后，它就取得了货币流通的主导地位，约定货币虽然也一直存在，却只能起到补充性的作用。并且，它通常不能得到国家财政收支的承认，甚至对影响比较大的约定货币予以禁止，将其认定为非法行为。在当代社会，特别是随着网络技术的发展和特定范围内支付结算方便的需要，约定货币的存在还是有其积极作用的，也得到了许多国家法律直接的或间接的承认，有些国家还对其专门规定了特殊的制度。但是，无论如何它都只能是法定货币之外的补充，不可能成为社会普遍的流通货币。许多国家还对其流通范围进行了严格的限制，规定约定货币不得服务于网络空间之外的实体财产流通，并对其发行和流通行为实施严格监管。[1]

约定货币事实上是得到各国货币法明示或默示承认的货币，即使是外国主体发行的约定货币也应该承认它的货币地位。既然承认它的货币性质，就必然存在二者之间的兑换问题。首先，在兑换的权利义务分配上，由于法定货币在本货币区域内具有法偿效力，承担兑换义务的主体只能是约定货币的发行人，他必须为受约人提供法定货币与约定货币之间的兑换服务。其次，约定货币发行人必须保证它与该货币区域内的法定货币保持固定的兑换比例，至少必须将其稳定在正常的波动范围之内，或者稳定在约定的价值波动范围之内，不得利用约定货币非法获取货币持有人的利益，更不得改变约定货币的货币性质，将其作为非法吸收公众存款、非法发行投资证券，或者非法设定期货产品的手段。[2]

(四) 证券与记账货币

证券货币与记账货币的兑换，涉及它们之间在客体性质上的变化、它们之间的兑换标准，以及兑换权利义务的分配三个问题。记账货币是以账户登记记录形式存在的货币，法定货币和约定货币都可以采取记账货币的形式发行和流通，结算货币、存款货币本身就是由法定货币转化而成的记账货币。

---

〔1〕 参见日本《资金结算法》《支付服务法案》（修正案），美国《关于可能违法的数字资产交易平台的声明》，我国《关于加强网络游戏虚拟货币管理工作的通知》《关于防范以"虚拟货币""区块链"名义进行非法集资的风险提示》《关于防范比特币风险的通知》等的规定。

〔2〕 货币法规范的货币与证券法规范的证券、期货法规范的期货产品具有本质的区别，货币不是金融资产，不具有价值增值性，也不是发行人取得经营收益的手段。同时，发行人有义务维持货币财产价值的基本稳定；否则，就不能称之为货币，发行人的经营利润也应该认定为属于非法收益。

但是，它们在货币性质上却是有本质区别的。以记账货币形式存在的法定货币等同于法定证券货币，它们只是发行和流通方式的变化。[1]结算货币和存款货币通常是法定货币的特定转化形式，它们在货币价值数额上虽然仍等同于法定货币，但结算货币代表的是该货币存管机构的信用，存款货币代表的却是该存款银行业机构的信用，它们在信用水平上明显区别于法定货币，在支付效力上也不应该具有法偿效力。

记账货币是法定货币或约定货币的特定存在形式，它们在财产价值上仍然等同于原证券货币的价值。因此，它们之间在兑换标准上只能是等值的兑换。在兑换的权利义务分配上，通常货币持有人享有兑换权利，记账货币经营机构承担兑换义务。从法理上讲，证券货币与记账货币之间应该是完全自由的兑换，任何机构不应侵犯货币持有人享有的兑换权。但是，由于证券货币可以比较方便地实施非法交易、偷税交易、洗钱交易等行为，且不会保留任何交易记录。因此，有些国家通过限制机关、企业、事业单位等的证券货币收支数额，来达到控制违法犯罪行为发生的目的；有些国家则仅要求记账货币经营机构承担向警察机关、税务机关、反洗钱机关等报告大额或可疑证券货币收支的义务，以提供违法犯罪线索。[2]

（五）本国与外国货币

本国货币与外国货币的兑换，也涉及它们之间的客体性质上的变化、它们之间的兑换标准，以及兑换权利义务的分配三个问题。本国货币通常是指由主权国家或国家联盟发行的法定货币，或者经本国监管机关核准发行的约定货币。由于法定货币具有绝对的地域性限制，约定货币也存在监管的地域性，同时东道国又享有法定货币流通和约定货币监管主权，然而在发生国际或境际经济往来时又必须以某货币进行支付结算。因此，就必然存在本国货币与外国货币之间的兑换，它既可以在非开放性的货币兑换机构进行，也可

[1]　参见刘少军："法定数字货币的法理与权义分配研究"，载《中国政法大学学报》2018年第3期。

[2]　参见我国《商业银行法》《反洗钱法》《现金管理暂行条例》，美国《银行保密法》《国税法》《消除国际洗钱与金融反恐法》《支票清算法案》等的规定。如果控制机关、企业、事业单位等的证券货币收付数额，必然导致将法定货币转化为结算货币或存款货币，它会使货币的性质发生变化，既违反法定货币法偿效力的规定，也会改变货币的信用水平，存在依法使这些单位资金可能变成破产财产的问题。因此，货币法不应限制这些单位证券货币与记账货币的自由兑换权，这种限制会存在货币法的法理矛盾。

以在开放性的货币交易市场进行；既可以是现货交易形式的兑换，也可以是期货交易形式的兑换。它们的兑换标准主要包括两种，一是货币监管机关规定有法定兑换比例，只能按照法定比例兑换；二是监管机关只监管和调控市场，由主体按照市场供求形成兑换比例进行兑换。

货币兑换的权利义务包括兑换人、经营人和监管人的权利义务或权力责任。通常，兑换人享有受限制的兑换权，这些限制主要包括兑换条件限制、兑换数额限制、兑换方式限制等。国际或境际收支状况越差的区域，这些限制越严格；收支状况越好的区域，这些限制越宽松。经营人享有被严格规范的兑换经营权，它通常必须取得货币监管机关的经营授权，且只能被动接受兑换人的请求，不得主动要求兑换，必须承担反洗钱、反违法犯罪监督义务，并不得设立或经营货币兑换市场等。监管人的权力责任主要包括货币兑换业务、交易市场的审查核准权、监督管理权、市场交易权、违法处罚权、兑换公诉权等。货币监管机关的市场交易权是调节控制货币兑换比例、维护国际或境际收支平衡的重要手段，违法处罚权是维护兑换秩序的重要手段，兑换公诉权是请求法院对违法犯罪行为裁判的告诉权。[1]

第二节　货币财产的权利

货币是一种特殊的财产，它无论在主权性质、价值性质、流通性质、兑换性质上都不同于其他财产，这种特殊性质必然会反映在其具体的财产权利或权力上。使其既作为财产同其他财产具有共同属性，也作为特殊类型的财产，具有明显区别于其他财产的权利或权力体系。"在货币那里涉及一个非同于所有其他物的物，这似乎人所共知。"[2]特别是在货币进入主体本位体系后，这种差别既是客体上的也是主体权利或权力上的。货币的财产权利或权力是一个完整的体系，既包括国家或国家联盟以及发行人的权力，也包括货币财产价值归属权人的权利。货币财产权利或权力概括起来主要包括，货

---

〔1〕　参见我国《中国人民银行法》《银行业监督管理法》《外国投资法》《外汇管理条例》等法律法规，以及《国际货币基金组织协定》等国际组织的相关规定。

〔2〕　[德] 罗尔夫·克尼佩尔：《法律与历史——论〈德国民法典〉的形成与变迁》，朱岩译，法律出版社 2003 年版，第 281 页。

币发行权、货币价值权、货币行为权。

一、货币发行权

货币发行权是发行主体的权力或权利体系，它既包括法定货币发行人的发行权，也包括约定货币发行人的发行权。法定货币发行权通常是国家或国家联盟的专门法律赋予发行人的权力，[1]约定货币发行权通常是国家货币监管机关授予发行人的权利，它们在权力或权利来源、发行人、发行货币的货币法地位上都有明显区别。货币发行权是一种非常重要的权力或权利，享有该权力或权利的主体都必须承担与其相对应的责任或义务。货币发行权体系概括起来主要包括，货币创制权、发行收益权、价值调控权、货币鉴定权。

（一）货币创制权

货币创制权是发行主体创制货币的权力或权利，在没有产生法定货币之前，货币是不需要专门创制的，它是社会在交易习惯中约定俗成的，货币本身就是特殊的商品。在法定货币产生之后，货币的创制权才变成一种真正的权力，约定货币也需要进行专门的创制，也是一种依法取得的权利。在客体本位货币体系下，货币的价值信用主要取决于货币材料的客体信用，虽然货币法也明确规定了货币创制权，但这种权力或权利的重要程度并不是很高，甚至对于社会责任感比较强的国家更主要是一种责任。在市场经济高度发达的主体本位货币体系下，它变成了一种非常重要的权力，不仅法定货币具有非常广泛深入的社会影响，甚至流通领域和范围受到严格限制的约定货币有时也具有较大的社会影响。"自远古以来，政府就在货币体系中扮演着重要角色……其目的部分是为了保证货币的标准。"[2]

货币的创制权最初表现为铸币权，它又可以具体分为货币投放权和货币制造权。货币投放权是将铸造的货币实际投入流通的权力，货币制造权是加工制造货币的权力。通常，货币制造权是发行主体授予货币生产单位的权利，它属于特殊单位、只能按照享有货币投放权主体的指令加工生产货币产品，并通过该加工生产行为取得收益或利润。货币生产单位多数情况下属于

---

[1]　参见我国《中国人民银行法》，英国《银行特许条例》，欧盟《欧洲联盟条约》《关于欧洲中央银行体系和欧洲中央银行的议定书》，美国《联邦储备法案》《铸币法案》等的规定。

[2]　［美］米尔顿·弗里德曼：《货币的祸害——货币史片断》，安佳译，商务印书馆2006年版，第44页。

国家设立的单位，即使不属于国家也是由国家特许才享有加工生产权利的单位。在主体本位货币体系下，货币制造权具体表现为证券货币（包括纸币和硬币）的制造权，它或者是由传统的货币铸造加工单位改造而来，或者由中央银行另外设立货币加工生产单位。对于以记账货币形式存在的法定货币或约定货币则不需要专门的加工生产，通常由享有投放权的发行人直接或通过经营人创制并投入流通。无论是金属货币、证券货币，还是记账货币，它们的投放权都是发行人的权力或权利，不是货币制造权人的权利。[1]

（二）发行收益权

货币发行是否存在收益，主要取决于货币发行收入与成本之间的对比关系。货币法的基本价值准则和执法标准是货币发行的整体利益原则，无论法定货币还是约定货币，都不应该以货币发行收益作为基本目的。法定货币的根本发行目的是满足社会和经济的正常运行需要，即使是约定货币也不得以取得发行收益作为基本目的。但是，货币的流通运行是需要成本的，为不使发行主体产生过高的费用负担，在货币发行收入与相关费用之间还是需要进行规范的。通常，货币发行收入主要包括：铸币税收入、标准出售收入、发行价格收入、发行贬值收入等；货币发行产生的主要费用包括：货币制造费用、货币流通费用、流通管理费用、货币兑赎费用等。它们的差额为货币发行收益，它的财产权应归属于发行人。[2]

铸币税收入是金属货币时代征收铸币税取得的收入，现在已经基本上不再征收。标准出售收入是出售铸币标准的收入，现在也已经基本上不再作为收入来源。发行价格收入是货币发行时自接受方取得的价值数额，它通常等于货币单位的名义价值。发行贬值收入主要是对金属货币而言的，具体表现为货币材料价值相对于名义价值的数量减损，在发行人收支发生困难时通常会通过这种手段增加发行收入。货币发行收益对于法定货币和约定货币具有不同的意义，法定货币的发行收益属于国家或国家联盟的财政收入，或者直接属于中央银行的收入，它最终应该用于公共利益的支出，具有相对的合理

---

〔1〕 世界比较著名的货币制造单位包括：中国汉朝的上林三官，现中国人民银行所属中国印钞造币总公司及其纸墨、造币厂，英国的皇家造币厂，美国造币局所属的费城、丹佛、旧金山、科罗拉多造币厂等。

〔2〕 参见我国《中国人民银行法》，英国《英格兰银行法》，欧盟《欧洲联盟条约》《关于欧洲中央银行体系和欧洲中央银行的议定书》，美国《联邦储备法案》《铸币法案》等的规定。

性。约定货币的发行收益属于单位发行人的财务收入，如果能将其用于全体受约人的利益，也具有相对的合理性，如果成为发行人的私有利益，则属于违反货币法的行为，情节严重的还应构成欺诈犯罪。[1]

（三）价值调控权

货币财产价值虽然直接归属于货币持有人，它的价值变动却取决于发行人的信用。从维护货币财产持有人利益的角度，货币法应要求发行人保持币值稳定，以使持有人的货币财产价值不至于贬损。但是，法定货币的价值目标不仅在于维护持有人的利益，还需要考虑到域内的经济增长状况、社会就业水平，在特殊情况下还需要考虑到财政收支状况。虽然各国货币法都严格限制为财政支出增加货币发行，强调中央银行应独立或相对独立于政府。但是，在没有其他办法较好地解决财政危机时，也往往不得不利用货币发行手段。绝对地保护货币持有人利益、保持中央银行的独立是不切合实际的。但是，利用货币发行调控需求，进而调控经济运行或增长状态，或者挽救财政危机应该是有货币法上的限度的，它的货币价值调控权应该有不同的决策权层级，最高决策层级应该是立法机关。

货币财产价值不仅包括对内的价值，还包括对外的价值，它具体表现为本国或本区域货币与外国或外区域货币的兑换比率或称汇率。降低本国或本区域货币价值有利于鼓励出口、限制进口，减少贸易逆差或增加贸易顺差；提高本国或本区域货币价值有利于鼓励进口、限制出口，减少贸易顺差或增加对外投资。但是，如果某国或某区域长期故意使汇率偏离正常水平、产生汇率偏差，或者实行歧视性汇率以取得国际或域际竞争优势，就会构成汇率操纵或汇率歧视行为。如果这种行为被相关国际组织认定，所有成员国都有权向该国或该区域征收相当于偏差水平的关税，严重影响对外经济状况。如果这种行为被某国或某区域认定，在双边谈判没有结果的条件下，可能会导致双方相互进行关税对抗。因此，货币的对外价值调控权也存在幅度限制，不得利用汇率持续取得国际或域际经济竞争优势。[2]同时，约定货币发行人不享有货币价值的调控权，不得主动改变约定货币的财产价值。

---

〔1〕利用货币贬值获取收益具有较高的隐蔽性，短期内社会公众或受约人难以察觉，许多国家利用其作为特殊情况下增加收入的手段，这种做法会严重影响货币的信用，具有较大的长期危害性。

〔2〕参见国际货币基金组织依据《国际货币基金组织协定》作出的相关规定，世界贸易组织《关税与贸易总协定》《服务贸易总协定》的相关规定，以及各国贸易法的相关规定。

（四）货币鉴定权

货币财产的价值可能低于也可能高于货币材料的价值，如果货币财产的价值低于货币材料的价值，或者会引起货币储藏，或者会导致货币发行收入低于发行成本。在现实生活中，这种情况虽较少出现却也有发生。如果货币财产的价值高于货币材料的价值，货币发行收入高于发行费用并达到一定程度，就可能引起伪造变造货币的现象。在主体本位条件下，货币发行净收益较高，伪造变造货币是严重的违法犯罪行为，特别是对伪造变造法定货币的行为应进行严厉打击。约定货币由于仅在受约人内部流通，且不具有法定的偿付效力，货币法严格禁止其进行价值的主动调整，相对较少发生伪造变造的行为。但是，无论是法定货币还是约定货币都存在鉴定权的问题，且它只能是货币发行人的特有权利。

在现实生活中，法定货币仅由中央银行或财政部门垄断发行，又缺少具体的货币经营管理机构，再加之还存在货币的国外或域外流通问题，发行人通常会将货币鉴定权具体授予货币经营机构。因此，法定货币的鉴定权通常包括授权鉴定权和最终鉴定权。授权鉴定权由货币的具体经营机构、主要是银行业机构享有，并有权主动进行货币鉴定，发现伪造变造的法定货币有权予以收缴，剥夺货币持有人的货币财产权。如果持有人对授权鉴定机构的鉴定结果不服，有权请求最终鉴定机关对争议法定货币进行鉴定，最终鉴定机关的鉴定结果为最终结果，持有人不再享有鉴定申请权。[1]通常，法定货币鉴定权不享有诉权，无权提起诉讼由法院进行裁判，这主要是考虑到法院并不具有鉴定能力。但是，如果对鉴定的证明责任有异议，也应有权提起诉讼，不能证明伪造变造的必须承认货币财产权。[2]

二、货币价值权

货币是发行人发行并决定其价值量的财产，它的持有人享有的只是货币的部分权力或权利，即货币财产价值的归属权或称为货币价值权，这同其他财产权利形成明显的区别。货币价值权是持有货币后主体依法能够享有的权

---

〔1〕 在法定记账货币的条件下，虽然采取数字加密技术可以在一定程度上保证货币不被伪造变造，但这种技术保障也不是绝对的，通常还是应以货币发行人的认证作为货币真伪的最终判断标准。

〔2〕 参见我国《中国人民银行法》，英国《英格兰银行法》，欧盟《欧洲联盟条约》《关于欧洲中央银行体系和欧洲中央银行的议定书》，美国《联邦储备法案》《铸币法案》等的规定。

利，在主体本位体系下它不是对于某有体客体的直接权利，而是对货币发行人价值信用的间接性权利，这种权利的享有只能通过一定的权利证明工具表明其存在，并通过一定的支付结算工具实现该财产的功能。货币价值权主要包括，价值支配权、支付结算权、给付优先权、差别保护权。

（一）价值支配权

货币价值支配权是指货币持有人亲自或通过一定的控制工具控制货币价值、享有货币价值利益，并排除他人非法侵害的财产权利。它是货币财产权的基本权利，它的具体权利存在方式包括直接支配权和间接支配权。直接支配权是指持有人亲自控制自己的货币财产的权利，它是实物货币、金属货币、证券货币形态下货币价值支配权的存在形式。在这种货币价值支配形式下，持有人必须亲自排除他人的非法侵害，如果遇到侵害行为必须亲自主张权利。间接支配权是指持有人将货币价值委托给他人进行管理，或者在管理货币价值的过程中同时赋予其部分经营性权利，持有人通过某种货币工具实现对货币价值的控制，它主要是以记账货币的形式实现价值支配权。[1]在间接支配条件下，它已经不是完全的而是基本的支配权，特别是在存款货币条件下，还会产生银行业的余额支配权。[2]

货币财产不同于其他财产，其他财产的实际效用在于财产客体，它们的支配权主要体现在对客体的占有权和使用权等权利上，通过实际消费财产客体来实现权利人的利益。货币不具有现实的消费价值，拥有货币财产本身，除为将来的支付结算作为准备外，只能满足内心的价值拥有欲望，不可能对其进行现实的生产经营或生活消费。"因此，古代社会咒骂货币是换走了自己的经济秩序和道德秩序的辅币。"[3]就货币的价值支配权而言，它应该具有价值的储藏功能，货币持有人享有价值保存的权利。"金银珠宝不易腐朽，也不像其他物品那样容易变质，它们在任何时候，任何地方都是财富。"[4]

---

[1] 参见我国《中国人民银行法》《商业银行法》《民事诉讼法》《支付结算办法》《关于查询、冻结、扣划企业事业单位、机关、团体银行存款的通知》《金融机构协助查询、冻结、扣划工作管理规定》等的规定。

[2] 在存款货币形态下，虽然货币持有人还享有基本的货币支配权。但是，存款人的存款余额银行业机构也同时享有支配权，有权利用这个余额进行贷款、投资等行为，并向存款人支付利息。同时，在该银行业机构破产时，它也会因取得利息而成为破产财产，已经不是完整的支配权。

[3] [德] 马克思、恩格斯：《马克思恩格斯全集》第23卷，人民出版社1972年版，第152页。

[4] [英] 威廉·配第：《配第经济著作选集》，陈冬野等译，商务印书馆1981年版，第24页。

但在当代社会，单纯地保存货币价值已经没有太大的实质意义，国家政策也不鼓励公众储藏货币，持有人拥有较大数额货币财产时应该选择进行各种形式的投资，以实现价值的增值或实现自己的理想。[1]

（二）支付结算权

货币的支付结算权是指货币持有人亲自或委托支付结算工具经营人，将其支配的货币价值用于财产交易、清结债务或转化为等值其他资产的权利。它是货币的核心权利和基本用途，它的具体权利行使方式包括直接支付结算权和间接支付结算权。直接支付结算权是持有人亲自实施支付结算的权利，它是实物货币、金属货币、证券货币形态下的支付结算方式。在这种支付结算方式下，持有人必须亲自将货币交付给收款人，在收款人接受且没有提出异议后即完成支付结算行为。货币直接支付结算权的行使不具有追及效力，付款人交付完成后，如果收款人没有提出异议，双方都不再向对方承担货币法责任。但是，他们可以提出普通财产法上的实质性异议或瑕疵付款主张，按照普通财产法原则向对方主张财产请求权。

间接支付结算权是持有人委托他人实施支付结算的权利，它主要是记账货币形态下的支付结算方式，通过在货币经营机构开设的货币账户，委托其通过特定的支付结算工具实现支付结算行为。它通常是通过法定记账货币账户、结算货币账户、存款货币账户、约定货币账户等的货币划转行为行使支付结算权。在这种支付结算方式下，货币记入收款人账户或收款人接受且没有提出异议后，收付款双方都不再具有对该货币的追及权利，即使该支付结算行为存在瑕疵，也不得直接再对该行为主张货币法上的权利。如果认为支付结算机构的行为存在瑕疵，应就其瑕疵支付行为主张违约或侵权责任；如果认为收付款相对方的行为存在瑕疵，应就其瑕疵行为主张自己的普通财产法或行为法上的财产请求权利。[2]

（三）给付优先权

货币的给付优先权是指在收付款双方不存在事先生效特别约定的条件

---

〔1〕 即使在金属货币时代，如果储存货币过量也会导致流通中的货币供应量不足，影响货币流通秩序。因此，许多国家的货币法都规定禁止私人过量储存货币，这也是金属货币难以足值发行的重要原因之一。

〔2〕 参见我国《中国人民银行法》《商业银行法》《票据法》《人民币管理条例》《支付结算办法》《国内信用证结算办法》《商业银行保理业务管理暂行办法》《最高人民法院关于审理票据纠纷案件若干问题的规定》等的规定。

下，以本区域内持有人的货币进行支付结算享有优先权，收款人不得要求付款人以其他财产进行支付结算。它又可以具体分为绝对支付优先权和相对支付优先权。绝对支付优先权是指持有人以本区域内的法定货币进行支付结算享有绝对的优先效力，任何本区域内的主体不得拒绝接受，不得要求以其他货币或财产进行付款。这是由于法定货币在本货币区域内具有法偿效力，包括有限法偿效力和无限法偿效力，拒绝接受法定货币而要求支付其他货币或其他财产，违反了货币法偿效力的规定，甚至有些货币法规定即使收款方同意也不允许接受。这是由于有些货币法对非本区域内的货币或约定货币有比较严格的支付结算范围限制，本货币区域内非经许可不得支付其他货币；或者约定货币超出了货币法限定的支付结算范围。〔1〕

相对支付优先权是指不同货币之间的优先权，它具体包括货币性质优先权和收款人认定优先权。货币性质优先权是指约定货币在受约范围内的给付效力优先于其他货币。当然，约定货币发行人必须提供法定货币与约定货币的兑换服务，以维持法定货币的法偿效力。收款人认定优先权是指在以结算货币、存款货币、银行票据、商业票据、其他财产进行支付的条件下，应以收款人认定的顺序确定优先权。这是由于这些支付结算工具都不具有法定的偿付效力和优先效力，也没有付款人与收款人之间的事先约定，以何种货币优先取决于收款人的认定。通常，付款信誉较高、风险较低的货币形式收款人更乐于接受。此外，收款人对这些货币的接受程度，还取决于货币法或相关法规确定的付款人承担付款责任的形式、顺序和程度，当发生支付结算纠纷时具有更可靠效力的货币更容易被认可。〔2〕

（四）差别保护权

货币差别保护权是指在不同的货币区域内，持有不同性质的货币享有不同内容和程度的财产保护权。财产是人类生活的基础，财产法在任何法学体系中都占有重要地位，依法保护主体的财产权是财产法的基本功能。货币法的核心是货币财产法，它系统地规定了货币财产权的特殊保护问题。对货币

---

〔1〕　参见我国《中国人民银行法》《外汇管理条例》《关于加强网络游戏虚拟货币管理工作通知》等的规定。

〔2〕　参见我国《中国人民银行法》《商业银行法》《票据法》《支付结算办法》《国内信用证结算办法》《商业银行保理业务管理暂行办法》《最高人民法院关于审理票据纠纷案件若干问题的规定》等的规定。

财产权的保护既具有财产权的共性，又具有货币财产权的特性。货币财产权的保护实质上是价值权的保护，可以具体分为区域内保护权和区域外保护权。区域内保护权是指在本货币区域内，货币法不仅保护其普通财产权，还作为货币财产权予以特殊保护，依法保护其特殊权能的行使和实现。如果货币财产权受到非法侵害，加害人应依法予以赔偿，且应以原有货币形态予以赔偿，赔偿的货币应该与原货币性质相同。

区域外保护权是指在本货币区域外，持有本区域货币享有的受到财产法保护的权利。货币是具有严格地域性的财产，法定货币受货币法调整范围的限制，约定货币受到受约人范围的限制，一旦超越这一法定或约定区域，它就不再被特定的相应法规保护。超越本区域的货币地位主要取决于东道国货币法、国际法的规定和国际司法习惯。通常，除非东道国与货币发行区域有承认其货币的特别约定，否则只会承认区域外的货币及货币财产为外汇，应该按照本国或本区域的外汇管理法确认其货币地位。不同国家对域外货币的态度并不完全一致，它的地位通常会高于普通财产。各国通常都承认域外货币的财产权，至少都会给予视同普通财产的保护。"尽管外国货币在英国法上可以是'货币'，但无法构成英国境内英镑债务的法偿货币。"〔1〕伪造变造域外货币，各国都认定属于违法犯罪行为，都依法保护域外货币的发行权，这既是国际法上的考虑，也是国际司法习惯。〔2〕

三、货币行为权

货币价值权是货币财产归属权人享有的静态或结果上的权利，它代表着权利人对货币财产价值的拥有。拥有权利并不是财产权的目的，行使权利取得预期的结果才具有实现的意义，纯粹的拥有只能提供心里的满足，权利的使用才能发挥满足实际需求的作用。货币财产权的行使不同于有体财产，它不是财产使用价值的实际运用，而是不同价值之间的转换，货币行为权的核心内容是支付结算行为权，包括交易的支付结算和投资的支付结算。"国家财富不是由不能消费的货币财富组成的，而是由社会劳动每年生产的可消费

---

〔1〕　［英］查理斯·普罗克特：《曼恩论货币法律问题》，郭华春译，法律出版社 2015 年版，第 51~52 页。

〔2〕　参见《防止伪造货币国际公约》，我国《刑法》《外汇管理条例》《最高人民法院关于审理伪造货币等案件具体应用法律若干问题的解释》，以及各国关于伪造变造货币犯罪的相关规定。

的货物组成的。"〔1〕货币行为权应主要包括，货币交付权、委托指令权、有限选择权、行为请求权。

（一）货币交付权

货币财产权的转移以享有货币财产权为依据，通常以完成货币交付和查收行为而生效。在具体支付结算过程中，不同的货币类型使用不同的支付结算工具，它所决定的交付行为完成的标准也是不同的，必须完成某特定的交付行为才具有货币法上的效力。对于实物货币、金属货币、证券货币等不记名货币而言，货币交付权的行使必须亲自或委托他人将货币实物或证券交付给收款人或收款代理人，交付程序完成即发生货币财产权的转移效力。对于委托货币经营机构代理完成的记名的记账货币而言，货币交付权的行使必须最终完成账户登记程序才能发生货币财产权的转移效力。并且，不同的结算工具和支付工具也有不同的交付程序。

货币财产权人使用结算工具行使货币交付权必须通过货币经营机构，并使用法定的结算工具，完成法定的结算程序，才能发生货币财产权转移的效力。通常，货币结算工具主要包括记账货币的汇划兑付、委托收付、托收承付等，它们都有严格的法定交付权行使程序和确认标准，要产生货币交付效力就必须实施这些规定的交付行为。货币支付工具主要包括记账货币的特约支付、信用证书、保付代理、货币票据等，货币票据工具还可以进一步分为汇票、支票、本票等。这些工具是可以有除付款人、收款人、货币经营机构之外第四方主体加入的较复杂的货币交付权行使工具，有些工具本身还可以向第四方转让货币交付权，使货币交付权成为一种可以交易的权利，甚至可以间接地作为货币融资的工具。〔2〕

（二）委托指令权

在通过记账货币实施货币交付的条件下，必须通过取得监管机关授予其经营权的经营机构行使货币行为权。经营支付结算业务的机构主要是商业银行或专业支付结算机构，它们是受到货币法严格规范和监管机关严格监管的企业。它们与记账货币财产权人就支付结算形成的是委托代理关系，货币财

---

〔1〕　[英] 亚当·斯密：《国富论》，杨敬年译，陕西人民出版社 2001 年版，第 744 页。

〔2〕　参见我国《民法典》合同编、《商业银行法》《票据法》《现金管理暂行条例》《支付结算办法》《非金融机构支付服务管理办法》《国内信用证结算办法》《商业银行保理业务管理暂行办法》等，国际商会《跟单信用证统一惯例》，美国《统一商法典》，日本《资金结算法》等的相关规定。

产权人为委托人，支付结算机构为代理人，它们必须按照货币财产权人依法发出的委托交付指令，按照法定的程序和行为规范代理货币财产的交付。在此过程中，货币经营机构不得实施无权代理或越权代理行为，否则会导致代理行为瑕疵。同时，它们享有收取法定或约定代理费用的权利，承担代理货币交付和保障财产安全的责任。非由货币财产权人的过错实施货币行为的财产损失，它们应该承担损失赔偿责任。

在以记账货币支付结算的过程中，货币财产权人享有的核心行为权是委托指令权。它是一种法定或约定的行为权利，具体的权利内容、行使方式、生效条件按照选择的支付结算工具依法按约确定，不同支付结算工具的实际权利内容、行使方式、生效条件也不完全相同。通常，它的基本权利内容包括指令交付权、指令确认权、指令变更权、指令执行权等。货币权利人首先需要将指令交付给货币经营机构，并签章或通过其他有效方式确认指令已经生效；变更指令属于新的指令，包括撤销指令和新的委托指令，撤销指令通常必须在没有实际执行的条件下才能够生效。货币经营机构因委托指令生效取得执行权，严格按照货币权利人的指令要求执行货币交付行为，非因货币权利人的原因导致财产损失的，必须承担赔偿责任。[1]

（三）有限选择权

记账货币的支付结算工具是由法律严格限定的，当事人之间通常不得自行创制支付结算工具，以及各工具的权利内容、行使方式、生效条件等，以维护货币流通秩序、提高货币流通效率、保障货币流通安全。同时，为了满足不同货币权利人行使行为权的需要，在设计这些工具时都会为权利人提供多种法定或约定的选择方案，货币行为权人有权在这些方案内依法按约选择不同的方案，行使有限的行为方式选择权。按照相关法规的规定，可供权利人选择的内容主要包括货币账户类型、支付结算工具、工具权利处置、行为结果担保、行为终止条件、行为结果确认等。通常，可供选择的账户类型主要包括法定货币账户、结算货币账户、存款货币账户、约定货币账户、域内货币账户、域外货币账户等。每种账户中还可以选择支付结算限额、行为生效条件、行为生效时间、行为撤销条件等。

---

〔1〕 参见我国《民法典》合同编、《商业银行法》《票据法》《支付结算办法》《非金融机构支付服务管理办法》等的规定。

支付结算工具的选择主要应考虑货币权利人行为的时间、地点，付款限制条件、付款控制措施、收款人对行为效力的要求，以及是否能够直接处置该行为权利等。有些支付结算工具行为人不享有行为权的处置权，不得将行为权转让给第三人行使；有些支付结算工具则享有处置权，可以将行为权流通转让。有些支付结算工具约定的是即期行为权，有些约定的是远期行为权；有些工具附有货币经营机构或第三人的行为效力担保，有些则只有货币权利人的担保，到期可能没有足额的可供支付结算的货币财产。有些支付结算工具附有行为权终止条件，不满足特定的条件行为权效力会终止，以防止收款人不履行对等的行为；有些工具保留了行为确认效力，有些则只要发生某行为就自动产生行为效力。通常，货币法会为行为权人设置能够满足其需要的各种选择权，可以根据特定的需要自由选择。[1]

（四）行为请求权

法学中的请求权是主体之间一方主体请求另一方主体实施某种行为或不实施某种行为的权利，它是行为权的一种特定形式。当某种行为不能由主体单方面控制，只有其他主体配合才能实施时，就存在请求权的问题。货币行为权首先是权利人直接的行为权，在需要货币经营机构或其他主体配合时必然会产生行为请求权。货币法的行为请求权主要包括执行请求权、确认请求权、返还请求权、赔偿请求权等。执行请求权通常是付款人或收款人要求货币经营机构履行法定或约定的货币行为义务的权利，在货币经营机构怠于履行的情况下，督促其实施特定支付结算行为的请求权。确认请求权是在作出某货币行为的表示后，相对方要求行为人就其作出的表示以某种法定或约定的方式予以明确确认的请求权。

货币行为中的返还请求权通常是在货币经营机构发生无法交付、交付中止、错误交付等情况下，货币行为权利人有权要求货币经营机构返还其货币财产的请求权。这里的错误交付是指由于货币经营机构的失误而产生的返还请求权，如果是由于行为权人的委托指令存在失误，导致货币财产交付给非期待中的收款人，则不能构成对受托人的返还请求权，只能向实际收款人主

---

[1]　世界各国相关法律、法规都对支付结算工具的行为权有详细的规定，货币行为权人可以根据自己的需要，在这些行为权类型中选择适合自己需要的行为方式，甚至可以有限制地约定某类行为的具体行为权。

张普通财产法上的利益返还请求权。赔偿请求权通常是由于不可归责于行为权利人的原因导致支付结算中的货币损失，货币经营机构在不能证明行为权利人应该承担责任的条件下，应该承担该货币财产损失的赔偿请求权。它主要是由于货币经营机构安全保障措施不能达到标准，或者在单证审核中没有尽到合理注意义务等需要承担的责任。[1]

第三节　货币财产的义务

货币财产不仅包括权利或权力，还包括义务和责任。作为财产，它的权利或权力利益一定大于义务或责任负担，否则充其量只能属于资源而不可能成为财产。传统财产法理论认为财产仅是权利关系，"这是一种个人主义道义论的误解，财产关系是一种混合关系"。[2]"众多公的义务和限制业已进入到物中……涉及物的公法上所附加的权利和义务成倍地增长。"[3]货币财产具有非常浓厚的国家色彩，必然存在义务或责任规范。货币财产义务或责任概括起来主要包括货币归属义务、货币经营义务、货币监管义务。

一、货币归属义务

西方传统法学理论是以私权为起点的，财产主要是私权不包括义务或责任。"财产的法律概念就是一组所有者自由行使其不受他人干涉的关于资源的权力。"[4]货币财产既是一种资源，同时由于它同国家和整体经济利益的联系，为维护国家的货币主权、提高货币流通效率、稳定货币流通秩序、保障货币财产安全，货币财产权利或权力人必须承担义务或责任，并且其义务或责任的种类和数量还比较多。通常，货币财产权利归属人需要承担的义务

---

[1] 参见我国《民法典》合同编、《商业银行法》《票据法》《支付结算办法》《非金融机构支付服务管理办法》《国内信用证结算办法》《商业银行保理业务管理暂行办法》《最高人民法院关于审理银行卡民事纠纷案件若干问题的规定》《最高人民法院关于审理票据纠纷案件若干问题的规定》《民事诉讼法》等的相关规定。

[2] 刘少军：《法边际均衡论——经济法哲学》，中国政法大学出版社 2017 年版，第 202 页。

[3] ［德］罗尔夫·克尼佩尔：《法律与历史——论〈德国民法典〉的形成与变迁》，朱岩译，法律出版社 2003 年版，第 268 页。

[4] ［美］罗伯特·考特、托马斯·尤伦：《法和经济学》，张军等译，上海三联书店、上海人民出版社 1999 年版，第 125 页。

应主要包括证券保护义务、交易限制义务、合法使用义务。

（一）证券保护义务

货币财产不同于其他财产，它的归属权人享有的仅是货币的价值权，并不享有表现货币价值客体的归属权，这个客体的归属权属于货币发行人。在实物货币时期，货币的价值权与其客体是统一的，对价值的拥有和对客体的拥有具有一致性。但在进入法定货币阶段后，货币的价值权就与客体发生了分离，即使是金属货币，它的客体权利也不完全归属于价值权人。在当代社会，由于只有法定货币仍然存在证券的表现形式，约定货币基本上都采取记账货币的形式，记账货币的价值权与客体权基本上是统一的。因此，表现货币价值的客体就主要是法定货币证券一种基本形式，保护货币财产表现客体问题就成为保护货币证券的问题。货币证券保护义务的内容主要包括禁止标记、禁止污损、禁止毁坏等义务。

证券货币中的证券虽然被货币价值权人持有，但它作为有体财产的权利并不归属于价值权人，它的财产权利人是发行人，它是发行人提供给价值权人使用的权利证书。因此，货币证券的使用人必须承担对该证券的保护义务。货币价值权人不得对货币证券进行任何标记，即使进行任何标记也不具有财产法上的特定化效力，不能因此主张对该特定证券的财产归属权。[1]货币价值权人不得对货币证券进行污损，更不得故意进行毁坏，即使是在金属货币时代也不得对货币进行消磨、毁坏或融化，它本身也不完全是价值权人的财产，各时期的货币法都明确禁止这种行为。如果故意污损、消磨、毁坏或融化，属于故意破坏正常货币流通秩序的行为，依据货币法应该依法受到惩罚，情节严重的甚至可能构成犯罪。[2]

（二）交易限制义务

货币是通用的信用财产，它本身不具有可消费性，它的核心功能是作为支付结算工具。它本身不可以成为被买卖或交易的对象，否则除破坏整体的货币流通秩序外不具有任何实质性意义。并且，货币证券或铸币本身也不完全是价值权人的财产，他只能依法使用并不享有这种财产的处置权。因此，

---

〔1〕　对证券货币进行特定化标记理论上可以具有证据效力，但由于其属于违法行为，该证据效力是否能够得到证据法的承认，还要依据证据法的规定作具体的判断。

〔2〕　参见我国《中国人民银行法》《人民币管理条例》，以及各国，甚至古代、近代货币法的相关规定。

货币法通常都明确规定禁止买卖或交易具有法定流通效力的法定货币,包括法定货币的证券和铸币、硬币。当代的约定货币由于都是记账货币,不具有独立的表现货币价值的客体,也就不存在其客体被买卖或交易的问题。如果约定货币成为买卖或交易的对象,它的价值不能达到基本稳定的标准,也就变成了一种证券法意义上的金融财产而不再属于约定货币。货币法是依据功能和属性,而不是以名称判断其货币性质的。

货币法禁止买卖或交易流通中表现货币价值的客体,禁止任何将其客体进行特定化或认定为特定化的行为,并且即使实施了这种行为也不具有货币法上的效力。但是,并不是任何流通的法定货币都不得进行买卖或交易,通常能够进行买卖或交易的只能是发行人进行了特定化的各种纪念币。纪念币虽然也是流通中的法定货币,可以作为普通货币证券按照标注的价值进行流通,但同时货币法对其价值权与表现客体财产权具有统一性的规定。它的价值权和表现客体财产权都主要归属于货币价值权人,在不破坏整体货币流通秩序的条件下,有权将其作为买卖或交易的对象。此外,已经退出流通的证券货币、金属货币、硬币等,已经不再是现实的货币,不再具有货币价值权,货币发行人已经放弃了对它的管理权,它仅仅是客体本身,已经是普通的有体财产,货币法不再禁止其买卖或交易。[1]

(三) 合法使用义务

既然货币价值权人不享有对货币表现客体的财产权,仅享有以这些客体表现货币价值的权利,他就不能任意使用和处置货币证券、金属货币、硬币等客体,仅能够按照货币法的规定和要求依法使用这些客体。货币价值权人的合法使用义务主要包括禁止非货币使用义务、遵守使用规范义务、非授权不得经营义务等。货币表现客体的禁止非货币使用义务要求,货币价值权人不得将货币证券用于非作为货币使用的用途。不得将金属货币、硬币作为普通有体财产使用,不得将证券货币作为相近材质的有体财产使用,这些使用方式都属于非法使用货币价值表现客体的行为,都属于违反货币法的行为,情节严重的都要受到处罚。

货币价值权人不仅不得将货币表现客体非货币化使用,即使作为货币使

---

〔1〕 参见我国《人民币管理条例》,以及各国关于法定证券货币、金属货币、硬币买卖与交易的相关规定。

用也必须按照该类客体的使用规范进行支付结算，否则可能导致其行为效力的瑕疵，影响其支付结算效力的发挥。如汇款方式的法规限制、域外支付的法规限制、支付数量的法规限制等，只有按照规定的使用规范实施支付结算才能完全发挥货币行为的效力。此外，任何主体非经货币监管机关的依法授权，不得实施任何同这些客体相关的业务经营行为，不得将这些客体作为普通有体财产用于普通的生产经营行为。这是由于这些客体的生产经营、发行回笼等都是按照严格的程序，由货币监管机关授权的主体依法实施的，非经授权任何相关经营都属于非法行为。[1]

二、货币经营义务

货币法不同于其他财产法，不仅货币财产价值的归属权人要承担归属义务，不得任意行使其拥有的货币财产权利，还对货币财产的经营主体规定有更加严格的经营义务，使货币财产经营行为成为一种受到非常严格规范约束的行为。在现实生活中，货币财产的经营主体主要包括，银行业机构、专业支付结算机构、约定货币发行机构、约定货币经营机构等。当代社会约定货币的发行与流通主要是解决受约人内部的货币流通问题，它的发行机构与经营机构往往是同一主体，或者是具有财产控制关系、人员控制关系、委托代理关系等的主体。货币经营机构的义务主要包括，指令执行义务、流通安全义务、预先赔付义务、证明责任义务。

（一）指令执行义务

记账货币是价值权人通过货币经营机构账户支配财产和实施支付结算行为的货币，价值权人享有委托指令权，有权以给付费用为代价通过发出指令实施货币行为；货币经营机构则因收取了相应的费用，必须严格执行价值权人的货币行为指令。法定记账货币通常由货币发行人给付货币行为费用，结算货币、存款货币通常由价值权人给付货币行为费用。如果结算货币存管机构向经营人支付存管利息，也可以不收取货币行为费用。约定货币如果发行人即为支付结算经营人，通常将货币行为指令执行作为一种销售手段免收费用；如果发行人与支付结算经营人非同一主体，往往需要价值权人给付指令

---

[1] 在现实生活中，经常会出现币证券非货币化使用的情况，并按照传统有体财产的法理当然地认为享有货币证券的使用和处置权，这种认识是没有对货币法与其他财产法进行区分的结果。

执行费用。然而，无论支付结算经营人是否直接收取指令执行费用，都承担着执行价值权人指令的义务。这种义务的具体内容主要包括依法执行义务、按约执行义务、全面执行义务、严格执行义务。

依法执行义务要求货币经营机构，或者为银行业机构，或者为专业支付结算机构，必须按照相关法规执行价值权人的委托指令，不得通过约定排除相关主体的权利或减轻自己的义务。通常，货币行为的大部分内容都是由货币法规定的，这些权利义务是法定的，当事人不得予以变更或排除适用，甚至不得任意通过约定自由放弃权利。按约执行义务要求，货币经营机构必须按照相关约定执行价值权人的委托指令。货币行为通常是需要相对人协助执行的，必然在法定内容之外约定特殊的行为权利义务，只要这些约定合法有效，货币经营机构就必须执行。同时，货币经营机构必须按照法定和约定的数量、时间、地点、账户等全面执行指令，不得以任何非法定或约定事由不适当地履行义务。并且，货币经营机构必须严格按照委托指令执行，即使是为了委托方的利益也必须事先征得其同意。[1]

（二）流通安全义务

记账货币的价值存在于货币经营机构为权利人开设的账户中，如果经营机构的经营存在安全问题，可能会直接导致权利人货币财产的损失。因此，支付结算业务的经营权是受到货币监管机关严格监管和审核的权利，不达到法定标准不得授予其经营权，不能持续达到监管标准也会随时剥夺其经营权，这是由其业务经营的内容和特点决定的。货币经营机构的流通安全义务主要包括，资本安全义务、技术安全义务、操作安全义务、审核安全义务、安全提示义务等。货币经营机构的资本安全义务要求，它的资本充足率、净资本、准备金等风险控制指标必须达到或超过法定标准，以保证经营的稳健，担保货币的财产价值安全。

技术安全义务要求采用的支付结算技术必须达到或超过法定标准，技术安全程度达不到相应标准不得经营对应的支付结算业务，并随时接受监管机关的检查，保证权利人的货币财产价值不会因技术问题发生较大的直接或间接损失。操作安全义务要求无论是工作人员还是货币价值权人，他们的账户

---

〔1〕 参见我国《民法典》合同编、《商业银行法》《票据法》《支付结算办法》《国内信用证结算办法》《非金融机构支付服务管理办法》《商业银行保理业务管理暂行办法》等的规定。

操作行为都必须达到适当的安全程度要求，将账户货币价值的安全控制在各方和监管机关都能够接受的范围之内。审核安全义务要求工作人员，在审核当事人的支付结算单证时，必须尽到法定的合理注意义务，以从单证审核的角度保障货币财产价值的安全。安全提示义务要求工作人员和支付结算系统，必须设置足以使货币价值权人引起安全注意的风险提示，以保证具有正常理解能力的价值权人能够维护其财产安全。[1]

（三）预先赔付义务

货币支付结算经营行为是一种综合性行为，包含货币保管、委托代理、甚至余额投资等多种财产经营关系，具体取决于法定货币、约定货币、结算货币、存款货币等货币种类。它的基本经营关系主要包括货币保管关系和委托代理关系。在经营过程中，它要面对众多主体，综合收取保管和支付结算费用，通过统一的支付结算系统向货币价值权人提供服务。为维护这个系统的正常运行、保障系统的安全水平、提高货币流通效率，在货币价值权人主张发生了非由其过失导致的货币损失，且能够证明损失发生的事实客观存在时，经营支付结算的机构应承担预先赔偿的义务。在案件事实调查清楚并作出具有执行效力的裁判后，再最终确定货币损失的承担主体。它具体包括直接预赔付、证明预赔付、刑事预赔付。

直接预赔付是在货币价值权人发生货币财产损失时，首先推定是货币经营机构的责任，由其预先承担损失赔付责任，以维持支付结算系统的正常运行。证明预赔付是在货币价值权人发生货币财产损失时，不能证明是由于货币价值权人的过失直接导致的，货币经营机构就应该预先承担损失赔付责任。刑事预赔付是由于刑事案件导致发生货币财产损失，在案件没有作出最终裁判前，预先由货币经营机构承担赔付义务。货币价值权人损失的预赔付规范，是由货币财产的归属关系认定原则和货币价值权人自行救济的可能性决定的，货币价值权人对其损失并不具有直接的货币法意义上的救济措施，记账货币是依据账户记录确认归属的，获取原价值权人损失货币的主体并不应直接承担货币法的责任。[2]

---

〔1〕 参见我国《商业银行法》《非金融机构支付服务管理办法》《关于加强网络游戏虚拟货币管理工作的通知》，以及中央银行等相关机关《虚拟货币的风险提示》等的规定。

〔2〕 参见我国《商业银行法》《民事诉讼法》《支付结算办法》《非金融机构支付服务管理办法》《最高人民法院关于审理银行卡民事纠纷案件若干问题的规定》等的相关规定。

（四）证明责任义务

货币价值权人的财产损失，或者是由权利人按照货币法的规范操作失误引起的，或者是由非法侵害人按照货币法的规范冒用货币价值权人的名义操作引起的，或者是由支付结算系统的失误引起的。无论何种原因导致的财产损失，这些行为都不直接违反货币法，这些行为的结果都直接受货币法保护。只是由于这些行为导致的是货币财产损失才与货币法相关，它在法学体系上属于与货币相关的财产利益损失问题，应该最终通过普通财产法来解决，这是规定支付结算机构预先赔付的核心理由。在预先赔付完成后，应按照普通财产损失案件的法理处理货币损失问题，只是应该明确由货币经营机构承担货币价值权人过失的证明责任。

将货币价值权人过失的证明责任分配给货币经营机构，既是考虑到它是支付结算业务的经营主体，掌握着全部的支付结算记录，更有提供证据的专业能力。另外，经营支付结算是一项综合性业务，涉及其业务系统设计的安全性问题，承担相对较重的证明责任可以促使其提高经营管理的安全水平。同时，也要考虑到一旦出现案件真伪不明的情况，不宜将责任完全分配给价值权利人，货币经营机构可以从业务经营损失的角度统一承担责任。这相当于将责任最终分散给全部的业务活动相关人，这样分配责任具有更高的合理性。这种责任或义务的分配并不完全属于货币法的内容，应属于货币法与普通财产法交叉的内容。[1]

三、货币监管义务

货币法不仅要求货币价值权人、经营机构承担义务，经营机构承担重于价值权人的义务。同时，也规定了非常严格的监管主体义务或责任。货币财产不同于有体财产，它的创制、归属、使用、处置、收益等行为通常都不需要特殊的监管，主要由权利人自行实施这些财产行为。货币财产具有较强的整体经济利益属性，且货币价值权人又不是客体的归属权人，必须对其财产行为实施严格的监管，它的监管机关通常主要是发行机关，监管义务主要包括流通管控义务、执行监督义务、处理审查义务。

---

〔1〕 参见我国《民事诉讼法》《最高人民法院关于审理银行卡民事纠纷案件若干问题的规定》等的相关规定。

（一）流通管控义务

货币财产的监管机关通常是法定货币的发行机关，货币发行虽然是其依法享有的权利或权力，但同时也必须依法承担相应的义务或责任。这是由货币的财产性质和地位决定的，货币作为通用的信用财产是由发行人决定其价值的，它必须保持币值的基本稳定，不得为了自身利益侵害货币价值权人的财产利益。在正常情况下，不得使货币财产处于破产财产的境地。同时，为保证其发行的货币能够正常地流通，还必须承担相关的流通管控责任或义务，否则就难以成为真正的流通货币。货币流通管控义务的主要内容包括价值控制义务、流通服务义务、费用承担义务、流通经营义务。

货币价值控制义务是货币发行人的基本义务，无论是法定货币还是约定货币发行人都必须保持价值的基本稳定。特别是对于约定货币而言，不仅价值波动会影响其货币性质，还会直接引起对货币价值权人的货币法责任。流通服务义务是货币发行人必须为价值权人提供流通服务的义务，既然发行了货币就必须按照承诺保证其能够在法定或约定的范围内流通，就必须提供必要的流通服务。费用承担义务要求发行人必须自行承担货币流通中的相关管理费用，法定货币主要应由发行收入承担；约定货币可以由发行与赎回的时间差而取得的收益以及相关业务收益承担，不得以贬损货币价值的方式承担。发行人还必须承担货币的流通经营义务，具体经营金属货币、证券货币的发行与回兑，经营记账货币的支付清算等。[1]

（二）执行监督义务

货币规范中既包括法定规范也包括约定规范，既调整货币的整体利益，也调整货币的个体利益。调整个体利益的部分主要通过个体对自身权益的主张来保证它的实施，调整整体利益的部分有些虽然也同个体利益相关，但不能完全期待通过个体利益的主张而实施，必须通过货币监管机关或发行人的监管或监督来实施。法定货币规范主要应通过监管机关的监管实施，约定货币规范主要应通过发行人监督实施。虽然它们的职能相近，但在监管或监督依据和主体地位上是具有本质区别的。货币监管机关是国家机关，它监督的是货币法的实施；约定货币发行人是普通社会主体，它监督的是货币约定内

---

[1]　参见我国《宪法》《中国人民银行法》，美国《联邦储备法案》，英国《英格兰银行法》，以及其他国家的相关规定。

容的实施。它们监管或监督的主要责任或义务包括货币的主体监督义务、客体监督义务、行为监督义务。

货币主体监督义务主要是对价值权人和经营机构的监督义务，货币监管机关对这些主体都承担监管义务，约定货币的发行人则只承担对于受约人的监督义务。货币客体监督义务主要是对货币本身及其衍生客体的监督义务，货币监管机关对这些客体都承担监管义务，约定货币的发行人则只承担对于约定货币的监督义务。货币行为监督义务主要是对相关主体实施的各种货币行为的监督义务，货币监管机关对全部主体的货币行为都承担监督的义务，约定货币的发行人则只对受约人行为有监督义务。它们监督的内容主要包括：各类货币主体是否进行了新型货币的发行，发行的行为是否合法有效；它们是否进行了新型货币的演化，这种演化行为是否合法；它们是否按照货币法的规定或有效约定实施各种货币行为等。[1]

（三）处理审查义务

货币监管机关和普通发行人应承担执法和履约监督的责任或义务，发现违法或违约行为应对其进行处理。当然，它们的违法处罚权或违约处理权是有限的，并不是任何行为都能够进行直接处理。监管人或监督人的直接处理权通常仅限于依法按约授予相对方的资格，或者明确约定的违约责任范围之内。这些资格或约定是它们行为的界限，是可以凭借自身能力实施的行为，这些处理措施通常包括资格的撤销、权利的收回、违约金的给付等。许多法定的处罚或约定的处理内容监督人是不能直接进行处理的，必须经过司法审判机关的合法性审查。这些需要接受审查的义务通常主要包括，财产审查义务、行为审查义务、越权移送义务。

货币监管主体的财产审查义务，是在依法对被监督对象进行财产处罚时，必须向司法审判机关申请司法审查，在审判机关审查确认通过后才能实施处罚，这是依法维护被监督对象利益的必要程序。行为审查义务是在对被监督对象进行行为处罚时，也必须向司法审判机关申请司法审查，以保障处罚决定和处罚程度符合货币法的规定。越权移送义务是发现被监管或监督对象存在违法犯罪行为，监管或监督人自身无直接处置权力时，应将案件移送

---

[1]　参见我国《中国人民银行法》，欧洲《欧洲经济共同体条例》，美国《联邦储备法案》，英国《英格兰银行法》，以及各国规范约定货币法律法规的规定。

有权的国家机关，由该国家机关依法作出处罚决定并监督执行，或者由该国家机关继续进行调查或侦察，最终由享有该类案件起诉权的机关向审判机关提起诉讼，由审判机关决定如何处罚。[1]

---

〔1〕　参见我国《中国人民银行法》《银行业监督管理法》《人民币管理条例》《行政处罚法》《民法典》合同编、侵权责任编，《人民法院组织法》《人民检察院组织法》《公安机关组织管理条例》，以及《民事诉讼法》《行政诉讼法》《刑事诉讼法》等的相关规定。

第五章

货币发行价值规范

第一节　货币的发行规范

实物货币来自商品的生产或制造，当代货币已经是事先特别设定的主体本位货币，它们都来自发行人的货币发行，发行行为才是货币的来源。"创造货币是国家主权的标志之一，即一国有权确定法定货币是什么，有权规定领土内必须接受用以清偿债务的货币，以及享有唯一的货币发行权。"[1]货币发行是非常复杂的行为，涉及许多货币法的基本问题。总体上来讲，主要包括货币的发行规范、回兑规范、回赎规范、价值规范等，货币的发行规范又具体由发行主体规范、发行方式规范、发行准备规范构成。

一、货币发行主体

自从法定货币产生以来，发行主体就是一个非常严格的货币法问题，它只能由特定的主体发行。在发行货币需要有较高成本负担的条件下，私人主体不太可能为了社会整体利益而发行货币；在发行货币能够取得巨额发行收益的条件下，更不可能允许私人主体任意进行货币发行。并且，货币发行主体还必须承担整个货币流通的监督责任，这就更需要建立严格的法规体系对此进行规范。货币发行主体规范的核心是依法确定发行主体的资格，它具体包括法定货币的发行主体和约定货币的发行主体两个方面。

（一）法定货币主体

法定货币发行主体的确定是逐步发展形成的，最初它主要是以国王或最

---

〔1〕　Rred Hirech, *Money Internaional*, Doubleday Co., 1969: 22.

高行政长官的名义发行的，应该认为这时的国王或最高行政长官就是货币发行主体。"多年以来，金属铸币权一直被认为属于君主特权，……只是在后来，法院才接受只有议会才有权赋予法偿货币地位。"〔1〕直至目前，世界各国法定货币的发行权也并不是完全统一的，至少许多国家的发行主体包括中央银行和财政机关两个部门，它们分别负责发行法定证券货币和作为辅助货币的硬币。政府财政机关发行硬币的习惯来源于由国王或国家发行金属货币的传统，它的发行权通常是由传统的"铸币法"授予的，是一种对国王或国家铸币权的继承。中央银行发行法定证券货币的习惯，来源于商业银行业机构发行证权证券货币的传统，它的发行权通常是由各国的中央银行法授予的，是货币法对银行券法偿货币性质的认定。〔2〕

法定货币可以依法通过银行业机构，进一步衍化为结算货币、存款货币和货币票证。它们虽然是法定货币或结算货币、存款货币的衍化形式，也仍然继承着法定货币的价值，却已经在此基础上衍化成了新的货币存在形式或支付结算工具。并且，创制这些货币财产或货币工具也需要经过货币法的特别授权，没有经过授权不得任意创制法定货币的衍生财产。特别是对于结算货币和存款货币而言，必须依法取得监管机关的专门授权，才能创制这类法定货币衍生财产。虽然，货币票证等支付结算工具的创制不需要依法专门授权，但有些特殊类型的工具也需要特殊的身份。〔3〕这些衍生财产或支付结算工具都是以法定货币为基础的，都属于法定货币体系之内的货币财产或工具，它们的创制主体虽然也都有特定的要求，却都依据的是法定货币的发行，这些主体也都与法定货币发行主体具有密切关系。

（二）约定货币主体

法定货币多数都同时具有法偿效力，在各主要的货币流通领域都基本上流通法定货币，传统上只有在具有特殊需要的小范围内流通约定货币。并且，它们的流通也是不稳定的。在这些特殊需要消失后，这种约定货币也会

---

〔1〕 ［英］查理斯·普罗克特：《曼恩论货币法律问题》，郭华春译，法律出版社2015年版，第15~16页。

〔2〕 参见各国"宪法""铸币法""中央银行法"等关于货币发行主体的具体规定。目前世界各主要国家或国家联盟法定货币的发行主体都是由专门法律直接规定的，是一种专属性质的国家或国家联盟权力。

〔3〕 参见我国《中国人民银行法》《商业银行法》《银行业监督管理法》《票据法》《支付结算办法》《国内信用证结算办法》《银行卡业务管理办法》等的规定。

随之消失。传统货币法对此也没有给予特别的关注，对它的发行主体也往往没有特别的要求。随着网络技术的发展和网络经济的日益繁荣，为满足不同网络空间支付结算的需要，约定货币发行规模越来越大、流通领域越来越广，甚至在某些领域开始对法定货币的发行与流通构成重要影响。同时，约定货币本身产生的问题也越来越多，为维护社会正常的货币流通秩序、保护受约人的正当权益，货币法也必须对此给予越来越高的重视，特别是对于约定货币的发行主体，必须给予必要的规范。

约定货币的发行主体规范应主要包括主体资格、权利义务、货币回赎、流通管理、发行收入等规范。首先，发行约定货币必须依法取得货币发行资格，就发行的必要性、货币运行规则、流通安全保障、受约人权益保障等向货币监管机关提出发行申请，经监管机关审核通过授予其发行资格后才能发行货币。否则，应构成非法发行约定货币，需要承担相应的违法责任。其次，在约定货币发行与流通规则中，还必须明确发行人与受约人之间的基本权利义务关系，明确受约人持有约定货币的回赎程序和价值，明确约定发行人对货币流通的管理责任，以及受约人违约应受到的处理、发行人违约应该承担的责任。并且，还应依法向中央银行或专业的存管业务机构按照规定将全部发行收入存储为回赎准备金。[1]

二、货币发行方式

货币发行是向流通中投放货币的行为，它可以具体分为原始发行和继受发行两种基本形式。原始发行是向流通中投放货币原始增量的行为，主要表现为法定货币和约定货币的发行；继受发行是在原始发行的基础上，向流通中投放存款货币增量的行为，它具体包括存款货币增量的投放和货币乘数增量的形成两个方面。这些方式都能够起到增加流通中货币数量的效果，都应该视为货币发行的一种形式，并应通过相应的货币法机制调节控制流通中货币数量的变化，维持币值的基本稳定和货币财产信用，保护货币财产持有人的货币价值利益。

---

〔1〕 参见美国《虚拟货币业务统一监管法》，日本《金融科技修订法》《资金结算法》，芬兰《虚拟货币提供商法案》，我国《关于加强网络游戏虚拟货币管理工作的通知》《关于防范代币发行融资风险的公告》等的规定。

（一）法定货币发行

从货币最初来源的角度看，法定货币体系中的货币最终都来源于法定货币的发行。法定货币的具体发行方式包括金属货币、证券货币、记账货币。金属货币的发行最初表现为国家授权或亲自设立造币厂铸造货币，向货币材料持有人兑换或直接发行货币。在此条件下，如果货币的成色、比例等同于货币材料，铸造货币就需要承担铸造成本，它主要通过铸币税或其他财政收入解决。只有在国家降低成色或比例的条件下才能取得货币发行收入，货币发行从经济的角度来讲，主要是责任而非利益。在证权证券货币发行的条件下，证券货币的发行量可以超过货币金属的准备量，事实上会给发行银行带来发行利益，但这种利益的比例受到货币法关于准备金比例的严格限制。并且，从最终结果来讲，还必须向证权证券货币持有人兑换货币金属，它只享有过程中的货币发行收益和相关货币发行利益。[1]

法定证券货币不同于金属货币的发行，无论是什么材质的证券（通常是纸币和硬币）都同货币财产价值没有直接关系，货币证券的制造成本都远低于货币本身的财产价值，即使考虑到货币流通过程中的管理费用、回兑费用等，也会形成巨额的发行收入。并且，通常情况下，货币发行量与回兑量的余额会随着货币流通规模和货币使用规模的不断扩大而不断增大，货币发行收入通常会是一个稳定的增量。在发行法定记账货币的条件下，由于不再需要货币证券的制造成本，只需要记账货币的网络支付结算系统，只需要支出该网络系统的建设和维护费用，它的发行成本和管理成本通常还会低于法定证券货币，会形成更高比例的纯粹发行收入。在此条件下，为维护货币财产价值的基本稳定，保持货币发行收入的国家或国家联盟利益属性，无论是法定证券货币，还是记账货币，都只能由中央银行发行。[2]

（二）存款货币发行

从最初来源上看，存款货币来自法定货币的转化，是将法定证券货币、记账货币转化为商业银行存款货币的结果。但是，由于商业银行可以利用存

---

〔1〕　在证权证券货币发行与回兑之间，由于货币金属只是比例准备，发行银行的发行量可以多于拥有的货币金属量，可以利用这个增发的货币量无偿取得贷款等投资收益。并且，即使是等额的货币金属准备，也会由于证券货币发行与回兑之间的时间差而事实上取得货币发行收益。

〔2〕　参见我国《中国人民银行法》，美国《铸币法案》《联邦储备法案》，欧盟《欧洲联盟条约》，英国《英格兰银行法》，以及各法定货币区域的中央银行法的规定。

款人的存款余额发放贷款或投资，它会再次形成借款人或投资接受人的银行存款。如此经过无限多次循环，就会在原有存款货币的基础上形成多倍于原存款货币量的存款，即形成商业银行的派生存款。派生存款的形成是由于存款人的存款账户余额可以同时登记为银行的吸收存款余额，银行在保证存款人随时提取的条件下，有权利用这一存款余额进行贷款或投资。事实上，这是同一货币财产被多次进行账户登记形成的。虽然如果全体存款人提取全部存款会导致这一现象消失，但在正常情况下，存款数额却是不断增加的，它会使原始存款以货币乘数的倍数增加。

存款货币不仅可以由持有人的法定货币转化而成，还可以由中央银行向商业银行发放贷款、购买流通中的资产证券，或者银行业金融机构向其进行货币票据的再贴现等，增加流通中存款货币余额的方式而增加。中央银行增加存款货币供应的余额也会构成商业银行系统新增加的货币，它与商业银行吸收存款形成的货币一样，也能够起到向流通中投放可以形成派生存款的货币的作用。在现实生活中，中央银行主要就是通过调节控制影响货币乘数的法定存款准备金比例或者存款货币余额，来调节控制货币供应数量的。因此，事实上，不仅存在法定货币的发行，也存在存款货币的发行。但是，这只是事实上的发行，一旦全部存款行为和融资行为消失，货币发行量就仍等于法定货币量，只是在实践中通常它不会消失。[1]

（三）约定货币发行

约定货币最初是实物货币，在实物约定货币的条件下，并不存在明显的货币发行方式，这种实物商品的生产或创制行为本身就等同于货币发行。当代的约定货币以网络虚拟货币为主要存在形式，它的货币发行是作为发行人的单位或个人以记账货币的形式，向受约人出售、兑换，或者赠与约定货币，并在受约人范围内服务于特定市场或商品交易的行为。在以出售或兑换的形式发行约定货币的条件下，扣除货币发行和管理成本会形成较大数额的发行收入。从最终结果来看，这些发行收入应该作为货币持有人等值回赎货币的准备金。如果不是全额存储于第三方机构，且进行破产财产隔离，允许发行人使用发行收入，货币持有人就会面临其货币价值成为破产财产的风险，货币法必须对此进行严格的规范。

---

[1] 详见刘少军：《金融法学》，中国政法大学出版社 2016 年版，第 330~340 页。

约定货币还存在转化为存款货币的问题，如果能够转化为存款货币，就会形成约定货币的金融体系，也同样会产生存款派生和货币乘数问题，也会进一步产生利用约定货币进行货币供应数量和社会需求的调节控制问题。在存在法定货币金融体系的条件下，允许约定存款货币的存在、形成约定货币派生和货币数量调节控制体系；允许约定货币融通体系存在、形成约定货币融通系统；除对货币发行人外，应该不具有货币流通和货币融通的整体性经济和社会价值。因此，货币法应该限制约定货币存款、货币融资、投资行为的存在，仅将其作为一种特定范围内的支付结算工具。如果需要进行约定货币的融资，应该首先进行法定货币体系的融资，然后再兑换为约定货币，以服务于受约人之间的商品或服务交易。[1]

三、货币发行准备

在纯粹金属货币流通条件下，货币的标志就是货币材料的特定形状和图案，货币与货币材料是一体的，不存在货币实际数额与名义数额不一致的情况。在证权证券货币（银行券）产生后，出现了货币实际数额与证明其权利的证券名义数额之间的分离，也就产生了证权证券货币超过货币数额发行的问题。为了控制证权证券货币的发行数量，防止因兑付证券货币而导致的银行破产，就产生了证权证券货币发行的准备金规范。这种规范在设权证券货币发行的条件下仍然得到了继承，成为目前控制发行量的货币发行准备规范。按照控制发行数量的货币类型的不同，可以具体分为法定货币、存款货币、约定货币的发行准备规范。

（一）法定货币准备

就纯粹意义来讲，法定货币发行的准备规范是指法定证券货币和记账货币的准备规范。由于在当代货币流通中，法定货币与存款货币可以相互转换，中央银行不仅可以进行法定货币的发行，也能够进行存款货币的发行，它们虽然在货币法性质上有本质的区别，却都能够现实地发挥货币的职能。因此，中央银行的法定货币发行准备规范，就衍化为法定货币与存款货币的综合发行准备规范，以此来控制流通中实际发挥货币职能的法定货币体系的

---

〔1〕 详见刘少军："虚拟货币性质与监管的法学研究"，载王卫国主编：《金融法学家》（第3辑），中国政法大学出版社 2012 年版。

货币数量。按照历史发展的顺序，中央银行的货币发行准备规范具体包括货币金属准备规范、合格财产准备规范、货币管理准备规范。货币金属准备规范是证权证券货币阶段的准备规范，它要求必须以黄金、白银等货币金属作为发行准备金，以满足持有人以证券货币兑换货币金属的需要。最终由于证权证券货币变为设权货币、禁止兑换货币金属而被废止。

合格财产准备规范要求必须以中央银行法认可的合格财产作为发行准备金，才能等额、按照一定的比例或在规定的限额内发行货币。这些合格的财产主要包括黄金或白银、黄金或白银证券、国债证券、主要货币的外汇财产、货币票据财产等。它是证权证券货币向设权证券货币转化过程中采用的发行准备规范，虽然也强调黄金、白银等贵金属在准备财产中的比例，却已经不再将其作为唯一的准备财产。货币管理准备规范要求根据国家或货币区域经济发展的需要，按照法定决策程序确定货币发行量。它可以避免合格财产准备规范的僵化限制，根据实际状况相对灵活地确定货币发行数量，是设权货币条件下多采用的发行准备规范。同时，它也强调合格财产的准备，特别是强调外汇财产、国债财产、其他证券等货币转化能力比较强的准备财产数量和比例的控制，以保持币值的基本稳定。[1]

(二) 存款货币准备

在当代法定货币体系内，不仅存在中央银行的存款货币发行，也存在商业银行的存款货币转化，它不仅可以将流通中的法定货币转化为存款货币，还可以将其再转化为货币乘数倍的存款货币。同时，商业银行的存款货币也存在兑付的问题，作为享有支配权的存款人，有权随时提取其存款货币。如果商业银行持续不能兑付存款人的存款，存款人有权向金融监管机关和法院提出其破产申请，要求其进入破产程序。按照货币法的规定，商业银行的存款货币必须依法向中央银行缴存法定存款准备金，同时必须保留足够兑付的超额存款准备金。否则，它的主要股东或实际控制人必须承担补充资本的义务，并应就补充资本的计划向监管机关提供相应的担保，以维持银行的稳健经营，充分保护存款人的货币存款权益。

---

　　[1] 参见英国《英格兰银行条例》《英格兰银行法》《银行法》，美国《联邦储备法案》《充分就业与平衡增长法》，欧盟《欧洲联盟条约》《欧洲中央银行章程》，我国《中国人民银行法》等的规定。

　　不仅商业银行要缴存法定存款准备金，保留自身足够的超额准备金，对于纯粹的支付结算机构而言，它还必须依法全额缴存支付结算货币的准备金，即必须将客户保存于其账户中的支付结算货币全部交付给具有存管资格的商业银行或中央银行，以控制货币创造、实现破产隔离。[1]这实际上是将客户登记在支付结算机构账户中的货币转化为结算货币，支付结算机构不得运用客户账户中的货币，这也是商业银行与支付结算机构在货币经营模式上的本质区别。商业银行可以利用存款货币的余额发放贷款或进行投资，也正是这一原因客户账户内的货币才是存款货币；支付结算机构不得以任何方式动用客户账户内的货币，必须将其余额转存于商业银行或中央银行等存管机构，正是这一原因这些货币也就不是存款货币而是结算货币。[2]

（三）约定货币准备

　　当代的约定货币主要都是记账货币，发行人除需要承担货币流通系统建立和维护成本外，几乎不需要其他相关支出，货币发行收入与运营成本之间的差额就构成了发行人控制的财产。从货币的性质上看，约定货币不应该成为发行人获取收益的手段，而只应是为社会提供服务的支付结算工具。具有价值的约定货币是持有人以法定货币或其他财产兑换的结果，或者是持有人劳动付出的结果，发行人并不应享有发行收入的最终归属权。并且，也不能作为发行人的破产财产，因为这会间接导致货币持有人财产的损失。在发行人发行约定货币主要是为自身经营行为服务的条件下，货币的发行和流通维护成本也应由其自行承担，约定货币的发行与流通本身主要就是为它的经营行为服务的，这些费用应由其经营收益支出。

　　约定货币属于私人货币，它与法定货币的区别之一在于，法定货币在当代社会是不可以回赎的货币，货币持有人不得以其货币向发行人要求兑付其票面价值，或者最初获取货币时付出的财产或劳动，货币发行收入属于国家或国家联盟的财政收入。约定货币的私人发行与经营性质决定了它的发行人和经营机构不得由于该行为获得直接收益。它不仅必须保持币值的基本稳

　　〔1〕［美］米尔顿·弗里德曼：《货币稳定方案》，宋宁、高光译，上海人民出版社1991年版。参见本书中关于建立全额准备金制度的论述。

　　〔2〕参见我国《中国人民银行法》《商业银行法》《银行业监督管理法》《企业破产法》《支付结算办法》《非金融机构支付服务管理办法》《非银行支付机构客户备付金存管办法》，以及各国法律法规的相关规定。

定，不得因货币贬值获得收益，还必须向货币持有人承担回赎义务。因此，约定货币发行和经营机构必须将发行收入作为回赎准备金，以信托关系保存于商业银行或中央银行等专业存管机构，信托收益应作为货币持有人的收益。同时，具有良好信誉的发行人和经营机构还应向存管机构提供风险准备金，以防止出现约定货币的其他风险。[1]

第二节　货币的兑赎规范

货币存在发行行为就必然存在回兑或回赎行为，只有存在回兑或回赎行为才能形成货币发行与回笼的完整系统。法定货币在作为证权证券货币时，存在证券货币与金属货币的兑换问题，通过不同货币形式的兑换完成发行与回笼程序；在作为设权证券货币时则只存在回兑问题，通过证券的回兑完成发行与回笼程序。约定货币的私人货币性质决定了它只能回赎而不能兑换或回兑，只能通过回赎完成货币的发行与回笼程序。

一、法定货币回兑

法定货币的回兑不是货币价值的回赎，将货币财产价值转化为其他财产价值，目前的法定货币是不得回赎为最初价值的。法定货币的回兑实质上是不同新旧程度货币证券之间，或者货币价值的不同存在形式之间的转换。对证券货币而言，它是指将不宜流通的旧证券，依法通过特定的主体和方式回兑给发行人，并兑换为新的证券货币的行为。对于法定记账货币而言，则是将记账货币回兑为证券货币的行为，或者将证券货币兑换为记账货币的行为。它的具体规范包括货币回兑主体和回兑方式两个方面。[2]

（一）货币回兑主体

从最终意义上讲，法定货币的发行与回兑都应该是中央银行的行为，中央银行既然是法定证券货币和记账货币的发行银行，也就应该是这些货币的

---

〔1〕　参见美国《虚拟货币业务统一监管法》，芬兰《虚拟货币提供商法案》，我国《企业破产法》《支付机构预付卡业务管理办法》，以及各种预收款应该以信托方式托管的相关规定。

〔2〕　参见我国《中国人民银行法》《商业银行法》《人民币管理条例》《中国人民银行残缺污损人民币兑换办法》《不宜流通人民币、硬币》行业标准，以及各国或国家联盟法定货币回兑的规定。

回兑银行。如果由中央银行具体负责发行和回兑，它就必须直接对货币持有人办理业务，就必须设立许多具体的业务办理机构或部门。这种方式虽然可以保证发行和回兑业务的质量，保证业务结果认定的最终有效性，却必须增加许多业务机构或部门以及相关的业务办理人员。与此同时，如果货币持有人需要将其转化为存款货币等其他货币形式，还需要到商业银行办理相关业务；如果需要将其转化为结算货币也需要到支付结算机构办理相关业务，这样会导致机构、设施和人员的重复设置。

如果由中央银行委托商业银行或支付结算机构，代理它的货币发行和回兑业务，虽然需要向其授权，且如果发生业务纠纷也不能得到最终解决。但是，却可以只设置一套机构、设施和人员就能够将两类业务在同一地点同时完成，也不需要货币持有人分别到两类银行业机构分别办理相关业务。即使目前已经存在网络支付结算体系，可以通过网络解决记账货币的发行与回兑问题，却无法在同一机构中以变更账户记录的方式解决证券货币的发行与回兑问题。因此，目前世界各国的法定货币发行与回兑，基本上都采取委托商业银行或支付结算机构代理的方式。即使是记账货币的发行与回兑，为隔离系统性风险也往往采取委托代理的方式。[1]

（二）货币回兑方式

货币的回兑方式是与发行方式联系在一起的，通常采取什么发行方式就采取什么回兑方式。就法定证券货币而言，它既可以直接由中央银行发行，也可以委托银行业金融机构在业务经营的过程中发行。现实中多采取由银行业金融机构代理发行的方式，通过存款人提取法定证券货币将其发行给持有人。法定证券货币的回兑则是通过持有人向银行业金融机构存款的形式，从流通中流回到银行业金融机构，再由这些机构将不适宜流通的证券货币通过中央银行兑换成为新的证券货币，中央银行在保留货币价值的基础上将证券销毁。从而在通过账户保存货币价值的前提下，完成证券货币中新旧证券之间形式意义上的循环使用。

就法定记账货币而言，它也既可以直接由中央银行设立账户发行，也可以委托银行业金融机构在业务经营的过程中发行，现实中也多采取由银行业

---

〔1〕 参见我国《中国人民银行法》《商业银行法》《人民币管理条例》《中国人民银行人民币发行库管理办法》《银行业金融机构存取现金业务管理办法》等的规定。

金融机构代理发行的方式。它首先由银行业金融机构以同等价值的存款货币兑换成法定记账货币，并使用一定的网络支付结算、数字加密技术系统为公众开设法定货币账户。社会公众既可以用存款货币，也可以用证券货币兑换法定记账货币，在社会公众之间直接或间接通过银行业金融机构实现记账货币的流通。同时，银行业金融机构通过与社会公众和中央银行之间存款货币、记账货币之间的兑换，实现法定记账货币的发行与回兑，完成记账货币规模的变化和发行与回兑的循环。[1]

二、约定货币回赎

约定货币不同于法定货币，法定证券货币的回兑是新旧证券的转化，法定记账货币的回兑是法定货币与存款货币之间的价值转换，而不是货币体系或财产体系的变化。由于当代的约定货币主要是以记账货币形式存在的网络货币，它基本上不存在新旧证券的转化问题；由于禁止其进行融资性经营，也不存在法定货币与存款货币之间的转化问题。约定货币只存在货币持有人不再使用该货币，而将其转化为其他约定货币体系、法定货币体系、其他财产体系中财产的问题。在没有直接兑换渠道的条件下，只能采取回赎的方式，由此形成回赎主体和回赎方式规范。[2]

（一）货币回赎主体

在约定货币持有人不再使用该货币的条件下他有两种选择，一是将其出售给乐于接受该货币的主体；二是向乐于接受该货币的主体购买自己希望获得的商品或服务。但是，这两种价值转换都只能是可遇而不可求的，也只是属于特殊情况。由于约定货币只能服务于特殊的市场或特殊的商品与服务领域，它既不是法偿货币，也不是设权货币，且在发行时发行人已经取得了发行收入。因此，货币发行人必须向持有人提供回赎服务，并无条件地、被动地归还持有人的原始货币价值。货币发行人提供回赎服务既可以亲自进行，也可以委托专业的约定货币经营机构进行，还可以委托其他代理主体进行，这应该是发行主体的法定义务。

---

〔1〕 参见我国《中国人民银行法》《商业银行法》《人民币管理条例》《非金融机构支付服务管理办法》等的规定。

〔2〕 参见美国《虚拟货币业务统一监管法》，芬兰《虚拟货币提供商法案》，我国《关于加强网络游戏虚拟货币管理工作的通知》《关于防范代币发行融资风险的公告》等的规定。

在由专业机构或其他代理主体提供回赎服务的条件下，发行人应该承担最终的财产回赎责任。并且，发行人与回赎代理人之间只能是委托代理关系，不得以任何理由拒绝承担最终的法定回赎义务，不得与代理人之间单方面约定回赎终止条件，即使存在这样的约定也对货币持有人不具有效力。它的核心问题是货币发行收入的存管和货币发行责任问题，发行人应该负责托管发行收入并承担发行责任。如果发行人最终持续不能履行回赎义务，归还货币的回赎价值，应该认为已经符合法定的主体破产申请条件，持有人应有权向法院申请发行人破产予以救济。货币发行人的相应财产都应该属于破产财产，按照比例回赎约定货币。[1]

（二）货币回赎方式

约定货币的回赎方式也是与发行方式联系在一起的，通常也是采取以什么方式发行就以什么方式回赎的手段。如果持有的货币是以赠与方式发行的，发行人在发行过程中没有取得发行收入，即使该货币具有交易价值或其他市场价值，发行人也不应承担回赎责任，持有人只能通过交易的方式实现其价值。如果持有的货币是以劳动报酬的方式发行的，该货币应该认定为持有人的劳动收入，发行人则应该承担回赎责任，持有人有权以该货币要求退还其相应的劳动价值。如果存在交易价值，持有人也可以通过交易取得交易收入。如果持有的货币是以合法财产交换的方式发行的，就会形成发行人的货币发行收入，持有人就有权要求发行人按照发行价格或约定价格回赎其货币，如果发行人拒绝可依法获得救济。

发行人回赎约定货币既可以亲自进行，也可以委托专业经营机构或其他代理人进行。具体回赎价值的支付，既可以是其他约定货币、其他财产，也可以是法定货币，它的选择权属于货币持有人。如果持有人不选择接受其他约定货币或其他财产，则发行人或代理人必须向其支付法定货币体系的货币财产，并以法定货币为最终回赎财产。这是由于存款货币或结算货币都不是法偿货币，回赎请求权人有权拒绝接受非法偿货币。无论是法定证券货币还是法定记账货币都属于法偿货币，具有支付结算的优先权，回赎请求权人无权拒绝接受法偿货币。但是，法定证券货币与记账货币还存在接受工具的可

---

[1] 参见我国《企业破产法》，以及刘少军："虚拟货币性质与监管的法学研究"，载王卫国主编：《金融法学家》（第3辑），中国政法大学出版社2012年版。

行性问题，如果回赎请求权人不具有接受记账货币的技术能力，则有权要求发行人以法定证券货币支付回赎价值。[1]

第三节　货币的价值规范

货币是由发行人控制价值而持有人拥有价值的财产，它的财产价值决定和归属是相互分离的，发行人使其贬值会获得价值差额收益，这部分贬值的损失只能直接由归属权人承担，这在财产法上是令人难以接受的。然而，"事实上，一部漫长的历史基本上就是通货膨胀的历史"，[2]货币法必须对货币的价值进行严格规范，以法的强制力保障其服务于特定的价值目标；否则，它就是"不发光的灯，不燃烧的火"。[3]货币的基本价值规范主要包括货币价值目标、价值分配原则、价值分配标准三个方面。

一、货币价值目标

货币价值的目标是指引货币法对其价值进行规范的基本方向，"我的目的构成规定我的行为的内容"，[4]"……使手段适合目的是法律中所使用的证明合理的唯一手段"。[5]事实上，各国或区域当代的货币法都规定有明确的货币价值目标以及相关的货币政策目标，它们是判断货币价值是否能够波动以及能够在多大范围内合法波动的核心依据。当然，由于法定货币与约定货币的功能和地位不同，它们之间的货币价值目标和货币政策目标虽然具有相同之处，却也存在许多不同的考虑和内容，必须进行分别规定，以使其社会功能处于最优状态。[6]

---

〔1〕　参见我国《中国人民银行法》《人民币管理条例》，以及各国关于法偿货币的规定。

〔2〕　[英] 弗里德里希·哈耶克：《货币的非国家化》，姚中秋译，新星出版社 2007 年版，第138 页。

〔3〕　[美] 罗斯科·庞德：《通过法律的社会控制》，沈宗灵译，商务印书馆 2008 年版，第 15 页。

〔4〕　[德] 黑格尔：《法哲学原理》，范扬、张企泰译，商务印书馆 1961 年版，第 124 页。

〔5〕　[美] 波斯纳：《法理学问题》，苏力译，中国政法大学出版社 1994 年版，第 138 页。

〔6〕　参见我国秦朝《金布律》，英国古代《英国格拉利铸币法》，当代《中国人民银行法》《欧洲联盟条约》《欧洲中央银行章程》、英国《英格兰银行法》、美国《联邦储备法案》等关于货币价值和货币政策目标的规定。

（一）法定货币目标

法定货币无论其货币价值最终控制的结果如何，最初基本上都是以稳定币值作为核心目标的。英格兰银行最初也是将稳定币值作为其基本目标的，它是世界上最早实行金本位体系的国家。然而，由于英格兰银行成立之初就与政府行政关系密切，它的权力仅限于协助政府制定货币政策并具体组织实施，不可能真正实现货币价值的稳定运行。1998 年修改法律后，英格兰银行取得了独立制定和执行货币政策的权力，开始把稳定币值作为其核心的货币价值目标。但是，中央银行作为国家机关，它的货币价值目标并不能仅限于稳定币值，仅仅将其作为一个单纯管理法定货币的机关，它还需要满足其他基本国家职能的需要。目前，英格兰银行的基本货币价值目标，是保持货币价格水平的稳定，并在此基础上支持经济增长和充分就业。这是英镑的法定价值目标，其他主要货币的规定也基本相同。[1]

美元的历史是从大陆币的发行开始的，它发行的主要目的在于筹集独立战争的经费，自然会发生大幅度的贬值，以至于最终"人们将大陆钞票埋入土中以纪念战争的胜利"。[2]美国 1913 年建立联邦储备体系后，法定的货币价值目标是维持弹性货币。1977 年修改为"应当保持与经济长期增长潜力相一致的货币和信用总量长期增长，以有效地促进就业最大化、物价的稳定及长期利率适度的目标"。以后又在相关法规中对其不断完善，最终同许多国家一样，基本确定为稳定币值、经济增长、充分就业、国际收支平衡四个基本目标。欧洲中央银行则将其欧元的首要价值目标确定为稳定币值，同时在整个共同体内促进经济活动和谐、均衡发展，实现高水平的就业和社会保障，提高生活水平和生活质量。虽然这一目标的表述与许多国家不同，欧盟也有自己的特殊目标追求，但基本上是趋于一致的。[3]

我国的货币价值目标在不同时期也有不同调整，建国初期以稳定币值、恢复被战争破坏的经济为主。改革开放初期主要是稳定币值、经济增长双重价值目标，最终确立为以稳定币值为基础，以经济增长为核心的价值目标。

---

〔1〕 参见英国 1844 年《英格兰银行条例》，1946 年《英格兰银行法》，以及现行《英格兰银行法》的规定。

〔2〕 ［英］约翰·F. 乔恩：《货币史》，李广乾译，商务印书馆 2002 年版，第 357 页。

〔3〕 参见美国《联邦储备法案》《联邦储备改革法案》《充分就业与平衡增长法案》，欧盟《欧洲联盟条约》《欧洲中央银行体系和欧洲中央银行条例》《欧洲中央银行章程》等的规定。

近年来，也特别考虑到了充分就业和国际收支平衡问题。[1]由此可见，法定货币的功能不仅是提供一种价值稳定的货币，它还必须同时兼顾经济的适度增长，以及就业水平和国际收支的平衡状况。并且，这些目标又是相互影响、互相连带的。虽然从保持货币财产价值的角度稳定币值是绝对性目标，但如果它使经济增长受到严重影响，或者充分就业、国际收支平衡受到严重影响，也会最终影响到货币持有人的财产利益，使其最终财产利益受到其他方面的损失。因此，货币法不是狭隘的个体货币价值维持法，它还会充分考虑整个区域内的各方面核心利益，最终实现综合利益的最优化。"界限是相对的，正确是均衡的，法学就是关于界限与均衡的科学。"[2]

（二）约定货币目标

在当代社会，法定货币与约定货币的发行与流通宗旨是有明显区别的，法定货币是国家或国家联盟发行的货币，它考虑问题的角度主要是宏观的、整体的，虽然最终也要考虑个体利益，它的起点和归宿都是宏观中的微观、整体中的个体，而不是纯粹的个体利益。约定货币是非国家或国家联盟发行的货币，它的宗旨虽然并不排除宏观的整体利益，却不可能以这些利益作为起点和归宿。如果约定货币也应该考虑宏观的整体利益，也只能是微观中的宏观、个体中的整体，它的最大宏观或整体利益范围也只能是全体受约人的利益，而不可能是整个社会的利益。我们并不否认存在道德高尚、"以天下苍生为己任"的货币发行人，但这不是货币法的价值标准，货币法的价值标准只能将其定位于为全体受约人服务。

约定货币价值的目标，应该包括三个层次。约定货币价值的最高目标应该是保持购买力不变，使持有人基本上不会因持有该货币而受到财产价值上的损失。到目前为止，货币法还不会考虑货币价值的升值问题，事实上，货币升值也并不利于社会的整体发展。约定货币价值的基本目标是保持购买力等同于法定货币，既然法定货币价值是国家或国家联盟确定的，它的水平也就应该是社会能够普遍接受的，能够维持在这个水平上是货币法能够接受的。并且，还需要考虑到发行人的法定货币财产价值也会同等波动。约定货

---

[1]　参见我国《中国人民银行法》《银行管理暂行条例》《中国人民银行货币政策委员会条例》等的规定。

[2]　刘少军：《法边际均衡论——经济法哲学》，中国政法大学出版社 2017 年版，第 339 页。

币价值的最低目标应该是购买力等于法定货币价值扣除发行和管理成本后的余额，货币的发行和流通都是需要成本的，如果没有其他利益扣除这些成本也具有合理性。"从发行货币中获得的净收入和利润，它等于发行出来的货币的交换价值与制造货币和维护货币流通的成本之间的差额。"[1]

二、价值分配原则

货币价值的目标是货币法中的价值波动指导方向，如果它的波动使持有人的货币价值因此受到实际损失，从普通财产法的基本法理上讲，应该享有向发行人主张承担财产责任的权利，以弥补自己的利益损失。货币法首先是货币财产法，它虽然同其他财产法具有明显的区别，不可能只简单强调使个体财产价值利益保持不变，却也应有按照一定原则主张货币财产损失补偿的权利。"其系法理念在该历史发展阶段中的特殊表现，并借助立法及司法而不断具体化。"[2]这些原则可以概括为三个方面，即自行承担原则、共同负担原则、合理补偿原则。

（一）自行承担原则

在当代社会，法定货币都是不可回赎的货币，它只能要求发行人回兑。同时，国家或国家联盟的货币价值目标又决定了法定货币基本上不可能升值，它价值的最佳波动目标是小幅度地贬值。不断地小幅度的货币贬值有利于相对增加社会总需求，有利于相对降低企业劳动成本、提高商品或服务的价格，从而有利于经济增长、充分就业和国际收支的平衡。在此背景之下，各国或国家联盟都会选择小幅度通货膨胀的货币价值策略，使持有人的法定货币价值不断下降。对此，不享有回赎权的持有人只能选择首先接受这一事实，自行承担货币贬值给其造成的财产损失，或者将货币转换成能够保值、增值的其他财产。尽管有人认为，"对于一个社会来说，通货膨胀是一种疾病，一种危险的有时是致命的疾病"。[3]

就约定货币而言，由于它的持有人享有回赎权，一旦发生货币价值的贬

---

〔1〕 ［美］劳伦斯·H. 怀特：《货币制度理论》，李扬等译，中国人民大学出版社 2004 年版，第 132 页。

〔2〕 ［德］卡尔·拉伦茨：《法学方法论》，陈爱娥译，商务印书馆 2003 年版，第 348 页。

〔3〕 ［美］米尔顿·弗里德曼：《论通货膨胀》，杨培新编译，中国社会科学出版社 1982 年版，第 98 页。

值可以选择行使回赎权，请求发行人回赎其持有的货币。但是，既然货币价值的贬值已经实际发生，持有人行使回赎权也不能直接挽救其货币价值已经受到损失的事实。在此条件下，货币持有人也只能首先选择自行承担这一损失，不可能存在其他直接挽回损失的手段。并且，由于约定货币只能在受约范围内使用，不具有法偿效力，非受约人有权拒绝接受以约定货币进行的支付结算，持有人在预计货币将贬值时甚至难以将其转换成其他能够保值、增值的财产。货币价值的贬值不仅会直接影响到法定货币或约定货币的持有人，同时也会影响到结算货币和存款货币的持有人，这些货币也同样是以法定货币衡量其价值的，它们也会同幅度地贬值。

（二）共同负担原则

货币价值的贬值有两种基本形式，一是货币自身购买力的降低，具体表现为能够购买商品或服务的减少，或者形成投资品数量的降低；二是相对于外国货币的贬值，具体表现为单位本国货币兑换外国货币数量的减少，或者单位外国货币兑换本国货币数量的增加。二者虽然具有内在的联系，却不是完全对等的关系。有时货币的购买力虽然降低，兑换外国货币的能力并没有减少；有时购买力虽然没有直接的变化，兑换外国货币的能力却降低了。它们既受购买力水平的影响，也受国际收支状况的影响，有时甚至变动方向也是不完全一致的。但是，它们都可能会给货币持有人带来直接的财产价值损失。并且，它不仅会受货币价值目标的影响，也会受市场供求的影响，甚至各自的影响程度往往很难明确区分，即使要求补偿也难以准确地确定补偿的主体和数额。因此，在正常的价值波动范围内，各国货币法都倾向于选择不予以赔偿，由全体货币持有人共同负担货币贬值损失。

就法定货币及其衍生货币财产而言，货币财产的贬值会导致全部持有人的货币财产价值降低，包括法定货币、存款货币、结算货币的持有人。这既包括其货币的购买力价值降低，也包括其兑换外国或外区域，甚至是兑换约定货币的价值降低。在此过程中，即使准备采取措施对受损失主体予以补偿，也只能首先由全体货币持有人共同负担，它不是某个主体的货币价值降低，而是全体持有人货币价值的全部同比例降低。就约定货币而言，它的货币持有人包括持有货币的全部受约人。其中，可以既包括本国国籍的主体，也包括外国国籍的主体。如果货币价值贬值，这些主体都是直接的损失承担者。因此，无论是法定货币及其衍生货币财产还是约定货币，它们的价值贬值首先都是由全体货币持有人共同负担的。

（三）合理补偿原则

按照财产法的一般原则，财产价值受到人为因素的损失应该由直接导致这一结果的主体承担责任，补偿财产权利人受到的损失。如果货币财产价值贬值是由发行人造成的，且发行人从中也直接获得了利益，他就应该承担损失赔偿责任。[1]就此可以将该价值变动区分为法定变动和市场变动，同自行承担、共同负担原则相对应，进行单个或共同补偿。法定变动通常包括宣告货币废止、调整货币价值两种情况。宣告货币废止又包括货币价值的消灭和货币证券的更换；前者是对持有人货币财产价值的完全剥夺，后者只是货币证券的兑换，并不直接影响货币价值。在超出正常市场价值波动范围，完全或部分剥夺持有人货币财产价值的条件下，应考虑构成发行人对货币财产的征收，需要依法向持有人补偿原货币财产价值。[2]如果以法定的方式大幅度调整货币价值，导致货币财产价值发生超出正常市场价值波动的贬损也应考虑视同为财产征收，也应该依法补偿原货币财产价值。[3]

法定货币不仅可以进行价值的法定变动，还可以进行市场化变动，现实中发行人市场化变动货币价值的情况是经常发生的。通常，如果这种变动在合理的范围内，应认定是正常行使货币价值调节控制权的行为，不构成货币法意义上的财产征收，货币持有人只能接受这一事实，自行和共同承担货币价值贬值的损失。如果这种变动超出了正常可以接受的合理范围，应有权获得合理适当的补偿。按照持有人主张权利的对象不同，还可以进一步分为要求发行人进行补偿，以及要求交易相对人进行补偿。向发行人申请补偿实际

[1] 参见我国《民法典》物权编、合同编、侵权责任编，以及各国相关法律等的规定。

[2] 我国2004年宪法修正案第22条规定，"国家为了公共利益的需要，可以依照法律规定对公民的私有财产实行征收或者征用并给予补偿"。我国《民法典》总则编、物权编第117条、第229条、第243条等都规定了征收的补偿问题。如果国家完全或部分地剥夺货币财产价值，应考虑依法给予同等数额的补偿。1961年古巴曾颁布法令，宣布所有在古巴境外的古巴货币（通货）无效并作废。虽然美国认为该法案无效，却没有使货币持有人获得补偿。2009年朝鲜颁布法令，要求限期、限额兑换新币，过期、超过限额将剥夺其货币财产权。2016年印度废止大面额证券货币，并要求限时兑换成新的证券货币。

[3] 财产征收分为直接征收、间接征收、类似征收，货币价值的法定贬值应属于间接或类似征收行为，无论按照我国国内法，还是按照联合国《各国经济权利和义务宪章》或者经济合作与发展组织制定的《保护外国人财产公约草案》的规定，都应该考虑给予适当的补偿。但事实上，极少有实际获得补偿的案例。

上是向国家或国家联盟机关申请补偿，虽然这种补偿在法理上是应该获得支持的，却还极少有依法获得实际补偿的先例。如果他国主体采取诉讼形式请求补偿，还要受到国家豁免权的制约。[1]在多数情况下，通常只有货币请求权人有权向交易或投资相对人主张权利。

约定货币不同于法定货币，它的发行主体不是国家或国家联盟，而是普通的社会公众。他的货币价值贬值行为也可以分为两种，一是明确宣布货币贬值，二是以市场方式导致货币事实上贬值。约定货币贬值是否应给予持有人补偿的判断标准，主要取决于发行人是否因此而获得不当利益。它的具体判断标准是发行人是否获取了发行与管理成本之外的收益。如果发行人通过宣布货币贬值，或者通过市场方式导致货币贬值，而事实上获取了额外的收益或取得了额外的利益，就应该向全体货币持有人补偿贬值损失，补偿的数额应以其获取的不当收益或利益数额为限。同时，从货币法的法理上讲，享有约定货币请求权的主体，如果因货币贬值使可期待的利益受到损失，也应有权向交易或投资相对人主张财产权利，要求增加货币支付的数量，或者减少相应财产的给付数量，或者修改相关协议。它同法定体系的货币既具有明显的区别也具有内在联系，不应该将其简单地等同或区分。

三、价值分配标准

货币价值问题是一个具有较高法学复杂性的问题，特别是对于法定货币及其衍生财产而言，它的直接价值责任主体虽然通常是中央银行，代表的却往往是其国家或国家联盟。同时，法定货币又是主权性财产权。在国际法上，国家或国家联盟享有法定的个体利益直接补偿的他国司法豁免权，普通外国主体往往难以直接对其主张货币价值变动的权利。此外，货币价值的大幅度波动还会导致远期交易各方利益的变化，它会直接影响原交易协议的公正合理性。因此，货币财产价值补偿会形成多个分配标准，根据不同情况可以从总体上将其概括为补偿主体标准、补偿认定标准、补偿方式标准、补偿

---

〔1〕 按照联合国《国家及其财产管辖豁免公约》《海牙国际私法公约》，美国《外国主权豁免法》，我国《外国中央银行财产司法强制措施豁免法》等的规定，国家行为和国家财产不受或免受其他国家权力，特别是司法权力的管辖，外国主体无权以其他他国家为诉讼主体主张个体财产权，这其中也应该包括中央银行发行的货币财产，许多国家之间都相互给予对方中央银行财产司法强制措施豁免权。

货币标准、补偿时点标准。

（一）补偿主体标准

在法定货币贬值超出正常市场波动范围的条件下，首要的补偿责任主体应该是中央银行以及国家或国家联盟。虽然为保护国家主权，外国法院通常不享有以国家为补偿责任主体的诉讼受理权，甚至其他权力机关也不享有对他国要求财产补偿的权力。但是，通常各国的国内法都会规定国家征收的补偿责任，虽然法定货币贬值是否可以被认定为征收，全体货币持有人共同的货币财产价值损失是否构成征收还没有绝对确定的结论，甚至各国法院还极少受理社会公众要求国家补偿其损失的案件，也极少有国家以财产征收或损失补偿的方式向货币持有人补偿损失。但是从法理上讲，赋予公众这种权利是具有合理性的。当然，如果国家为社会整体利益而决定进行货币的贬值，要求全体货币持有人各自或共同承担损失也是有其合理性的，这是由于国家补偿的财产来源最终也只能是社会公众。

货币贬值损失的补偿在国内与国际、不同国家之间，以及在国家与货币持有人之间是有区别的。即使对于全体持有人的货币价值损失，货币法不将中央银行或国家作为补偿主体，认为它并不会导致损失主体的结构发生较大变化，却不得不承认其他国家或国际组织的补偿要求。如果发行人超越货币调控权的合理范围，通过有目的、有意识地实施影响汇率的政策，造成汇率水平长期严重偏离其实际价值，从中获取国际竞争中的货币价值优势，可能会被认定为是操纵汇率或汇率偏差行为。如果这一行为被相关国际组织认定，汇率操纵国就必须对其行为承担补偿责任。考虑到补偿的被动性，通常不是直接要求操纵国补偿财产，而是赋予相关国家征收相当于汇率偏差水平关税的权力，以维护国际货币秩序。[1]

如果发行人对某国实行歧视性汇率，也属于违反国际货币协定的行为，应该受到相应的处罚。同时，单独的国家也可以根据国内法对歧视性汇率或操纵汇率的行为，向货币发行人提出自己的权力主张，要求货币发行人纠正这种歧视或操纵行为。否则，许多国家的国内法都规定可以对其采取加征关税等相关报复性措施。当然，由于国家或国家联盟之间没有司法管辖权，国

---

〔1〕　参见《国际货币基金组织协定》《建立世界贸易组织的协定》《关税与贸易总协定》等的相关规定。

内法也不具有当然的域外效力，即使自己规定了域外效力也不一定得到货币发行国的尊重和执行，这种国际争端往往只能通过协商解决，通常难以通过司法途径解决。如果不能通过协商达成一致，将会导致货币或贸易冲突，相互之间进行货币或贸易等方面的报复。无论最终是否能够使某方屈服，往往也只能通过协商和妥协使其回归到正常状态。[1]

法定货币价值的变化，对于普通社会公众而言，他的基本权利是在货币购买力贬值或汇率变化超过普通市场风险的范围之后，依据协议订立时或需要支付结算时的可期待货币价值获取收益或利益。如果这种权利由于豁免权不能对货币发行人行使，要获得相应补偿就只能对交易相对人行使。货币贬值会使远期交易协议的相对方受到损失或获得利益，按照公正合理的原则应修复这种利益分配。在约定货币条件下，当货币价值贬值超出使用该货币所应支付的发行和管理费用后，持有人也应享有向发行人主张按照贬值水平得到相应价值补偿的权利。同时，货币请求权人也有权向交易或投资相对人主张，按照约定生效或财产损失发生前的价值支付约定货币。这是由于约定货币的发行主体是普通社会主体，他的货币价值目标与法定货币存在着本质区别，维护约定货币价值稳定是他的基本义务或责任。并且，约定货币发行人不得因发行和管理货币而取得超出成本弥补之外的收益。

（二）补偿认定标准

货币持有人因持有某货币而受到价值损失，要求发行人予以补偿从法理上讲是具有合理性的，特别是对于约定货币而言，其理由更加充分。但是，即使货币法支持这种主张，法院也往往难以受理某个体的独立补偿请求，因为它涉及全部货币持有人的利益。如果可行也只能进行全体持有人的整体性诉讼，才能真正解决这一问题。在没有整体性诉讼制度的条件下，这种主张往往难以通过司法途径解决。在存在整体性诉讼制度的条件下，货币监管机关或其他持有人的代表人，可以代表全体持有人向发行人主张给予价值补偿。特别是对于约定货币、对于直接或间接故意损害持有人利益的情况而言，这种补偿是非常必要的。

货币价值的变动，特别是贬值，不仅会直接导致对货币持有人的损害，

[1] 参见美国《综合贸易法案》《汇率和国际经济政策协调法》《贸易便捷与贸易促进法》，我国《对外贸易法》《外汇管理条例》，以及各国相关法律法规等的规定。

还会间接导致货币请求权主体的利益受到损害、相对主体从中获得利益，这也是重要的货币法问题。如果这种情况属于约定时无法预见、超出正常市场风险的大幅度贬值，使货币请求权人处于明显不公平或不对等的境地，会使请求权人受到重大交易或投资损失，可以按照情势变更的原则，请求交易或投资相对方采取相应的补救或补偿措施。[1]但是，这种主张的实现意味着全部类似的请求权都要进行重新调整，且通常认为货币请求权人在设定该权利时，应充分考虑到货币价值变动的风险。在货币价值不发生重大变化的情况下，不能否定货币唯名论的基本原理采纳唯实论，随意使用货币的情势变更原则。"唯名论可以视为法律原则，而不仅仅是解释的规则，……可以采用不偏离唯名论的方法来修复此种不公平。"[2]

在货币法理论中，唯名论与唯实论是两种对立的价值主张。唯名论主要是考虑整个货币流通范围内的整体利益，考虑对整个社会货币财产秩序的影响；唯实论主要是考虑当事人的个体利益，考虑社会个体因此受到的财产实际损失。在现实生活中，虽然法定货币体系与约定货币体系的价值变动对请求权人的影响在性质上是相同的，但它们在影响范围和程度上是有区别的。如果影响范围和程度并不是很高，可以更倾向于采用唯实论，否则应更倾向于采用唯名论，在司法裁判中取决于法官的具体判断。"法是以综合社会效果最优为目标，在不破坏现有社会基本法治体系的条件下，它的实证价值、功利价值、道义价值的最佳边际均衡点。"[3]通常，法定货币体系对社会的影响范围和程度都比较高应更倾向于采用唯名论，不发生重大变化不能轻易认定为情势变更；约定货币对社会的影响范围和程度相对较低，更倾向于采用唯实论，可以适当扩大情势变更的应用范围和程度。

（三）补偿方式标准

货币价值变动不仅存在是否需要补偿的问题，还存在以何种方式补偿的问题，或者是绝对坚持唯名论还是相对坚持唯名论的问题。在绝对坚持唯名论的条件下，不得对货币数额作出任何调整，同时也不得以其他方式予以财产价值补偿。在相对坚持唯名论的条件下，只是不得调整货币的名义数量，

---

[1]　参见我国《民法典》合同编、第 533 条，以及相关国家法律法规的规定。

[2]　[英]查理斯·普罗克特：《曼恩论货币法律问题》，郭华春译，法律出版社 2015 年版，第 248 页、第 254 页。

[3]　刘少军：《法边际均衡论——经济法哲学》，中国政法大学 2017 年版，第 67 页。

却可以调整其他方面的价值利益，通过综合收益水平予以补偿，如对于存款货币而言，可以采取原有收益率加贬值率的方式予以补偿。[1] 这种补偿就整体角度而言，应面向全体货币归属权人，以其持有的货币财产为基本依据；从个体角度而言，应面向远期协议中的货币请求权人，由被请求权人按照原协议约定的实际财产价值而不是名义价值向其给付贬值后的货币。如果货币价值发生大幅度变化，即使从社会整体利益的角度也不能再维持唯名论，则应对货币财产权的数额按照唯实论进行调整。

无论是相对的唯名论还是唯实论，只要原货币财产价值超出市场正常波动的范围，就应该调整当事人之间事先的约定。它可以表现为减少履行相应义务或责任的数量，或者增加投资资产的数量，甚至终止各方约定的权利义务等。在单独请求补偿的条件下，首先应由请求权人向被请求权人提出补偿要求，各方协商变更事先已经生效的约定，按照适当的货币财产价值重新约定权利义务。如果各方都认为继续履行事先的约定已经没有实际意义，或者不能就重新约定的权利义务达成新的约定，也可以选择终止约定，恢复财产或行为的原有状态。如果各方对是否构成情势变更不能达成一致，或者对重新约定的权利义务不能达成一致，也可以选择向裁判机关申请裁断，交由第三方作出有效的裁判。[2] 在约定货币的条件下，各方也应该有权共同要求发行人予以补偿，将货币价值权与价值请求权统一作为一个综合性的货币法关系考虑，通常裁判机关应统一解决各方之间的财产纠纷。

（四）补偿货币标准

在唯名论和唯实论的条件下，都存在货币请求权人的补偿问题，它进一步还涉及补偿的货币问题。按照财产法的一般原理，发生财产权的纠纷应该首先对原财产主张权利。就货币价值而言，情况则不完全相同，当事人不仅有多种货币可以选择，出现问题的可能恰恰就是原来的货币财产。如果仍然以原有货币财产进行补偿，可能仍然难以避免再出现价值的贬值，至少货币请求权人会有这方面的担心。并且，这种担心也不能够通过各方都遵守约定

---

[1] 我国1988~1989年的通货膨胀率在18%左右，对于银行存款都按照国家要求给予了保值性利率的补偿。

[2] 这方面最著名的案件为1920年德国"蒸汽供应合同"纠纷案，这一案件的最终判决否定了唯名论，支持了唯实论的主张，依法宣告原蒸汽供应合同无效，该案及以后的案例逐步确立了合同效力的"情势变更"原则。

而消除，这些当事人都不是有能力决定货币价值的主体。但是，货币是有严格地域性和法偿性的财产权，有时当事人之间约定以何种货币进行支付结算是受到相关货币法规限制的。通常情况下，还是应选择以原约定的货币比较适当，它通常具有比较好的货币法规适应性。

按照普通财产法的一般性原则，以原约定请求权的货币主张财产价值权利，也是出于尊重原协议约定的需要，如果在解决原货币价值变动问题的同时还要求变更货币会使问题复杂化。并且，不同货币之间的财产权性质是不完全相同的，它可能会改变原约定中货币财产权的性质，甚至可能出现在现行货币法规下不具有可行性的情况。但是，如果是约定货币的请求权，且有证据表明发行人难以继续保障货币的价值稳定，应该可以要求以本区域的法定货币，或法定货币体系的货币进行补偿。法定货币是本区域的法偿货币，即使是法定货币体系的货币也往往具有高于约定货币的信用水平，甚至有些国家的法规要求只能使用这类货币。[1]

如果是法定货币或法定货币体系的请求权，首先只能按照约定请求权的货币主张财产价值权利。如果各方不能就原约定的货币类型达成一致，应该允许各方协商采用其他能够履行该请求权的货币。如果各方不能就补偿的货币种类达成一致，应该首先选择使用本区域法定货币或法定货币体系的货币。如果各方不能就本区域法定货币或法定货币体系的货币达成一致，在货币法允许选择第三方货币的条件下，也可以协商选择第三方货币。通常，选择第三方货币只能在各方协商的条件下，司法裁判机关不得直接裁判要求强制各方使用第三方货币，这既存在货币法规的限制问题，也存在司法对当事人选择权的尊重问题。只有在各方争议使用某货币的条件下，司法裁判机关才能裁判是否应该使用某货币。这时，如果不存在货币法上的限制，可以选择使用其他恰当的货币类型补偿其财产损失。[2]

（五）补偿时点标准

货币价值损失的补偿还存在补偿的时点问题，这些时点主要包括立约时点、履行时点、主张时点、裁判时点、执行时点、侵权时点、违约时点等，

〔1〕　参见我国《民法典》合同编第514条，以及相关国家法律法规的规定。
〔2〕　参见《国际货币基金组织协定》《外汇管理条例》，以及相关国家货币法的规定。如果裁判地法规对外国货币财产的支付结算有限制，裁判机关要充分考虑这种限制，否则可能导致事实上裁判不能执行。

不同时点发生货币价值的变动会影响到损失补偿的数额。通常，计算补偿数额应该以立约时点的实际价值作为衡量的基本标准，货币价值变动只能是本货币实际价值的变动，而不能是仅由其他货币价值变动引起的本货币价值的相对变动。货币价值变动数额应等于立约时的实际价值与履行时实际价值之间的差额，在考虑继续履行约定的条件下应是它与未来履行时预期变动数额之间的差额，请求权人应该按照这个计算标准来主张货币价值权利、计算价值补偿数额。在各方不再履行原来约定的条件下，应该以立约时的实际价值与主张时点的价值差额进行补偿。

如果通过司法裁判解决货币价值的补偿问题，考虑到从申请裁判至最终执行裁判之间会有比较长的时间差，在此期间内也会形成货币价值的变动。从实际补偿货币财产价值权人损失的角度来讲，补偿的数额应该是立约时的实际价值与裁判时实际价值之间的差额，期间的价值损失应该由相对方主体承担。如果在此过程中货币请求权人存在过错，也应该承担相应部分的损失责任。如果司法裁判不能得到顺利执行，在裁判生效至执行完成之间还会存在较长的时间差，直到实际执行损失才会停止。在此条件下，货币请求权人的损失补偿数额应该是立约时与最终执行时实际价值之间的差额。如果在此过程中，裁判不能得到顺利执行是由于货币请求权人的过错引起的，则应该以裁判生效点为计算时点。

在现实生活中，不仅会存在货币价值变动本身的财产价值问题，还会由于其他纠纷而需要考虑货币价值问题，这些问题主要是侵权和违约赔偿问题。对于约定货币发行人而言，如果遇到侵权和违约问题，在货币受约人之间和约定支付结算的范围内，不应拒绝接受本约定范围内的约定货币，但可以拒绝接受本约定范围外的约定货币。在没有特别约定的条件下，也不得拒绝接受法定货币，法定货币是具有法偿效力的。如果是普通社会主体遇到侵权或违约问题，对于有特别约定某货币的应该遵守约定，没有特别约定的应该支付本货币区域内的法定货币，如果不在同一货币区域应优先支付损害发生地的货币，货币的支付数额应是相当于侵害实际损失的支付结算时点的货币价值。只有这一时点的价值和这一地点的货币，才能最接近于受害人的实际损失，才能使其受到的损害得到最适当的补偿。

货币的价值补偿是一个非常复杂的法学问题，从总体上看，主要包括发行主体补偿标准、相关国家补偿标准、远期协议请求权补偿标准三个方面。

在发行主体补偿标准上，主要应考虑中央银行、国家或国家联盟是否具有补偿能力，货币持有人与价值补偿货币来源人在结构上是否一致。如果货币发行人没有能力补偿且货币持有人与补偿来源人结构一致，进行整体性补偿的必要性并不是很大，基本上不存在财产价值的重新分配问题。如果货币发行人有能力补偿且货币持有人与补偿来源人结构严重不一致，才有进行整体性补偿的必要，以修补财产价值的重新分配问题。当然，无论是否补偿都应该针对全体货币持有人，而不应区别持有人的身份。对于货币贬值给相关国家造成的损失，通常只能通过协商的方式解决，关税惩罚主要是威胁的手段，较少被实际运用。对于远期协议中的货币请求权损失，应考虑唯名论的整体价值与唯实论的个体价值进行综合认定，不能简单地从个体角度考虑问题。如果简单地认定构成情势变更，则很可能引起连锁反应，影响交易、契约的稳定性，导致社会秩序的进一步混乱。[1]

---

〔1〕 这里的远期协议请求权是指普通交易中的远期协议，不包括标准化合约的期货交易。标准化合约期货交易的存在价值之一就是指示价格变动方向、回避价格变动风险，应该认为不存在情势变更问题，或者情势变更也是其应该预见到的情况。并且，标准化合约期货交易主要不是为了实际履行合约，它的绝大部分合约交易最终都是通过对冲清结的，多数情况下能够通过交易进行分散或规避风险。参见我国《期货和衍生品法》的相关规定。

第六章

法定货币流通规范

第一节　货币流通效力界限

法定货币是当代社会的基本货币，它不仅是本货币区域内统一流通的货币，也是结算货币、存款货币等记账货币衍化的基础和来源。研究货币的流通行为规范，必须首先研究法定货币的流通规范。法定货币具有特殊的货币法性质，它既可以表现为证券货币，也可以表现为记账货币。同时，它的发行与流通组织又是中央银行的权力，必须对流通秩序进行严格的监管。在研究这些具体规定之前，首先需要明确不同货币之间的流通效力界限，具体包括法定与约定货币、证券与记账货币、域内与域外货币。

一、法定与约定货币

法定货币与约定货币具有不同的货币法地位，许多时期为保护法定货币的地位，法规甚至规定禁止约定货币的发行与流通，将其界定为非法行为，不承认它的流通效力。在当代社会，为了更加方便不同领域和范围的经济活动，通常都会承认约定货币的合法地位。但是，也会对其流通行为进行严格规范，明确界定法定货币与约定货币的流通范围和效力界限，这些效力界限主要包括法理效力界限、冲突效力界限、功能效力界限。[1]

（一）法理效力界限

从法理上来讲，法定货币通常都是法偿货币，它在本货币区域内具有法

---

〔1〕　参见刘少军："虚拟货币性质与监管的法学研究"，载王卫国主编：《金融法学家》（第3辑），中国政法大学出版社 2012 年版。

定的偿付效力，用法定货币结算任何交易、支付任何债务对方都不得拒绝接受。它的效力边界只有两种，一是货币法的适用范围，二是交易双方之间的非货币特别约定。首先，就货币法的适用范围而言，它只能直接约束该法效力范围内的主体，超越这一地域范围就不再有强制效力。"因为这是货币在其本国法律体系中所承担的角色。"〔1〕其次，如果双方约定以其他财产完成交易，并不进行任何形式的货币支付结算，这种约定应优先于法定货币的支付效力，不得以法定货币具有法偿效力为由，强制相对方接受法定货币，这种行为应该不受货币法的直接调整。

约定货币是仅在受约人之间流通的货币，通常它的流通效力范围仅限于受约人之间。如果交易的任何一方不是受约人，就无权要求非受约方接受约定货币，非受约方也有权拒绝接受其支付的约定货币。同时，约定货币发行人或经营管理人也无权强制要求在某范围内或市场内实施的交易行为，必须使用其发行或经营管理的约定货币，强制相对方接受其货币流通的约定，约定货币的发行与流通必须以当事人的自愿选择为基本原则。并且，为维护法定货币的基本货币地位，货币法通常还会对约定货币的流通领域进行严格限制，超出这一领域即使在受约人之间也不得使用约定货币，他们之间的约定属于无效约定，它也不具有支付结算效力。〔2〕

（二）冲突效力界限

货币效力的冲突主要发生在法定货币与约定货币之间，以及约定货币与约定货币之间。法定货币与约定货币之间的效力冲突主要是约定是否可以排除法定效力，即受约人之间的约定效力是否优先于法定货币的法偿效力。从法理上来讲，虽然约定效力属于特别效力，法定效力属于普遍效力，但法定效力却是不可以由约定效力排除的。如果当事人之间都通过约定效力排除法定效力，货币法事实上就无法得以实施。即使在受约人之间，某方使用法定货币也是具有强制效力的，相对方也无权拒绝接受。约定货币只是在非使用法定货币支付结算的条件下，才在受约人之间优先于其他财产的给付，才具有支付结算工具的优先效力。

---

〔1〕　[英]查理斯·普罗克特：《曼恩论货币法律问题》，郭华春译，法律出版社2015年版，第53页。

〔2〕　参见我国《中国人民银行法》《关于加强网络游戏虚拟货币管理工作的通知》等的规定。

约定货币相互之间是平等的关系，不存在某约定货币的约定效力优于另一约定货币的问题。非本约定货币受约人之间该约定货币不具有支付结算的强制效力，相对人有权拒绝接受该约定货币。即使某约定货币的社会信用水平比较高，非受约人也有权拒绝接受。甚至由法定货币衍化而成的结算货币、存款货币，它们的货币价值虽然是由法定货币决定的，在货币法体系上也属于法定货币体系，却也是在法定货币基础上加入了约定的成分。它们也不是法定货币，不具有法偿效力，它们代表的也是法定货币与经营机构信用的结合，而不纯粹是中央银行信用，理论上非受约人也有权拒绝以该货币实施的支付结算，只是由于其信誉水平比较高通常不会拒绝接受。[1]

（三）功能效力界限

货币法强调不同类型货币的效力界限，是为了实现设定这种货币的基本功能。法定货币作为本货币区域内的价值标准和统一的支付结算手段，还同时承担着调节控制社会总需求、实现各种货币价值目标的任务。因此，它在本货币区域内必须具有法偿效力，否则它的这些货币功能就无法得以实现。同时，也必须排除其他货币对其流通范围和领域的约定性限制，其他货币不得以其特别约定排除法定货币的使用，排除法定货币在特定范围和领域内的法偿效力地位。在此，不能仅从个体利益的角度考虑问题，法定货币首先代表的是本货币区域内的社会整体利益，然后才是个体利益问题，社会整体利益应优于非人权性的个体基本利益。[2]

在法定货币流通条件下，没有约定货币时它的全部货币功能都是能够实现的，即使其不进行结算货币、存款货币等的衍化，也并不影响其货币功能的实现。但是，社会需要是多方面的，法定证券货币通常难以满足它的保管功能、增值功能、效率功能。正是由于它不能充分满足社会公众的这些需要，这些货币的特定衍化形式就逐渐形成了。纯粹的约定货币则是为了更加充分地满足主体内部的特殊交易管理需要，按照自身特点构建小范围内更加

---

〔1〕 参见我国《中国人民银行法》《商业银行法》《票据法》《支付结算办法》等的规定，我国现行法规中有些规定认为存款货币具有一定的法偿效力，这是不符合货币法理的，它不应具有法偿效力。它通常能够被社会普遍接受是由于其自身的信用水平。

〔2〕 基本的个体利益应属于人权的范围，通常，不得以社会整体利益为由剥夺这些基本利益。但是，个体的非基本利益却是可以进行权衡的利益，社会整体利益应优于非基本个体利益，至少可以进行利益权衡。

方便、灵活的特殊交易和流通系统。这些特殊功能是法定货币体系不能完全实现的，即使能够实现，也需要付出较大的管理费用和法规实施的监管费用。这也同时决定了约定货币只能在小范围内使用，不得超越实现其功能的需要，否则它就没有存在的理由。[1]

二、证券与记账货币

法定货币的本质是它的货币法性质而不是存在形式，理论上讲法定货币可以采取任何可行的存在形式。就目前而言，它的基本存在形式为法定证券货币和法定记账货币。法定证券货币是以证券或类似形式存在的法定货币，法定记账货币是以数字加密或传统账户形式存在的，能够在收款人与付款人的货币账户之间实现直接交付的法定货币。当然，记账货币还可以存在许多种类型，如法定货币体系的结算货币、存款货币和纯粹的约定货币等。法定证券货币与记账货币的效力界限主要包括最终效力界限、财产效力界限、约定效力界限。[2]

（一）最终效力界限

法定证券货币与法定记账货币都是法定货币，虽然它们的法定货币性质是相同的，但由于存在方式不同，它们之间也还是有许多区别的。第一，在表现形式上，法定证券货币是以纸质证券或相同属性的证书形式存在的货币，证券本身就代表法定货币的价值，价值享有以证券的直接持有为标志。法定记账货币是以账户记录的形式存在的货币，它并不具有直接的物质形态，货币价值的享有是以数字加密或传统账户中的记录为标志的。第二，在控制程度上，法定证券货币归属权人能够直接控制证券及其代表的价值，而法定记账货币只能通过账户间接控制货币价值。第三，在管理程度上，法定证券货币主要是发行、回兑、监督等的管理，法定记账货币则必须具体建立并直接或间接运营、管理货币流通系统。

---

〔1〕参见美国《虚拟货币业务统一监管法》，日本《金融科技修订法》《资金结算法》，芬兰《虚拟货币提供商法案》，我国《非金融机构支付服务管理办法》《关于加强网络游戏虚拟货币管理工作的通知》等的规定。

〔2〕参见刘少军："法定数字货币的法理与权义分配研究"，载《中国政法大学学报》2018年第3期；"'法定数字货币'流通的主要问题与立法完善"，载《新疆师范大学学报（哲学社会科学版）》2021年第4期。

法定证券货币与记账货币的这些区别决定了证券货币要优先于记账货币的支付结算效力，证券货币享有最终的法定偿付效力，记账货币只能享有次优的法定偿付效力；付款人支付证券货币，相对方绝对不可以拒绝接受，在存在证券货币的条件下，收款人有权拒绝接受记账货币。这是由于，法定证券货币无论对于付款人而言还是对于收款人而言，都不具有任何支付结算上的障碍。如果付款人选择使用证券货币付款，收款人不存在任何理由拒绝接受该具有法偿效力的货币；如果付款人选择使用记账货币付款，收款人不具有接受该货币的记账工具就无法接受该货币。尽管它也是法偿货币，却要受到特定支付结算工具的操作限制。因此，法定证券货币是绝对的法偿货币，法定记账货币只应该是相对的法偿货币。

（二）财产效力界限

法定证券货币与记账货币不仅存在法偿效力上的区别，还存在归属效力、给付效力、追及效力、追偿效力上的区别，从而形成它们的财产效力界限。在归属效力上，法定证券货币是以持有证券作为货币价值权利认定标志的，只要不能证明该证券是伪造变造的，就不得否认持有人的权利。即使事实上属于伪造变造的，也不能予以否定。法定记账货币是以账户记载作为价值权利认定标志的，无论是传统的银行业机构设立的账户，还是数字加密账户，尽管它们的记载方式和验证方式不同，最终都是以符合要求条件的账户记载为标志的。只要没有充分的理由证明该账户的记载存在差错，就不得否认货币价值的归属效力。

在给付效力上，法定证券货币是以证券的交付完成，且收款人没有当场提出数量与质量异议为发挥给付效力，完成货币价值归属权的转移。法定记账货币以账户的合法登记作为给付行为的完成，实现货币价值归属权的转移。在追及效力上，法定证券货币不具有任何形式的追及效力，不得主张货币法上的追及权。法定记账货币只要能够证明记账过程存在差错，是应该在一定程度上承认交付和价值归属权转移瑕疵纠正权利的，不应完全否认交付瑕疵的纠正权。[1]在追偿效力上，如果存在货币法以外的价值归属权追偿依

---

[1] 虽然已经登记到收款人账户的货币会发生归属权确认效力，但如果能够证明该行为是由于货币经营机构的过错而非付款人的过错导致的，应该认为收款人收到的是货币经营机构的货币而非付款人的货币，付款人有权对自己没有发布付款指令而被划转的货币主张归属权。

据，无论是法定证券货币还是记账货币，都可以通过普通财产权向归属权人主张财产价值的赔付或偿还，即主张财产请求权。[1]

（三）约定效力界限

在法定货币中也存在约定权利的问题，特别是对法定记账货币而言，在货币记账方式、价值归属确认方式、权利人身份验证方式等方面，不同支付结算系统的运营和管理主体可能同权利人之间有不同的具体约定。无论是法定证券货币还是记账货币，它们都能够转化成为结算货币和存款货币，这种特定货币类型的转化，就是通过经营机构与货币价值权人之间的特别约定，衍化成法定货币价值的特定存在形式的。它们之间的权利义务虽然基本上都是由相关货币法规定的，但将法定货币转化为结算货币或存款货币还是由约定形成的。并且，法定货币同它衍化而成的结算货币、存款货币等之间，还是具有明显的约定效力界限的。

首先，在信用效力层级上，法定货币代表的是中央银行的信用、是国家或国家联盟的信用。结算货币由于要将全部付款准备金存入托管机构，且该准备金又是信托关系，它代表的应该是准中央银行的信用，如果托管人是中央银行，则应基本等同于中央银行的信用。存款货币由于可能成为银行业机构的破产财产，它代表的仅是存款机构的信用。其次，在给付效力上，收付款人之间可以约定支付货币的类型，约定以何种货币给付就应该以该种货币给付。但是，如果付款人以法定货币给付，在本货币区域内可以突破原有约定的效力。无论是法定证券货币还是记账货币都具有法偿效力，该效力不受收付款人之间约定的约束。当然，如果是关于法定货币的给付约定，收付款各方都应该遵守约定，不得自行决定。[2]

在法定货币的法偿效力上，某些法规对此有一定的限制，如法定货币的给付数额限制、规定银行业机构存款货币具有一定的法偿效力等，这种规定在加强社会管理和减少法定货币使用上有一定的合理性。但如果限制法定货币的法偿效力，或者赋予银行业机构存款货币一定的法偿效力，则是违背货

---

〔1〕　参见我国《中国人民银行法》《商业银行法》《票据法》《支付结算办法》等的规定。这时的追偿效力应属于财产行为效力而非财产归属效力，是财产行为权的一般效力而非货币的特殊行为效力。

〔2〕　参见我国《中国人民银行法》《民法典》合同编、《商业银行法》《企业破产法》《非金融机构支付服务管理办法》等的相关规定。

币法基本法理和原则的。如果法规强制特定的收付款人在达到或超过一定规模的货币给付中必须使用存款货币，收款人是有权拒绝接受的。同时，如果在接受存款货币后成为破产财产，也还存在货币损失的补偿问题。法定货币与结算货币、存款货币之间的转换应该是收付款人自己的选择，相关法规不宜作出强制性规定。货币法只能解决其自身的问题，无法解决利用法定货币实施违法犯罪的问题，这些问题应该通过加强《反洗钱法》《税收征收征管法》等的执法监督和提高刑事案件侦查能力实现。[1]

三、域内与域外货币

货币法是有效力区域的，法定货币仅是其效力区域内的概念，超越效力区域即成为域外货币，不再直接是法定货币、具有法偿效力。"外国纸币和硬币'无需成为法偿货币也可以流通'。无论发行国为哪个国家，在英国境内流通并用于履行金融债务的有形货币属于'货币'，但其仅在发行国构成'法偿货币'。"[2]它也同时涉及结算货币与存款货币、法定货币体系与约定货币体系的域内与域外效力问题。不同货币区域内或区域外的效力界限主要包括主权效力界限、域境效力界限、兑赎效力界限。

（一）主权效力界限

在当代社会中，无论是法定货币还是约定货币，它们都是由某货币区域的货币法来规定和调整的。即使是约定货币，也是在某货币区域内，由货币监管机关许可发行，并依据该区域的货币法流通的。特别是法定货币具有绝对的主权属性。但是，不同货币区域之间必然存在经济往来，必须使用特定的货币进行这些往来的支付结算，这就必然涉及货币的主权效力问题。首先，就货币法的效力而言，虽然它本来不能超越货币区域，却会随着据此发行的货币超越该区域流通使其事实效力超越区域，它对货币的效力是同货币相伴随的，货币流通到何处，它对货币价值的决定和财产性质的影响就及于何处。在此条件下，某货币在区域外的地位就取决于东道国的态度，即东道

---

〔1〕　参见我国《中国人民银行法》《企业破产法》《现金管理暂行条例》《支付结算办法》，以及《反洗钱法》《税收征收管理法》《监察法》《刑事诉讼法》等的相关规定。

〔2〕　［英］查理斯·普罗克特：《曼恩论货币法律问题》，郭华春译，法律出版社2015年版，第71页。

国对自身货币主权放弃的程度。[1]

如果东道国绝对不放弃任何货币主权，它就应该完全禁止域外货币的流通，这在当代社会是不可能的。如果东道国完全放弃自己的货币主权，就是承认域外货币在本区域内的原初货币地位。如果东道国部分放弃自己的货币主权，就会部分地承认域外货币在本区域内一定的货币地位。通常，世界各国都承认域外货币的货币财产地位，都将其作为特殊的货币财产来对待，特别是对于结算货币、存款货币、约定货币，由于它们不具有较强的主权属性，甚至可以作为普通货币财产在境内自由地依约定支付结算，并承认这些支付结算行为的效力。具体承认的程度如何，取决于本区域货币法对域外货币的限制程度，取决于东道国对自身货币主权设定的效力界限，这主要是由其国际收支状况和相关政策决定的。[2]

（二）域境效力界限

货币区域之间的主权效力主要体现在域境效力界限上，它具体包括法定货币、约定货币、衍生货币的域境效力界限。法定货币是域境效力规范最为严格的货币，通常各国有严格的出入境管理制度。这些制度主要包括限额效力制度和申报效力制度。限额效力制度要求出入境人员不得携带超过规定限额的本区域或外区域法定证券货币，否则要依法受到相应的处罚。对于法定记账货币而言，虽然难以进行直接限制，但也应该有间接的限制措施。申报效力制度要求携带超过规定限额的法定货币时必须向监管机关申报，否则要依法受到相应的处罚。同时，东道国也有相应的域境管理制度，双方制度内容并不一定对等，甚至可能有较大区别。

法定货币的衍生货币，如结算货币、存款货币等，虽然它们的货币价值也是由法定货币决定的，却已经转化成为货币财产，不再具有严格的主权属性，许多货币区域并不再严格限制其出入域境的行为。采取何种结算货币或存款货币清结经济往来中的债权债务是由付款人与收款人自行约定的，各货币区域都相互承认它们的支付结算效力。但是，也有许多国家对于结算货币

---

　〔1〕　参见刘少军："货币区域化的法理思考与裁判标准"，载吴志攀主编：《经济法学家》，北京大学出版社 2008 年版；"人民币国际化的基本法律问题研究"，载岳彩申、盛学军主编：《经济法论坛（第 24 卷）》，法律出版社 2020 年版；张庆麟："析金融全球化对国家货币主权的冲击"，载《中国法学》2002 年第 2 期。

　〔2〕　参见我国《中国人民银行法》《外汇管理条例》《支付机构外汇业务管理办法》等的规定。

和存款货币的支付结算有一定的境域管理，甚至规定有严格的域外货币持有制度、兑换制度、结算制度等，对这些货币进出境域进行严格的规范。约定货币由于流通范围有限，通常不具有较高的货币秩序影响力，它的境域效力限制也往往比较宽松。但是，对于具有较高货币秩序影响力的约定货币也应规定一定的境域效力限制制度，以加强本货币区域内的货币流通秩序管理，防止利用约定货币的监管漏洞实施违法犯罪行为。[1]

(三) 兑赎效力界限

货币的跨区域流通问题，不同货币区域的态度是不同的。通常，经济比较发达的区域往往给以较少的限制，以扩大本国或本区域在国际经济竞争中的优势；经济欠发达的区域往往给以较多的限制，以维持其国际收支状况，保护区域内经济的正常发展。在此过程中，结算货币、存款货币只是以本区域法定货币计量价值的货币财产，它的流通平衡通常主要是通过经济手段而非货币法手段实现的。法定货币和约定货币即使在东道国也存在外币流通的监管问题，特别是对于法定证券货币和约定货币而言，还必须规定有境域间的回赎效力和回兑效力界限。约定货币发行国必须严格规范发行人的回赎行为，即使是对于区域外的主体也必须承担明确的价值回赎责任，如果不能回赎其发行的约定货币，应有权申请发行人破产清偿。

法定货币不存在回赎问题却存在回兑问题，无论是法定货币还是其衍生的货币财产，都应该建立顺畅的境域兑换系统，规定明确的回兑效力界限。法定证券货币的域外持有人，应该有权要求发行人履行兑换责任，东道国中央银行或银行业机构也应配合域内主体，完成不宜流通证券货币的收集、整理，并向发行区域中央银行申请统一回兑，或者由各自的银行业机构在经营境域业务过程中代理证券货币的回兑。法定记账货币主要是以数字加密账户的形式存在的货币，它虽然不存在不宜流通问题，却也存在记账货币与其他货币之间的兑换问题。货币发行人也应建立记账货币的兑换体系，保证其能够在结算货币、存款货币，以及不同区域法定货币体系中的货币之间实现兑换，维护其兑换效力。同时，必须依法维护其兑换效力的界限，只有中央银行才能直接兑换，只有经授权的机构才能代理兑换。

---

[1] 参见我国《外汇管理条例》《国家货币出入境管理办法》《跨境贸易人民币结算试点管理办法》等的规定。

第二节　法定证券货币规范

法定证券货币是当代法定货币的基础形式，虽然就发展方向而言，由于它以证券的形式存在，携带、保管、鉴定、使用相对于网络化的记账货币具有许多不便，实际使用数量和比例会逐步减少。但是，在法定记账货币完全实现无障碍流通之前，它还是不可能被完全取代的，它还具有记账货币不具备的许多优势，它的流通规范还是货币流通法的基础性规范。这些规范主要包括流通保护规范、流通兑换规范、域外流通规范。

一、流通保护规范

法定证券货币是法定货币价值的独立性设权证书，持有该证书即享有货币法上的货币价值财产权。并且，该证书本身又不具有特别的使用价值，制造它消耗的成本要远低于证书能够证明的货币价值。因此，对该证书的流通必须给以特殊保护，以维持法定货币的价值和信用，维护整个货币区域，乃至全部流通范围内的货币流通秩序和经济效率。法定证券货币流通的保护规范主要包括伪造变造、代币毁币、币材图样等规范。

（一）伪造变造规范

当代社会的法定货币都是由货币法专门授权发行的，通常只有中央银行才有权发行证券货币，有些国家或区域也专门授权财政机关发行法定货币的硬币，其他任何机关、单位、个人均无权发行法定货币。否则，都属于伪造变造法定货币，都构成比较严重的违法甚至犯罪行为。具体而言，货币的伪造是指没有取得货币法的专门授权，仿照证券货币的形状、色彩、图案等特征，使用某种方法制造出外观上足以使公众产生混淆的货币证券的行为。货币的变造是指对真实的证券货币，采用挖补、剪贴、揭层、拼凑、涂改等方法进行加工处理，改变其真实形状、图案、面值或张数等的行为。伪造变造法定证券货币，既包括纸质也包括其他材质，甚至金属材质的货币，超过一定数量或金额即构成犯罪。

伪造变造法定证券货币是货币法禁止的行为，只要实施了相关行为就构成违法犯罪，不需要实际发生危害的结果，如果实际发生危害结果则属于更加严重的违法犯罪。同时，不仅亲自实施伪造变造行为构成违法，即使是出售、购买伪造变造货币，运输、持有、使用伪造变造的货币也构成违法，情节严重的也会构成犯罪。此外，多数国家或国家联盟对其他区域的法定证券货币在这方面也予以同等保护。在本国或本货币区域内伪造变造其他国家或货币区域的法定证券货币，也同样属于违反本国或本区域货币法的违法犯罪行为，也同样要受到本国或本区域货币法和刑法的等值处罚。这是由于各国或各货币区域普遍认为，禁止伪造变造货币的行为仅依靠自身的保护是无法完全实现的，必须给以统一的相互保护。[1]

（二）代币毁币规范

法定货币代表的是国家或国家联盟的信用，如果某主体不采取伪造变造的形式冒充法定货币的信用，而是以明示的方式借用国家或国家联盟的信用，发行代替法定证券货币的其他货币票券在不同主体之间使用，虽然由于还需要等值回收不会直接获取货币发行收入，却非法利用了法定货币的信用，使自己变相成为特殊的支付结算中心，也会严重影响货币价值安全、流通秩序和统一效力。并且，即使经营法定货币体系内的其他货币业务也必须经监管机关特别许可，实施严格的业务规范和监管，设立专业的货币经营机构才可以经营，如结算货币、存款货币业务等。擅自发行代替法定货币使用的票券、经营相关业务是严重的违法犯罪行为。

法定证券货币不同材质的证券、硬币等，是货币财产权的证书或证明，它不是货币财产权本身，持有人仅享有货币财产价值的归属权，并不享有该证书或证明的归属权，这些证书或证明的归属权属于货币发行人，是货币发行人许可价值归属权人合理使用的证书。价值归属权人必须合理使用，不得故意标记、涂销、毁损该证券，这是对发行人货币发行权的非法侵犯，即使行为人漠视自己的损失也属于非法行为。如果导致该货币证券灭失或难以辨认，则会使自己的货币财产价值权利灭失。同时，除货币证券自身的特殊记号如序号等可以作为证据外，由于标记、涂销法定货币证券的行为属于非

---

〔1〕　参见我国《中国人民银行法》《刑法》《关于办理伪造国家货币、贩运伪造的国家货币、走私伪造的货币犯罪案件具体应用法律的若干问题的解释》，以及国际法上的《防止伪造货币国际公约及其议定书》等的规定。

法，它不应具有司法上的证据效力。[1]

（三）币材图样规范

货币不同于普通财产，普通财产是以财产客体为核心的；货币是以价值为核心的，它的证券与该证券证明的货币价值并不具有客体上的直接对应关系。但是，为了防止伪造变造货币和其他相关货币证券，各国或各货币区域也都对其制作材料进行了特殊管理，普通企业、单位禁止生产经营制作证券货币的材料，这些材料通常都是由中央银行自己设立的专业机构生产经营的，并不得对非法定货币发行人或需要制作货币票据的非银行业机构销售。非货币证券制作材料生产经营单位，也不得生产制造或模仿生产制造、经营销售这些货币证券材料。否则，将构成特种材料的非法生产制造或经营销售行为，情节严重或造成严重后果的将构成犯罪。

法定证券货币的正面和背面通常都印制有特殊的图案、样式，这些图案、样式往往既具有某些特殊的政治或文化含义，也是重要的防止伪造变造措施。如果在其他商品、图片、出版物、标识等上面大量使用，不仅会影响法定货币图案、样式的特殊含义，也容易导致这些特殊图案、样式使用混乱，甚至为伪造变造证券货币提供方便。因此，各货币区域的货币法通常都禁止非法使用法定证券货币的图案、样式。如果存在特殊的使用需要必须向货币发行机关提出申请，经过发行机关特殊批准后才可以在规定的范围内使用。同时，这些禁止性规定不仅适用于本货币区域，为维护各货币区域的共同利益，在其他货币区域也同样适用。[2]

二、流通兑换规范

法定证券货币的证券和硬币等，是货币发行人无偿交付给持有人使用的货币财产价值证书，持有人必须合法使用，并承担着合理保护的义务。但是，即使持有人尽到了保护责任，在不断的流通中它们也会不断被磨损或发生非故意的损坏，这时货币发行人必须无偿地承担证书的回兑义务。同时，

---

〔1〕 参见我国《中国人民银行法》《人民币管理条例》《刑事诉讼法》《民事诉讼法》《行政诉讼法》，以及《最高人民法院关于民事诉讼证据的若干规定》《关于办理刑事案件严格排除非法证据若干问题的规定》等的规定。

〔2〕 参见我国《中国人民银行法》《人民币管理条例》，以及国际法上的《防止伪造货币国际公约及其议定书》等的规定。

为保证流通中证券货币的品质，货币法也必须明确规定证券货币回兑的规范。这些规范主要包括，不宜流通规范、残损兑换规范。

（一）不宜流通规范

法定证券货币不宜流通规范，规定的是货币证券不适宜在流通中继续使用的标准和回兑程序的规范。它通常主要包括，证券不宜流通标准、硬币不宜流通标准、货币回收兑换程序。证券不宜流通标准主要包括，缺损面积标准、开裂数量标准、开裂长度标准、票面品质标准、票面辨识标准、票面涂销标准等。硬币不宜流通标准主要包括，孔洞裂口标准、币面变形标准、币面磨损标准、币面变质标准、图案模糊标准、文字模糊标准、数字模糊标准等。只要这些标准中满足其中之一，就属于不适宜继续流通的货币证券，就必须通过特定的辨识和回收兑换程序，向货币发行人行使回兑的权利义务，兑换为新的证券。

对于不适宜继续流通的货币证券，持有人既可以直接向发行人申请兑换，也可以通过经营证券货币业务的金融机构间接申请兑换。通常，各国或各货币区域中央银行为节约货币流通成本、降低货币流通费用，往往不直接对社会公众办理货币方面的业务，多采取委托经营证券货币业务的金融机构代理兑换业务和真伪鉴定业务的方式进行。货币证券回兑业务与真伪鉴定业务是相互联系的，经营证券货币业务就必须享有货币真伪鉴定权。否则，它不仅难以实际经营这类业务，也难以进行不宜流通证券的回兑。当然，既然是货币证券的回兑就不能改变持有人的货币价值权，只是将其持有的不宜流通的证券进行新旧兑换。[1]

（二）残损兑换规范

法定证券货币残损兑换规范，是货币证券已经发生残损不能在流通中继续使用的标准和回兑程序的规范。它不同于不宜流通规范，不宜流通规范是货币经营机构的行业回兑标准，目的是及时将这些的货币证书兑换为新证券，不得将这些证券再次投入流通。残损兑换规范是普通社会公众持有残损货币，向中央银行或其委托的经营证券货币业务的金融机构申请兑换成为新证券的规范。它的内容通常主要包括兑换条件标准、兑换数额标准、货币兑换程序。能够进行兑换的必须是已经达到或超过不宜流通标准，且能够辨认

---

[1] 参见我国《中国人民银行法》《人民币管理条例》《不宜流通人民币挑剔标准》等的规定。

面额，图案、文字能按原样连接的残缺、污损货币证券。

残损货币的兑换数额标准分为全额兑换、半额兑换、不予兑换三种情况。通常，兑换的数额按照证券的剩余面积确定，剩余面积在 3/4 以上的，予以全额兑换；剩余面积在 1/2 至 3/4（不含本数）之间的，或者剩余面积形状特殊的，予以半额兑换；剩余面积在 1/2（不含本数）以下的，不再予以兑换。货币法规定这种幅度性标准主要是为了简化兑换计算，保护货币证券持有人利益，激励持有人更好地履行货币证券的保护义务。残损货币兑换通常也是由货币经营机构代理中央银行办理，如果对经营机构作出的货币真伪、剩余面积测量有异议的，有权向中央银行申请复议，它是最终鉴定机关。并且，货币的真伪鉴定和剩余面积测量，货币持有人不享有诉讼权，因为对这样的问题法院没有能力作出专业判断。[1]

三、域外流通规范

当代社会是世界一体化社会，由于各国或各货币区域之间的资源、劳动、技术等的差异，必然会形成不同国家或区域之间的比较优势。为充分发挥这些优势肯定会出现国际经济往来，导致货币的国际流通。货币的国际流通主要是结算货币和存款货币，它们会因相对比较弱的主权属性而被不同的货币区域普遍接受。当然，法定证券货币的国际流通也是不可避免的，毕竟它是法定货币的最终表现形式。法定证券货币在本国或本区域之外的流通规范主要包括流通许可规范、流通保护规范、流通监管规范。

（一）流通许可规范

法定证券货币从绝对意义而言，它的法定效力是不可能超越货币区域的，至少东道国有权依法禁止外币在其域内流通。但是，随着世界各国经济往来不断增加，为方便区域之间的经济往来，也为了增加外汇收入，一些国际货币影响力较弱的国家往往允许非本区域的主要货币在本区域内流通，承认外区域货币的支付结算效力。许可的方式主要包括联合使用货币、默示放

---

〔1〕　参见我国《中国人民银行法》《人民币管理条例》《中国人民银行残缺污损人民币兑换办法》等的规定。

弃货币主权、明示放弃货币主权。[1]联合使用货币通常是对于货币域境直接相连的国家或货币区域，双方或多方共同达成货币联合使用协议，在某个特定的双方或各方一定区域内，允许各区域的法定货币在该区域内共同流通，各方的货币在该区域内都只具有相对的法偿效力，实际使用的货币由交易或投资各方约定的域外流通规范。

默示放弃货币主权事实上只是部分放弃，东道国发行自己的法定货币，并有法偿效力规定，但对于外区域货币在本国或本区域流通的行为并不予以明确禁止，也不予以明确承认，而是放任在本区域流通的状态。它通常是一种事实上的部分放弃货币主权，却由于某种原因，没有在货币法上明确承认，使支付结算行为处于不明确的违法状态，它往往并不影响支付结算的效力。明示放弃货币主权是东道国明确规定，外区域货币可在特定限制条件下于本区域内流通，只要遵守特定的限制性规定，无论是流通行为，还是支付结算结果，都具有效力。它可以借助外区域货币的信用，稳定国内经济、增加外汇收入。"创设或认可货币的动力源自商业惯例或人们的信心。换言之，货币的认可同社会的态度息息相关。"[2]

（二）流通保护规范

法定证券货币域外流通，无论东道国是明示还是默示部分放弃主权，都存在货币法规范的域外效力问题。首先，货币法规范具有属人性特征，无论在域内还是域外流通，无论是采取法定货币还是结算货币、存款货币的形式，它的货币价值都是由发行人决定的。即使在本货币区域之外，它的货币价值也同域内共同波动，不受境域变化的影响。其次，境域内对货币的相关规定也应该适用于境域之外，东道国不得变更域内对该货币的相关规定，并应协助货币发行区域监管机关执行流通保护、残损兑换的相关规定。维护境域外货币在本区域内的流通秩序，这不仅有利于维护发行区域的利益，也有利于维护自身的利益。

法定证券货币境域外流通，东道国有权依据属地原则制定本区域的域外

---

[1] 参见刘少军："货币区域化的法理思考与裁判标准"，载吴志攀主编：《经济法学家》，北京大学出版社2008年版；张庆麟："析金融全球化对国家货币主权的冲击"，载《中国法学》2002年第2期。

[2] ［英］查理斯·普罗克特：《曼恩论货币法律问题》，郭华春译，法律出版社2015年版，第22页。

货币流通规范。在尊重且不改变域外货币法的前提下，具体规定域外货币在本区域的特殊流通规范。通常，这些规范主要包括域外货币的流通行为规范、流通方式规范、经营主体规范、经营方式规范、流通保障规范、残损兑换规范等。除普通的流通监管制度外，东道国还应规定域外货币兑换市场制度，包括市场准入监管制度、市场主体监管制度、市场行为监管制度、市场价格调控制度等，以对本区域货币与外区域货币或外区域货币之间的兑换市场进行规范，维护域外货币与域内货币之间合理的兑换比例，保护民族经济的发展，建立完善的货币流通体系。[1]

（三）流通监管规范

法定证券货币的域外流通监管，既是货币发行区域监管机关的职责，也是东道国货币监管机关的职责。发行区域货币监管机关关注的，主要是监管本区域货币法在域外流通地的实施。当代社会的法定货币是由本区域货币法拟制的特殊财产，它的财产价值和流通秩序是依据发行区域特定的货币法建立起来的。尽管在传统意义上，法规是不具有直接的域外效力的，执法监管机关的监管权力也不能直接对域外主体实施。但是，既然法定货币已经被东道国明示或默示接受，也就意味着东道国明示或默示接受了该货币法，接受了该货币法的域外效力，也就必须接受货币发行区域监管机关对货币法执行情况的监督管理。

从东道国的角度而言，既然域外货币在本区域流通，它就有权在尊重发行区域货币法的基础上，制定对其进行属地规范的流通规则，并由本区域货币监管机关监管这些规则的实施。这既是出于实施货币发行区域货币法的需要，也是出于维护本区域货币流通秩序和保护自身经济利益的需要，域内域外的监管机关应该通过货币监管协作、维护共同的货币利益。其中任何一方都不应利用自身的货币或属地优势恶意损害对方的利益，如果双方或各方仅从自身货币主权的角度恶意实施损害对方利益的行为，最终都会给各方自身的经济利益带来损害。既然法定货币的国际流通是不可避免的，各国就必须相互尊重对方的货币利益。[2]

―――――――――――

〔1〕　参见我国《中国人民银行法》《外汇管理条例》《支付机构外汇业务管理办法》等的规定。

〔2〕　参见国际法上的《国际货币基金组织协定》《防止伪造货币国际公约》，以及我国《外汇管理条例》等的规定。

第三节　法定记账货币规范

法定记账货币虽然不能改变证券货币的基础地位，却由于它灵活、方便的携带和支付结算操作，更能代表未来社会法定货币的发展方向。法定记账货币可以有多种记录和支付结算形式，任何一种记账货币形式都可能被法定货币采用。作为特定的法定货币，它具有法定货币的共同属性，同其他的记账货币如结算货币、存款货币、约定货币等有明显区别。法定记账货币的特别规范主要包括货币主体规范、流通保护规范、域外流通规范。

一、货币主体规范

记账货币是在银行业机构中设立的账户体系中运行的货币体系，无论采取集中化管理的账户体系，还是采取部分集中化管理的数字加密账户体系，都必须建立完整系统的账户管理系统。在货币流通，特别是法定货币流通体系中，完全依靠货币持有主体的自我管理，是无法实现安全、高效的可靠运行的。法定记账货币是在特定记账货币运行系统流通的，它的主体规范主要包括发行主体规范、经营主体规范、持有主体规范。[1]

（一）发行主体规范

法定记账货币也是法定货币，它的发行主体也应是法定证券货币的发行主体，没有可能为发行和流通法定记账货币再设立新的主体。按照法定货币与记账货币的基本原理，发行主体规范的内容主要包括发行主体的权利和义务两个方面。货币发行主体的权利主要包括货币发行权、发行收益权、系统管理权、授权经营权、规章制定权、监督管理权。其中，货币发行权和发行收益权是发行主体的传统权利，在发行法定记账货币的条件下也同样享有这些权利。系统管理权则是新产生的权利，法定记账货币必须在特定的账户运营系统中运行，发行主体必须享有该系统的管理权。授权经营权、规章制定权和监督管理权是在证券货币条件下即享有的权利，它虽然不同于证券货

---

[1] 参见刘向民："央行发行数字货币的法律问题"，载《中国金融》2016 年第 17 期。刘少军："法定数字货币的法理与权义分配研究"，载《中国政法大学学报》2018 年第 3 期；"'法定数字货币'流通的主要问题与立法完善"，载《新疆师范大学学报（哲学社会科学版）》2021 年第 4 期。

币，却仍应享有这些权利。

发行主体在享有这些权利的同时必须承担相应的义务，这些义务应主要包括系统维护义务、费用支付义务、币值稳定义务、损失赔偿义务、隐私保护义务。法定记账货币运营系统应该是具有高度安全性和效率性的账户系统，它虽然可以交由货币经营机构具体运营，发行人却应是系统运营的最终责任主体和费用支付主体，普通货币经营机构不应完全承担法定货币的相关义务。币值稳定义务是货币发行人的传统义务，在记账货币条件下也仍然需要承担这一义务。就本质而言，无论法定货币流通的具体运营模式如何，它都是发行主体创设的财产体系，发行主体都应该向持有人承担最终的、非由于持有人原因导致的损失赔偿义务，发行人是持有人财产损失的最终责任主体。同时，还必须保护持有人的合理隐私权，不得利用信息控制或由于保护不利侵犯隐私权。否则，应承担相应的法律责任。

（二）经营主体规范

法定记账货币虽然是中央银行的货币，为节约流通成本、提高流通效率，却通常由银行业机构具体经营，同结算货币、存款货币共同构成法定货币的流通体系。在此条件下，法定记账货币经营主体应享有的权利主要包括代理经营权、身份审核权、兑换经营权、单向收费权。其中，代理经营权是在证券货币条件下即已存在的权利，只是证券货币与记账货币的运行系统存在差异，记账货币需要有相对独立的系统，非经中央银行授权不得经营记账货币业务。身份是记账货币必须进行严格审核的事项，即使考虑到隐私权，也必须有明确的身份确认标准，否则货币账户就无法运行。法定货币与其他货币的兑换是持有人的权利，银行业机构必须尊重持有人的这种权利，这也是其取得经营收益的基本手段。通常，经营法定货币是不得向持有人收费的，如果收费也只能向中央银行收取代理费用。

经营主体在享有这些权利的同时也必须承担相应的义务，这些义务应主要包括代理维护、审核认证、违法审查、货币兑换、可疑报告等义务。记账货币的具体运营系统通常是由银行业机构负责日常维护的，这既是经营主体的义务也是其取得业务来源的重要手段。法定货币流通体系不可能是完全去中心化的系统，它至少必须存在特定的持有人身份认证体系，承担记账货币记录的审核认证责任。按照货币法原理，货币持有人享有法规许可的其他货币形式的兑换权，同此相对应的经营机构必须相应承担兑换义务。同时，持有人只有将法定货币兑换为结算货币、存款货币，银行业机构才能取得这些货币经营特定的货币业务，并由此取得相应的经营收益。在此过程中，还必须依法承担可疑违法犯罪行为的报告义务，向货币监管机关、警察机关、税务机关等报告货币兑换和经营过程中的可疑行为。[1]

（三）持有主体规范

法定记账货币的持有主体，是以账户归属权人的身份享有法定货币价值权的主体，它的主体身份是以账户归属关系确定的。法定货币账户归属主体应享有的权利主要包括货币选择权、货币兑换权、法偿给付权、给付确认权、赔偿请求权。首先，该主体享有选择使用法定货币的权利，并有权以法定记账货币兑换成为任何种类的货币，账户经营主体不得拒绝接受持有主体的兑换请求。其次，作为法定货币的归属权人，可用其享有归属权的货币清结任何非特别约定给付的交易和债务，除在技术上难以实现或事先有特别约定外，任何主体无权拒绝接受其给付的货币，这是由其法偿货币的性质决定的。在此过程中，如果经营机构不能证明是由于持有人自身的过错导致货币财产损失的，就必须承担直接的损失赔偿责任。在此之后，经营机构有权从普通财产权的角度，向实际的侵权主体主张权利。

持有主体在享有这些权利的同时也必须承担相应的义务，这些义务应主要包括规则遵守义务、诚信付款义务、合理注意义务、过失责任义务。记账货币持有主体在行使货币权利的过程中，应遵守法定记账货币的相关规范，按照账户运营规则行使其货币权利。在支付结算中，应诚实信用地发出给付指令，不得恶意利用运营系统中的漏洞实施欺诈性给付。并且，应该充分注意支付结算过程中可能出现的风险，尽到自己合理的可能尽力保护自身的货币财产利益，遭遇可能的风险应及时向经营机构报告，以便经营机构能够及时采取相应的防范措施。如果账户归属权人在此过程中存在应当注意的过错，并且经营机构能够证明持有主体确实没有尽到合理的注意义务，因此造

---

〔1〕 货币兑换过程，尤其是将法定货币兑换为结算货币、存款货币、约定货币等的过程，往往也是货币持有人从事洗钱、偷税等违法犯罪行为的过程。银行业经营机构在此过程中，承担着基本的大额和可疑交易报告义务。详见我国《反洗钱法》《刑法》《银行业金融机构反洗钱和反恐怖融资管理办法》，以及《联合国禁止非法贩运麻醉药品和精神药物公约》《联合国打击跨国有组织犯罪公约》《联合国反腐败公约》《关于防止犯罪分子利用银行系统从事洗钱活动的原则声明》《反洗钱金融行动特别工作组四十条建议》《联合国反腐败公约》等的规定。

成的货币财产损失应该由持有主体自行承担责任，并无权再向其他相关主体进行追偿，除非其他主体对此负有财产责任。[1]

二、流通保护规范

法定记账货币是一种特殊的法定货币存在形式，它不是以证券的形式在持有人之间相互独立地进行支付结算，货币证券经付款人交付收款人确认后即发挥财产权转移效力。它必须设立专门的记账货币流通运营系统，以变更账户记录的方式实现法定货币财产权的转移，完成货币持有人交易或投资的支付结算。因此，它的流通保护规范也同证券货币的流通保护规范具有明显的区别，流通保护的内容也不同于证券货币的内容。这些特殊的保护内容主要包括，系统保护规范、账户保护规范、责任分配规范。

（一）系统保护规范

法定记账货币是在记账货币运营系统中流通的，它的流通保护首先应该是运营系统的保护。它的保护规范主要包括，运营系统准入规范、运营系统维护规范、禁止侵犯系统规范等。记账货币运营系统准入规范要求，要将记账货币运营系统投入使用，必须经过监管机关的准入审核，不达到相应的安全标准、效率标准等的要求，不得实际投入使用。通常，记账货币运营系统投入使用前必须经过运行测试，甚至需要在一定范围内试运行，达到规定的标准后才能够实际投入使用，否则不得面向社会公众经营记账货币业务。运营系统维护规范要求，具体运营记账货币系统的经营机构必须加强系统的维护，及时检查、修补存在的系统漏洞和问题，不断完善系统可能存在的缺陷，保证运营系统的服务质量。

禁止侵犯系统规范要求，任何机关、单位和个人不得利用任何手段破坏、干扰系统的正常运行，不得通过不当手段恶意利用运营系统中存在的问题获取不当利益，不得滥用系统操作权利影响他人正常使用、侵犯相关主体的正当权益。法定记账货币运营系统是在公众电子环境下运行的系统，任何希望使用法定记账货币进行支付结算的公众都有权加入这一系统，这也必然

---

[1] 参见我国《中国人民银行法》《商业银行法》《非银行支付机构网络支付业务管理办法》《非金融机构支付服务管理办法》《最高人民法院关于审理银行卡民事纠纷案件若干问题的规定》等的规定。

为准备利用这一开放的网络系统获取不当利益，或者纯粹为了干扰、破坏系统正常运行的人员提供了实施非法行为的更多便利。因此，货币法必须首先将这种行为明确界定为非法行为，情节严重的应该构成犯罪。同时，采取有效的防范措施保障系统的正常运行，为预防和打击这类违法犯罪行为的发生提供充分有效的技术手段。[1]

（二）账户保护规范

法定记账货币是在账户中运行的，无论是传统的有中心化的账户，还是以数字加密技术支持的在一定程度上去中心化的账户，法定货币都是以账户记录的形式存在。这就要求必须对这些账户建立特殊的保护规范。这些规范主要包括，账户技术规范、账户操作规范、身份确认规范、指令执行规范、货币确认规范等。无论是何种类型的账户，都必须有严格的技术规范，如果采取非完全网络传输依赖型的数字加密技术，则需要更加严格的加密技术规范。它虽然能够较好地保护持有人的隐私权，却不能实现实时的账户监控，具有更高的货币安全风险。虽然只要是人类的技术就一定能够被破解，但是提高技术水平至少会增加违法成本。

账户的保护还应有合理的客户操作规范，保证操作程序的简捷和安全。应严格执行货币持有人身份确认规范，保证在能够尽到合理注意的条件下货币权益基本上不会被侵害。同时，又不能违背发行法定记账货币为持有人提供便捷服务的初衷，设置过于烦琐的流通确认程序。如果使用法定记账货币不具有明显的优越性，货币持有人也会放弃而选择使用传统的证券货币。货币持有人的支付结算过程，是以持有人身份对自己的法定货币行使支配权的过程。货币运营系统还必须设置合理的支付结算指令规范和指令执行规范，使持有人的指令能够顺利地执行。最终还必须设计执行结果的确认规范，确认指令的实际执行结果。[2]

（三）责任分配规范

法定证券货币的支付结算是持有人亲自完成的，货币的收付过程没有货币经营机构的直接参与，甚至可能不直接需要经营机构提供的运营系统，支

---

〔1〕 参见我国《刑法》《刑法修正案（九）》《银行网络系统安全管理规定》等的规定。
〔2〕 参见我国《非银行支付机构网络支付业务管理办法》《非金融机构支付服务管理办法》《银行账户管理办法》《中国人民银行关于改进个人银行账户分类管理有关事项的通知》等的规定。

付结算的结果只能由收付各方各自承担责任。法定记账货币最终是在货币经营机构的运营系统中流通的，发生货币财产损失可能是由多种原因导致的，因此还必须建立特殊的责任分配规范，具体分配发行主体、经营主体、持有主体的责任。法定记账货币的发行主体通常是中央银行，它对记账货币的流通保护责任主要是发行责任和监管责任。首先，中央银行应该尽量满足社会公众对记账货币的需求，不得强制社会公众接受和使用记账货币。其次，必须承担对记账货币运营系统、经营机构和社会公众的监管责任，保证记账货币运营系统安全、稳定地运行。

法定记账货币运营系统的经营机构，必须切实保障系统的安全、稳定运行，保障货币持有人货币财产的安全，非持有人自身原因不应该导致货币财产损失；必须保证在规定条件下都能够稳定地提供支付结算服务，非因规定情况不得停止服务或丧失服务能力。同时，货币持有人也必须按照规定的操作程序、识别方式、确认方式等，接受经营机构的支付结算服务，不得滥用货币持有人身份干扰、破坏货币运营系统，不得恶意利用系统漏洞侵害他人货币财产利益。如果由于运营机构不能证明是货币持有人的过错导致的货币财产损失，或者导致持有人的其他人身或财产利益受到损失，运营机构应承担货币法上的赔偿责任。正常运营状态下的赔偿责任应属于业务损失，是运营机构在安全标准与运营成本之间的衡量。[1]

三、域外流通规范

法定记账货币不具有实体存在形式，难以进行出入境域的审核和监管，更不可能根据域境公民的身份决定是否可以持有该货币，任何希望持有和使用该货币的主体都应有权使用其运营系统，并通过该系统进行货币的支付结算。同时，主体之间在境域外或境域间进行支付结算，无论是货币发行区域还是东道国都难以进行直接的监管。记账货币的境域外或境域间流通具有的这种更强隐蔽性，决定了它更需要建立法定记账货币的境域外流通规范。通常，这些规范应主要包括流通保护规范和流通监管规范。

（一）流通保护规范

法定记账货币的境域外流通，也同样存在货币主权问题，甚至东道国也

---

〔1〕 在货币流通体系中，即使运营机构付出再多的努力，也不能完全保障运营系统的绝对安全，如果付出的成本过高也不具有经济上的可行性，应在安全成本与损失赔偿之间求得合理的均衡。

有权禁止境域外的法定记账货币在其境内流通。但是，如果收付款各方约定以某货币实现支付结算，即使在证券货币条件下也难以实现有效的监管，在记账货币条件下就更加困难。事实上，监管机关只能监管域外货币的经营问题。从货币发行区域的角度而言，记账货币尽管可以部分地离开网络进行支付结算，最终它还必须依靠网络实现整个社会的流通与清算，不可能完全离开网络独立地运行。因此，要最终实现境域外的大规模流通还必须依赖不同区域之间的合作，如果没有各方运营机构之间的合作，个体之间的货币流通是难以融入整个流通系统的。

法定记账货币的域外大规模流通，首先需要有经营机构负责记账货币系统的运营。按照对域内经营机构的要求在境域外运营这个记账货币的分支系统，它在运营过程中也必须严格执行区域内的系统运营规范，也必须承担区域内的系统运营责任。如果境域内外流通规范不统一，就难以形成完整的流通系统，货币持有人的利益也就难以得到根本的保护。同时，境域外的货币持有人也应遵守境域内持有人的行为规范，既享有境域内持有人的权利，也承担相应的义务，按照全部境域内的账户技术规范、账户操作规范、身份确认规范、指令执行规范、货币确认规范，实施记账货币的支付结算行为。这样，就必然存在境域内货币法规范的境域外适用的问题，这是使用共同的货币流通运营系统必然面临的问题。[1]

（二）流通监管规范

法定记账货币的境域外流通保护规范，必然相应地产生境域外的流通监管规范。从货币发行区域的角度而言，它必须保证境域内外的货币流通共同使用统一的运营体系，必须保证境域内的相关货币法规范在境域外得到完整的执行，否则这一系统就无法正常地运行。从东道国区域的角度而言，如果不完全放弃自己的货币主权，就必须对境域外货币在本区域流通制定特殊的属地性规范，至少不能承认境域外货币在本区域的法偿效力，同时也需要对本区域内经营境域外货币流通的经营机构进行严格的监管。因此，就必须进行不同境域货币监管机关之间的监管合作，既尊重发行区域的相关规范又按照自身的需要制定属地性规范。

---

〔1〕 不同境域之间使用共同的货币运行系统，必须采用统一的运行规范，境域内法规境域外适用是目前世界普遍存在的问题，它是世界经济一体化条件下新的国际法问题。

从货币主权的角度而言，虽然境域外法定记账货币的相关规范在本区域内必须得到实施，它的实施监管机关却不可能是货币发行区域的监管机关。货币监管权是具有严格主权性的执法权力，它不可能超越境域行使，只能由境域内监管机关代为行使。同时，境域外记账货币在本区域内的流通秩序涉及本货币区域的主权，应主要由本区域立法机关或货币监管机关来维护，它的核心是对记账货币经营机构的准入监管和行为监管。无论它是货币发行区域经营机构的分支机构，还是东道国自行设立的经营机构或经营代理机构，它的非货币流通技术性规范都应该由东道国立法规定，并由东道国货币监管机关具体监督各方法规的实施。[1]

第四节　货币流通监管规范

货币既是重要的财产也是支付结算工具，在统一市场中发挥着价值标准、交易与投资流通手段、价值存储手段的功能。随着各种市场范围的不断扩大，特别是银行业机构在当代社会中的地位越来越重要，货币的种类和结构越来越丰富，社会赋予它的功能也越来越多，它对社会整体利益的影响也越来越大。稳定的货币价值、良好的流通秩序，对经济增长和充分就业的作用等越来越成为重要的货币政策目标。货币流通的监管也越来越重要，监管的内容也越来越广泛。通常，完整的货币流通监管体系主要包括流通监管主体、流通监管对象、国际监管合作。

一、流通监管主体

当代社会的主要货币形式是主权货币，它是由各主权国家或国家联盟发行，并主要在本货币区域内流通的货币。虽然从理论上讲发行世界货币更有利于节约流通费用、维护流通秩序，但受各国家或国家联盟主权利益的影响，这一进程会是非常缓慢的，在短期内很难达成一致。在此条件下，货币流通及流通的监管只能以主权国家或国家联盟为核心。它的主要监管机关包括，中央银行机关、专业监管机关、行业自律组织。

---

[1]　货币的国际流通必然导致国内货币法的域外效力，我们在进行国内立法时必须充分注意域外效力条款的设置，同时注意同东道国相关机关加强合作，共同满足各方的利益。

（一）中央银行机关

中央银行起源于 17 世纪银行券的发行，[1]并随着银行券逐渐由证权证券货币发展为设权证券货币，普通的商业银行发展为中央银行，而成为当代社会货币的基本来源。目前，中央银行不仅是货币发行银行，同时还是该货币区域内核心的金融监管机关，它在性质上属于国家或国家联盟机关，承担着制定和执行国家或国家联盟货币和宏观审慎政策，保障国家或国家联盟金融稳定的职责，在国家或国家联盟的金融治理中居于中心地位。货币流通的监管是中央银行的重要职责之一，这不仅是由于它是法定货币的发行机关，事实上，它也是其他衍生货币如结算货币、存款货币数量的决定机关，还是约定货币发行与流通的监管机关。[2]

中央银行作为国家或国家联盟机关，对货币流通的监督管理职责主要包括，货币法实施监管、货币发行监管、货币经营监管、流通清算监管、流通秩序监管等。货币法既维护持有人的货币财产利益，也维护整个货币区域的货币利益。持有人的纯粹个体利益规范可以通过对自身利益的关注而实施，整体货币利益规范却难以完全依靠持有人来实施，必须通过货币监管机关的监管执法行为才可能得到实施。因此，中央银行不仅应作为监管机关负责执行货币法，必要时还需要制定具体的规章、细则等，并监督这些法规的实施。同时，还必须对货币的发行行为、经营行为、流通清算行为，以及货币流通秩序等实施全面的监督管理。

（二）专业监管机关

货币流通不仅包括法定证券货币在持有人之间的流通，还在此基础上衍化出了结算货币、存款货币等新的货币形式。并且，随着电子技术和网络技术的发展，法定证券货币也开始逐渐向法定记账货币过渡，使记账货币成为流通中的主要货币形式。无论是以传统银行账户形式存在的记账货币，还是

---

〔1〕 参见［美］P. 金德尔伯格：《西欧金融史》，徐子健等译，中国金融出版社 1991 年版，第72~73 页。我国虽然是最早发行证权证券货币、设权证券货币的国家，却不是当代中央银行制度起源的国家。我国古代的货币制度主要同国家财政直接相关，难以在此基础上形成当代中央银行制度。

〔2〕 参见美国《联邦储备法案》《金融服务现代化法案》《格拉斯——斯蒂格尔法案（华尔街改革和消费者保护法）》，英国《英格兰银行法》《2000 年金融服务与市场法》《2012 年金融服务法》《2013 年金融服务（银行改革）法》《2016 年英格兰银行与金融服务法案》，欧盟《欧洲联盟条约》《欧洲中央银行体系和欧洲中央银行条例》《欧洲中央银行章程》，我国《中国人民银行法》《金融稳定法（草案）》等的规定。

以数字加密技术形式存在的记账货币，它们都只能在由货币经营机构经营的货币账户运营体系中流通，这些货币经营机构主要表现为传统的商业银行和专业支付结算机构。按照许多国家的金融监管体系，银行业金融机构通常由专业金融监管机关负责监管，专业支付结算机构则或者由中央银行监管，或者由专业监管机关监管，或者双方共同监管。[1]

专业监管机关对货币流通的监管同中央银行是有明显区别的，它不是对整个社会的本区域货币流通进行全面的监管，而是侧重于对货币经营行业的业务和机构进行监管，并通过对这些机构和业务采取特定的监管措施间接实现对货币流通的监管。除法定货币外，结算货币、存款货币以及辅助它们流通的货币票证等，是当代银行业经营的核心业务，法定记账货币的运营系统也主要应由银行业机构经营，即使法定证券货币的具体发行与回兑业务也由这些机构经营的。货币流通的监管不可能离开对这些经营机构的监管，虽然对这些经营机构的货币业务中央银行也享有监管权，就职责的专业性而言，它们主要具体接受专业监管机关的监管。

（三）行业自律组织

货币流通经营行业虽然同银行业具有一定的融合性，但也存在专业经营机构，除专业支付结算机构外，还应包括货币流通结算和清算机构。货币流通的结算和清算是为各货币经营机构或不同区域之间的经营机构集中办理货币与单证等的交付与清结的业务，它可以实现各货币经营机构之间货币与单证的集中对冲清结，可以极大地提高货币流通效率、降低货币流通费用。清算机构通常是中央银行独立或同商业银行联合设置的，专业办理货币流通清算业务的专业机构。专业清算机构通常采取社团组织形式，是主要不以营利为目的的流通服务机构，它本身就具有行业自律组织属性。除此之外，各货币经营机构之间也往往会组织行业协会等自律组织，这些机构通过章程、自律管理规范等约束会员，实现自律管理。[2]

行业自律管理不同于国家或国家联盟监管机关的监管，监管机关是国家

---

〔1〕 参见美国《国民银行法》《1933 年银行法》《银行控股公司法》，英国《2000 年金融服务与市场法》《2012 年金融服务法》，我国《中国人民银行法》《银行业监督管理法》《商业银行法》《非金融机构支付服务管理办法》《非银行支付机构网络支付业务管理办法》等的规定。

〔2〕 参见我国《中国人民银行法》《证券法》《期货和衍生品法》《银行卡清算机构管理办法》《中国现代化支付系统运行管理办法》《中国支付清算协会章程》等的规定。

或国家联盟的机关，它们行使的是国家或国家联盟的权力，依法享有规章制定权和执法权，有权依法对违法行为进行处罚或提起公权诉讼。自律管理是民间组织对同行业的自我管理，它的管理依据是自律组织章程等文件，这些文件在法学性质上属于格式合同，而不是法律文件或法规规范。行业自律组织的自律管理对于维护货币经营和流通秩序具有预防性管理的作用，它们的自律管理规范通常会比货币法规范更加灵活、具体，它们对会员的实际管理能力甚至超过监管机关。但是，也必须明确地认识到，行业自律组织代表的是经营机构的利益，它们实行自律管理的出发点和落脚点都与监管机关有明显的区别，不能片面夸大它们的作用。

二、流通监管对象

国家或国家联盟监管机关的监管、货币流通自律组织管理的对象，是货币流通中的相关客体、主体、行为。具体来讲，主要是各种货币、货币兑换市场、货币行为主体、主体的各种货币行为。这些主体、客体、行为构成整个社会的货币流通体系，这个体系能够稳定、高效、公正合理地运行，能够保持经济的高速、稳定、协调增长，促进实现比较充分的就业，实现国际收支的基本平衡，就基本上实现了制定和实施货币法的目标。

（一）货币及衍生品

在当代社会，货币的基础形式是法定证券货币，在此基础上，可以进一步衍化出法定记账货币；在法定货币的基础上，可以进一步通过支付结算机构衍化出经营机构不能进行对外投资的结算货币，银行业机构能够进行对外投资，并向存款人支付利息的存款货币；在结算货币和存款货币的基础上，为辅助它们的流通又衍化出各种货币票证，它们也具有一定的独立支付结算功能。这些类型的货币和货币票证，共同构成当代社会基本的法定货币流通整体体系，它们是核心的货币流通体系。除法定货币流通体系外，随着网络技术的发展和满足小范围流通便利、管理灵活的需要，还存在不同类型的约定货币流通体系。虽然约定货币流通体系不可能取代法定货币体系的核心地位，却能够对货币流通起到辅助作用。

货币流通不仅包括本区域内的法定货币体系、约定货币体系的流通，还包括境域外法定货币体系、约定货币体系在本区域内的流通，以及本区域货币在境域外的流通。受不同货币区域统一市场、价值标准、货币利益等的影响，区域之间的货币流通要受到不同类型和程度的区域货币主权限制，区域内的货币流通也要受到法定货币体系与约定货币体系流通范围的限制，由此必然导致货币兑换市场的产生。货币兑换市场规范主要包括市场的主体准入规范、货币准入规范、货币兑换规范、货币持有规范等。虽然不同货币区域、不同时期，以及区域间的货币收支状况都会影响到这些规范的具体内容和严格程度，但这些规范都是必须存在的，它是货币法的重要组成部分，也是货币流通监管和自律管理的重要对象。[1]

（二）货币行为主体

货币作为客体是为主体服务的，没有主体的支付结算需求，人类就不会发明货币，更不会存在货币的流通。货币流通体系从法规实施的角度讲是以监管为核心的，必然存在监管主体。监管主体的监管对象除客体外首先是货币流通主体，货币流通主体主要包括货币持有主体和货币经营主体。货币持有主体是享有货币价值归属权、对货币依法享有直接或间接支配权的主体，他的支配行为和支付结算行为是否符合货币法的规范，是否超越享有的货币价值权侵犯发行人的权利，是否对货币证券、货币财产实施违法犯罪行为，是否存在滥用货币财产权侵害他人利益或整体货币利益的情况，是货币监管机关必须履行的监督管理职责。

货币流通监管的另一类重要主体是支付结算机构、银行业机构、清算机构，它们是专业经营结算货币、存款货币、货币票证等，同时也经营法定货币的机构。这些机构建立的结算货币、存款货币、货币结算和清算体系，是否安全可靠、是否达到满足客户需要的水平；这些机构实施的违法违约行为是否能够被及时发现并纠正；这些机构的经营是否达到适当的稳健程度，是否存在发生系统性风险的可能，都是监管机关监管的主要内容。货币流通需要监管的另一类重要主体，是约定货币的发行与流通经营管理机构，它们是否利用约定货币侵害持有人利益，是否侵害法定货币体系的整体利益等也需要依法进行监督管理。[2]

---

〔1〕　参见我国《中国人民银行法》《商业银行法》《刑法》《外汇管理条例》《境内外外汇划转管理暂行规定》《境内机构境外直接投资外汇管理规定》《个人外汇管理办法》等的规定。

〔2〕　参见我国《中国人民银行法》《银行业监督管理法》《商业银行法》《非金融机构支付服务管理办法》《关于加强网络游戏虚拟货币管理工作的通知》等的规定。

（三）货币主体行为

货币流通是主体实施的以货币及其衍生品为客体的同支付结算相关的特定行为，货币流通监管最终监管的应是主体的货币流通行为。"法律行为的本质，在于旨在引起法律效果之意思的实现，在于法律制度以承认该意思方式而于法律世界中实现行为人欲然的法律判断。"[1]货币主体可能实施的流通行为主要包括，持有行为、付款行为、收款行为、经营行为、区域行为、回兑行为、回赎行为等。其中，经营行为还可以进一步分为，主体准入行为、业务准入行为、支付结算行为、货币衍生行为、货币兑换行为、货币投资行为等。这些行为都必须按照货币法要求的方式和程序进行，滥用主体的行为权利就会构成违法或违约。

货币主体不仅可以实施合法的行为，还可能实施违法犯罪行为；这些行为不仅是货币法和普通行为法禁止的，需要承担货币法和普通行为法上的责任，许多还进一步构成刑事责任。在此条件下，不仅中央银行机关、专业监管机关要实施严格的监管，及时纠正这些违法违约现象，可能构成犯罪的还需要警察机关、检察机关的监督，依法追究行为主体的刑事责任。这些违法犯罪行为主要包括：违反经营机构准入程序规定未经核准擅自设立经营机构的行为，违反货币发行主体资格的规定擅自发行法定货币、约定货币的行为，违反经营范围的规定擅自经营未经许可的货币业务的行为，违反法定或约定的货币流通义务拒绝为客户提供服务的行为，违法违约或提供服务质量达不到要求的货币流通行为等。[2]

三、国际监管合作

在经济和人员往来越来越密切的当代社会，无论是法定货币还是约定货币都具有区域外流通的问题。尽管本区域内可以建立比较严格的法定货币境域制度，严格控制法定货币出入境域，也不可能完全制止法定货币境域外的流通。特别是对结算货币、存款货币、货币票证而言，更难以对其出入境域

---

〔1〕 ［德］迪特尔·梅迪库斯：《德国民法总论》，邵建东译，法律出版社 2000 年版，第 143 页。

〔2〕 参见我国《中国人民银行法》《银行业监督管理法》《商业银行法》《票据法》《刑法》《外汇管理条例》《支付结算办法》《非金融机构支付服务管理办法》《银行卡业务管理办法》《国内信用证结算办法》《商业银行保理业务管理暂行办法》《关于加强网络游戏虚拟货币管理工作的通知》《中国现代化支付系统运行管理办法》等的规定。

进行严格限制，限制约定货币出入境域则会面临更大的法规冲突。并且，这些限制也不利于发行区域经济和货币的发展，各区域之间只能更强调监管合作。它的主要内容包括监管权力界限和监管合作方式。

（一）监管权力界限

按照国际法的基本规则，任何在发行区域合法的货币财产，它的财产权都应该受到各区域法规的尊重，不应否认它的财产权属性；任何主体都有权按照法规的规定，携带自己的货币财产出入某货币区域。同时，东道国的任何主体也有权依法获得以外区域货币表示的财产，并依法经营外区域货币表示的财产。尽管这些权利都会不同程度地受到货币发行区域和东道国相关法规的某些限制，目前世界还基本上没有国家或区域对此完全禁止。这必然导致本区域货币的国际流通，以及在此基础上形成的货币融通，并由此导致货币与货币价值权利人之间，属人监管权与属地监管权之间的矛盾，形成境域之内与境域之外监管权力的冲突。

按照国际法的主权原则，国家主权是独立和统一的。[1]国防、财政、货币被视为民族国家的三大基本主权，是当代民族国家认同的主要标志。[2]货币主权的内容主要包括货币的立法权、发行权、定值权、监管权等，这些都是受各国或国家联盟普遍尊重的货币权力。在这些货币主权的相关权力中，货币的立法权、发行权、定值权，可以随着货币的出入境域在域外实际发挥效力。货币监管权则无法直接在域外发挥效力，任何国家或国家联盟都难以在其他货币区域设置国家机关，行使本区域货币法的执法监管权。这是国家主权的基本界限，尽管随着世界经济一体化、金融一体化的发展，许多国家主权存在一定的让渡可能，但立法权、执法权、司法权是基本不能让渡的，货币监管权也是不能随意让渡的。

（二）监管合作方式

货币发行区域货币法的国际普遍认同性与监管权的严格主权性，是货币境域之间流通与融通的主要矛盾，也是形成国际货币金融风险的重要途径。特别是近些年来，随着境域外货币流通市场的不断形成，无论是货币发行区

---

〔1〕　参见《威斯特法利亚和约》《联合国宪章》《国际法原则宣言》等的规定。

〔2〕　Staden, B. von, *The Politics of European Integration*, Jean Monnet Chair Papers, San Dominico, Italy: European University Institute（1991）. p. 7

域还是流通区域的国家或国家联盟都对此予以高度重视，在充分尊重货币区域内外主权的条件下，尝试采取多种综合措施解决货币流通的监管合作问题。这些综合监管措施主要包括，设立国际金融监管组织、建立多边综合监管机制、达成双边监管权行使协议、承认域内监管权域外效力等。在设立国际监管组织方面，如世界贸易组织（WTO）、国际货币基金组织（IMF）、巴塞尔银行监管委员会（BCBS）等。并通过制定相应的监管协议和规则，实现国际货币流通的综合监管合作。除此之外，根据不同货币流通区域的具体情况，还可以建立区域性的多边综合监管机制。通过这些综合性监管机制，在一定程度上形成各货币区域共同遵守的国际规则。[1]

除国际组织的综合监管措施外，货币发行区域自身的域外监管努力，以及东道国自身的地域监管努力也对货币域外流通监管合作发挥着重要作用。就货币发行区域而言，应努力同主要境域外货币流通市场区域的东道国建立各种监管合作机制，共同制定本区域货币的监管合作协定，加强各区域主要货币流通市场的监管。还可以通过加强本区域经营机构的域外货币经营行为监管，或者通过同域外经营机构签订代理经营协议中的规定条款，间接实现对域外货币流通市场的监管。东道国货币监管机关也应履行双方或多方监管合作协定的相关监管条款，共同维护其地域内的货币流通秩序。[2]同时，对东道国货币监管机关而言，维护外区域货币及其衍生货币财产的流通秩序，也是保障本区域货币利益和流通秩序的重要条件，即使从自身利益出发，也应该努力监管各类货币在本区域的流通秩序。"很大程度上，此种义务源于承认一国对其内部事务排他管辖权这一更宽泛的义务。"[3]

---

〔1〕 参见世界贸易组织《服务贸易总协议》，国际货币基金组织《国际货币基金组织协定》，巴塞尔银行监管委员会《巴塞尔协议Ⅰ、Ⅱ、Ⅲ》等国际综合性监管文件。

〔2〕 参见我国《外汇管理条例》《离岸银行业务管理办法》《跨境贸易人民币结算试点管理办法》《人民币跨境收付信息管理系统管理暂行办法》，以及各种合作备忘录等的规定。

〔3〕 [英] 查理斯·普罗克特：《曼恩论货币法律问题》，郭华春译，法律出版社 2015 年版，第528页。

第七章

记账货币结算规范

第一节　货币账户的规范

货币有两种基本的流通方式，一是以证券货币的方式直接流通，二是以记账货币的方式间接流通。货币的直接流通是传统的流通方式，在银行业机构出现前期，特别是金属铸币时期都是采取这种方式。在银行业或支付结算机构为货币流通提供了专业的服务之后，除法定证券货币外其他都通过货币账户记录的方式，由银行业或专业支付结算机构协助流通。货币账户的基本规范主要包括货币账户类型、账户货币性质、货币账户监管。

一、货币账户类型

货币账户是货币经营机构为客户设置的，用于记载、存储、划转货币财产价值的专用工具。该记录工具上记载的客户名称代表货币价值的归属主体，记录的余额代表客户拥有货币财产价值的数量。货币账户不同于管理账户，管理账户是用于记载和知晓货币账户变动情况的账户，这种记录并不代表真实的货币价值只是管理信息。按照经营货币账户业务的机构不同可以将其分为，经营机构账户、清算机构账户、中央银行账户。[1]

（一）经营机构账户

经营机构账户是经营记账货币业务的机构，为普通社会公众设立的货币

---

〔1〕　参见我国《中国人民银行法》《商业银行法》《人民币银行结算账户管理办法》《支付结算办法》《非金融机构支付服务管理办法》《非银行支付机构网络支付业务管理办法》《中国现代化支付系统运行管理办法》《银行卡清算机构管理办法》《关于加强网络游戏虚拟货币管理工作的通知》等的规定。

账户。经营普通社会公众记账货币业务的机构主要包括，专业支付结算机构、银行业机构和约定货币经营机构。这些机构经营记账货币业务，需要首先向货币监管机关或专业监管机关提出申请，经监管机关依法核准取得经营许可后才能够经营，否则将构成非法经营。普通社会公众在专业支付结算机构设立的是结算货币账户，在银行业机构设立的是存款货币、货币托管、货币担保等账户，在约定货币经营机构设置的是约定货币账户。法定记账货币账户通常设置于专门的流通系统中，由专业支付结算机构或银行业机构具体进行流通管理。它们还可以进一步划分为本币账户和外币账户，分别用于记录本区域货币或外区域货币的收支情况。

法定货币账户，是用于记录法定记账货币收支情况的账户。它通常以数字加密的形式存在于经营机构负责的运营系统中，由中央银行认证、登记系统最终确认货币归属，客户既不需要给付管理费用也不能获得利息。结算货币账户是用于记录结算货币收支情况的账户，它的货币价值余额需要以托管备付金的形式作为价值担保，通常必须全部托管于商业银行或中央银行，客户需要给付管理费用且没有利息，经营机构不得动用账户内的货币财产余额。存款货币账户是用于记录存款货币收支情况的账户，账户中的货币价值余额直接归属于客户，但同时，经营机构在保证随时付款的条件下有权将其用于贷款或投资，客户需要给付管理费用也能够获得存款利息，在性质上既不同于法定货币账户，也不同于结算货币账户。

约定货币账户是约定货币发行机构或经营机构为客户设置的，用于记载该约定货币价值收支情况的账户。它既可以加密数字的形式存在，也可以传统记录工具的形式存在。约定货币发行与流通主要是为发行机构和受约人提供流通方便，可以从其经营的其他业务中获得补偿。约定货币账户通常不收取管理费用，也不向客户支付利息。并且，全部发行收入应存入商业银行或中央银行托管账户，作为客户回赎货币的给付准备金。货币托管账户是用于记录委托管理货币的变动情况的货币账户，托管机构是信托关系中的受托人，货币托管账户既可以收取管理费用、支付利息，也可以既不收取管理费用也不支付利息。货币担保账户是在账户中特别约定了特定数额的第三人担保权的账户，担保权人享有该货币价值的附行使条件的优先权，通常具体表现为各种具有担保功能的保证金账户。[1]

（二）清算机构账户

清算机构是专业经营不同货币经营机构、地域内或区域间，货币账户归属权人支付结算集中清结和同类货币对冲划转业务的银行业机构。各货币经营机构都需要直接或间接地加入社会一定范围内的清算机构，以集中清结客户在不同经营机构、不同地域之间的账户货币流通，以提高货币流通效率、节约货币流通成本。通常，对于法定货币流通体系而言，由于其客户数量众多、流通范围非常广泛，往往需要建立多层级的清算机构，分别经营不同经营机构、不同地域之间客户的货币流通清算，甚至对不同货币账户设立不同类型的清算机构。对于约定货币而言，由于主要是发行机构自行经营，多数不需要专业清算机构，如果同种约定货币存在多家账户经营机构，也需要进行集中清算，设立专业的清算机构。

清算机构为货币账户经营机构办理清算业务，同样需要经营机构根据货币账户的性质在清算机构设立货币清算账户，以方便对客户的不同货币流通进行集中清结。清算机构的直接客户是各种货币账户业务的经营机构，它不对普通社会公众直接办理清算业务，普通社会公众是通过经营机构间接实现最终的货币划转。没有加入清算机构的货币经营机构，可以委托加入的经营机构代理其货币流通清算业务。通常，不同性质的货币应设立不同性质的清算账户，不能混淆不同账户之间的货币性质，清算账户内的货币应同需要进行清算的货币一致。清算账户可以收取、也可以不收取管理费用，账户内的货币可以支付、也可以不支付利息。通常，由于清算机构不以营利为目的，往往不支付账户内货币的利息。[2]

（三）中央银行账户

从货币流通的角度来讲，中央银行既是法定货币体系中一切货币的来

---

[1]　参见我国《中国人民银行法》《银行业监督管理法》《商业银行法》《信托法》《支付结算办法》《非金融机构支付服务管理办法》《非银行支付机构网络支付业务管理办法》《关于加强网络游戏虚拟货币管理工作的通知》《中国银行业协会商业银行资产托管业务指引》《期货和衍生品法》《期货公司监督管理办法》《期货经纪公司保证金封闭管理暂行办法》，以及各银行业机构内部的《保证金账户管理办法》等的规定。

[2]　参见我国《中国人民银行法》《中国现代化支付系统运行管理办法》《银行卡清算机构管理办法》《中国人民银行支付结算司关于将非银行支付机构网络支付业务由直连模式迁移至网联平台处理的通知》等的规定。

源，也是这些货币的最终归宿，整个法定货币体系是以中央银行为中心运行的，并由其调控某一时点和某一时期流通中货币的数量。就此而言，其他任何主体都是货币财产价值的临时拥有主体。当然，货币的核心作用也不在于拥有，而在于媒介消费品、投资品的流通。整个法定货币体系内可以形成四级货币流通体系，即普通社会公众之间的证券货币流通，以货币经营机构为中心的货币流通，以清算机构为中心的货币流通，以中央银行为中心的货币流通。在这个货币流通体系中，中央银行账户是其他账户的基础和前提，主要包括经营机构、清算机构、财政机关的账户。

货币经营机构同中央银行有许多货币收支业务，包括存款准备金收支、借款贷款收支、货币票据收支、投资交易收支、法定货币收支等，这些收支都需要单独或共同在中央银行开立相应类型的货币账户。清算机构既可以由中央银行直接经营，也可以设立相对独立的机构经营，在清算机构与中央银行相对独立经营的条件下，也需要在中央银行开立业务往来账户。各国财政机关的收入与支出往往也是由中央银行代理的，不同类型和层级的财政机关也需要在中央银行开立不同类型的货币账户。在中央银行货币账户中保存的货币，具有最高的偿付信用，它的信用水平层级与法定货币和国家信用相同。并且，由于中央银行是国家机关，这些账户内的货币通常不收取管理费用，也不向它们的归属权人支付利息。[1]

二、账户货币性质

货币账户是货币财产价值保存和支付结算的工具，不同类型账户中货币的性质和具体的权利义务，既取决于相关法规的规定、社会普遍认同的习惯，也取决于当事人之间的某些特别约定。通常，由于货币法对账户中货币的类型有严格的规范，不同类型账户中各方当事人享有不同的权利承担不同的义务，必须对它们的性质进行认真研究。它直接关系到各方当事人的财产利益和相关纠纷的裁判标准，不能简单地对其进行划分。

---

〔1〕 参见我国《中国人民银行法》《商业银行法》《中国现代化支付系统运行管理办法》《外资金融机构管理条例》《金融机构外汇存款准备金管理规定》《中国人民银行紧急贷款管理暂行办法》《中国人民银行商业汇票承兑、贴现与再贴现管理暂行办法》《中央预算单位银行账户管理暂行办法》等的规定。

（一）传统法性质

账户中货币的性质既是古老的问题，也是全新的问题。在银行业没有产生之前几乎不存在货币账户，银行业和支付结算业出现后才产生了货币账户，并随着网络技术的发展使其得到了空前的发展。传统法学对账户中货币的研究主要集中于存款货币，形成了许多不同的观点。有学者认为"从实质上说，存款是货币资金的使用权以特定的方式，在一定期限内出让给银行或非银行金融机构"；[1] 我国许多法规将其规定为所有权。[2] 在国际上，"大陆法系认为，存款属于消费寄托，即以金融机构为受寄人，以存款人为寄托人，以金钱为标的物的消费寄托，……英美法系则认为，存款与银行贷款并无本质分别，只不过在存款上出借人是存款人，借款人是金融机构；在贷款上出借人是金融机构，借款人是客户"。[3]

这些观点往往是没有从法学上进行考虑，简单地将归属权等同于所有权，[4] 或者本身就是出于对法学的研究不够深入，以及对法学常识的误解。至少在货币问题上，按照主要国家或国家联盟法规的规定，没有任何一个主体享有所有的权利。至于货币资金使用权暂时转移的观点，更是缺少货币法常识，将货币简单地等同于有体财产，简单地适用有体财产的理论。货币是不可消费财产，并不存在占有、使用、收益、处分权等问题，也没有任何货币法规有这样的规定。至于存款货币是消费寄托的观点，只是另一种将货币等同于有体财产的解释，虽然解释力更强一些，却也是对货币财产的根本误解。这主要是由于欧美国家的货币史与我国存在较大区别，自始就将货币等同于有体财产，即认为货币是动产物权。[5]

---

〔1〕　于新年等：《金融理论与实务　金融合同卷》，人民法院出版社 1997 年版，第 143 页。

〔2〕　参见我国《宪法》第 13 条，原《民法通则》第 75 条，以及《储蓄管理条例》第 5 条等的规定。

〔3〕　汪鑫：《金融法学》，中国政法大学出版社 2002 年版，第 128 页。

〔4〕　所有权的实际含义是所有的权利，它是在道义主义契约论的基础上形成的，并最初规定于法国《民法典》："所有权是对于物有绝对无限制地使用、收益及处分的权利"（法国《民法典》第 544 条）。目前，传统的道义主义契约论已经被证明"人生而平等、自由"的前提是不符合任何史实的，这只是理论上的假说。并且，私人不可能享有所有的财产权利。"只有在国家那里，所有的权利才拥有其现实性和完整性"，参见［德］罗尔夫·克尼佩尔：《法律与历史——论德国〈民法典〉的形成与变迁》，朱岩译，法律出版社 2003 年版，第 241 页。应该指出的是，被许多人奉为经典的所谓"物权债权二分理论"在法学常识上存在较大的误解。

〔5〕　参见孙宪忠：《德国当代物权法》，法律出版社 1997 年版，第 24 页。

(二) 货币法性质

货币虽然在产生之初与有体财产有过一定的联系，随着法定货币的出现，它开始离有体财产越来越远，目前已经与其没有任何联系，这已经是世界各国的法规事实。并且，目前的货币账户也不仅限于存款账户，还包括结算账户、托管账户、担保账户、约定货币账户，以及清算机构账户、中央银行账户等。按照世界各国现行法规的规定，事实上，存款账户是货币财产关系、财产行为关系、行为监管关系的综合体。仅就财产关系而言，"存款是货币财产关系、货币保管关系、货币投资关系、支付结算关系的统一。"[1]结算账户由于经营机构必须向商业银行或中央银行全额保存准备金，不可能利用账户余额进行对外投资，不存在货币投资关系。并且，按照相关法规的规定，保存准备金的账户具有托管账户的性质。约定货币账户应同结算账户具有共同属性，也应该将发行收入存入托管账户。

托管账户是按照信托法关系设立的账户，货币归属权人和经营机构是委托人和受益人，经营机构既是受托人也是委托人，托管人是最终的受托人，他们的基本权利义务是《信托法》规定的，受托人不得将账户中的货币与存款账户混同。并且，经营机构还要承担其他约定的受托人责任。清算机构账户的货币是用于清结清算过程中收支余额的，它只具有货币收支与保管的关系，不存在投资关系。清算机构不是以营利为目的的，不得利用账户余额对外投资。中央银行账户的货币是用于同相关机构进行收支往来的，这些账户都不同于普通的存款账户，中央银行也不得将账户余额用于对外投资，更不对货币归属权人支付利息。虽然中央银行也进行证券投资、贷款发放，但它的货币主要来源不是客户的账户余额而是它的自有货币。并且，中央银行账户的收支变化不是为收益，而是为调控货币供应数量。[2]

担保账户是当代社会中大量存在的一种特殊的货币账户，它具体可以包括期货保证金账户、贷款保证金账户、信用证书保证金账户、票据承兑保证金账户、银行保函保证金账户、清算保证金账户、其他责任或约定履行保证

---

〔1〕 刘少军:《金融法学》，中国政法大学出版社2016年版，第191页。
〔2〕 参见我国《中国人民银行法》《商业银行法》《非金融机构支付服务管理办法》《中国人民银行会计基本制度》等的相关规定。

金账户等。[1]它们的共同属性是某未来责任或义务主体为担保将来的履行行为，亲自或委托第三人在货币经营机构设立专门的担保账户，存入足以使责任或义务履行请求权人满意数额的特定类型货币，并约定一旦不能履行约定的责任或义务，请求权人有权对账户中特定数额的货币主张归属优先权。担保账户开立时必须明确账户的性质，即货币直接属于账户归属权人，他可以在账户内进行货币的收支与划转，但不得使账户余额低于约定的最低限额。如果被担保人不能履行约定的责任或义务，担保权人有权在约定的范围内以该账户的货币优先获得约定数额的偿付。[2]

（三）破产法性质

账户中货币的性质还同账户内货币价值的破产财产属性相关，不同的账户在破产中所处的财产地位是不同的。普通存款账户由于归属权人享有取得账户收支余额利息的权利，利息是财产投资利益的组成部分，取得投资收益就必须承担投资风险。因此，存款账户的收支余额是存款经营机构破产财产的组成部分。虽然在破产财产分配顺序中，有些国家法律规定了个体存款账户余额的清偿顺序优先于普通单位的存款账户收支余额和其他财产权利，却不能保障全部账户余额都能够返还给账户归属权人。也正是由于这一原因，许多国家或国家联盟又在此基础上建立了存款账户余额保险制度，以存款经营机构的存款保险保障这部分存款余额的利益。但是，这同账户收支余额自身的货币财产属性并不存在直接的联系。[3]

结算账户、托管账户和约定货币账户的收支余额，虽然在各账户当事人之间的权利义务关系上并不完全相同，它们在破产财产关系上却具有共性，它们的收支余额都应该属于信托性财产关系。在财产关系上，同经营机构的固有财产保持独立地位，债权人不能对经营机构中这些账户的货币主张权利，不能将其作为破产财产用于清偿经营机构债务。清算机构账户、中央银

---

〔1〕　这些概念后面要进行详细论述，这里不进行概念解释。另外，需要特别注意的是，担保账户或保证金账户不同于传统的抵押、质押、保证等担保关系，它是一种新型的在货币归属权上设定优先权的担保形式，在权利义务的划分上与传统担保形式有明显的区别。事实上，除已经特定化的货币财产外，货币本身基本上不存在抵押和质押问题，它会使其丧失支付结算的功能。

〔2〕　参见我国《期货和衍生品法》《期货公司监督管理办法》《期货经纪公司保证金封闭管理暂行办法》，《人民币银行结算账户管理办法》《银行账户管理办法》，以及银行业机构相关管理办法的规定。

〔3〕　参见我国《商业银行法》《企业破产法》《存款保险条例》等的相关规定。

行账户中的收支余额直接归属于货币经营机构，在经营机构破产时应属于它的破产财产。由于清算机构不以营利为目的，经营基本上没有风险；中央银行是国家机关，在非国家破产的条件下不可能发生破产。并且，国家破产只是一种理论，至今还没有司法实践。因此，保存于这些账户中的货币基本上不存在账户管理机构破产的问题。[1]

担保账户或保证金账户中的货币在破产法上具有特殊地位，它是在货币归属权上设定的优先性财产权。在货币经营机构破产时，担保账户中超过担保数额的货币是否构成破产财产，取决于超过部分货币的性质。如果它同其他存款货币的性质一致，这部分货币应该成为破产财产；如果全部账户余额都同存款货币的性质一致，也应该作为经营机构的破产财产。如果担保账户中的货币仅具有保管性质而不具有投资性质，则账户中的全部货币都不应作为经营机构的破产财产，账户归属权人仍然享有对该货币财产的归属权。在货币账户归属权人破产时，由于该账户的货币已经设定了担保权人的优先权，该优先权应优于其他债权人的破产财产权利。在担保的债务人不能履行责任或义务的情况下，担保权人应享有优先受偿权；在账户为第三人提供担保的条件下，担保账户中的货币应为附有担保条件的破产财产，承继该货币财产的主体应继续履行该货币的担保义务。[2]

三、货币账户监管

从个体利益的角度而言，货币账户是归属权人行使货币权利的主要工具，目前绝大部分支付结算行为都是通过各种账户实施的。它也是经营机构取得经营收益的手段，货币账户的经营绝大部分是要收取费用的。从整体利益的角度而言，货币账户还是提高流通效率、稳定流通程序、控制违法犯罪的工具。必须在加强个体利益保护的同时，严格货币账户的监管。货币账户的监管主要包括账户归属监管、账户经营监管、支付结算监管。

（一）账户归属监管

账户归属的监管是对货币归属权人账户行为的监管。无论是单位账户还是个人账户，它们都包括账户类型的监管、账户开立的监管、账户使用的监

---

[1] 参见我国《中国人民银行法》《企业破产法》《银行卡清算机构管理办法》等的规定。

[2] 参见我国《企业破产法》《〈企业破产法〉若干问题的规定（一）（二）》等的相关规定。

管。按照各国货币账户监管的需要，往往将账户分为许多种特定的类型。按照货币的性质，可以分为本区域货币账户、外区域货币账户、约定货币账户等，外区域货币账户还可进一步分为境内外币账户和境外货币账户。按照主体的身份，可以分为机关账户、单位账户和个人账户，单位账户主要包括基本账户、普通账户、临时账户、专用账户等，个人账户主要包括存款账户、结算账户、限权账户等。限权账户是限制部分支付结算权的账户，包括Ⅰ类账户、Ⅱ类账户、Ⅲ类账户等。

在上述账户类型中，境内外币账户是指在本货币区域内的单位或个人，经监管机关核准，在境内经营机构开立的外区域货币账户；境外货币账户是指在本货币区域内的单位或个人，在境外经营机构开立的本区域货币或外区域货币账户；它们应具有本区域主体资格，并享有直接的外区域支付结算权。单位基本账户是经营机构在注册地或总机构所在地开立的用于日常支付结算的账户，通常每个单位只能开立一个基本账户。普通账户、临时账户、专用账户是在基本账户外，根据需要开立的具有特定用途的账户。存款账户可以进一步分为有支付结算功能的普通存款账户和没有支付结算功能的储蓄账户。限权账户中不同类别的账户在开立审核和支付结算权利方面具有选择性权利限制，以方便和保护归属权人利益。[1]

在各货币区域开立账户都有一定的监管，监管的内容具体包括开立身份审核、税务登记审核、账户类型审核、签章印鉴审核四个方面。通常，开立账户应提供单位或个人身份证明，并以单位和个人名称或姓名开立账户，不得开立简称、别称的货币账户。世界多数国家都实行账户开立实名制度，必须以单位或个人的正式全称实名开立账户。需要纳税的单位还需要提供税务登记证明，以便进行纳税情况监管。单位或个人应根据需要和规定条件选择账户类型，不符合特定条件要求的不得开立特定的账户。同时，在账户经营机构预留签章印鉴样本，以便在办理支付结算业务时进行对照审核。账户的使用监管主要包括使用主体的监管、使用内容的监管、使用行为的监管。只有归属权人才能使用账户，只有符合要求才能使用账户，并不得利用账户实

---

〔1〕 参见我国《外汇管理条例》《人民币银行结算账户管理办法》《境内外汇账户管理规定》《关于落实个人银行账户分类管理制度的通知》等的规定。

施洗钱、偷税、恐怖等违法犯罪行为。[1]

（二）账户经营监管

按照各国相关法规的规定，经营货币账户业务属于特殊的金融行业，必须提供相关申请资料，经过监管机关的特别授权、获得专业经营许可才能经营该业务；否则，应认定为非法经营行为。货币账户经营机构监管的内容主要包括账户经营行为监管、账户收费行为监管、账户经营责任监管。账户经营行为监管的内容主要包括经营权利、开立审核、使用审核等。货币账户的种类是多种多样的，经营机构只能在监管机关的授权范围内经营某些特定的账户，不得超越授权范围经营货币账户。经营机构对账户主体、主体资格、账户行为等的审核是法定义务，它必须严格履行这些义务，否则将受到监管处罚和承担损失赔偿责任。

经营机构的收益主要来自经营账户的收入，这些收入主要包括账户管理收入、支付结算收入、对外投资收入等。取得不同的收入会形成不同的货币法关系，形成各方主体间不同的权利义务。并且，由于这些收入许多会涉及社会公众的整体利益，特别是账户管理收入和支付结算收入，还具有一定的垄断性，各国往往对其收费项目和标准都有严格限制，并由监管机关监管实施。同时，货币账户经营面向的是全体客户，它的账户运行系统和账户货币安全必须达到规定标准。如果账户中的货币财产受到损失，经营机构必须证明是由于客户的过错导致该损失的，如果不能证明应该先行直接承担损失。这也是一种安全经营的选择，它需要在账户货币安全、客户方便、收费标准、经营收益之间进行合理的选择。[2]

（三）支付结算监管

货币账户的基本功能是实施支付结算，它是货币归属权人通过一定方式和程序将货币财产权转移给收款人的行为。按照这个过程是否可能有收款

〔1〕参见我国《中国人民银行法》《商业银行法》《反洗钱法》《税收征收管理法》《非金融机构支付服务管理办法》《个人存款账户实名制规定》，《金融机构反洗钱规定》《金融机构大额交易和可疑交易报告管理办法》《金融机构客户身份识别和客户身份资料及交易记录保存管理办法》《金融机构报告涉嫌恐怖融资的可疑交易管理办法》，以及《制止向恐怖主义提供资助的国际公约》《联合国禁止非法贩运麻醉药品和精神药物公约》《联合国反腐败公约》《关于洗钱问题的40条建议》等国际公约的规定。

〔2〕参见我国《商业银行法》《民事诉讼法》《非金融机构支付服务管理办法》《商业银行服务价格管理办法》《最高人民法院关于审理银行卡民事纠纷案件若干问题的规定》的相关规定。

人、付款人、经营人之外的其他主体参加，以及在这些当事人之间除账户货币的划转之外，是否还可以增加其他的财产和行为关系，可以将其进一步分为结算行为的支付行为。货币结算行为是规定收款人、付款人、经营人三方货币法关系的行为，在此过程中没有第四方关系人参加，各方主体各自享有自身的权利、承担自身的义务，货币法不再规定其他关系人的权利义务。在货币法中结算方式具有比较严格的规定性，它主要包括汇划兑付结算方式、委托收付结算方式、托收承付结算方式等，它们是通过账户进行货币流通的最基本、最简单、最直接的方式。

货币支付行为是在结算关系人之外，还可能有第四方、甚至更多主体参加，或者又增加了新的货币财产关系的复杂行为。货币支付行为也具有比较严格的规定性，它具体包括特别约定支付方式、信用证书支付方式、保付代理支付方式、货币票据支付方式等。货币票据支付方式又可以具体分为汇票支付方式、本票支付方式、支票支付方式等。它们或者增加了关系人，或者增加了融资、信用等财产关系。支付结算是记账货币的具体流通方式，支付结算监管与账户归属、账户经营的监管一起构成了整个记账货币流通的监管体系，它又同法定货币流通监管体系一起构成了整个货币流通的监管体系。货币的性质体系、价值体系、权能体系、行为体系，同货币流通监管体系一起构成了完整的货币本体法体系。[1]

第二节 汇划兑付的规范

汇划兑付简称汇兑，它是货币归属权人指令货币经营机构，将其账户内一定金额的货币划转给指定的收款人的支付结算行为。它是货币账户流通的最基本方式，任何以记账形式存在的货币财产，无论货币性质为法定货币、约定货币、结算货币、存款货币、托管货币等，只要没有在其上设定禁止转移限制，如货币账户上设定了担保、被依法冻结等，都有权向经营机构发出

---

〔1〕 参见我国《中国人民银行法》《商业银行法》《票据法》《非金融机构支付服务管理办法》《关于加强网络游戏虚拟货币管理工作的通知》《支付结算办法》《银行卡业务管理办法》《商业银行保理业务管理暂行办法》《国内信用证结算办法》《跟单信用证统一惯例》《票据管理实施办法》等的规定。

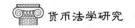

转移指令，它的基本规范主要包括汇划兑付的类型和责任。

一、汇划兑付类型

货币汇划兑付是货币归属权人作为付款人，直接通过账户向收款人划转货币、改变货币的归属关系；货币经营机构以收取支付结算费用为条件，或者以获得其他利益为条件，为付款人和收款人提供货币财产权转移服务。它们三者之间的权利义务是由货币法直接规定的，或者在付款人开立账户时明确约定的，除收款人名称或姓名、给付货币金额、汇兑类型选择、付款人指令确认外，无须作出其他表示就可以实施汇兑行为。按照相关法规的规定它可以有许多类型，主要包括传统汇兑和电子汇兑两大类。[1]

（一）传统汇兑类型

汇划兑付是一种比较古老的支付结算方式，最初它是替代直接以金属货币进行异地支付结算的一种方式。通过当事人亲自或通过代理人携带汇兑凭证，在同一经营机构的不同分支之间汇划和兑取金属货币。在各国确立了为民间服务的邮政机构后，经营货币支付结算业务的机构开始使用邮政系统传递汇划兑付结算凭证，并以此作为货币收付记账的依据，通过减少付款方账户的记录、增加收款方账户的记录，实现货币财产权在不同主体之间的划转。随着通信技术的进一步发展，传真技术、电报技术的出现，货币经营机构又开始采用电话传真、电报技术等进行汇划兑付结算凭证的传递与互认，形成信汇、电汇两种基本汇兑模式。

传统的汇兑模式，特别是通过邮政系统邮寄汇划兑付凭证的信汇模式，具有比较好的客观证明属性，以实物汇划兑付凭证作为货币划转记录的依据，具有比较强的可靠性和证明力。但是，这种汇兑方式流通速度比较慢，操作也比较复杂，不利于提高货币流通效率。以传真或电报的方式实现汇划兑付，既具有比较强的可靠性和证明力，也具有比较高的流通速度，特别是对于时间要求比较紧迫的货币划转而言，是一种较为理想的汇兑方式。这种汇兑方式既可以通过邮政系统间接实现货币划转凭证的传递，也可以由货币经营机构自己设立的货币划转凭证的传递系统。同时，可以根据货币划转凭

---

〔1〕 参见我国《商业银行法》《支付结算办法》《非金融机构支付服务管理办法》《人民币银行结算账户管理办法》等的相关规定。

证，分别进行货币账户付款和收款的记录。

（二）电子汇兑类型

传统信汇、电汇的汇兑方式虽然能够比较便捷地实现账户货币的流通，特别是电汇方式，可以几乎不需要考虑在途时间。但是，这些汇兑方式还不能实现货币汇划兑付的自动化运行，特别是账户登记过程的自动化运行，还需要依据传统的记账凭证，需要大量的工作人员进行账户记录的变更，需要以实物形式保存大量的记账凭证等。同时，作为货币归属权人也必须亲自到货币经营机构现场办理相关业务，更难以实现证券货币的电子化支付结算，还需要经营机构在一定的距离内就必须设置固定的业务办理场所，增加较多的业务经营空间、人员等的支出。随着网络技术、通信技术的发展，必然要求采用更加自动化的电子汇兑方式。

当代电子汇兑方式采用的是完全自动化的支付结算信息传递、记录、储存技术，无论是货币经营机构内部的货币汇兑，还是机构之间的货币汇兑，都通过自动化的信息技术进行智能化处理。它既可以采取货币经营系统内部网络的方式，也可以采取内部与公共网络相结合的方式实现货币的汇兑。采用货币经营系统内部网络的方式，可以在营业柜台通过工作人员间接办理，也可以自助操作电子汇兑设备直接办理。采用内部与公共网络相结合的方式，可以通过客户的通信工具直接使用公共网络办理汇兑业务。但是，它们的安全程度是不同的，任何公共网络都不可能具有很高的安全程度，只应该办理个人小额的支付结算，单位大额的支付结算还应该通过货币经营机构内部网络办理，以保护自己的货币安全。

二、汇划兑付责任

货币的账户汇兑流通，有许多特定类型可供选择。虽然它们的具体操作方式不同，本质要素和核心功能都是相同的。在汇兑过程中都需要确认货币账户归属权人的身份，填写收款人名称或姓名、开户机构、汇款账号、汇兑金额、货币种类，付款人开户机构、汇款账号、到账时限等内容。最终确认发出汇兑指令，一旦发出即发挥货币法上的效力。它可能产生的货币法责任包括汇兑行为标准、汇兑效力标准、汇兑责任标准三个方面。[1]

---

[1] 参见我国《商业银行法》《支付结算办法》《非金融机构支付服务管理办法》等的规定。

（一）汇兑行为标准

货币汇兑是单位和个人都可能实施的行为，货币法规通常对使用主体并没有限制，任何付款人都可以通过汇兑方式办理结算，任何收款人也都可以通过汇兑方式接受款项。办理汇兑业务首先应由付款人选择汇兑的具体方式，是采取书信、电传、电报等传统方式，还是采取电子汇兑的方式；是在货币经营机构柜台办理，还是自助办理；是在经营机构内部网络办理，还是在公共网络中办理等。其次填写汇兑相关单证的内容，审核无误后交付给货币经营系统执行，执行指令确认后就发挥执行效力，将相关单证或信息传送到收款人开户的经营机构。货币账户之间的汇兑直接分别进行账户记录，收款人没有账户的收到通知后需要亲自收取款项。

在付款人确认并执行汇兑指令后，如果发现问题可以申请撤销指令，撤销生效后货币经营系统应恢复付款人对货币的归属权。在收款人拒绝接受款项、无法找到收款人，或者由于其他原因无法交付款项时，货币经营系统应在规定期限内自动办理退汇，将款项自动记录回付款人账户，恢复付款人对货币的归属状态。收款人收到汇款通知后，可以在不办理入账登记手续的前提下直接办理转汇，按照相关程序将款项直接转汇给其他收款人。如果由代理人办理汇兑业务，委托人应出具有效的委托书以及代理人身份证明，经审核无误后才能行使代理权，自助办理需要以规定的确认条件认定身份。

（二）汇兑效力标准

货币汇兑是财产归属权的转移行为，直接关系到付款人或收款人的货币归属权，必须有严格的效力认定标准。这些标准主要包括指令执行标准、指令撤销标准、退汇效力标准、转汇效力标准、身份效力标准、失误效力标准等。货币账户的付款指令是以确认作为生效标准的，一旦确认电子指令就开始执行，其他指令应在当日内执行。付款指令一旦开始执行就不得撤销，电子指令不能撤销，其他指令如果已经开始执行也无法撤销。在不能撤销的条件下，如果要阻止指令执行只能选择退汇，它的前提是收款经营机构没有开始记账程序，或者收款人没有取款、没有转汇。否则，归属权转移生效即不能退汇。货币归属权转移是以记账、取款、转汇等归属变更程序开始为标志的，一旦开始应认为归属权已经转移。

在汇兑业务中，明确货币归属权人身份的认定标准是非常重要的，不同操作方式有不同的身份认定标准。通常，在柜台办理业务时，单位以授权委托书、工作证明等作为职务行为的身份确认标准，个人以身份证明等作为身份确认标准。在自助办理业务时，以密码、验证码、身体特征等作为身份确认标准。一旦确认，行为人即被认定为归属权人，货币经营系统就会接受该主体的汇兑指令。如果账户归属权人由于失误等原因确认了非真实意思表示的指令，且该指令是能够执行的指令，只能通过撤销指令、申请退汇等手段中止指令的执行。如果按照相关规定不能中止已经执行的指令，或者该指令已经执行至无法中止的阶段，就只能接受指令的执行结果。即使货币经营机构存在过失，也只能主张请求权。

（三）汇兑责任标准

在货币汇兑过程中，货币归属权人与经营机构之间形成的是委托代理关系，经营机构必须无条件地接受委托人的可执行汇兑指令，不需要双方协商一致，也不得通过格式协议剥夺委托人的法定和正当权益。否则，货币经营机构必须承担相应的货币法责任。这些需承担的责任主要包括拒绝执行指令、执行指令差错、不可抗力中止、冒用归属身份、账户记录差错等。如果货币经营机构拒绝执行可执行的指令，货币归属权人有权要求其执行，并承担相应的损失赔偿责任。如果经营机构在执行指令过程中出现差错，导致货币归属权人因此出现财产损失，在不能证明是其自身原因导致的情况下，应承担相应的损失赔偿责任。

如果由于不可抗力导致货币经营系统出现故障，或者由于第三者侵害导致系统不能正常运行，影响货币归属权人汇兑业务的正常进行，由此导致的损失应由归属权人自行承担；如果能够证明是由于经营机构管理不善导致的，则其应该承担相应的赔偿责任。如果由于经营机构身份确认程序或标准等存在瑕疵，致使第三人非法冒用归属权人身份获得成功，侵害了其货币财产利益，经营机构不能证明是由于归属权人的过失导致的，应承担先行的直接损失赔偿责任。无论由于何种原因导致账户记录出现差错，都必须按照原记录确认账户归属权人的货币财产权。经营机构纠正差错必须提供可靠的证据，并取得账户归属权人的同意。[1]

---

[1] 参见我国《民法典》总则编、合同编、侵权责任编，《商业银行法》《支付结算办法》等的相关规定。

第三节　委托收付的规范

委托收付是委托收款和委托付款的合称，它是货币付款人委托经营机构按照其指令，将特定数额的货币交付给收款人；或者收款人委托经营机构向付款人收取款项的支付结算行为。它是货币账户流通的重要方式，各种性质货币的收款人或付款人，都有权委托货币经营机构代理其向付款人或收款人收款或付款，经监管机关授权的经营机构也都有权经营这项业务。委托收付的基本规范包括委托收付类型和委托收付责任。

一、委托收付类型

货币委托收付是委托货币经营机构代理自己的收款或付款业务，不同于汇划兑付只是付款人单纯地向收款人转移货币归属权，它通常是以某财产或劳务交易的存在和证明为前提的，只有明确证明该交易的存在才能收款或付款。货币经营机构通常要承担审核交易凭证的责任，是否需要审核、审核何种凭证及审核的标准应在法规中明确规定，或者在委托协议中明确约定。委托收付的类型主要包括单纯委托收付和担保委托收付。[1]

（一）单纯委托收付

单纯委托收付是收款方或付款方委托货币经营机构，以委托人提供的收款或付款凭证为依据，按照约定的标准审核收款或付款凭证，审核合格后直接予以付款的支付结算方式。按照委托方的不同，具体可以分为委托收款和委托付款。委托收款是收款方委托经营机构，以收款凭证为依据向应付款方收取特定的应支付款项。委托付款是付款方委托经营机构，以收款方提供的合格有效的收款凭证为依据，在审查合格后向收款方支付款项。按照收付款凭证的审核标准，可以分为付款人审核付款和经营机构审核付款。付款人审核付款是只有付款人亲自审核凭证，且审核同意后向经营机构发出付款指令才能进行付款。经营机构审核付款是付款人委托经营机构代理审核凭证，按照约定的标准，审核通过后即可以直接付款。

按照委托的次数，可以分为单次委托收付和特约委托收付。单次委托收

---

〔1〕　参见我国《商业银行法》《支付结算办法》《非金融机构支付服务管理办法》等的规定。

付是一次性有效的委托收款或委托付款，它通常由付款人亲自审核收款凭证。特约委托收付是一次性委托长期有效的委托收款或委托付款，它通常是用于收取或给付特定单位的定期交易收支，特别是具有明确计量工具和计量标准的消费性收入或支出。由于有明确的计量工具和标准，又是对同一单位的收入或支出，往往不需要委托人亲自审核凭证。按照付款指令的生效条件，可以分为明示承付和默示承付。明示承付是付款人必须作出明确的付款指令，经营机构才能从其账户中划转款项。默示承付是付款人在收到经营机构的付款通知后，如果规定时限内没有回复，法规即视为已经承认付款，经营机构即必须从其账户中直接向收款人付款。

（二）担保委托收付

担保委托收付是收付款双方共同委托货币经营机构，就某收付款行为提供特定行为的担保，在某方已经完成某行为后，才能向其付款和收款的支付结算行为，它是网络电子交易中经常使用的支付结算方式。网络电子交易不同于现场实体财产交易，购货方只是按照网络上的产品介绍决定购买某商品，并约定商品数量、质量和需要支付的价款。实际收到的商品可能同预想的并不完全一致，甚至可能相差巨大。并且，按照多数国家的相关规定，商品购买人有权在规定期限内对某些商品无理由退货。如果采取汇兑或单纯委托收付结算方式，供货与购货双方都难以保证能够按约收到商品或付款，多数会选择担保委托收付结算方式。

担保委托收付按照付款条件可以具体分为发货付款、货到付款、确认付款、适时付款等付款方式。发货付款是在购买方确定已经订货后，需要将购货款项划转至经营机构开立的担保账户，在确认供货方已经发货后再将其划转至供货方账户的付款方式。货到付款是经营机构在收到购货款后通知供货方发货，在以约定方式确认商品已经交付给购货方后，才能将货款划转至供货方账户的付款方式。确认付款是经营机构在确定购买方已经收到商品，并确认没有任何质量问题、同意购买该商品后，再将订货时预收的购货款划转至供货方账户的付款方式。适时付款是经营机构在确认商品已经交付，且经过合理期限基本确认不会发生商品交易纠纷后，再将订货时预收的购货款划转至供货方账户的付款方式。[1]

---

〔1〕　参见我国《民法典》合同编、《商业银行法》《电子商务法》《消费者权益保护法》《非金

二、委托收付责任

货币的委托收付通常是在商品或服务的交易过程中，购买方与出售方或付款人与收款人之间，为实现交易清结和商品或服务提供而实施的，委托货币经营机构代理货币收付或同时提供信用担保服务的行为。它同汇兑结算方式相比，经营机构为客户提供了更多的支付结算服务，也使支付结算关系变得更加复杂，是多重货币流通关系的相互融合，它会产生较汇兑更加复杂的货币法责任关系。这些责任问题主要包括收付行为标准、收付效力标准、收付责任标准。[1]

（一）收付行为标准

货币委托收付是单位和个人都可以使用的支付结算方式，提供商品或服务的一方通常是各种形式的生产经营单位，接受商品或服务的一方既可能是单位，也可能是个人。委托收付的委托方通常既可以是商品或服务的提供方或收款人，也可以是商品或服务的接受方或付款人，还可以是由双方共同向货币经营机构提出的委托；委托收付的接受方只能是享有货币经营权的机构。办理委托收付通常需要在经营机构开立货币账户，并在此基础上同经营机构签订专门的委托收款或委托付款协议，约定委托收付的类型、各方的权利义务、违约责任等条款。其中，特别需要明确付款或收款的条件、需要审核的单证、单证的审核标准、授予权利的范围等。

在委托收付结算中，委托收款通常需要由收款方提供收款单证，委托付款通常也要求收款方提供付款单证；在担保委托收付中，需要双方或第三方提供收款或付款单证。货币经营机构应严格按照委托协议中规定的标准审核约定的单证，并按照约定的标准代理付款或收款。特别是在代理付款中应严格审核付款条件，不符合条件的应拒绝付款；或者同付款人协商是否同意付款，付款人同意应视为符合付款条件。在委托协议约定有默示承付条款时，付款人应注意经营机构发出的收款通知，如果拒绝付款必须在规定或约定期

（接上页）融机构支付服务管理办法》《支付结算办法》《非银行支付机构网络支付业务管理办法》等的相关规定，以及各类电子商务平台的交易结算方式选择方案等的约定。

　〔1〕　参见我国《商业银行法》《支付结算办法》《非金融机构支付服务管理办法》《非银行支付机构网络支付业务管理办法》等的规定，以及各货币经营机构委托收付的协议约定。

限内作出明确表示。经营机构付款后或收款后应通知委托人，说明委托收款或付款的执行情况。

（二）收付效力标准

委托收付不仅涉及货币归属权的转移，还涉及转移的前提条件，必须有严格明确的效力认定标准。这些标准主要包括委托协议效力、审核标准效力、担保收付效力、支付结算效力、商品服务效力等。委托收付中各方的权利义务，既有法规的规定也有协议的约定，首先应注意协议的效力。注意委托的经营机构是否享有货币监管机关依法授予的货币经营权，协议中是否有单方面加重某方义务或排除某方主要权利的条款，以及该付款或收款行为本身是否违反货币法的限制性规定。同时，货币经营机构承担的单证审核责任只应是严格的形式审核责任，不应该要求其承担实质性审核责任，毕竟经营机构难以具备实质性审核的能力。

在担保委托收付中，经营机构接受的应该是收付款双方的委托，应该同时为收付款双方的利益服务，向付款方担保商品或服务的发送、数量、质量、退货等条件，不满足约定的条件不得向收款方付款；同时，向收款方担保只要提供的商品或服务符合法定和约定的标准，即可以收到约定的货款，不会因此而受到财产损失。经营机构预收的款项属于已经被特定化的货币，它的货币账户性质属于托管账户，不是普通的存款账户，账户中的货币财产不得作为经营机构的破产财产。并且，一旦支付给收款人即发挥归属权的转移效力。同时，收款人收款必须提供符合要求的收款单证、满足收款条件，表明已经向付款人提供了约定的商品或服务。

（三）收付责任标准

在委托收付过程中，经营机构不仅是货币收付的经营主体，承担着按照付款条件将货币归属权由付款人转移给收款人的责任，还同时承担着单证和收款条件的审核责任或双方的行为担保责任。这些责任的标准主要包括单证审核过失、付款条件过失、付款承付过失、商品服务纠纷、账户货币损失等方面。如果经营机构在代理付款人审核单证时存在过失，没有尽到合理的注意义务，应拒绝或部分拒绝而没有拒绝的，除征得付款人同意外，应承担损失赔偿责任。委托收付、特别是担保收付中，往往约定有严格的付款条件，不满足约定条件的不得付款。否则，因付款条件审核过错或失误导致付款人损失的，也应承担赔偿责任。

委托收付往往法规或约定中会有承付形式的规定，特别是对于默示承付条款而言，需要付款人及时回复承认或拒绝付款，如果因回复不及时导致默示承付应自行承担责任。委托收付虽然同商品或服务的交易行为相关，但应严格按照约定的付款条件付款，收付款双方由于商品或服务数量、质量的争议，不影响符合付款条件款项的给付。商品或服务数量、质量的纠纷，同货币收付不属于同一性质的法规关系，应按照各自的法规关系分别进行处理。同时，经营机构应尽到自己合理的可能保护委托人的货币财产，不能证明是由于委托人的过失导致的货币财产损失，经营机构应该承担先行的直接赔偿责任，这是由货币法关系的基本原则决定的。[1]

第四节 托收承付的规范

托收承付是委托收款与付款进一步发展和融合形成的一种结算方式，它是在供货方根据交易合同发货后，委托货币经营机构持有关商品销售和运输单证，通过购货人开立账户的经营机构向其收取购买商品的款项，并向其货币经营机构承认付款的支付结算行为。这种结算方式通常适用于经常发生业务往来，相互之间比较信任的异地单位之间实施的现货商品交易行为。托收承付结算方式的基本规范包括托收承付类型和托收承付责任。

一、托收承付类型

托收承付同其他结算方式既有联系也有区别，委托收付既可以用于同城也可以用于异地，需要货币经营机构审核商品或服务单证，既可以是长期委托也可以是单次委托，并需要专门签订委托收付协议。托收承付只能用于异地支付结算，特别是异地实体货物交易的支付结算，且只能单次进行委托，不需要单独同货币经营机构签订协议，只需要委托其办理托收承付业务即可。它的基本类型包括验单和验货的托收承付。[2]

---

〔1〕 参见我国《民法典》总则编、合同编、侵权责任编，《商业银行法》《支付结算办法》等的相关规定。

〔2〕 参见我国《民法典》总则编、合同编，《商业银行法》《支付结算办法》《非金融机构支付服务管理办法》等的相关规定。

（一）验单托收承付

验单托收承付是在供货方按照供货合同约定的方式发货后，向在当地开户的货币经营机构交付商品单证和运输单证，委托它将商品和运输的情况通知购货方委托的货币经营机构，并通过该经营机构通知购货方查验相关单证，如果没有异议即向供货方给付约定数额的货款。供货方提供的商品单证和运输单证要符合供货合同的约定，表明合同约定的商品已经按照要求交付运输单位发运，商品的数量、质量、运输方式、预计交货时间都符合约定，具备向购货方请求给付货款的约定条件。供货方在审核了相关单证后，认为符合约定的付款条件就应该通知开立账户的经营机构，按照约定的数额和约定的付款方式向供货方给付货款。

验单托收承付的承付方式分为明示拒绝和默示承付两种基本形式。明示拒绝是在经营机构将相关单证交付给购货方后，购货方认为相关单证不符合约定的付款条件，明确表示拒绝付款。购货方也可以无特定理由拒绝承认付款，无论出于何种理由，甚至无约定理由，只要拒绝付款就必须填写《拒绝付款理由书》，并通过经营机构向供货方回复。如果在规定期限内购货方没有予以任何回复，货币法即视为默示承付，它的含义是购货方以默示的方式承认付款。经营机构应该在承付期过后将相应的货款从购货方账户转移至供货方账户，完成双方的托收承付结算委托，收取相应的支付结算费用，并将货币归属权转移的情况通知给购货方。

（二）验货托收承付

验货托收承付是在供货方按照合同发货，并交付相关单证后，需要等待商品运输到指定地点，在对购买的商品进行数量、质量等的检验符合供货合同约定后，再通知经营机构向供货方账户给付约定数额的货款。如果在经营机构提供相关单证后的规定期限内商品仍然没有运输到指定地点，购货方需要将该情况通知经营机构，以延长验货承付的时间。无论是验货托收承付还是验单托收承付，都应该在合同中明确约定，并严格按照合同中对商品的质量、数量、包装等的约定，对照收款人提供的单证或进一步对照已经到达指定地点的商品进行查验，只要单证或商品与合同约定和单证证明的一致，就应该承认付款、办理结算。

验货托收承付与验单托收承付的承付方式基本相同，也分为明示拒绝和默示承付两种基本形式，只是承付期限按照规定要长于验单托收承付，如果在承付期内没有明示拒绝承付，也没有明示商品没有运输到指定地点、请求延长承付期限，也会被视为默示承付。验货托收承付的承付期也从收到经营机构转发的相关单证后开始起算，如果在承付期内没有收到运输机构的到货通知，需要将没有到货的情况通知经营机构，请求延长和重新起算承付期限，直至商品运达指定地点、能够实施验货行为。验货后无论购货方以任何理由明示拒绝承认付款，货币经营机构都只需从货币法的角度如实向供货方回复情况，即完成其委托代理职责。

二、托收承付责任

托收承付是权利义务不够对应的结算方式，在供货方已经发货的条件下，购货方是否会付款还没有明确，使供货方在交易中处于不利地位。虽然在购货方拒绝付款的条件下，供货方还可以通过供货合同向其主张权利，却难以从货币流通的角度对购货方形成有力的制约。在正常的市场经济条件下，供货方应慎重选择使用。托收承付的货币法责任问题主要包括承付行为标准、承付效力标准、承付责任标准三个方面。[1]

（一）承付行为标准

货币托收承付通常是只有单位之间的商品交易才可以使用的一种结算方式，并且仅适用于买卖双方直接的交易，不适用于商品的代销、寄销、赊销等交易行为，这些交易行为可以通过其他支付结算方式实现货币的给付。供货人发货后应向其货币经营机构签发《托收承付凭证》，凭证应标明"托收承付"的字样，填写收款人名称、账号、开户经营机构名称，付款人名称、账号、开户经营机构名称，托收款项金额，附寄单证张数或册数，供货合同名称、号码，收款人签章和委托日期等内容，并将其交付给收款人开户的货币经营机构。如果收款人需要使用有关单证，经协商可以委托经营机构代为审验，并明确标注已审验合格。

收款人开户经营机构收到托收承付委托后，应对其提交的《托收承付凭证》和相关单证进行审核，经审核没有疑问后，通过电子通信、邮寄等方式发送至付款人开户经营机构；经营机构收到相关文件后应及时通知付款人，

---

[1]　参见我国《民法典》总则编、合同编，《商业银行法》《支付结算办法》《非金融机构支付服务管理办法》等的规定，以及各方当事人之间的特别约定。

并明确提示其承付期限和承付方式。如果在承付期内付款人明确表示拒绝承付，应填写《拒绝付款理由书》，说明拒绝付款的具体理由，并与相关单证一并发送至收款人开户经营机构。如果付款人只进行部分承付，需要根据收付款双方的约定办理。如果允许部分承付，应将承付的款项划转给收款人，并同时将《部分拒绝付款理由书》和相关单证发回。如果没有相关约定或出现其他问题，收款人应重新办理托收。

（二）承付效力标准

货币托收承付是重要的结算方式，不同的行为具有不同的货币法效力。它们的行为效力标准主要包括托收承付约定、验单验货承付、承付单证合格、承付金额时间、承付行为独立、逾期付款补偿等。通常，商品买卖双方是否选择以托收承付方式进行结算，以及采取何种承付方式进行结算，应以供货合同的约定为准。如果合同中没有约定，收款方单方面以托收承付的方式办理托收，付款方没有异议也可以视为双方协商一致。付款人验单承付还是验货承付对其权益有较大的影响，如果合同明确约定为验货承付，或者《托收承付凭证》上明确记载为验货承付，应该认定为适用验货承付的规定。如果合同和《托收承付凭证》上都只记载托收承付，应推定为验单承付而非验货承付，这样断定可以减轻供货方的压力。

承付单证是否合格是决定付款人是否承付的重要依据，应该按照法定标准和约定标准共同确认。如果单证存在瑕疵，足以有理由怀疑商品质量和数量等存在问题，是付款人拒付理由成立的重要标准。付款人一旦以明示或默示的方式承认付款，就是对《托收承付凭证》付款金额和时间的承诺，即使它与供货合同的约定不一致，也应按照其付款承诺依据货币法给付款项，货币经营机构有权从其账户中将款项划转至收款人账户，付款人无权对此行为提出抗辩。托收承付是独立性支付结算行为，不得以双方或第三方之间的其他债权债务关系提出拒绝承付本次货款的抗辩，也不得在相互的债权债务之间主张法定抵销。如果付款人已经承认付款，但账户中没有足够的货币满足支付即构成逾期付款，应对逾期的部分予以利息补偿。

（三）承付责任标准

托收承付涉及四方主体，各主体都享有相应的权利并应承担相应的义务，如果违反规定或承诺应依法承担责任。这些责任的标准主要包括托收瑕疵、通知瑕疵、承付瑕疵、拒付瑕疵、转账瑕疵、责任独立等几个方面。托收瑕疵主要是《托收承付凭证》和相关单证的瑕疵，如凭证记载与供货合同不一致，提供的单证与要求不一致，甚至单证本身或单证证明的行为存在虚假等，付款人发现存在这些情况有权要求收款人改正后重新办理托收，并拒绝对本次托收承认付款。通知瑕疵主要是由于经营机构的工作失误，未能及时通知或通知时存在其他失误，导致付款人未能及时承付或拒绝承付。对此经营机构应及时纠正过失，并对因此造成的损失予以补偿。承付是付款承诺行为，无论由于何种理由，只要构成承付就必须承担付款责任，即使承付行为是由于误解所致，也不能拒绝承担付款责任。

就托收承付关系而言，付款人在承付之前并不对付款承担直接的责任，无论是否存在理由或理由是否成立，都有权拒绝承付。但是，如果拒绝承付理由不成立或无理由拒付，可能会违反供货合同的约定，这时应承担合同法责任。这是两种不同的法规关系，拒绝承认付款并不违反货币法，付款人违反的只是供货合同的约定。付款人承认付款后双方货币经营机构应进行付款人与收款人账户之间的货币划转，如果在划转过程中出现金额差异、时间差异、对象差异等情况，必须首先尊重货币归属关系，并补偿因此给某方造成的财产损失。托收承付关系是货币法关系，在此过程中，收款人和付款人是委托人和货币归属权人，货币经营机构是接受委托的经营人和代理人，必须尊重和维护货币归属权人的财产权，严格按照权利人的委托和承诺代理货币业务，不得超越自身权利义务范围经营业务。

第八章

记账货币支付规范

第一节　特约支付的规范

记账货币支付是在结算的基础上发展而来的，它与结算方式并没有本质的区别，只是支付结算关系更加复杂，在结算关系之外还附加了其他的主体关系或财产关系，服务于更加复杂的商品服务交易或投资关系。按照支付工具和支付方式的不同，可以将其分为特约支付、信用证书、保付代理、货币票据四种基本形式。由于货币票据具有相对独立性和更高的复杂性，需要专题进行深入具体的论述，这里仅总结前三种记账货币支付规范。

一、特约支付类型

特约支付是货币归属权人以电子通信的方式，向货币经营机构发出货币支付指令，命令其将账户中的货币或信用额度支付给特别约定收款人的支付方式。它与电子汇兑具有许多共同属性，都是通过电子网络技术实现账户的货币划转，只是特约支付只能支付给同经营机构存在特别约定支付关系的收款人，主要用于交易或投资付款，收款人通常是商品服务或投资品的提供人，并需要通过收款人的网络通信终端发出支付请求。特约支付可以有许多种类型，按照通讯方式主要包括内部网络支付和公共网络支付。[1]

─────────────

〔1〕　参见我国《中国人民银行法》《电子签名法》《支付结算办法》《非金融机构支付服务管理办法》《非银行支付机构网络支付业务管理办法》《银行卡业务管理办法》《银行卡清算机构管理办法》，联合国《国际贷记划拨示范法》，美国《统一商法典·4A 篇》《电子资金转移法》《统一货币服务法案》，欧盟《电子商务指令》《电子货币指令》，英国《支付服务管理办法》《电子货币条例》，日本《资金结算法》等的规定。

（一）内部网络支付

特约支付中的内部网络支付，是特指货币经营机构之间通过内部网络系统建立起来的特约支付体系，它们通过网络代理关系可以形成整个世界的网络支付体系。它们的支付结算工具主要是各种类型的银行卡片，主要包括贷记卡与借记卡、单位卡与个人卡、本币卡与外币卡等。其中，贷记卡又可以分为普通贷记卡、准贷记卡；借记卡又可以分为转账卡、专用卡、储值卡、预付卡等。贷记卡也称信用卡，它是经营机构向单位或个人发行的货币账户信用授权支付电子通信卡片，凭借该卡片上记载的电子信息，持卡人可以向收款人透支给付消费或投资款项，但必须在约定期限内向经营机构归还透支的货币。借记卡是货币归属权人账户余额的电子支付通讯卡片，它没有经营机构的信用预付授权，支付的也不是预付货币，而是归属于持卡人的货币，当然也不需要在规定期限内归还预付的货币金额。

准贷记卡是在普通贷记卡的基础上增加了借记卡的功能，货币账户中存储有余额时经营机构需要支付利息，但同时可以在信用授权额度内透支消费或投资款项，并需要在规定期限内归还透支的货币金额。借记卡中的转账卡是只能支付账户收支余额的普通电子支付通讯卡片，专用卡则是特别约定只能用于某种特定支付结算的借记卡片。储值卡是在卡片中预存了一定的金额货币，支付时只从该预存金额中给付，它明显不同于与经营机构账户有直接联系的银行卡。预付卡是先向经营机构预付需要支付的货币金额，且将该金额作为管理信息存储于预付卡片中，持卡人在约定的场所支付时转移付款记录，该约定场所凭借付款记录向经营机构收取给付的货币。储值卡和预付卡可以进一步分为记名卡和不记名卡，不记名卡不能挂失止付，并且往往有最高金额限制，以满足不同类型的支付结算需要。

（二）公共网络支付

特约支付中的内部网络支付工具只能通过经营机构内部网络系统进行支付结算，它的主要优点是流通比较安全，只要通讯终端不发生信息泄露，他人往往难以侵犯归属权人的货币财产，通常大额支付结算都采取这种方式。内部网络系统的缺点是必须在特定的网络终端上办理业务，不能利用身边的电话、电脑、电视等公共网络进行便捷的支付结算。为此，许多支付结算经营机构又开发出了许多公共网络支付工具，如移动支付、电脑支付、电视支付等。它们的最大优点是能够完全实现任何地点的任意支付，甚至在暂时没有公共通信网络的地点，也可以实现不同储值工具之间的临时支付，待到有公共通信网络覆盖的区域时再实现经营机构之间的最终支付清算，完全不影响普通社会公众的支付结算需要。

公共网络支付可以通过任何通信手段，实现货币账户或货币管理记录之间支付指令的传输。如果是直接进行货币账户之间的支付结算，可以通过身边的通讯工具向经营机构的内部网络终端发布支付指令，再通过内部网络实现账户货币的划转。如果是非货币账户之间的支付结算，可以通过通信工具向收款人发出货币管理记录信息，再通过经营机构与收款人之间进行实际的货币清算，实现不同货币账户之间收支余额的划转。总之，只要是存在通信手段，就可以通过一定的渠道实现货币的支付结算，最终实现货币账户收支的划转。但是，采用公共网络的最大问题是货币支付结算通信信息的安全，只要是通过公共网络就难以完全保障支付结算的安全。因此，许多国家都规定公共网络只能进行小额支付结算。

二、特约支付责任

记账货币的流通并不需要实际交付资金证券或有体的货币，最终只需要进行货币账户记录的变更，使付款方账户余额减少、收款方账户余额等额增加，可以采用任何可能的通信手段发出账户货币划转的信息。对于货币财产和流通管理系统而言，只要能够最终保障账户内的货币流通安全，任何货币流通工具都是可以接受的。保障货币账户财产安全的手段主要包括两项内容一是保障货币通信安全，二是承担货币安全责任。它具体包括网络行为标准、网络效力标准、网络责任标准三个方面。[1]

（一）网络行为标准

记账货币的特约支付按照账户性质的不同可以分为法定货币支付、约定货币支付、结算货币支付、存款货币支付等。就经营机构之间内部网络系统而言，主要涉及付款人与付款人账户经营机构、收款人与收款人账户经营机构，以及经营机构之间的网络信息传输经营主体五方当事人。如果付款人以

---

〔1〕 参见我国《民法典》合同编、《中国人民银行法》《商业银行法》《支付结算办法》《非金融机构支付服务管理办法》《非银行支付机构网络支付业务管理办法》《银行卡业务管理办法》《支付机构预付卡业务管理办法》《银行卡联网联合业务规范》等的规定。

借记卡片支付，首先由付款人向收款人提供电子支付卡片，通过收款人网络终端确认付款人身份，由付款人对其账户发出向收款人账户支付货币的指令，付款人账户经营机构将其指令通过信息传输经营主体传至收款人账户经营机构，双方分别对账户进行支出与收入相关货币的记录，就可以完成系统内部特约支付程序。如果是付款人以贷记卡片支付，则先由付款人账户经营机构垫付货币，然后再由付款人归还货币。

公共网络支付主要有两种基本模式：第一种是在内部网络程序上并没有发生变化，变化的只是公共网络终端与内部网络终端之间的支付指令传输过程。货币账户归属权人可以通过各种通信手段向经营机构发出支付结算指令，经营机构接收到该指令后通过内部网络体系，将账户中的货币支付给收款人。第二种是建立一个新的网络系统，首先货币归属权人在这个网络系统的经营机构开立货币结算账户，然后通过各种通信手段向经营机构发出支付结算指令，最后经营机构将货币支付给到收款人的结算货币账户。这两个网络系统之间也可以建立相互联系，实现传统存款货币账户、结算货币账户、法定货币账户之间的货币划转。外区域货币与约定货币也可以通过这种体系运行，由于它们与法定货币属于不同的货币体系，不能实现账户之间的直接划转，只能在同类账户之间进行相同性质货币的划转。[1]

（二）网络效力标准

特约支付是货币归属权的转移行为，必须有严格的效力认定标准。这些标准主要包括身份认定标准、指令执行标准、货币垫付标准、货币归属标准、货币归还标准、指令撤销标准、工具挂失标准等。特约支付既可以在柜台进行，也可以自助进行，无论在哪里进行首先都要进行身份确认。认定身份的手段主要包括身份证件、支付工具、账户号码、身份密码、验证密码、人身特征等。通过它们的不同组合共同确认行为人是否为货币账户归属权人，非归属权人无权发出支付结算指令。特约支付指令的内容主要包括收款人名称或姓名、账户号码、经营机构、支付金额、付款账户等。确认执行指令后，如果指令是可执行的就会被系统自动执行。如果指令存在不可执行因

---

〔1〕 参见我国《银行卡联网联合业务规范》《关于将非银行支付机构网络支付业务由直连模式迁移至网联清算平台处理的通知》《人民币跨境支付系统业务暂行规则》《人民币跨境支付系统参与者服务协议》等的规定。

素，该指令为无效指令。

如果支付主体使用的是贷记卡片，指令的执行结果是经营机构首先向收款人垫付相应数额的货币；如果使用的是借记卡片或结算账户等以存储货币为前提的账户，指令的执行结果是直接从账户中向收款人支付相应数额的货币。无论是贷记卡片还是借记卡片或其他账户，指令的执行结果都是对账户作减少相应数量货币的记录，货币归属权利从账户上转移。如果已经在收款人账户作出增加相应数量货币的记录，则这种转移将发挥货币财产归属权变更的效力。[1]在经营机构垫付货币完成支付的条件下，在规定期限内支付主体必须归还经营机构垫付的货币，使自己的货币账户重新平衡。如果不能按期归还该货币，则需要按照约定支付利息，甚至是惩罚性利息，利息的标准取决于法规的规定或事先的约定。

支付指令在收款人经营机构没有起动账户记录程序前可以主张撤销，撤销指令属于新的支付指令。如果已经起动账户记录程序或已经变更了账户记录，撤销指令无效。当代的许多支付结算系统会提供变更账户记录时间的选择，既可以选择即时变更记录，也可以选择延时变更记录。在延时的时限内可以有效地发出撤销支付的指令，将未交付完成的货币重新记录回付款人的账户。如果货币归属权人使用的是记名支付结算工具，在该工具相对丧失或绝对丧失的条件下，[2]可以向经营机构办理挂失，挂失生效后经营机构在约定时限内冻结货币账户，防止归属权人受到货币损失。如果归属权人使用无记名支付结算工具则无权办理挂失，不能主动中止货币账户的支付结算行为，它可能导致货币财产的一并丧失。

（三）网络责任标准

在特约支付过程中，付款人与收款人同经营机构之间形成的是比较复杂的货币法关系，各方都必须按照要求履行自己的义务，否则就必须承担相应

---

〔1〕 有些国家法规主张以执行支付指令作为货币归属权转移的标志，也有些国家法规认为以收款货币经营机构收到付款指令作为货币归属权转移的标志，也还有相近的货币归属权转移标志；通常认为应以是否起动账户记录程序为归属权转移的最终性标志，在此之前付款人都有权请求货币经营机构办理退汇。参见联合国《国际贷记划拨示范法》，美国《统一商法典·4A篇》《电子资金转移法》《统一货币服务法案》，欧盟《电子商务指令》《电子货币指令》，英国《支付服务管理办法》《电子货币条例》，日本《资金结算法》等的规定。

〔2〕 支付结算工具的相对丧失是权利人失去了对该工具的实际控制，处于是否灭失状况不明确的状态；绝对丧失是支付结算工具已经明确失去支付结算功能，或者在客观存在上已经完全灭失。

的责任。这些责任主要包括身份确认责任、指令执行责任、还本付息责任、货币归属责任、指令差错责任、挂失止付责任、串通欺诈责任、支付安全责任、记录差错责任等。在特约支付过程中，各方主体都承担着各自的身份确认责任，都必须在自己的权利义务范围内尽到合理的注意义务，保证业务办理人身份的可靠性、防止他人冒用。其中，经营机构承担着核心的付款人和收款人身份确认责任。同时，各经营机构还承担着指令执行责任，在非不可抗力的条件下必须保证指令的顺利执行，否则应对付款人或收款人的直接损失，按照规定的标准承担赔偿责任。

在经营机构垫付货币的条件下，付款人应按照约定承担还本付息的责任，如果经多次催收仍然拒绝还本付息或处于失去联系的状态，应承担恶意透支货币的违法、甚至犯罪责任。记账货币的归属权是以账户记录为最终依据的，一旦变更了账户记录，无论出于何种原因都会导致货币归属权的变更，没有账户归属权人的指令不得变更账户记录；否则，构成对归属权人货币财产权的侵犯，应承担相应的侵权责任。如果付款人由于可执行指令的差错导致货币的非真实意愿转移，只能通过撤销指令使其恢复原状。如果指令不能撤销，只能通过其他法规关系主张财产请求权利，不得再通过货币法关系改变现状。如果是经营机构执行指令出现差错，应该由出现差错的经营机构承担违约责任，而不是直接的货币法上的责任。

具备挂失止付条件的支付结算工具，经营机构应积极配合货币归属权人，在合理可能的范围内尽力保护其货币财产利益。如果由于经营机构失误或拒绝配合而导致货币财产损失，应承担直接的损失赔偿责任，并取得货币财产权人的代位求偿权。付款人与收款人或其他人恶意串通侵害经营机构货币利益，应承担财产欺诈或诈骗的违法犯罪责任；收款人违反法定或约定的义务，利用电子支付关系获取不当利益的应构成非法经营责任。各经营机构应共同为电子支付结算系统的货币财产流通安全承担责任，如果是由于货币流通系统存在安全漏洞，在不能证明是货币归属权人过失的条件下，应承担直接的货币损失赔偿责任。在能够明确证明账户存在记录差错、货币归属权人认可的条件下，有权更改账户上的货币记录。如果归属权人不同意更改，只有依据司法机关的有效裁判才能更改记录。[1]

---

〔1〕 参见我国《中国人民银行法》《商业银行法》《民法典》合同编、《支付结算办法》《非金

第二节　信用证书的规范

信用证书简称信用证，是货币经营机构对收款人的一种付款承诺证书，它是以第一责任付款人的身份承诺对收款人的付款到期能够实现的承诺书。具体而言，它通常是由开证申请人提出开证申请，开证银行业机构向收款受益人开出承诺承担第一付款责任的证书，由委托的通知机构通知受益人，在符合付款条件的前提下向受益人付款，并收取相应费用的一种支付结算方式。信用证书的基本规范包括信用证书类型和信用证书责任。

一、信用证书类型

信用证书是针对商品或服务提供方从签订合同到实际履行义务存在一定的时间差，需要双方都对其履行义务的行为提供充分保证的角度，在实践中创制的一种促使各方履约的支付结算方式。由于现实生活中商品或服务的交易方式是多种多样的，为其服务的信用证书也有许多种类型。可以分别按照光证跟单、即期远期、保兑议付、撤销修改、收款转让、普通备用等进行分类，针对不同类型的信用证书，各方主体具有不同的权利义务。[1]

（一）光证跟单证书

按照信用证书是否有严格独立的付款条件，可以将其分为光证信用证书和跟单信用证书。光证信用证书是指在付款条件上，不需要证明已经发运了开证申请人购买的商品，或者已经提供了其购买的服务，只需要凭借受益人开立的收据或发票等收取款项的证明，就可以获得开证行或其他承诺人付款的信用证书。它可以有许多具体的形态或名称，事实上是一种预先支取款项的证书。由于它是受益人单方面享有权利、开证行单方面承担义务，通常只能对商业信誉非常好的受益人使用，申请人不会担心受益人收取款项后拒绝交付商品或提供服务。多数情况下，都是进行一些商品或服务交易的从属性

（接上页）融机构支付服务管理办法》《非银行支付机构网络支付业务管理办法》《银行卡业务管理办法》《支付机构预付卡业务管理办法》《银行卡联网联合业务规范》《关于加强银行卡安全管理预防和打击银行卡犯罪的通知》《关于办理非法从事资金支付结算业务、非法买卖外汇刑事案件适用法律若干问题的解释》《最高人民法院关于审理银行卡民事纠纷案件若干问题的规定》等的规定。

〔1〕　参见国际商会《跟单信用证统一惯例》，我国《国内信用证结算办法》等的规定。

款项的支付结算，如支付货物从属费用、支付交易的尾款、样品费用等，或者进行其他非贸易性费用的支付结算。

跟单信用证书是规定有独立付款条件的信用证书，它要求受益人必须提供跟单付款条件约定的全部必要单据，证明受益人已经按照要求提供了商品或服务，经严格审核、准确无误后才能承担付款责任。这些付款条件对于货物贸易而言，主要是运输和交货条款；对于服务贸易而言，主要是服务提供条款。证明已经按照要求履行了义务的单据主要包括商品或服务发票、货物运输或交付单据、服务提供单据、保险单据等，具体包括何种单据及对单据的要求应以信用证书的相关条款规定为准。不能严格符合信用证书单据条款的要求，相关责任人有权拒绝付款，符合单据条款要求则必须无条件付款。跟单信用证书是各国通用的证书基本形式，为全面维护各方当事人的正当权益，通常都采取跟单信用证书的形式。

（二）即期远期证书

按照信用证书符合付款条件后的具体付款时限，可以将其分为即期信用证书和远期信用证书。在跟单信用证书条件下，受益人需要将要求的单据交付给指定的交单行（交付单据的银行），或者直接将单据交付给开证行或付款行（开立信用证或付款的银行），并附交单函或寄单通知书，注明单据金额、索款金额、单据份数、寄单编号、索款路径、收款账号、受益人名称、申请人名称、信用证编号等信息，要求开证行或付款行付款。开证行或付款行严格审核相关单据，认定单据与信用证书的要求相符后，或者虽然存在单证不相符点，但开证申请人和付款行均同意付款后，在限定的正常付款期限内（通常为5个工作日）必须向受益人付款的信用证书。

远期信用证书是指开证行或付款行严格审核相关单据，单证相符后确认到期付款的信用证书。它又可以具体分为单据日后定期付款、见单后定期付款、固定日付款的远期信用证书。其中，单据日后定期付款是指在单据上记载的日期之后的确定日期付款，见单后定期付款是指在提示单据之后的确定日期付款，固定日付款是在信用证书上规定的某固定日期才能付款。许多法规还有最长付款期限的限制，通常最长付款期限不得超过1年。并且，即使是远期信用证书，也必须在交单期内向交单行交付单据，它通常从货物装运日或服务提供日开始计算。如果信用证书本身没有约定交单期限，各国通常的默认时间为15个工作日。

（三）保兑议付证书

按照信用证书的附加保障类型，可以将其分为保兑信用证书和议付信用证书，信用证书是否可以或需要办理保兑或议付，以及具体办理这些业务的机构通常由开证行确定，不得任意实施信用证书的保兑或议付行为。信用证书的保兑，即第三方的兑付保证。它是根据开证行的授权或要求，在开证行承诺之外作出的对单证相符交单行为的付款承诺，或者对远期信用证书作出的到期付款承诺或予以议付的承诺。信用证书的议付是受益人将已交单并确认单证相符肯定付款的信用证书收款权，转让给某家开证行指定的某银行业机构或任何一家银行业机构的行为。信用证书的保兑和议付通常没有法规限制，却要受到信用证书相关条款的限制。

如果开证行指定某家银行业机构为保兑行，该机构拒绝承担保兑义务时应及时通知开证行，否则可以视为其已经默认自己为保兑机构。如果保兑机构按照开证行的授权或要求承担了保兑责任，它就有权要求开证行偿付其保兑的款项，且该偿付责任不受开证行与受益人之间抗辩关系的影响。议付机构应按照信用证书条款确认自己是否有权办理议付，如果信用证书条款中规定可以办理议付，且没有明确指定必须由某家机构办理议付时，其他机构才可以办理议付。当然，被指定的议付机构也有权拒绝办理议付，有权决定对该议付是否享有附带的议付款追索权。在享有追索权的条件下，如果到期不能获得付款，其有权向受益人追索议付款项。

（四）撤销修改证书

按照开证行是否有权非经受益人同意即进行修改或撤销它的付款承诺，可以将其分为可撤销信用证书和不可撤销信用证书。纯粹的可撤销信用证书是指开证行无须经受益人同意，即可单方面取消其任何付款承诺的信用证书。这种信用证书使受益人的付款承诺时刻处于风险之中，在现实生活中较少被采用或被受益人接受。同时，这种对于已经承诺付款的撤销也不是没有任何条件的，对已经依据单证相符做出付款承诺的付款行应予以偿付。纯粹的不可撤销信用证书是指开证行即使经受益人同意，也不得更改或撤销其已经作出的付款承诺，特别是不得作出减轻其责任的更改或撤销。但是，由于开出信用证书与履行承诺的责任之间往往有较长的时间，各种情况往往会发生不同的变化，通常法规都允许作出修改。

已经开出的信用证书可以应开证申请人的申请或开证行意愿进行修改，

通常未经开证行、保兑行、受益人、申请人等利益相关人同意，既不能修改也不能撤销信用证书。如果增加信用证书承诺金额，开证行应有权要求申请人追加担保，保兑行应有权选择是否就增加的部分保兑，受益人也有权决定是否接受信用证书的修改。如果延长付款期限，不得超过法规规定的最长期限。如果某当事人不同意修改，应及时通知利益相关人仅就原有承诺承担责任，如果未予以通知或未明确表明其态度，应视为不同意修改。如果没有予以通知或明确表达态度，却以实际行为表明接受了该修改的，应该视为默示承认。在对修改明确表达自己意见时，只能表示接受或不接受，通常不能表示部分接受，部分接受视为拒绝接受。

（五）收款转让证书

按照信用证书的受益人是否有权转让受益权，可以将其分为收款信用证书和转让信用证书。收款信用证书是受益人只能在到期后行使受益权，或通过议付机构提前获得议付款项，不得将证书受益权转让给其他主体的信用证书。转让信用证书是受益人可以将其受益权转让给其他主体的信用证书，它为受益人提供了另外一种提前实现受益权的途径。通常，受益人转让受益权需要事先征得开证行同意，第一受益人可以将受益权转让给两个以上的受益人，但第二层次的受益人则不得再转让受益权。信用证书转让后，开证行或保兑行应依据已转让的证书副本、修改书副本及修改确认书，审核第二受益人的交单是否同转让的证书相符。

如果原信用证书允许商品或货物分批装运或分次提供服务，受益人为总承销商第一受益人可以将证书部分或全部转让给一个或数个第二受益人，并由第二受益人分批装运或分次提供服务。如果第二受益人为多人，其中一名或多名第二受益人拒绝接受对证书的修改，并不影响其他第二受益人接受该种修改。对于接受者而言，该信用证书已经进行了相应的修改，对于拒绝者而言，该信用证书并未被修改。对于开证行或保兑行而言，对第二受益人提交的单据不得以索款金额与单价的减少，或者投保比例的增加，以及受益人名称与原信用证书规定的受益人名称不同作为单证不符的依据，拒绝向第二受益人支付承诺保证付款的信用证书金额。

（六）普通备用证书

按照信用证书中开证行承诺的对象不同，可以将其分为普通信用证书和备用信用证书。普通信用证书是仅对约定的需要实际履行的特定行为承担付款责任的信用证书。备用信用证书是开证行担保申请人某义务的履行，担保基础合同义务人能够按照信用证书条款履行义务的承诺书。它承诺的不是付款责任，也不是基础合同履行责任，更区别于具体的担保责任。具体担保责任是以未履行基础合同义务条款为依据的，还可以分为一般担保和连带担保。备用信用证书的责任以证书约定条款和单据为依据，只要受益人认为开证申请人未履行信用证书中约定的义务，且提供了证书中约定的合格单据予以证明，开证行就必须履行担保和付款责任。这种责任独立于基础合同中的约定条款，不以未履行基础合同义务条款为直接依据。

同备用信用证书相近的付款承诺书还包括独立保函和从属保函。独立保函是银行业等金融机构开立的，同意受益人在被保证人未按照保函条款履行义务，且提供了保函约定的合格单据证明时，在约定的限额范围内承担担保责任的承诺书。它同备用信用证书在本质上具有一致性，只是在不同领域中使用的名称和担保的基础合同内容往往不同。它们都强调见索即付，只要符合证书和函件条款就必须承担付款责任。从属保函是银行业等金融机构开立的，同意受益人在被保证人未按照基础合同条款履行义务时，在约定的限额范围内承担担保责任的承诺书。它同直接的担保责任更具有一致性，承担担保责任的前提是被担保人是否实际未履行基础合同约定的义务，它的担保责任从属于基础合同义务。[1]此外，按照信用证书的存在和传递方式的不同，还可以将其分为纸质或传统信用证书和电子信用证书。

二、信用证书责任

信用证书是将商品或服务与货币的支付结算紧密联系在一起的一种支付结算方式，以便相互控制各方的行为，保障交易的顺利完成，尽量避免产生交易纠纷或使某方的利益受到损失。在此过程中，货币经营机构起到核心的作用，也承担着巨大的信用风险，必须明确这些关系及各方可能承担的责任。按照各方主体应该承担的责任可以将其分为证书行为标准、证书效力标准、证书责任标准三个方面。[2]

---

〔1〕　参见国际商会《跟单信用证统一惯例》《国际备用信用证惯例》《见索即付保函统一规则》，我国《国内信用证结算办法》《最高人民法院关于审理独立保函纠纷案件若干问题的规定》《全国法院民商事审判工作会议纪要（2019）》等相关文件的规定。

〔2〕　参见国际商会《跟单信用证统一惯例》，我国《国内信用证结算办法》等的规定。

（一）证书行为标准

信用证书涉及的行为主体主要包括申请人、受益人、开证行、通知行、交单行、保兑行、议付行、转让行等。开证申请人是购买商品或服务的当事人，受益人是向其出售商品或提供服务的当事人，他们之间形成的是商品或服务的交易行为关系。在此过程中，受益人为了提高购买人的付款信誉，要求向具有较高信誉的货币经营机构提出开立信用证书的申请，这个机构通常是他开立货币账户的银行业金融机构。该机构作为开证行是为获取信用证书业务收益，以申请人交付保证金、担保等为前提，向受益人开出其作为第一付款责任人的信用证书，保证在符合证书条款、并提供相应合格证明单据时，到期向其无条件付款。

利用信用证书进行支付结算的，通常都是异地、甚至异域的交易主体，开证行难以直接将其开出的信用证书直接交付或通知给受益人。即使是电子信用证书，他们之间也往往没有直接的交付或通知渠道，需要委托受益人当地的同业经营机构承担交付或通知责任。这个通知机构在信用证书法规中统称为通知行，它在许多信用证业务中是必须的。通知行既是开证行业务的代理机构，也往往同时与开证行、受益人之间具有比较密切的业务往来，甚至可能是受益人的货币账户经营机构。在信用证书业务关系中，指定某银行业机构为通知行是开证行的权利，也可以由受益人与开证申请人事先约定，在申请人提出开证申请时，请求指定某机构为通知行。

信用证书行为中的交单行，是对在有效地点受益人向其提交规定全套单据的货币经营机构的统称。它或是开证行指定的机构，或是没有指定时受益人自行委托的机构，通常是通知行或受益人货币账户的开立机构。交单行应合理谨慎地审查单据与信用证书的要求是否相符，并在规定期限内将全套单据按照要求交付给开证行或保兑行。信用证书的保兑行是根据开证行的授权或要求，在开证行付款承诺之外对相符的单据承担到期付款或议付责任的经营机构的统称，它与开证行一起共同对信用证书的付款承担连带责任。保兑行与通知行、交单行既可以是同一家货币经营机构，也可以分别是两家或三家不同的经营机构。

信用证书行为中的议付行，是已经通过单据审核机构严格的单据符合性审核，或者开证行或保兑行已经确认到期付款，却未到付款日期的证书，应受益人请求提前预付全部或部分价款的货币经营机构的统称。它或是开证行指定的机构，或是没有指定的情况下受益人自行委托的机构，通常是通知行、交单行或受益人货币账户的开立机构。议付行议付后，到期有权向开证行或保兑行索取信用证书承诺的付款金额，付款金额与议付金额之间的差额是议付行的收益。如果议付时约定了对受益人议付金额的追索权，在议付行到期请求开证行或保兑行付款被拒绝时，享有对已经向受益人支付议付金额进行追偿的权利，受益人应归还议付金额。

信用证书行为中的转让行，是开证行指定的有权办理可转让证书转让业务的货币经营机构的统称。转让行可以是开证行或由开证行指定的机构，通常是通知行、议付行或保兑行。开立可转让信用证书通常应该由受益人请求、开证申请人和开证行同意，它的受益人通常是具有广泛商业网络的中间商，需要向具体供货人组织货源，从中取得商业利益，有转上受益权的需要。通常，可转让信用证只能转让一次，可以同时转让给多个第二受益人。在转让过程中信用证书中的金额、单价可以减少，有效期、交单期可以缩短，最迟货物装运日或服务提供日可以提前，投保比例可以增加，有效地点可以修改为转让行所在地，但其他核心条款不得改变。

受益人或交单行应在交单期和有效期内向开证行或保兑行交单索款，开证行或保兑行应按照严格符合的原则审核单据，单证相符或接受单证中不符点的应在规定期限内付款，远期信用证书应发出到期付款确认书。开证行或保兑行应仅以单据本身为依据，审核信用证书规定的单据，且只审核单据形式上是否符合信用证书和相关法规的要求。如果单证不符、开证申请人同意接受不符点，开证行和保兑行有权决定是否付款。如果决定拒付，应一次性将全部不符点通知交单行或受益人，未能按规定通知不符点则无权宣称交单不符。开证行、保兑行、议付行未在信用证书有效期内收到单据，开证行可在超过有效期规定期限后予以注销，宣布对信用证书承诺的付款责任解除，包括全部承诺的款项和部分剩余的款项。

（二）证书效力标准

信用证书是一种非常严谨的开证行和保兑行付款承诺，它的每个节点都有严格的效力认定标准。这些效力标准主要包括开证标准、通知标准、保兑标准、议付标准、撤销标准、修改标准、转让标准、交单标准等。开立证书应明确付款期限、有效期、交单期、有效地点、单据要求等核心内容，并以通知行已经正式通知受益人为生效标准。通知行的正式通知以实体或电子方式交付信用证书正本和通知书作为生效标准；如果是修改通知，应交付修改书正本。如果通知行审核发现信用证书签字、印章、密押不符，应告知开证行；表面内容不清楚、不完整的，应向开证行查询补正。在收到回复前可先通知受益人，但必须注明该通知仅供参考。

保兑行或议付行对信用证书加具保兑和提供议付，以在证书相应位置作出保兑或议付的意思表示，并签章作为生效的标志；也可依据开证行在证书中明示，保兑行或议付行的默认为标志。如果需要事先征得受益人或保兑行、议付行同意的，需同意后再签章，或者以不通知否认作为默示同意的标志。信用证书的撤销通常是开证行单方面的行为，开证行有权随时通知申请人和受益人宣告撤销付款承诺。只要事先明确表示开出的是可撤销信用证书，且该宣告符合相关法规的规定或证书本身的约定即发生效力。如果证书约定只有经申请人、受益人同意才能撤销，必须首先通知申请人、受益人，并得到其同意的回复后才具有撤销效力。

信用证书的修改可以分为许多种类，无论是任何方面内容的修改都应制作修改通知书，通知所有利益相关主体。如果修改是扩大相关主体的权利则无须征得同意，如果修改是加重相关主体的义务或责任则必须取得相关主体的同意。通常，同意必须以明示的方式表达，未明示接受的应视为拒绝修改，不承担加重后的义务或责任。信用证书的转让必须明确约定开证行开出的是可转让证书，且只能由开证行指定的转让行具体实施，信用证书的转让效力以转让行交付证书并变更受益人为标志。通常，信用证书转让过程中不得变更核心条款，不得增加开证行、保兑行的义务或责任，只能变更由受益人要求改变、且必须改变的内容。

信用证书是以约定的合格单据为付款条件的，受益人首先必须在证书约定的交单期内将单据交付给交单行，它可以同时是保兑行或开证行。交单期是当次货物装运日或服务提供日后约定的期限，如果没有约定，法规通常默认为此后的限定期限之内。如果没有能够在交单期内交付单据，最迟不得超过证书的有效期限，超过该期限后的交单不再具有交单的效力。此外，交单必须在规定或约定的地点进行，通常是开证行、保兑行、转让行、议付行、交单行的所在地。即使明确约定了交单行的所在地，开证行的所在地也应被视为当然的交单地点。如果交单行不是保兑行或开证行，需要在规定期限内将收到的单据寄送保兑行或开证行。保兑行或开证行在收到全套单据、审核合格后，即发挥确认付款和到期付款的效力。

（三）证书责任标准

信用证书形成的法定和约定关系是比较复杂的，各方主体都必须认真履行自己的义务和责任，才能比较好地实现通过商品和服务行为控制货币支付结算的目的。这些义务和责任主要包括开证责任、通知责任、保兑责任、议付责任、撤销责任、修改责任、转让责任、交单责任等，此外还有付款之后非货币法上的责任。信用证书、特别是跟单信用证书的内容较多，在开立证书时申请人、受益人、开证行之间应认真协商证书条款，记载绝对必要、相对必要和任意事项，明确各方当事人之间的权利义务和责任。开证过程中约定的责任越充分具体，将来发生纠纷的可能性就越小；即使发生纠纷，各方责任的认定也越明确。信用证书一旦正式通知给受益人，开证行就必须按照约定承担对合格单据交付后的第一付款责任。

就通知行而言，它应承担证书审核和合格通知的义务，对于正式通知应保证证书本身不存在瑕疵，对于参考性通知应说明存在的问题。否则，如果因通知行的过失导致开证行、保兑行、受益人等的财产损失，应承担审核和通知过失责任。在现实生活中，通知行、保兑行、议付行既可以是同一机构，也可以是分别的机构，保兑行的身份一旦生效，就必须同开证行承担连带的保证付款责任。同时，在严格单证相符的条件下，如果是保兑行议付，则不享有对受益人的追索权，它只能向开证行追偿证书的付款金额。在非保兑行议付的条件下，议付行既可以约定不享有追索权，也可以约定享有议付款的追索权，在不获得开证行或保兑行付款的条件下，享有对证书议付款的追偿权，受益人必须归还议付行的议付款。

信用证书的撤销和修改责任首先取决于开证行是否享有撤销或修改权，多数法规都规定信用证书不具有可撤销性，即使证书本身没有明示也不允许撤销。在此条件下，开证行作出的撤销宣告无效，仍然需要承担证书本身的付款责任。但是，多数法规都规定信用证书是可以修改的，开证行有权应申请人的请求修改证书。如果修改内容属于加重相关主体负担的，这些主体没有明示或默示接受该修改的，该修改对该主体无效，他仍然承担未修改前的义务或责任。如果受益人明确通知开证行拒绝接受该修改，则该修改自始不具有修改效力。信用证书不仅可以修改，还可以转让，转让后各方当事人仍然受原证书条款的约束，转让中修改的部分按照修改规则确认责任，新的受益人必须按照修改后的内容承担责任。

信用证书交单是受益人和交单行的责任，交单行承担合理谨慎地审查单据的义务。但是，除交单行与受益人约定承担审核单据的责任外，交单行不承担货币法上的审核责任。即使受益人与交单行约定有审核单据的责任，这种责任也应该是约定的行为过失责任。在交单付款的过程中，开证行、保兑行、议付行都承担着严格审核单据的义务和责任，单证不符、即使开证申请人同意付款，也有权决定不付款。否则，因单证没有达到严格相符的标准而付款，开证申请人有权依据货币法要求由付款行自行承担责任。并且，对由于过失付款的，该付款行只能向受益人追偿款项，即使可以依据约定请求开证申请人履约，申请人也能够以付款行过失付款为由抗辩，开证行和保兑行也可依据同样的理由对议付行进行抗辩。

在受益人或其他主体欺诈交付严格符合单据的条件下，如果开证行、保兑行、议付行能够排除合理怀疑应承担付款责任。货币法与交易法是两个独立的体系，经营机构不应承担交易关系的审核责任，这将严重影响货币流通秩序与效率。除非已经存在合理怀疑，并且已经请求法院作出暂缓支付的裁定，否则必须按照信用证书规则支付。至于事实如何，应同基础合同关系一样另案处理，它们属于不同的法规关系。同理，开证行是信用证书付款的最终承诺人，在付款后有权向开证申请人要求偿还为其支付的款项。如果不能归还应以其开证保证金、其他担保品来偿付。如果仍然不能偿付，也应作为普通债权债务关系来处理。它实质上已经并非货币法关系，不能按照货币法规则而应按照实质性法规关系来处理。[1]

备用信用证书虽然也是信用证书，也是按照约定的合格单据来证明开证行是否应履行付款责任的，责任履行也独立于基础合同义务的履行。但是，它只是对履行基础合同义务的担保，不完全是为了货币的支付结算，属于货币法与担保法的交叉关系。独立保函同备用信用证书在责任性质上具有共同属性，它以保函约定的条款和单据来确定付款责任，也是为了担保基础合同义务的履行，而不完全是为了货币的支付结算，也属于货币法与担保法的交叉关系。从属保函完全以担保基础合同义务的履行作为付款条件，已经不存在任何支付结算关系，只是由银行业机构提供的一种纯粹的担保业务，应该

---

[1] 参见国际商会《跟单信用证统一惯例》，我国《国内信用证结算办法》等的规定。

完全不能适用货币法作为责任判断的依据，也不存在货币流通秩序和效率的问题，应该只适用普通担保法作为责任判断的依据。[1]

第三节 保付代理的规范

保付代理又称托收保付、简称为保理，是在委托收付、托收承付、信用证书等的基础上发展起来的，针对以赊销等商业信用方式交易商品或服务而形成的支付结算方式。具体而言，它是指供货方按照供货合同发货后，将应收账款的发票和装运单据转让给保理机构，保理机构为其提供账款催收、账款管理、坏账担保、账款融资等货币流通与融通相结合的支付结算服务。它的基本规范包括保付代理类型和保付代理责任。

一、保付代理类型

保付代理是货币经营机构为供货方或购货方提供的更进一步的综合性支付结算服务，它是商品或服务支付结算业务的进一步专业化发展。同时，采取保付代理的方式完成应收账款的回收和融资也能够提高商业信用的质量，减轻供货企业以即期付款形式销售的压力，推动货币流通行业的深入发展。保付代理的具体类型主要包括隐蔽公开保理、到期融资保理、转让追索保理、银行商业保理、国内国际保理、单独双重保理等。[2]

（一）隐蔽公开保理

按照供货方是否将应收账款转让给保理机构的情况公开，以及购货方按照约定支付货款的对象，可以将保付代理分为隐蔽保理和公开保理。隐蔽保理是供货方将应收账款出售给保理机构后，并没有将这一情况通知购货方，购货方仍然按照原约定向供货方支付货款的保理方式。通常，供货方选择隐蔽保理的方式主要是不想使购货方了解其办理保理的事实，以防止购货方怀

---

　　[1] 参见我国《民法典》合同编，国际商会《国际备用信用证惯例》《见索即付保函统一规则》，我国《最高人民法院关于审理独立保函纠纷案件若干问题的规定》《全国法院民商事审判工作会议纪要》等的规定。

　　[2] 参见我国《民法典》合同编，联合国《国际贸易中应收款转让公约》，国际保理商联合会《国际保付代理通则》，国际统一私法协会《国际保付代理公约》，我国《商业银行保理业务管理暂行办法》等的规定。

疑自己存在资金流动性困难等情况。在此条件下，保理协议仅是供货方与保理机构之间的协议，仅在它们双方之间生效。对于购货方而言，并不具有应收账款收款权的转移效力，保理机构到期也无权直接向购货方收取货款，可能会使其面临较大的应收账款损失风险。

公开保理是供货方在将应收账款出售给保理机构时，已经将这一情况通知购货方，并明确购货方的应付账款债权人已经由供货方变更为保理机构，需要按照变更后的债权债务关系到期向保理机构支付货款的保理方式。采用公开保理方式可以明确各方之间的关系，保理机构可以公开调查、核实商品或服务交易的真实性，以及供货方、购货方的信誉状况和生产经营状况，谨慎决定是否为其办理保理业务，科学合理地确定办理业务的收费和价格差额标准等。并且，由于购货方是向保理机构直接支付货款，可以减少向供货方支付货款导致的保理风险；也可以防止供货方与购货方相互串通，利用虚假的商品或服务购销合同骗取保理款项。

（二）到期融资保理

按照保理机构办理保付代理业务中各方权利义务的具体内容，可以将其分为到期保理与融资保理。到期保理是供货方将商品或服务销售的应收账款转让给保理机构，供货方与购货方的债权债务关系变更为购货方与保理机构之间的债权债务关系，保理机构负责到期收回货款，在扣除相关费用后将约定的余额支付给供货方的保理方式。它无论保理机构到期能否收回货款，也无论收回货款的数额多少，都必须按照约定的数额向供货方承担到期付款责任。它实质上是将供货方的应收账款债权出售给了保理机构，保理机构相当于对供货方提供了到期付款的担保，保理机构的业务相当于专业担保机构的业务，或者是相当于提供特殊的担保服务。

融资保理也称预付保理，它是供货方发货后凭发票和装运单据等证明其享有收款权的文件，向保理机构转让应收账款，同时请求保理机构向其预付绝大部分金额的货款，剩余货款需要等到账款回收后扣除融资利息和相关费用，再予以最终支付结算的保理形式。它实质上相当于保理机构以应收账款作质押向供货方发放的一种贷款，只是贷款的偿还首先以质押权的实现为前提条件。它是在到期保理的基础上发展而来的，到期保理是属于纯粹的支付结算服务行为，融资保理则是支付结算与货币融通的结合的货币行为。许多国家的法规强调保付代理必须存在融资行为，不存在融资行为的不构成真正的保理业务，而只是一种特殊的担保业务。

（三）转让追索保理

保付代理关系不同于其他支付结算关系，不具有完全独立性。保付代理首先要求基础交易关系必须是有效的，应收账款的转让应以它的合法有效为前提。当然，它相对于基础交易关系也具有一定的独立性，比较典型的保付代理必须是应收账款的转让与融资的结合。按照融资保理中保理机构是否享有追索权，可以将其分为转让保理与追索保理。转让保理是已经完全转让了应收账款的债权，在购货方破产、无理由拖欠或无法偿付时，无权向供货方追偿已经提供的融资贷款，购货方与保理机构之间的债权债务关系同供货方无关，供货方没有义务回购其转让的应收账款的保理形式，不能收回的应收账款构成保理机构的业务损失。

追索保理是保理机构与供货方之间转让应收账款，并以该应收账款为依据向其提供融资贷款时，还同时规定有回购协议或在保理协议中规定有回购条款。如果出现购货方破产、无理拖欠或其他无法偿付应收账款等情况，或者出现特别约定的特定不能偿付应收账款的情况时，供货方应归还保理机构向其提供的融资款项，或者以事先约定的价格回购其不能得到偿付的应收账款。这实质上相当于以应收账款为优先归还权的质押贷款，当应收账款的优先归还权不能实现时，借款人仍然需要偿还贷款的本息并支付相关费用。通常，由于有追索权的融资同无追索权的融资相比具有双重的还款保障，融资利息率要低于无追索权的融资利息。

（四）银行商业保理

按照保付代理业务经营机构的性质，可以将其分为银行保理和商业保理。从保理业务的经营内容上来看，通常认为它包括四项基本业务，即账款催收、账款管理、坏账担保、账款融资等。在这四项业务中，账款催收、账款管理虽然具有一定的特殊性，却并不属于特殊的行业，任何从事咨询管理、法律服务性的单位都可以经营。但是，经营坏账担保和账款融资业务则属于特种行业，并且纯粹的坏账担保属于相对独立的担保行业，它又可以具体分为普通担保行业和融资担保行业；纯粹的账款融资则属于银行业的业务。总体而言，在保付代理业务经营过程中，应以是否存在融资行为作为基本标志，将保理业务分为银行保理和商业保理。

商业保理是指经营账款催收、账款管理、坏账担保中一项或多项业务的保理行业和保理业务，它不得经营应收账款的融资担保和融通资金业务，在监管上也不将其作为银行业机构和业务进行规范和监管。银行保理是指经营融资性坏账担保和账款融资业务，以及其他一项或多项保理业务的，在监管上将其作为银行业机构进行规范和监管的保理机构和保理业务。银行保理与商业保理的核心区别在于，它们是否向供货方提供融资性担保或融通资金的服务，这两项业务具有比较高的负债率、流动性和社会影响性，必须制定专门的法规对其业务行为进行严格的监管，并同普通工商业类业务保持一定的产业隔离，以防止出现系统性风险。

（五）国内国际保理

典型的保付代理业务是以转让应收账款的财产权利为前提的，无论是隐蔽保理、公开保理、到期保理还是融资保理，无论是否约定有回购义务，都必须首先将供货方的应收账款财产权转移给保理机构。就此而言，如果仅仅是进行应收账款的催收和账款管理，就不构成典型意义上的保付代理，而只是一种委托代理行为。只有保理机构事实上承担了担保付款的义务或责任，或者以取得应收账款回收权为条件向其提供融资，才可能构成真正意义上的保付代理，应收账款的催收和账款的管理只是担保和融资行为中的附属性行为。特别是对于约定有回购义务的保付代理而言，既是维护保理机构的利益，也是维护供货方利益的行为。

这种区别比较突出地体现在不同区域内的保理业务上，按照商品或服务交易的性质和供货方与购货方的国籍，通常可以将其分为国内保理和国际保理。国内保理是指商品或服务交易属于国内或境内交易，供货方与购货方均为本国或境内主体的保理；国际保理则是指交易的性质属于国际或境际交易，交易双方中的某方属于外国主体或境外主体的保理。在通常情况下，国家内部设立的保税区、自贸区、境内关外等区域也作为境外来看待。对于国内保理而言，既可以单独以委托代理的形式仅仅委托保理机构负责账款催收和账款的管理，也可以转让应收账款要求其提供付款担保或融资；对于国际保理而言，往往必须进行应收账款的转让，必须提供付款担保或以应收账款回收权为条件的货币融通才构成保理。

（六）单独双重保理

在供货方与购货方并非同一地域的情况下，还存在单独保理与双重保理的问题。通常，如果供货方与购货方在同一地域内，供货方只需要同某个保理机构达成协议、建立保理关系，该保理机构就能够同时完成购货方的信用状况调查，并向供货方表明能够提供的信用额度，完成应收账款转让、账款催收、账款管理，直至收回账款的全部业务过程，不需要有其他保理机构的加入。如果供货方与购货方不在同一地域，甚至不在同一国家或境域，供货方所在地保理机构对购货方并不了解，还可能存在语言、法规等的不同，更无法直接监督购货方的生产经营情况，难以及时进行催收和管理账款。这时就需要在购货方所在地也委托一家保理机构，完成相关的保理业务，保障货款的及时回收和各方利益的实现。

按照同一应收账款业务保理机构的数量，可以将其分为单独保理和双重保理。单独保理是只委托一家保理机构，完成应收账款转让和账款催收、管理、担保、融资等业务的保理形式。按照保理机构的营业地点，又可以进一步分为供货地的单独保理和购货地的单独保理。通常，由于购货方的信用状况调查，以及应收账款的催收、管理、担保、融资等依据的主要是购货方的情况，如果供货方与购货方不在同一地域，供货方往往会选择采取购货地的单独保理。双保理是供货方分别委托供货地和购货地两家保理机构，购货地保理机构主要负责购货方的信用状况调查、信用额度评估、应收账款的催收、信息传递等委托代理业务，供货地保理机构主要负责以应收账款为条件的融通资金业务和各主体间账款划转业务。

二、保付代理责任

保付代理并不是纯粹的支付结算关系，它虽然同信用证书一样要涉及多方主体，也有交付发票和单据的过程，却不具有如同信用证书的关系独立性，它是以基础交易关系为基本依据的。但是，保理机构也会通过相关法规和约定，努力使应收账款的收付同基础交易关系具有一定的独立性，也不能完全等同于传统的债权转让关系。按照各方主体的责任可以将其分为，保理行为标准、保理效力标准、保理责任标准三个方面。[1]

（一）保理行为标准

单独保付代理行为涉及供货方、购货方、保理方三方当事人，双重保付

---

〔1〕　参见我国《民法典》合同编，联合国《国际贸易中应收款转让公约》，国际保理商联合会《国际保付代理通则》，国际统一私法协会《国际保付代理公约》，我国《商业银行保理业务管理暂行办法》等的规定。

代理行为涉及供货方、供货方保理人、购货方、购货方保理人四方当事人，无论是单独保理还是双重保理通常都首先是由供货方发起的。在供货方与购货方距离较远，需要较长时间才能将商品运输到交货地点；或者需要较长时间才能完成服务的内容；或者采取赊销方式销售商品或提供服务时，往往难以采取简单的汇划兑付、委托收款、托收承付、特约支付等独立的支付结算方式。使用信用证书的方式购货方承担的义务又比较重，甚至面临信用证书欺诈的风险，往往难以被购货方接受而影响商品销售或服务提供，保付代理则能够比较好地解决这些问题。

在比较典型的保付代理业务中，商品或服务供货方首先与购货方达成初步的交易意向，然后向供货方选择的保理机构提交《信用客户申请表》，申请保理信用额度。在国际贸易条件下，可以通过国际保理联合会等国际保理组织，按照约定同时选择购货方保理机构，也可以依靠自己的能力选择合适的购货方保理机构。供货方保理机构向购货方保理机构申请评估购货方资信情况，并给出它愿意提供的保理信用额度或它认为合理的信用额度。供货方保理机构向供货方提出保理条件，供货方同意后同购货方签订商品或服务的交易合同，同时同保理机构签订保理协议。这时供货方可选择签订单独保理协议还是双重保理协议，以及同何方保理机构签订保理协议。如果选择签订单独保理协议，则另一家应为辅助机构。

供货方依据交易协议和保理协议发货后，向保理机构交付发票、运输单据和应收账款转让声明。供货方既可以选择单独保理也可选择双重保理，既可选择同购货地保理机构也可同供货地保理机构签订单独保理协议，如果选择双重保理需要共同签署协议。保理机构将应收账款的转让声明发送给购货方，要求到期向保理机构支付货款，购货方不得无交易合同事先约定的正当理由拒绝。如果是隐蔽保理不得公开声明应收账款转让协议，购货方仍需要向供货方按期支付交易款项。如果是到期保理，到期后保理机构向供货方支付约定的货款，由保理机构承担货款支付风险，并取得资金差额收益和相关费用收益。如果是融资保理，则由取得应收账款权利的保理机构，向供货方按照约定的信用额度提供货币融通。

保理机构在购货方付款前应时刻监督其资信变化，以及其他可能影响货款按期偿付的情况，并将情况如实通报给供货方、其他保理人；涉及自身权益时，应该以债权人的身份努力维护自己的权益，直至购货人偿付全部合同约定的货款。在无追索权保理条件下，无论购货方是否能够按期支付货款，保理机构均无权向供货方追偿融资货币。在有追索权保理条件下，保理机构只要尽到保理义务，尽到合理的努力向购货方追偿应付的货款，供货方就必须承担按照约定到期回购其应收账款的责任。由此受到的损失应由供货方自己承担，或者按照保理协议约定的比例或数额由双方分别承担，不得无正当理由拒绝回购应收账款。如果发生业务纠纷，应该按照相关规定或约定，向有管辖权的裁判机关申请裁判。

（二）保理效力标准

保付代理是一种业务方式比较灵活，各方当事人之间权利义务既存在法规限制，又有较多约定的行为，它的行为效力认定标准往往比较复杂。通常，这些效力标准主要包括保理申请标准、信用额度标准、交易合同标准、账款证明标准、账款转让标准、担保义务标准、融资义务标准、账款监督标准、风险承担标准等。保理申请以供货方对选择的保理机构交付《信用额度申请书》为发挥效力的标志，表明供货方就某交易向保理机构提出保理申请。如果是单独保理，只需要提供一份申请；如果是双重保理，既可以委托保理机构选择合作机构，也可以由供货方选择合作保理机构。保理机构既可以单独向申请人提供信用额度，也可以共同向申请人提供信用额度，但只要提供了该额度就是向其作出了担保或融资的承诺。

在明确信用额度的条件下，供货方就可以同购货方签订交易合同，明确地确定商品或服务的数量、质量、价格、日期等条款。同时，应该签订保理协议，明确保理方式、应收账款转让，各方某时刻应该提供的有效单据，以及不得实施不利于交易和保理实现的行为。交易合同的效力是保理业务的基础，在供货方交付了证明应收账款已经现实存在的相关单据后，即可凭借这些单据向保理机构申请转让应收账款，转让的标志应该是发出转让声明和转让通知，并确认相关主体已经收到通知，且没有提出异议。在此同时，保理协议中约定的各项保理权利义务也都具有了实施效力，如果约定向供货人提供货款担保义务、融资义务的，该担保义务、融资义务生效，应该按照约定履行相应的担保义务和融资义务。

在货物已经发出或服务已经提供与最终收取货款之间的时段内，保理机构应该严格监督购货方的信用变化情况，发现有可能出现失信的情况或侵害权利人利益的问题，应该及时向可能的利益受害方报告情况，并尽到自己合理的努力维护委托人的利益。如果虽然已经尽到努力却仍然不能避免出现应收账款受到损失，则应根据具体约定，确定承担损失的主体。在约定到期保理的条件下，应由保理机构承担应收账款不能或不能全部偿付的风险；在约定无追索权融资保理的条件下，也应由保理机构承担全部或部分货币融通的损失；在约定有追索权融资保理的条件下，应由供货方回购全部或部分保理机构融通的货币；在供货方没有能力回购全部或部分融通货币的条件下，只能由保理机构自行承担融资货币财产损失。

（三）保理责任标准

保付代理是货币流通服务与商品或服务交易相互融合的综合关系，各方主体应该按照规定和约定的权利义务承担自己的责任。这些责任主要包括保理范围责任、信用额度责任、合同变更责任、账款转让责任、资信审核责任、账款监督责任、风险承担责任等。保理业务是以转让应收账款为前提的，并不是任何债务都适合进行保付代理，通常，个人、票据、证券等债务不应适用保理业务。此外，应收账款存在瑕疵的也不得办理保理，如存在基础合同纠纷、权利关系混乱、存在优先权利等，甚至可能存在供货方与购货方联合欺诈骗取保理机构信用的情况等。如果保理机构审核不严格，超范围经营保理业务，或者因审核疏忽出现瑕疵保理，都会给其带来较大的经营风险，或者因经营行为违反监管规范而受到监管处罚。

向供货方提供信用是保理的核心，保理机构核定的信用额度是确定性的信用承诺，一旦确定就不得变更，如果核定过高会使其面临较大的风险，如果过低则可能导致供货方选择其他机构，应按照实际情况提供保理服务，将风险控制在可以接受的范围内。如果在保理过程中任意变更信用额度，应向供货方承担违约责任。商品或服务的交易合同是产生应收账款的基础，应收账款转让后不得再修改或变更合同；如果再修改或变更合同应经保理机构同意，否则不能发挥改变应收账款数额、期限等的效力，购货方必须按照转让的应收账款单据承担付款责任。同时，购货方承担应收账款责任应以其收到账款转让通知为条件，如果没有收到转让通知或不可能收取转让声明，该应收账款的转让不应对其产生效力。同一应收账款存在多个保理权利的，以是否登记、登记时间、收到转让通知时间确定顺序。

保理业务的风险最终是应收账款的偿付风险，它在很大程度上取决于前期核定信用额度时对购货方的资信调查和审核。在资信调查审核与确认信用额度以及账款偿付监督为同一保理机构的条件下，风险和损失只能自行承担；在供货方保理机构委托购货方保理机构确认和监督的条件下，购货方保理机构应对调查审核的真实可靠性、信用额度的合理性，以及账款偿付监督的充分性负责。如果其提供的信息存在瑕疵或监督过程中存在过失，应承担过失责任，责任程度取决于法规的规定和各方的约定。应收账款保理的最终责任还是由提供担保和融资的保理机构承担的，它享有优先取得应收账款的权利；同时，也必须承担在不能付款或不能足额付款时，担保或融资款项不能回收或不能全部回收的损失。如果供货方与购货方虚构应收账款作为转让标的，除保理机构明知存在虚构的情况外，购货方不得以应收账款不存在为由对抗保理机构，应该仍然按照原交易合同和保理合同履行义务。如果在同一应收账款上订立多份保理的，应该按照是否登记、登记时间、通知时间、债权比例的权利优先顺序分配收回的账款。[1]

---

〔1〕　参见我国《民法典》总则编、合同编、侵权责任编,《商业银行法》《支付结算办法》《商业银行保理业务管理暂行办法》，以及相关国际规则等的规定。

第九章
货币票据权利规范

第一节　货币票据的属性

货币票据简称票据，它同证券货币最初既有联系也有区别。在联系上，它们都是代替金属货币流通的支付结算工具；在性质区别上，证券货币最初是证权证券，货币票据最初是请求权证券；在使用区别上，证券货币为不记名且主要服务于小额支付结算的工具，货币票据是记名且主要服务于大额支付结算的工具。目前，证券货币已经成为货币归属权的设权证券，且又发展出记账货币；货币票据依然是货币请求权证券，是为法定货币、结算货币、存款货币、约定货币等支付结算设定的请求权工具。信用证书、保付代理等的最终支付结算许多都需要使用货币票据。

一、货币票据类型

货币票据是出票人依法签发的由自己承诺无条件支付，或委托他人无条件支付确定的金额给收款人或持票人的货币证券。它同信用证书或信用额度证书具有共同属性，都是特定的付款承诺证书，只是在使用过程中各自有其特点和适用条件。货币票据是与记账货币、货币经营机构共同发展起来的，它们相互促进，共同为货币流通效率和秩序服务。按照货币票据的性质、功能和主体等可分为汇票、本票、支票三种基本类型。[1]

---

〔1〕　参见联合国《国际汇票和国际本票公约》《统一支票法公约》，美国《统一商法典》商业票据部分，法国《商法典》汇票和本票部分、《支票法》，英国《票据法》《支票法》，德国《票据法》《支票法》，我国《中国人民银行法》《商业银行法》《票据法》《支付结算办法》等的相关规定。

（一）汇票的类型

汇票是出票人签发的委托付款人在见票时，在指定日期或将来可确定的日期，无条件支付确定的货币金额给收款人或持票人的票据。根据不同的形式、内容和使用范围等，可以将汇票划分为许多种类。按照汇票的出票人不同，可以将其分为商业汇票和银行汇票；按照付款的期限的不同，可以分为即期汇票和远期汇票；按照票据是否附带单据，可以分为跟单汇票和光票汇票；按照汇票的票面制作材质和流通方式的不同，可以分为纸质汇票和电子汇票；按照汇票使用的区域范围不同，可以分为国内汇票和国际汇票等。汇票的这些分类主要是形式、内容和使用范围上的，在权利义务上的实质性划分是银行汇票与商业汇票。

银行汇票是出票银行业机构签发的，由其在见票时按照实际结算的货币金额无条件支付给收款人或持票人的票据。签发银行汇票通常首先由付款人向银行业机构提出申请，出票机构受理并收妥款项后签发汇票，将汇票和解讫通知一并交给申请人。收款人受理申请人交付的银行汇票时，应在出票金额的范围内，根据实际需要的款项办理支付结算，并将实际结算的货币金额和多余金额准确、清晰地填入银行汇票和解讫通知的相关栏内。未填明实际结算货币金额和多余金额，或实际结算货币金额超过出票金额的，银行业机构通常不予受理。银行汇票的实际结算货币金额低于出票金额的，其多余金额由出票机构退还给申请人。

商业汇票是非银行业机构签发的，委托付款人在特定日期无条件支付确定的货币金额给收款人或持票人的票据。按照汇票的承兑人不同，可以将其进一步分为商业承兑汇票和银行承兑汇票。商业承兑汇票由银行业机构以外的付款人作出承认付款的承诺，银行承兑汇票由银行业机构作出承认付款的承诺。通常，汇票的出票人应是在银行业机构开立账户的法人或其他组织，并与付款人具有真实的委托付款关系，具有支付汇票货币金额的可靠资金来源。出票人不应利用付款人或承兑人的信用，签发同实际支付结算金额存在差额的汇票，利用票据货币金额与实际需要支付金额之间的差额，获取承兑的银行业机构或其他票据当事人的信用。

跟单汇票是指汇票本身要求附带提单、仓单、保险单、装箱单、商业发票等单据，付款人或承兑人需要根据对单据的审核情况确定付款或承兑。它通常在异地商品交易过程中使用，根据将相关单据交付给购货方的具体条件，还可以进一步划分为付款交单汇票和承兑交单汇票。付款交单汇票通常出票人即为供货人，供货人按照供货合同发货后向购货人或承兑人发出附带单据的汇票，购货人或承兑人按照票据要求支付货款后才能取得相关单据，并凭借相关单据到指定地点提取商品。承兑交单汇票则是只要付款人承认付款，即可以取得相关单据并提取商品的汇票。跟单汇票既可以同跟单信用证书共同使用，也可以单独使用。光票汇票则不附相关单据，仅凭汇票就可以向付款人或承兑人请求支付票据款项的汇票。

纸质汇票是指汇票本身以纸质证券的形式存在，汇票关系和权利义务都以汇票证券上记载的内容为基本依据，汇票行为也以纸质证券的记载和交付作为货币法依据的票据。电子汇票是指汇票本身以电磁符号记录的形式存在于网络系统节点中，汇票关系和权利义务都以电磁记录的内容为基本依据，汇票行为也以电磁记录、电子网络终端的记载和交付作为货币法依据的票据。当代的各种票据都存在电子形式，它们的票据关系和权利义务都以电磁记录为依据。国内汇票是指票据当事人、票据行为、适用法规、管辖法院等均在国内的汇票。国际汇票是指存在某项或几项涉及国外或境外的因素，在具体实施票据行为或纠纷解决过程中需要考虑国际因素的汇票。各种票据都可能存在涉外因素，都可以进行国内国际的划分。[1]

（二）本票的类型

本票是由出票人签发的，承诺自己在见票时或指定日期，无条件支付确定的金额给收款人或持票人的票据。本票有两个基本当事人，即出票人和收款人。本票的出票人就是付款人，它在任何情况下都处于被请求权人的地位，对收款人、被背书人或持票人负有绝对的到期清偿票据款项的责任，而不像商业汇票需要有三个基本的当事人，在出票人和收款人之外还要有一个专门的付款人或承兑人。本票可以根据不同的形式、内容、主体类型、使用范围等划分为不同的种类。按照出票人的不同，可以分为银行本票和商业本票；按照材质的不同，可以分为纸质本票和电子本票；按照付款时间的不同，可以分为即期本票和远期本票；按照票面金额是否事先固定、具有不可变更性，可以分为定额本票和限额本票。

---

〔1〕 参见我国《中国人民银行法》《票据法》《电子签名法》《支付结算办法》《票据管理实施办法》《电子商业汇票业务管理办法》《电子商业汇票系统管理办法》等的规定。

银行本票是申请人将款项交存给银行业机构，或者银行业机构自身签发给其凭以办理支付结算或支取法定货币的票据。银行签发的本票应交给申请人或收款人，申请人可以向记载的收款人办理支付结算。收款人或被背书人凭银行本票兑取款项时，只要条件符合，银行见票即必须付款。银行本票的出票人必须是有资格的银行业机构，没有签发本票资格的机构不得签发银行本票。商业本票是非银行业机构的付款人签发的，承诺在见票时或指定日期无条件支付确定金额给收款人或持票人的票据。商业本票主要用于承诺出票人自身的债务，实际上是出票人在与他人发生债务关系时发出的一种付款承诺。本票按照付款时间有远期和即期之分，远期本票简称期票。有些国家或区域考虑到商业本票的信誉和功能，限制甚至禁止发行商业本票，银行本票往往仅限于在同一票据交换区域内的债务承诺。

（三）支票的类型

支票是出票人签发的，委托办理支票存款业务的银行业机构在见票时，无条件支付确定的金额给收款人或持票人的票据。支票以货币归属权人在银行业机构有足够的结算货币、存款货币或透支额度为基础，是一种向银行业金融机构支取款项的支付凭证。支票通常不能作为信用工具使用，不具有融资功能，出票人只能签发即期支票，不能签发远期支票。支票经过背书，可以流通转让。当出票人的记账货币或透支额度不足时，付款的银行业机构可以退票、拒绝付款，持票人对拒绝付款的支票可以依法追索。

按照不同的划分标准，可以将支票分为许多种类型。按照支票材质的不同，可以分为纸质支票和电子支票；按照票面上是否记载有收款人名称或姓名，可以分为记名支票和匿名支票；按照能够用于法定货币还是结算货币、存款货币进行支付结算，可以分为法定货币支票、结算货币支票、存款货币支票；按照付款机构是否保证无条件付款，可以分为保付支票和普通支票。对于保付支票，付款机构必须保证支票付款、不得退票；对于普通支票，付款机构则不保证付款，在出票人于付款机构存储的货币数额或透支额度不足时有权拒绝付款。按照许多国家的相关规定，单位和个人在同一票据交换区域范围内的支付结算都可以使用支票来完成。

二、货币票据性质

货币票据既不是证券货币或记账货币本身，也不是如电子支付卡片等直接对记账货币账户发布指令的工具，更不是如汇划兑付、委托收付、托收承付等要求货币经营机构在一定条件下，划转记账货币的特定权利义务界定工具。它实质上是不同主体之间记账货币划转的付款承诺和请求权工具，这种承诺往往是以相对方实施特定的商品或服务行为作为条件的。它的性质可概括为付款承诺工具、流通控制工具、信用融通工具。[1]

（一）付款承诺工具

货币票据的付款承诺工具性质，是指它是具有设权性、独立性、文义性、要式性、流通性特征的，由付款人和相关主体作出的付款承诺证书。它向收款人或持票人承诺只要满足特定条件，就有义务向其支付确定金额的记账货币或证券货币。具体而言，它是收款人或持票人的货币请求权设权证书，该货币请求权是该证书专门设定的，且仅依据该证书的存在而存在。它设定的是货币的请求权而不是归属权，就此它与设权证券货币具有本质区别，设权证券货币设定的是货币财产归属权，票据设定的是货币财产付款请求权。当然，作为设权证券，它们也有共同之处。它们的权利都以证券的存在而存在，都只能以提示证券的方式来行使。

作为货币法调整的证券，证券货币与货币票据形成的财产关系都独立于或相对独立于其他财产关系或行为关系。证券货币绝对独立于其他关系，货币证券相对独立于其他关系。就货币票据而言，除非证券本身对付款条件有特定的约定外，它的付款请求权基本上不受任何其他关系的影响。无论这种付款请求权是由于什么原因引起的或发生什么变化，它仅受证券本身的约束，基本上不受票据之外因素的影响。并且，这种独立性还表现在不同票据行为之间，不同行为人的行为也具有一定的独立性。当然，货币票据的独立性是相对的，许多法规也要求票据权利的取得必须出于善意，不得故意利用其独立性侵害相对人的利益。

既然货币票据是设权证券，要保持相对独立性，就必须强调它的文义性、要式性。票据的文义性强调，它的权利义务仅以证券记载的合法文字来确定，基本不受记载之外的其他事项的影响，权利人只能依据票据记载行使

---

〔1〕 参见联合国《国际汇票和国际本票公约》《统一支票法公约》，美国《统一商法典》商业票据部分，法国《商法典》汇票和本票部分、《支票法》，英国《票据法》《支票法》，德国《票据法》《支票法》，我国《中国人民银行法》《商业银行法》《票据法》《支付结算办法》等的相关规定。

权利，义务人也只按记载承担义务。票据的要式性要求，它必须具备规定的必要形式和内容才能被视为是有效的承诺，不满足特定的形式和内容要求，证券或其某项承诺的内容不具有货币法效力。这些条件既是为了满足票据设权性和独立性的要求，也是为了满足其流通性的要求，使票据不仅是单次的行为权工具，也可以在一定程度上成为权利归属的工具，不断在主体之间转让行为权的归属权利。票据的文义性、要式性、流通性同证券货币也是具有一致性的，只是证券货币强调的更加严格。

（二）流通控制工具

在记账货币的支付结算工具体系中，汇划兑付、委托收付、特约支付等支付结算工具基本上只能起到划转货币的作用，多数不能起到对引起该行为原因的控制作用，主要适用于能够即时交付的商品服务或投资品的流通。信用证书虽然在支付结算的同时也具有较好的引起该行为原因的控制作用，却必须将交易主体的商业信用转化为银行业机构的信用，缺乏流通主体之间支付结算权利义务选择的灵活性。并且，它主要只能在单次的商品或服务交易中使用。保付代理具有保理机构授权的信用额度，可以一次性地长期委托银行业机构经营其保理业务，同时还可以提供相关支付结算服务，却也难以在交易主体之间灵活、方便地使用。

货币票据首先具有较好的流通控制作用，在交易开始时即可通过提示票据向供货方表明购货方具有良好的货币支付能力，供货方可以在确认后再履行合同、发运商品；购货方也可以在供货方应履行的义务已经确认无误后再向其交付票据，授予其确定数额货币的支付请求权。如果购货方对供货方的支付能力有怀疑，也可以要求将商业信用转化为银行业信用，最大限度地提高其货币支付信誉。购货方取得票据后，还可以将其依据票据本身享有的货币请求权直接转让给其他主体，作为其他商品或服务交易的支付结算工具，或者将其直接转化为不同体系的货币。这些功能和作用及其灵活性是其他支付结算工具不完全具备的，也是它们难以完全替代的。

（三）信用融通工具

货币票据同其他支付结算工具相比，不仅具有灵活、方便的流通控制功能，还可以在一定程度上作为信用融通的工具。它可以通过票据交付时间与货币给付时间的差异，向付款人或相关主体提供信用，延迟货币请求权的行使或暂缓进行货币的实际给付，从而在事实上发挥借贷工具的作用。甚至有些票据类型在现实生活中主要用于进行货币的借贷，往往同实际的商品或服务交易无关。虽然多数国家都在一定程度上限制票据的信用融通功能，或者将其控制在一定的可接受范围之内，但票据的这种基本功能还是实际存在的。目前，相关法规都不完全禁止票据的信用融通功能，如果完全限制了它的这种功能，票据也就失去了许多存在的意义。

这里必须明确的是，货币流通与货币融通是具有严格法定界限的。票据具有一定的信用融通功能并不代表它主要是货币融通工具，至少它不应是典型的货币融通工具。票据是针对特定主体的记名货币证券，它的基础功能是支付结算工具而非融资工具，完全没有支付结算功能的票据是应严格禁止发行的。通常，各国法规都严格区分作为货币融资工具的证券和作为支付结算工具的票据；票据收款人或持票人只享有票据金额的请求权，无权要求票据金额之外的价值增值收益；票据只能对特定的主体签发，不得同时向众多的不特定主体签发；不得以筹集资金和标准化交易为目的签发票据，不得设立货币票据的标准化交易平台或场所。[1]

第二节　票据权利的取得

货币票据是货币请求权的设权证券，虽然收款人或持票人的权利取得通常会存在特定的基础，但其权利产生和行使却不以其他权利的存在为依据，仅以票据的签发和交付而设定。票据是受货币法调整的证券，货币法之外的相关性财产关系只能通过其他财产法主张实质性权利，这种财产权利的主张同货币法是不同的财产关系，不能依据货币法而获得救济。货币法中票据权利取得的规范主要包括票据权利内容和权利取得类型。

一、票据权利内容

货币票据是货币权利义务的综合体，从付款人和相关主体的角度来看，

---

〔1〕 参见美国《统一商法典》商业票据、信用证、投资证券部分，以及《证券法》《证券交易法》《期货交易法》，法国《商法典》汇票和本票部分、《支票法》《证券法》，英国《金融服务法》《票据法》《支票法》，我国《中国人民银行法》《商业银行法》《票据法》《证券法》《期货和衍生品法》《支付结算办法》等相关法规的规定。

它是确定金额货币给付的承诺；从收款人或持票人的角度来看，它是确定金额的货币给付请求权利。当然，票据关系并不仅限于此，随着不同当事人的加入，它还会形成更加复杂的权利义务关系，这些关系既应从权利的角度界定，也应从义务或责任的角度规定。从票据权利的角度来看，它的内容可以概括为付款请求权、付款追索权、附属利益权。

（一）付款请求权

货币票据既可以由付款人或相关主体向收款人签发，也可以由收款人向付款人或相关主体签发，他们或是约定自己享有确定金额的货币请求权，或是约定对方承担确定金额的货币付款义务。无论票据签发的方向如何，从权利享有主体的角度来看，他享有的都是确定金额、特定类型的货币给付请求权，相对方承诺的都是相应的货币给付义务。因此，票据权利的首要内容是付款请求权，是一种要求相关义务人给付货币财产的行为权。作为请求权，它不是对货币的直接支配权，持有票据并没有权利直接发出货币支付结算指令，而只能请求作为记账货币权利人的义务人对经营机构发布给付指令，或者直接向票据义务人请求给付货币财产。

货币请求权本身请求给付的只能是货币，不能给付其他财产用以代替。如果给付的是其他财产，即使请求权人同意，也应视为是票据请求权与该财产的交易。付款请求权指向的货币类型应该同票据上记载的货币类型一致，既可以是法定货币、结算货币、存款货币，也可以是约定货币。在付款人为货币经营机构的条件下，通常应该理解为是付款人经营的货币；在付款人是非货币经营机构的条件下，应理解为是法定货币体系的货币，具体支付何种货币由收付双方在票据上确定。当然，肯定可以支付法定货币，尤其是法定证券货币。如果要求支付其他区域的货币，必须在票据上作出明确记载，否则通常应理解为是付款地法定货币体系的货币。

（二）付款追索权

付款追索权是票据收款人或持票人在付款请求权行使不能的条件下，向将票据权利转让和担保的直接和全体前手，主张追偿票据上记载的货币金额的权利。付款请求权行使的不能是指收款人或持票人行使权利被拒绝，或者无法找到付款人的客观状态。付款追索权是第二层次的付款请求权，是在第一层次的付款请求权不能行使的条件下自动产生的第二层次的权利。它的货币权利金额同付款请求权是一致的，它的权利请求对象是全部同持票人存在票据权利转让和担保关系的全部前手，他们都对持票人的追索权承担连带付款义务。并且，在某前手承担了追索权的付款义务后，就取得了向他的全部前手再一次追索的再追索权，直至某最终责任人承担了票据金额的责任，或者最终追索到票据上记载的出票人。

票据追索权和再追索权的产生来自票据转让后法定的付款担保义务，票据付款请求权的转让不同于普通商品或服务的交易，交易完成后财产的归属权就发生了变更，购买人不得因交易本身的问题向出售人要求退还已经支付的款项，并将商品或服务交还给出售方。票据付款请求权转让的应该是可以实现的请求权，前手必须向后手担保转让的权利是可以实现的。如果转让的权利不能实现，就必然有权向前手要求偿付其转让的价款。追索权不仅存在于票据转让中，也存在于许多应收账款的转让中。如保理机构以融通特定信用额度的货币为代价购买了应收账款，并保留了不能实现的追索权时；或者信用证书中议付行保留了在到期拒绝付款的追索权时等，相关权利人也有权追索相当于融资金额的货币资金。追索权是由请求权实现的担保义务产生的，是请求权不能实现时的担保请求权。

（三）附属利益权

附属利益权是指由于票据请求权不能正常行使，给收款人或持票人带来实际财产损失的追回和偿付的附属性权利。它不是货币票据本身的权利，票据本身的权利就是票据金额的付款请求权，票据权利人首先只享有付款请求权。如果付款请求权不能正常行使，收款人或持票人就必须采取相应的措施行使追索权。它的前提是必须证明收款人或持票人已经正常行使了付款请求权，不存在行使权利超过约定期限或怠于行使权利的状况。这些要求在付款人拒绝付款的情况下还比较容易实现，如果是由于无法找到付款人或付款人拒绝提供相应的证据，就必须采取相应的证明措施，这些费用也都应该由被追索权人承担。并且，行使追索权通常不能按期收到票据款项，这段时间的利息也应该属于被追索权人应该支付的费用。

票据的附属利益权具体包括通知费用、证据费用、利息费用等。这些费用不是票据本身的财产权利，而是行使追索权的必要支出和不能及时获得付款，导致的利益损失产生的权利。通知费用和证据费用的内容比较复杂，不同的被追索权人和不同的付款人情况，需要支出的费用内容也不完全相同，只要是必要的费用就应该由被追索权人承担。票据是货币证券，票据上记载的货币金额是不具有增值属性的，付款请求权和追索权都只能针对票据金额。但是，在票据到期后它的财产属性也就发生了变化，它不再是货币本身而变成了资金，会产生价值的增值。因此，被追索权人还必须支付到期日至付款日之间的利息，利率水平应该按该时段的平均利息确定，应参照银行业机构或金融市场的平均利息水平。

票据权利除这三项权利外还存在相关性权利，这些权利主要包括发行复本请求权、票据复归请求权、票据审核抗辩权、利益返还请求权等。发行复本请求权通常是指汇票的持票人在持有票据原本的条件下，有权要求出票人向其交付该票据的复写本，以方便进行异地之间的承兑和转让时使用。票据复归请求权是指在权利人失去对票据持有的条件下，有权要求不享有权利的持有人归还票据。票据是以合法记录的权利人名称或姓名确定归属权的，非权利人不享有持有票据的权利，且有义务将票据归还给票据上记载的权利人。票据审核抗辩权是票据权利的责任人依法享有的，以货币法为依据对抗持票人的权利，主要包括对持票人的抗辩权和对票据的抗辩权，通过证明持票人或票据存在权利瑕疵，拒绝履行票据义务。

票据的利益返还请求权是指由于各种原因导致票据权利丧失，收款人或持票人享有的请求票据利益的实际获得主体返还相应利益的权利。票据权利丧失的原因主要包括，收款人或持票人怠于主张票据权利而导致票据权利超过行使期限，票据权利保全手续欠缺而使其丧失票据权利，或者票据记载事项欠缺导致票据无效，权利人丧失对票据的持有而导致权利无法行使等。利益返还请求权既不同于付款请求权、追索权，也不同于附属利益权、复本请求权、复归请求权和审核抗辩权；这些权利中，前者是票据本身的货币财产权利，后者是票据的附属性和直接相关性权利。利益返还请求权不是票据权利，此时票据权利已经依法消灭，该权利在货币法意义上已经不复存在，只能通过其他财产关系进行实质性追偿。[1]

二、权利取得类型

票据的基本权利是收款人或持票人享有的确定金额货币的请求权，是能

---

[1]　参见我国《民法典》总则编、合同编、侵权责任编，《中国人民银行法》《票据法》《支付结算办法》《票据管理实施办法》《最高人民法院关于审理票据纠纷案件若干问题的规定》等的规定。

够依据货币法权利体系的规定行使的权利，是以票据金额的支付结算作为最终目的的权利。虽然，票据权利的来源同商品或服务的交易具有密切联系，各货币区域对它们之间的联系程度也有不同的规定。但是，作为不同性质的财产法体系，它们在任何货币区域都是有严格界限的，它是按照货币法的价值追求和客体条件来系统地设计其规范体系的。票据权利的取得主要包括原始取得与继受取得、善意取得与恶意取得四种基本形式。[1]

（一）原始继受取得

货币票据是设权证券，它的权利设定来源于出票人签发并交付票据的行为，至于出票人出于何种原因签发票据，这些原因是否合法、是否有效、将来会发生什么变化，都同货币法没有直接的联系，在货币法司法过程中也不应考虑这些因素。因此，票据权利的原始取得或称最初取得只能来自出票人，来自出票人的签发票据、记载或授权记载收款人的名称或姓名，将合格的票据交付给善意收款人，由付款人作出保证到期付款的承诺，使收款人依法享有该票据的合法付款请求权的行为。票据权利原始取得的核心条件是签发的票据符合法定要式的要求，达到合格票据的标准，同时出票行为不违反相关法规的禁止性规定。并且，即使违反相关法规的禁止性规定，也还存在票据有效性禁止和无效性禁止的认定问题。

票据权利的继受取得是收款人合法取得票据之后，又通过一定的程序和方式将票据权利转让或再转让给其他主体，受让主体从有正当处分权的持票人手中取得票据权利的行为。按照继受取得票据权利的依据可以将其具体分为，货币法上的继受取得和非货币法上的继受取得。货币法上的继受取得是通过背书转让或无记名票据的交付等，货币法承认的权利转让方式取得的票据权利。只要这种转让方式能够依法得到货币法的承认，就产生继受取得的效果。非货币法上的继受取得是通过非货币法上的转让方式，依据其他财产法的规定，合法有效地取得票据权利，如继承、赠与、税收、单位合并等。依据这些行为合法取得票据权利需要附加证据，否则在继续转让过程中会因转让记录的中断而无法证明权利的正当性。

---

[1] 参见美国《统一商法典》商业票据、信用证、投资证券部分，以及《证券法》《证券交易法》《期货交易法》，法国《商法典》汇票和本票部分、《支票法》《证券法》，英国《金融服务法》《票据法》《支票法》，我国《中国人民银行法》《商业银行法》《票据法》《证券法》《支付结算办法》等相关法律法规的规定。

（二）善意恶意取得

票据权利的善意取得是指持票人在主观上出于善意，客观上无重大过失和违法行为，依据货币法或财产法承认的转让方式取得票据，它的结果是依法享有票据权利。这里的善意不仅是指一种心理状态，还可以进一步分为必要性善意和充分性善意。必要性善意主要包括，主观上无恶意、客观上无重大过失、取得票据的方式合法、履行了法规要求的程序等；充分性善意主要包括，支付了公平的对价、没有违反相关监管规则、对存在的相关纠纷不知情等。通常，按照各区域货币法的规定，必要性善意是对善意取得的基本要求，违反这些要求都不会被认定为善意取得；充分性善意是对善意的选择性要求，违反这些要求主要影响的是票据权利的完整性，只有在比较严格的规范下，才会认为它影响票据权利的效力。

恶意取得票据权利是与善意取得相对的概念，它是指主观上出于恶意，客观上没有尽到合理的注意义务，依法认定为是出于恶意而取得的票据权利。它的结果是该票据权利不具有合法效力，也可以进一步分为必要性恶意和充分性恶意。必要性恶意主要包括，以欺诈、偷盗或胁迫等手段出于主观恶意，明知出让人无正当处分权或以非法手段取得票据权利，票据缺乏必要的有效性记载事项，没有履行要求的转让程序等；充分性恶意主要包括，支付的价格低于对价水平、违反限制性法规的规定、应知能知出让人无正当处分权等。通常，按照各区域货币法的规定，构成必要性恶意肯定不享有票据权利，构成充分性恶意是否享有或享有多少票据权利，应依据货币法对票据的货币流通属性规定的强弱进行判断。

票据权利的善意或恶意取得并不是绝对的，从绝对意义上讲，货币财产权的归属只强调以不同方式持有货币客体的事实，并不强调形成这一持有事实的原因。但是，货币票据只是货币请求权而非货币归属权的证券，且主要服务于大额的商品或服务流通，权利的界定标准对当事人利益具有比较大的影响。虽然，作为货币票据也要强调它的流通效率和秩序，却没有必要如同货币一样绝对强调。因此，各区域相关法规也才有对善意和恶意取得进行必要性和充分性划分的要求，主要目的在于根据具体情况均衡票据流通性与安全性的关系。既在一定程度上从货币法理念出发，保护流通效率和秩序；又从商品或服务的流通安全性出发，尽量保护交易当事人的利益，根据具体情况选择票据独立于商品或服务流通的程度。强调独立性就会减轻对恶意性的

认定标准，强调融合性就会增强对恶意性的认定标准。

第三节　票据权利的行使

票据是付款承诺和请求权的证书，它的权利发生以做成票据为前提，权利转让以签章和交付票据为必要，权利享有以合法的记录、证明、持有为基础。持票人享有票据权利的目的是行使权利、获取付款人承诺的货币。票据权利的行使是一个复杂的过程，在此过程中可能会遇到各种各样的情况，不同情况应依法采取不同的处理方式。按照权利行使的过程可以将其分为付款请求权行使、付款追索权行使、票据权利的消灭。

一、付款请求权行使

付款请求权行使是合法持票人依据票据权利，向承担付款义务的关系人请求支付票据金额的过程。不同的票据有不同的付款义务人，汇票的付款义务人是承兑人，本票的付款义务人是出票人，支票的付款义务人是经营支票业务的银行业机构。他们是票据第一责任的付款义务人，权利人应首先向他们行使付款请求权。如果付款人按照程序顺利付款就会结束全部票据关系，如果付款人拒绝付款或不能付款；就必须制作拒绝证书。[1]

（一）行使程序

付款请求权的行使应首先由合法持票人在票据上签章、向付款人提示票据，表明希望行使付款请求权、要求付款人支付票据金额的愿望。行使票据权利应该在付款义务人的营业场所和营业时间进行，没有营业场所和固定营业时间的，应在其住所和合理时间进行。票据是货币请求权的证券，权利的行使有严格的时间长度限制，行使票据权利必须在票据有效期内进行。不同票据的有效期有不同的规定方式，对不同的义务人也有不同有效期的限制。通常，对第一责任付款义务人的有效期按照票据上记载的时限确定，对于票据上记载的出票人、承兑人等特定主体的有效期往往由法规直接规定，多数情况下等同于普通请求权的法定时效。

---

〔1〕　参见美国《统一商法典》商业票据部分，法国《商法典》汇票和本票部分、《支票法》，英国《金融服务法》《票据法》《支票法》，我国《票据法》《支付结算办法》等相关法律法规的规定。

票据权利人应在对第一付款责任人的有效期内提示票据、请求付款，如果超过该有效期限提示付款就会导致该付款请求权失去效力，并由于该付款请求权失效，也同时导致对非特定主体的追索权丧失效力。在此条件下，只能向票据的特定义务主体行使追索权。因此，如期提示付款也是保全票据权利的重要措施，它保全的不仅包括对前手的追索权，还包括同该时效相关的诉讼权利等。如果超过对全部主体行使付款请求权的时限，就会丧失全部的票据权利，使票据成为无效票据。在此条件下，它只能起到行使利益返还请求权证据的作用。如果法规规定对特定义务主体行使付款请求权的时限与普通请求权时限一致，则会丧失全部相关权利。

（二）拒绝证书

拒绝证书也称拒绝付款理由书，它是证明持票人在有效期内已依法行使了票据的付款请求权，且被第一责任的付款人拒绝或无法实现付款请求权的证明书。拒绝证书是持票人保全票据权利、行使追索权或其他权利的重要依据。它向其他付款义务人证明权利人已经按要求的时间、地点、方式行使了票据权利，但遭到拒绝或事实上权利无法行使。在此条件下，第二责任的义务人作为被追索人应该向其承担付款责任。拒绝证书是要式证书，必须明确记载必要的证明事项。这些事项主要包括，拒绝人、被拒绝人的姓名或名称，被拒绝人已经提示付款的时间、地点、方式，拒绝证书的制作机构和制作时间，同时必须具有制作机构的签章。

制作拒绝证书的责任人是票据上记载的第一责任付款义务人，如果持票人如期向其提示付款，付款人依据某抗辩事由拒绝向持票人支付票款，必须承担制作拒绝证书、证明持票人的提示付款行为和说明拒绝付款理由的义务。如果第一责任付款人已经丧失主体资格，如破产、撤销、解散、死亡、丧失行为能力等，或者由于各种原因已经下落不明，不可能制作拒绝证书，应该请有权作出该证明的机关或单位证明这一事实，表明持票人即使尽到合理的努力也不可能获得第一责任付款义务人的付款。并以此为依据要求向其直接或间接转让票据权利时，承诺担保付款的前手承担连带担保付款责任，在规定的时限内行使追索或再追索权。

二、付款追索权行使

付款追索权是票据的第二付款请求权，它是由票据前手必须向后手承担担保付款或承认兑付的义务产生的票据权利，对于非即时付款的票据而言，承认兑付也是担保的内容，它们共同保证票据权利的实现。这是由于票据是付款请求权证券，而不是货币归属权证券，如果是货币归属权证券，则不需要设置追索权。付款追索权的行使也有比较复杂的规范，这些规范主要包括追索的对象和追索的时限两个方面。

（一）追索对象

付款追索权是票据后手对前手的权利，总体而言，在合法持票人不能获得付款或承认兑付时，对其所有的前手都享有追索权，票据的全部前手都必须对追索权人承担连带的清偿责任。除非在票据转让时转让人明确记载不得再转让的文义，他才对被转让人的后手免除担保付款的责任，否则这种担保就是对所有后手的担保。只有在追索权人是某些特定主体时，他的追索权才会受到特定的限制。如果追索权人同时是出票人，他只能对承兑人享有追索权；如果追索权人同时是背书人，他只能对其前手享有追索权。这同票据转让时担保义务的方向是一致的，票据权利转让人只对其后手担保，票据承兑人也向出票人承诺付款。

付款追索权还可以具体分为到期前的追索权和到期后的追索权。到期前的追索权是指在付款期限到期之前已经能够确定不能付款或承兑，持票人的追索权可以提前确定并行使的状况。通常是第一责任的付款义务人已经丧失主体资格或下落不明，到期后付款请求权肯定不能够行使。到期后的追索权是第一责任的付款义务人，在到期提示付款时提出抗辩、拒绝付款或承兑的状况。这时追索权的产生时间是在票据到期日，追索权的行使时间肯定在票据到期之后。票据追索权的另一对象是追索金额，它应该是被拒绝的票据金额与附属利益之和，这里的附属利益主要包括到期日至清偿日的利息和拒绝证书制作与通知等费用。

（二）追索时限

票据的付款请求权属于行为权，是有具体的时间效力界限的，在此基础上形成的追索权也同样是行为权，也必然存在法定和约定的时间限制。付款追索权的时间限制通常主要包括拒绝证书时间限制、收发通知时间限制、实施追索时间限制、特定前手时间限制等。拒绝证书时间限制是指从持票人付款请求权行使被拒绝，或者确定付款请求权不能行使之时起，到拒绝证书制作完成的时间限制。它通常以正常条件下从申请之日开始，到拒绝证书制作完成并交付给追索权人需要的时间加一定的宽限期来确定。提出抗辩的第一责任付款义务人，依法有义务或有职责证明主体资格已经消灭或下落不明的机构，应在限期内向合格的申请人提供拒绝证书。

追索权人收发通知的时间限制，是指持票人自收到拒绝证书之日起，到追索票据金额的通知对前手发出，或者被通知的前手接收到该追索信息的时间限制。它具体包括追索权人向其前手发出或收到通知的时间限制，以及其前手向再前手发出或收到通知的时间限制，通常该通知应该在适当多个工作日内发出或收到。如果由于追索权人发出或收到通知不及时的原因给被追索权人造成损失，追索权人应该承担被追索权人的损失赔偿责任，但该赔偿责任的数额应以票据金额为限。实施追索时间限制是指追索权从发出通知之日起到追索权失效的时限，它也具体包括初次追索时限和再追索时限，它通常需要比较长的时间。特定前手时间限制是对特定前手的追索权失效时限，它通常等于普通请求权行使的法定时限。

三、票据权利的消灭

票据权利的核心是付款请求权，它是一种请求对方实施付款行为的权利，如果对方实施了该行为，行为请求权必然归于消灭。票据又是一种货币流通证券，为提高货币流通效率、维护流通秩序，也必须规定比较严格的权利消灭时限。票据还是要式和设权证券，如果票据在签发时存在问题，或者完全丧失对票据的持有也会导致权利的灭失。总体而言，票据权利消灭的具体形式主要包括付款消灭、时效消灭、瑕疵消灭、丧失消灭。[1]

（一）付款消灭

票据权利的付款消灭是它的正常消灭方式，票据的货币法功能是能够实现对商品或服务流通控制的支付结算方式，是购货方实现对供货方有控制的货币财产权转移的支付结算工具。如果到期持票人按时提示票据请求付款，票据上的付款义务人履行了付款义务，票据就变成了记账货币的记账凭证。实现了账户记录的变更，也就完成了它的使命，票据的全部权利义务关系就

---

[1] 参见联合国《国际汇票和国际本票公约》《统一支票法公约》，美国《统一商法典》商业票据部分，法国《商法典》汇票和本票部分、《支票法》，英国《金融服务法》《票据法》《支票法》，我国《民法典》《中国人民银行法》《票据法》《支付结算办法》《票据管理实施办法》等相关法律法规的规定。

都归于消灭，该商品或服务的流通和货币的支付结算也就全部完成。在具体操作过程中，票据权利的付款消灭可以包括付款请求权的付款消灭和追索权的付款消灭。虽然追索权的付款可能包括多次追索关系，最终责任主体支付了款项也会导致票据关系的全部消灭。

票据的付款还可以进一步分为全部付款和部分付款。有的货币法禁止部分付款，将部分付款认定为拒绝付款；有的货币法允许部分付款，这时仍然会产生剩余付款的追索权，还应该按照追索程序行使追索权。追索权行使的最终结果只有两个：一是获得付款消灭票据权利；二是仍然不能获得付款，追索权人只能提起仲裁或诉讼。它的最终结果也会有两个：一是付款义务人依据最终裁决支付票据金额和附属利益，二是付款义务人没有足够的财产用于支付相关款项。这时就只能通过破产程序请求付款义务人偿还，在全部破产债务中票据属于普通债务，只能按照清偿顺序和比例获得部分偿付。至此，全部票据权利也归于消灭。

（二）时效消灭

票据的付款请求权和追索权都是对付款义务人的行为权而非归属行为权，归属行为权是以财产的归属为依据的，只要归属权没有消灭，它的行为权就不可能被消灭。通常，为了保护财产归属权人的利益，归属权都是没有时效限定的，直接以归属权为依据的行为权也是没有时效限定的。即使如此，不直接由归属权人享有的财产行为权也是往往有时效限定的，超过有效时限必须回归于财产归属权人。票据的付款请求权和追索权，是付款义务人承诺的货币行为权，它是与归属权没有直接联系的纯粹行为权，它不仅有财产法统一的行为权时效限制，还具有货币法特殊的行为权时效限制，超过法定或约定时效权利即归于消灭。

票据权利的时效主要包括付款请求权时效、原追索时效、再追索时效、再请求效力等。付款请求权时效还可以进一步分为普通付款义务人时效、特定付款义务人时效。对普通付款义务人的时效仅限于到期日，对出票人、承兑人的付款请求权可以在相对较长时间内有效。原追索时效是第一个追索权人行使追索权的时效，再追索时效是第二个以后追索权人的追索权时效。通常，原追索权的时效会短于普通行为权的法定时效，再追索权的时效会短于原追索权的时效，以维护货币流通的效率与秩序。并且，在全部票据权利均因时效而消灭后，持票人还可以向最终付款义务人申请再请求权效力，经同意后也可以使票据恢复付款请求效力，以避免再凭借实质性的商品或服务提供关系，向付款人重新申请出票或偿付相关款项。

（三）瑕疵消灭

票据权利的瑕疵包括许多方面，足以导致票据权利被消灭的瑕疵主要包括出票行为瑕疵、票据记载瑕疵、保全手续瑕疵等。这里的出票行为瑕疵主要包括出票理由瑕疵和出票意思瑕疵。出票理由瑕疵是指出票行为是否存在合法依据，是否存在法规禁止出票的限制。就纯粹货币法而言，它是不要求支付结算理由的，但有时为了排除票据的融资功能，有些区域的法规也会强调出票的理由，没有真实的交易或债权债务关系，不得实施出票行为。如果该限制是效力性的，会导致票据和票据权利均无效；如果是非效力性的，虽然行为违法，却不必然导致无效。此外，如果出票行为属于出票人的非真实意思表示，是胁迫或欺诈的结果也会影响其效力。

票据是要式证券，有效票据必须具备法定的必要记载事项，且在不同行为阶段往往还有不同的要求。如果票据不能满足法定要式的要求，法定绝对必要记载事项欠缺。并且，也没有按照要求进行补充或补记，票据自出票开始就是无效票据，票据无效必然导致票据权利无效。在此条件下，它实质上不是票据权利的消灭，而是票据权利自始就没有产生。保全手续瑕疵主要是对追索权而言的，如果持票人行使付款请求权时已经超过了法定或约定的付款期限，或者在付款被拒绝或不能实现时没有及时制作拒绝证书，或者在规定期限内没有向前手发出追索通知、主张追索权，也会出现因权利保全手续欠缺而产生追索权被消灭的状况。

（四）丧失消灭

票据权利的产生都是有依据的，甚至这些产生的依据还可以成为决定其是否有效的重要理由。但是，多数区域的货币法都规定，票据权利同其产生的原因是具有相对独立性的。货币法通常认为票据权利仅仅是由签发和交付票据的行为而产生的，这些权利是出票行为设定的，权利与票据同在，行使权利必须提示票据，丧失票据就会丧失票据权利。至少在丧失票据的状态下，失票人无法再行使权利。票据丧失是指因灭失、遗失、被盗、被抢等，事实上失去对票据证券的持有状态，它又可以分为绝对丧失与相对丧失。绝对丧失是有证据表明票据证券已经灭失不复存在的状况；相对丧失是虽失去证券的持有，却没有证据表明已经灭失的状况。

票据丧失虽然不必然导致权利的消灭，却因为不再持有票据而无法行使票据权利，必须采取相应措施恢复对票据的持有才能继续行使权利。这时持票人能够采取的措施主要包括，自行采取合法措施努力恢复对票据的持有，通过司法途径恢复对票据的持有，或者请求出票人重新出票恢复票据权利。如果失票人能够通过自己的努力恢复对票据的持有，在有效期内仍然会享有票据权利。如果通过司法程序发布票据丧失公告，现持有人向原持有人归还丧失的票据，在有效期内也能够恢复票据权利。如果采取这些手段都不能恢复对票据的持有，或者原票据已经绝对丧失，原票据权利就会完全消灭，只能凭借实质性财产关系申请出票人重新签发新的票据。

第四节　票据权利的救济

票据权利在通常情况下都能够得以正常行使，即使付款请求权不能正常行使也能够正常行使追索权，并通过追索权实现票据权利和相关利益。但是，在某些特殊情况下，可能付款请求权和追索权都不能正常行使。并且，许多对票据权利行使的限制，既是对其自身利益的保护，也是票据当事人的正当权益，这时就必须采取票据权利的救济措施。票据权利的救济主要包括票据丧失救济、伪造变造救济、抗辩权的行使。

一、票据丧失救济

票据丧失虽然有时会导致权利的消灭，必须向出票人请求重新签发票据才能再次获得票据权利。但是，在相对丧失的条件下，失票人并不能直接阻止其他持有人行使票据权利。许多情况下，其他持有人可以转让票据权利或直接行使票据权利。因此，票据丧失不仅要考虑权利消灭的问题，更重要的是要依法采取适当的救济措施保护相关主体的利益。票据丧失的法定救济措施主要包括挂失止付、公示催告、提起诉讼三个方面。[1]

（一）挂失止付

票据的绝对丧失不会导致权利人受到间接损失的威胁，失票人可以在提

---

〔1〕　参见美国《统一商法典》商业票据部分，法国《商法典》汇票和本票部分、《支票法》，英国《金融服务法》《票据法》《支票法》，我国《票据法》《支付结算办法》《票据管理实施办法》等相关法律法规的规定。

供担保的条件下要求出票人交付复本以行使票据权利，或者重新签发新的票据；也可以请求法院出具相关的裁判，命令付款人有条件地支付：还可以依据除权裁判要求出票人重新签发票据。在相对丧失的条件下，则会面临着实际持有人行使票据权利的威胁。如果票据款项被冒领或善意第三人合法取得票据，失票人没有权利要求无过失的付款人承担责任，也没有权利要求善意取得人返还票据或返还票据款项，只能通过实质性财产关系获得补偿。因此，必须采取相应的救济措施，保护自身的票据权利。通常，在票据相对丧失时，首先应采取的具有货币法效力的措施是挂失止付。

挂失止付是失票人将失票情况通知付款人，在票据金额未被合法支取的条件下请求停止该票据的支付。挂失止付首先需要向付款人提出申请书，申请书应写明票据丧失的时间、地点、原因，票据种类、号码、金额、出票和付款日期、付款人和收款人姓名或名称，挂失止付人的姓名或名称、营业场所或住所、联系方式等。挂失止付只能向付款人申请，付款人应尽到合理的可能协助失票人完成本系统内的止付程序，并在可能通知到的时限内生效。挂失止付生效的效力是暂时停止支付，票据权利人处于依法待定状态，除非收到付款委托人对该票据的支付指令或法院裁定；否则，在挂失止付有效期内不得向任何主体支付该票据金额。

（二）公示催告

挂失止付只是票据金额限期内的支付暂停状态，并不能解决票据权利的最终行使和超过限期的恢复付款问题。如果要彻底解决票据权利归属问题，必须通过法院的公示催告程序。公示催告是法院依据失票人的申请，公示催告利害关系人于一定期限内向法院申报权利，到期无人申报即可作出票据无效的裁判。失票人可依据判决直接请求付款人支付原票据款项，或者向出票人重新申请再次签发相同的票据。在传统法规中，公示催告通常只能向付款人所在地的法院提出申请，在网络支付条件下，付款人各分支机构或支付终端都能够实现票款的支付，这时应该以实际付款人的货币账户为依据，向实际付款人开立账户的银行业机构当地法院申请。

公示催告的效力主要包括：催告期间该票据的全部票据关系冻结，实施的任何票据行为都属于无效行为；付款人收到止付通知或法院发出催告公示后，应立即停止该票据款项的支付，在未作出权利归属的裁判前，对任何主体支付票款都需要自行承担责任；同时，公示催促票据利益关系人在规定期限内向法院申报权利，无人申报权利则作出票据权利无效或归属于申请人的裁判。如果法院最终裁判票据无效，申请人可凭借此裁判向出票人申请重新签发票据，或者以该裁判作为票据权利证明向付款人申请支付票款。具体应采取何种方式，既取决于申请人的选择，也取决于票据法规的具体规定。如果因正当理由不能在裁判生效前申报权利的，自知道或应当知道裁判公告之日起，于规定期限内应向法院提起诉讼。

（三）提起诉讼

在正常情况下，由于只有正当的票据权利人才会申请公示催告，催告有效期间应该不会有其他主体申报票据权利，法院作出的也是关于该票据权利无效的除权裁判。这时，只要出票人认同申请人即为原票据权利人，应该不存在法理上的权利漏洞，申请人可凭借此裁判向出票人申请重新签发票据。如果付款人也认同申请人为原票据权利人，也可在不重新签发票据的条件下，仅凭法院裁判而向申请人支付主张的票据金额；在向出票人核对的条件下，通常也不会出现支付过失。一旦出现支付过失，就应承担付款责任。在公示催告期间，如果有主体申报票据权利，或者存在正当理由的申报人在裁判后申报票据权利，就会引起申请人与申报人之间的票据权利纠纷，这时就必须进行关于该票据权利纠纷的诉讼。

在两个以上主体主张票据权利的条件下，只能通过诉讼的途径来解决他们之间的权利纠纷。票据权利纠纷涉及的问题主要包括管辖法院问题、适用法规问题、裁判执行问题等。管辖法院的确定受许多因素的影响，如票据的约定、当事人所在地、法庭的专业划分、争议金额的大小、适用法规的约定等，这些都可能影响到管辖该案件法院的确定。票据权利纠纷适用的法规主要取决于纠纷当事人的国籍、住所地，各国相关法规对适用的具体规定，以及票据本身的适用法规约定等，这些都会影响到不同法规的适用。虽然各国票据法规的基本内容大致相同，在许多具体规定中却有较多差异，这会直接影响到当事人的利益和最终权利的归属。诉讼最终还存在执行问题，包括货币种类、财产类型、执行期限等。

二、伪造变造救济

货币票据无论是纸质形态还是电子形态，都同法定货币一样，存在被伪造变造的可能。虽然伪造变造行为属于违法甚至犯罪行为，这些证券的货币法效力却同伪造变造的质量和阶段相关。如果完全符合法定要件，在货币法上应认定为有效证券，具有正常的支付结算和财产效力。但是，票据作为货币的请求权证券，在此共性的基础上还有许多特殊救济规范。这些规范主要包括伪造的救济和变造的救济两个方面。[1]

（一）伪造的救济

货币票据的伪造是指采取盗用、仿制、纯粹臆造等方式假冒他人名义在票据上签章，形成在外观上符合法定要式和票据行为形式要求的票据，并将其转让或从中获取非法利益的行为，它具体包括票据的全部伪造和部分伪造。全部伪造是指假冒他人名义签发票据，并将票据交付给收款人的行为。全部伪造应属于无效票据，提示付款时应该受到付款人的抗辩和拒绝。但是，如果收款人将票据背书转让且受让人为善意取得票据，仍然需要承担票据责任。部分伪造是指伪造背书、承兑、保证等，且在票据上假冒他人名义签章的行为。部分伪造是在有效票据上伪造，不会导致票据无效，全部真实在票据上签章的主体都应该按照文义承担票据责任。

票据是货币请求权证券，在法规体系上属于货币法体系的证书，强调同实质性财产关系和行为关系的独立性，以维护正常的货币流通效率和秩序。但是，它又同商品或服务的流通具有密切联系，且仅仅是货币请求权证券而非归属权证券，不必要像证券货币或记账货币一样特别强调行为的绝对独立性。各国法规在票据独立性上的强调程度不同，对伪造产生的行为效力认定也不完全相同。通常，都以票据的形式要件为基本依据，只要不能证明存在形式要件上的法定瑕疵，就承认该行为的效力。并且，将被证实的伪造行为人认定为实质上的侵权行为人，财产因此受到损失的主体，既可以主张票据权利，也可以主张实质性财产权利。

具体来讲，票据伪造的行为效力可以概括为以下几个方面。第一，伪造人仅对善意取得票据权利的后手承担票据责任，如果其后手构成恶意取得票据则不享有票据权利。但是，伪造人必须就其伪造行为承担实质性的财产责任，以及监管责任、甚至是刑事责任。第二，被伪造人由于没有实施该票据

---

[1]　参见联合国《国际汇票和国际本票公约》《统一支票法公约》，美国《统一商法典》商业票据部分，法国《商法典》汇票和本票部分、《支票法》，英国《金融服务法》《票据法》《支票法》，我国《票据法》《支付结算办法》《票据管理实施办法》《最高人民法院关于审理票据纠纷案件若干问题的规定》等相关法律法规的规定。

行为，仅按原票据状况承担票据责任。同时，还可以要求伪造人承担其名称或姓名被非法使用的责任。第三，按照票据的形式合法性原则，无论是伪造前还是伪造后，全部真实签章的主体都应该就票据的文义承担责任。在不获得付款或不获得承兑时享有追索权，在被追索而清偿票款后对伪造人有实质性赔偿请求权。第四，付款人依法尽到严格审查票据义务而付款的不承担责任，出于恶意或重大过失付款的应承担付款责任。

（二）变造的救济

货币票据的变造是指非权利人或代理人在无签章证明的条件下，变更票据签章以外的记载事项，改变票据文义表达的特定权利义务的行为。如果既改变文义表达的权利义务又改变签章，则属于票据的伪造行为，应按照伪造行为进行处理。如果无涂销权的主体故意涂抹消除票据记载事项，改变文义表达的权利义务，也应按照变造票据处理；如果将票据涂销得无法辨认，应按照票据丧失处理。票据文义的变更应按照法定程序和方式进行，必须是权利人或代理人在签章证明的条件下才能实施。如果由于变造与涂销改变了出票时依法不得变更的事项，应认定该票据仍然为有效票据，不属于法规要求的出票时无效性变更或涂销的事项。

票据的变造或涂销虽然不变更签章，却会因此改变票据关系人的权利义务内容，如票据权利人使金额增大、将到期日提前等，使票据变造后对自己更为有利。票据变造的签章是真实的，只是记载的文义发生了变化，不是原签章人真实的意思表达。按照货币法中票据以形式要件为基本依据的原则，只要不能证明变造后形式要件上存在法定瑕疵，就不能否定票据签章和文义的效力。凡在变造前签章的主体，应对票据变造前的文义承担责任；凡在变造后签章的主体，应对变造后的文义承担责任；不能辨别是变造前还是变造后签章的，应视同在变造前签章，使主体尽量对变造后的文义承担责任；以便最大限度地保护票据的支付结算效力。

票据的变造从货币法的角度而言，并不需要变造人直接承担责任，却使其可以从中获得利益，其获得的额外收益就是其他票据关系人的额外损失，这虽然有利于保护票据的流通效率和秩序，却会使无辜的合法关系人因变造行为受到损失。因此，除从票据关系的角度调整变造与非法涂销的行为外，还必须从实质性的角度进一步调整各主体之间的关系。首先，故意变造或涂销票据的行为属于明确的非法行为，根据情节轻重要受到监管处罚、甚至刑事处罚。其次，故意变造或涂销行为还属于财产法上的侵权行为，行为人还必须从实质财产关系上向受到损失的关系人承担赔偿责任，同时向被变造或涂销人承担人格上的侵权责任。

三、抗辩权的行使

抗辩权是以法定或约定的依据，对权利行使予以对抗的行为。就证券货币或记账货币而言，它的抗辩权主要是收款人对货币真实性、法偿性或付款人对付款条件的对抗。就货币票据而言，它的抗辩权也应包括对货币类型的对抗、对付款条件的对抗两个方面。通常，由于对货币类型的抗辩权比较明确，相关法规主要研究的是对付款条件的抗辩。它既包括付款请求权、追索权、附属利益，也包括票据的要式和持票人的权利。[1]

（一）抗辩权性质

票据的抗辩权具体而言，是指付款人、承兑人、被追索权人等义务人依法享有的，因法定和约定事由的存在而得以对抗收款人、追索权人等权利人，拒绝履行他认为存在抗辩理由的法定或约定票据责任的权利。票据抗辩权是义务人享有的与票据权利人的票据权利对立的一种权利。它对于许多主体来讲既是权利也是义务，享有抗辩权而不行使会导致履行义务的瑕疵，并应对该瑕疵行为承担相应的责任。它既是对普通票据行为履行标准的相对性限制，也是对特定票据行为履行标准的相对性限制。同时，也是货币法体系形式性标准与普通财产法体系实质性标准的融合，尽量使能够在货币法体系中处理的问题不再转移到普通财产法体系中处理。

票据抗辩权的直接依据是票据法规的规定，间接依据是票据行为中主体间的约定，以及货币法体系与普通财产法体系之间解决财产问题的界限。通常，票据法规中往往会直接规定某些行为义务人具有明确的抗辩权，也有许多抗辩权并非来自法规的直接规定，而是来自票据行为中主体的签章与文义表达。此外，不同社会条件下货币法体系与普通财产法体系之间的界限，也影响着抗辩权享有的内容和程度。它是对财产纠纷解决领域和方式的分配，

---

〔1〕　参见联合国《国际汇票和国际本票公约》《统一支票法公约》，美国《统一商法典》商业票据部分，法国《商法典》汇票和本票部分、《支票法》，英国《金融服务法》《票据法》《支票法》，我国《票据法》《支付结算办法》《票据管理实施办法》《最高人民法院关于审理票据纠纷案件若干问题的规定》等相关法规的规定。

不同的分配决定着某纠纷在货币法领域内解决还是在普通财产法领域内解决。按照票据抗辩权具体指向的对象，可以将其分为对票据本身合法性的客体抗辩权，以及对权利人享有票据权利的主体抗辩权。

（二）客体抗辩权

票据的客体抗辩权是票据权利指向的义务人，基于票据客体本身存在的抗辩理由而享有的拒绝履行票据义务的权利。它又可以具体分为对普通义务人的抗辩权和对特定义务人的抗辩权。对普通义务人的抗辩权是指任何义务人都可以行使的抗辩权，它可以对抗任何权利人。这些抗辩权主要包括票据的记载事项、权利期限、权利状态等。如果票据的记载事项不符合法定要求，如没有签章或签章不符合法定要求，票据记载的法定事项欠缺，票据记载内容或更改不合法等，可能导致票据成为无效票据。如果票据为无效票据，它记载的权利义务都不具有货币法上的效力，它的全部票据权利，如付款请求权、追索权、附属利益权等也都归于无效。

票据的权利期限也是形成抗辩权的重要因素，如果票据权利还没有到达履行期限，权利人要求付款人付款时，付款人肯定有权行使抗辩权，拒绝向其提前付款；如果票据权利已经超过普通请求权的有效期限，任何义务主体也都有权行使抗辩权，拒绝履行原票据约定的付款义务。票据的权利状态，也是形成抗辩权的重要因素。如果付款人已经履行了付款义务，票据上的全部权利义务关系都已经消灭，任何义务主体也都有权行使抗辩权；如果票据权利经过司法裁判，已经由生效裁判书确定该票据权利无效，如票据丧失经公示催告程序作出除权裁判等，这时原票据权利人只能重新申请签发票据，原票据义务人也不应再承担票据义务。

票据特定义务人的抗辩权是指在票据有效的条件下，由于某票据行为不具有或丧失了货币法上的效力，导致受直接影响的当事人可以不承担该义务，由此形成特定义务人对权利人的抗辩权。这些抗辩权主要包括无效票据行为、非本人的行为、保全欠缺行为、特定时效行为、限制转让行为等。无票据行为能力人和非本人签章承诺的义务没有票据效力，享有对相对应权利的抗辩权，如被伪造人、被变造人不对伪造的签章和变造的文义承担票据责任。在票据付款请求权不能行使时，应及时采取措施行使追索权，否则会因保全手续欠缺或权利时效过期而丧失权利。如果前手作出不得转让的记载，则不再对转让承担担保付款和承兑的责任。对于这些相对主体提出的权利主张，票据义务人享有拒绝履行的抗辩权。

（三）主体抗辩权

票据的主体抗辩权是票据权利指向的义务人，基于票据权利主体存在的抗辩理由而享有的拒绝履行票据义务的权利。主体抗辩权是义务人对特定权利人的抗辩权，一旦权利人发生变化，这种抗辩权可能也会变化。它又可以具体分为普通义务人的抗辩权和特定义务人的抗辩权。普通义务人的抗辩权是指任何义务人都享有的抗辩权，它主要包括丧失请求能力、票据存在欠缺、权利存在缺陷等。如果票据权利人被依法宣告为无行为能力人、票据关系依法被冻结等，都会导致权利人丧失请求能力或请求权利而得以行使抗辩权。如果持票人不是被背书人，背书不连续且不能证明取得方式，或者义务人知道权利人不是事实上的权利人，都有权对该权利人形式上的权利提出抗辩，拒绝履行同该票据权利相对应的义务。

特定义务人的抗辩权，是指只有特定义务人才能享有的抗辩权。这些抗辩权主要包括直接当事人间的抗辩权和非直接当事人间的抗辩权。直接当事人间的抗辩权又可以分为原因无效抗辩和行为无效抗辩。原因无效抗辩是指直接当事人之间存在形成票据的原因关系无效的情形，义务人有权据此对该票据权利人行使抗辩权，拒绝对由于无效的理由而产生的票据承担义务。行为无效抗辩是指直接当事人之间取得票据权利的行为违法或非法，如当事人的行为属于恶意取得票据权利，权利人违反当事人之间的特别约定而取得票据权利等，义务人有权据此对该票据权利人行使抗辩权，拒绝向其履行不合理产生的票据义务。但是，这种抗辩权只能在直接当事人之间行使，如果票据发生权利转让则不得对非直接当事人行使。

非直接当事人间的抗辩是指任意票据当事人之间存在特定关系，也可以依据当事人之间的这些特定关系而行使抗辩权。非直接当事人间的抗辩权又可以分为知情取得抗辩和无偿取得抗辩。知情取得抗辩是权利人明知票据义务人与出票人或与自己的前手之间存在抗辩事由，仍然取得票据权利并向义务人行使权利，票据义务人有权根据权利人取得票据权利的行为存在不当，对其票据权利行使抗辩权。无偿取得抗辩是权利人以无偿手段取得票据权利，如因税收、继承、赠与等原因，且权利人前手的票据权利存在瑕疵，权利人取得的票据权利不优于其有瑕疵前手的票据权利。如果义务人对权利人的前手享有抗辩权，该抗辩权仍然可以对现票据权利人行使，即使现权利人是不知情义务人却仍然享有该权利。

（四）代理抗辩权

票据抗辩权不仅可以对票据当事人本人行使，也可因票据代理关系而对代理人行使。票据代理人是指按照当事人本人的授权，以本人的名义代本人实施票据行为的行为人。它的效力以本人授权为必要条件，以在票据上表明代理关系并签章而生效。在实施代理行为时，必须在票据上载明代理人、被代理人的名称或姓名并签章，否则代理关系不产生票据法规上的效力。如果代理人在无权代理或越权代理的条件下，通过实施票据行为设定了票据义务人，该义务人享有代理抗辩权。他有权在证明该代理人实施该票据行为时，处于无权代理或越权代理状况的事实，拒绝履行由该代理行为形成的票据义务，并应由代理人自行承担该行为的票据责任。

票据无权代理的构成要件主要包括，票据为形式要件齐备的有效票据，满足法规要求的票据代理的形式要件。在此条件下，应由无权代理的代理人自行承担票据责任。越权代理的构成要件主要包括，代理人为票据的有权代理人，票据和代理行为的形式要件齐备，且都符合票据法规要求，代理人超越代理权限实施票据代理行为。在越权代理的条件下，应由越权代理人承担越权部分的票据责任。当然，货币法通常也对票据抗辩权有明确限制，票据义务人不得以与出票人或自己的前手之间存在抗辩事由而对抗善意权利人，不得以与权利人的前手之间存在抗辩事由对抗善意权利人，以维护票据的流通效率和秩序价值，明确货币法体系与其他财产法体系之间的界限，实质性财产问题应由其他财产法最终确定财产关系。

第十章

货币票据行为规范

第一节　票据的出票行为

票据行为是以发生票据权利义务为目的，依照货币法规实施的有效行为。票据行为不是普通的合意行为，它的行为种类、行为方式、行为结果在货币法上都有严格的要求，不符合相关要求可能产生其他法上的效力，却不会产生货币法上的效力，该权利义务可能不会得到货币法的承认，且不同票据的行为之间既具有共性又具有特性。总体而言，它们的全部行为主要包括出票行为、背书行为、承兑行为、担保行为、付款行为。[1]

一、出票的要件

出票亦称发票，是指出票人签发票据并将其交付给收款人的票据行为，它是所有票据共有的行为。通常，票据都是由直接付款人或最终付款人签发交付给收款人，收款人凭借票据到期向直接付款人请求付款，或者在到期前将其转让给第三人；也可以由收款人签发票据反向交付给付款人，它们的效果都是相同的。汇票与本票上记载的付款人就是最终付款人，支票上记载的付款人是直接付款人，最终付款人应是出票人。出票人签发票据的原因主要是向收款人购买商品或服务，并由付款人承诺到期支付款项；如果出票和付款之间的时间距离比较长，它也能够起到融资的作用；如果大量发行，等同

---

〔1〕　参见联合国《国际汇票和国际本票公约》《统一支票法公约》，美国《统一商法典》商业票据部分，法国《商法典》汇票和本票部分、《支票法》，英国《金融服务法》《票据法》《支票法》，日本《资金结算法》我国《中国人民银行法》《商业银行法》《票据法》《支付结算办法》《票据管理实施办法》等相关法律法规的规定。

于发行债券，还同时应受《证券法》的调整。

出票程序包括两个步骤，由签发票据和交付票据构成。票据权利义务的发生以签发票据为前提，权利义务的生效以交付票据为必要，权利的享有以合法持有票据为基础。签发票据是出票人依法将必要的事项记载于依法取得的空白票据之上，并签字盖章依法制作成合格票据的过程。交付票据是出票人将已签发的合格票据交付给收款人，收款人事实上确认接收到的过程。票据的出票必须完成这两个程序才依法完成，如果仅签发票据而没有事实上交付或没有交付给收款人，即使票据上记载了收款人的姓名或名称，它的权利义务也不能直接生效，也不会对收款人产生付款承诺的效力，收款人也不直接享有票据上记载和设定的付款请求权。

二、记载的事项

票据的基本功能是货币的支付结算工具，且在此过程中还可能需要进行货币请求权的流通转让，必须具有较大范围内的通用性，具有法定的要式和明确的记载事项，不得按照出票人的主观意愿任意地设定票据的样式和填写记载事项。首先，空白票据必须由专门的制作单位按照法定的要求，采用特定的纸质或其他适当的材料和防伪要求印制，或者在依法取得票据流通资格的网络系统中按照特定的要求生成。其次，取得或生成的空白票据应由出票人按照要求填写特定的记载事项，以便通过纸质票据的交付与转让，或者电子票据的网络交付与转让实现货币的支付结算。它的记载事项主要包括绝对必要事项、相对必要事项、任意记载事项。

票据的绝对必要记载事项，是货币法规定必须记载、否则就会导致票据无效的事项。总体而言，票据的绝对必要记载事项主要包括，票据的名称、确定的金额、无条件支付的委托、付款人名称或姓名、收款人名称或姓名、出票的日期、出票人的签章七项基本内容。其中，无条件支付的委托属于法定承诺，即使票据上不予以记载，也视为当然存在的事项。票据名称通常会印制或生成在票据上，不需要另外记载。本票和银行汇票由于出票人与付款人相同，仅需要记载六项内容。在这些事项中，出票时的核心必要事项是出票人的签章，但在转让前或提示付款前必须依据授权补齐全部必要事项。否则，票据会因绝对必要事项欠缺而无效。

票据的相对必要记载事项，是货币法规定可以记载也可以不记载，如果不记载，法规就自动推定其含义的事项。总体而言，这些事项主要包括汇票的付款日期、付款地、出票地，本票的付款日期、付款地、出票地，支票的付款地、出票地等。通常，汇票和本票未记载付款日期的视为见票即付，只要合格持票人提示合格票据应立即付款。汇票和本票未记载付款地、出票地的，以当事人营业场所、住所或经常居住地为付款地、出票地。支票未记载付款地的以付款人营业场所为付款地；未记载出票地的，以出票人营业场所、住所或经常居住地为出票地。票据未记载付款货币类型的，以付款地法定货币为第一付款货币；以它的结算货币、存款货币为选择付款货币，在货币机构正常经营时，通常无权拒绝收款。

票据的任意记载事项，不是指可以随意记载的事项，而是货币法规定可以记载也可以不记载，记载即具有票据效力，不记载即不具有票据效力的事项。它通常以背书的形式记载，如不得转让背书、禁止背书、委托收款背书、票据质押背书等。票据除记载事项本身的规定外，还规定有严格的记载事项更改规范，具体包括禁止更改事项、签章更改事项。禁止更改事项是规定禁止更改，否则即导致票据无效的事项。这些事项主要包括票据金额、出票日期、收款人姓名或名称。签章更改事项是票据权利人在签章证明的条件下，可以更改属于自身权利的事项。通常，只有原签章人才有权更改，如果涉及其他主体的权利义务，还需要经相关人同意。

三、出票的效力

票据的出票行为完成后，合格票据约定的货币权利义务关系即已形成并产生效力，不同种类票据的出票效力是有区别的。汇票在出票后，即产生对出票人、付款人、收款人的效力。对于出票人而言，在其出票后即必须对后手承担担保承兑和担保付款的责任；对于收款人而言，他在从出票人处取得票据后，即享有票据上承诺的付款请求权；在付款请求权不能行使的条件下，他还享有对其前手的追索权和附属利益请求权。对于付款人而言，如果是银行汇票，则无须承兑即必须承担票据上承诺的到期付款义务；如果是商业汇票，付款人无论同出票人的其他关系如何都享有承兑选择权，一旦承兑就必须承担到期付款的责任。

本票出票后，即产生对出票人和收款人的效力。对于出票人而言，出票后即是向收款人发出了到期付款的承诺，就必须承担到期付款的义务；如果出票人拒绝付款，除需要承担票据金额的支付义务外，还需要承担赔偿附属利益的义务。对于收款人而言，他从出票人处取得票据即享有到期的付款请求权，在付款请求权不能行使时享有追索权和附属利益请求权。当然，商业汇票和本票也都可以反向出票，由收款人向付款人签发票据并要求进行签章。如果付款人在票据上签章并将其交还给收款人，同正向签发票据即具有同等效力。此时，出票人即享有收款人的权利，付款人虽然不是出票人，却也必须承担到期向出票人支付承诺的票据款项的责任。

支票出票后，即产生对出票人、收款人、付款人的效力。对于出票人而言，他事实上是最终义务的付款人，应向收款人承担担保付款的义务。在付款提示期间内，不得违反相关法规的规定，撤销对直接付款人的付款委托义务。否则，支票就会变成空头支票，收款人就不可能直接收到款项，只能向其主张实质性权利。对于收款人而言，他从出票人处取得票据即享有付款请求权，在付款请求权不能行使时享有追索权和附属利益请求权。对于直接付款人而言，它作为货币经营机构和出票人委托的付款人，要承担对收款人的付款义务；同时，承担严格审核票据和收款人合法性和合格性的义务，以及提示期后或出票人破产通知后的拒绝付款义务。

四、复本与誊本

在票据的使用过程中，由于支票的付款期限较短，通常只需要使用原本本身，不再制作和使用复本与誊本。汇票可以由出票人制作复本，汇票和本票还可以由持票人制作誊本，辅助原本使用。汇票的复本是指在票据原本以外发行的一式多份的复制证券，复本是原本带有说明的出票时与原本一并形成的复制品，同原本具有相同的效力，可以转让、承兑和提示付款。并且，在其中任何汇票证券上行使权利后，视同其他复本或原本上行使了权利。复本的作用主要是可以防止票据丧失，在丧失原本的条件下可以使用复本行使权利，不必要再采用丧失救济程序。特别是在异地实施票据行为时，制作多份复本与原本共同行使，可以节约时间和精力，提高流通效率。

汇票和本票的誊本，是持票人自行依照持有票据的原本，以复制或誊写的方法等制作的誊写本。誊本不同于复本，它不是由出票人签发的一式多份的复制证券，而是依据票据原本重新制作的誊写本。虽然它的内容同原本一致，却只能对原本起到补充的作用，不能以其进行汇票的承兑或提示付款，只能用于实施背书行为和保证行为，以便同时实施不同的票据行为，提高流通效率。这里需要特别注意的是，由于复本和誊本都可以实施一定的票据行为，会使不同持票人的相对方产生票据权利的确认问题。通常，在使用复本和誊本的条件下，应在原本上注明在复本或誊本上实施某行为才是有效行为，以明确原本与复本、誊本之间的行为关系。

第二节　票据的背书行为

货币票据作为支付结算工具是严格的文义证券，它只承认在票据上具有合格有效记载的权利义务内容，以维护货币流通的秩序和效率。票据出票后还可以实施转让、设质、委托等一系列行为，要使这些行为具有票据效力就必须实施有效的背书行为。它是持票人为了转让票据或形成其他权利义务，在票据背面或粘单上记载有关事项并签章的行为。背书行为的基本规范主要包括背书的要件、背书的种类、背书的效力三个方面。[1]

一、背书的要件

票据是要式证券，实施任何票据行为都有严格的要式要求。同时，背书又是形成相关权利义务的行为，具有严格的构成要件要求。背书行为成立的要件主要包括背书主体、背书形式、背书位置、背书签章、背书连续等几个方面。首先，形成票据权利义务的行为只有票据权利人才有权实施，第一次实施背书行为的主体只能是收款人，此后会转化为合格的持票人，其他人实施背书行为都属于无效行为，甚至属于伪造变造票据的行为。其次，背书必须采取文字形式，无论是纸质还是电子票据，都必须在票据上作出相应的文义记载。并且，背书记载的内容应该针对全部票据权利而不是部分权利，通常也不能附有免除制作拒绝证书、拒付通知等先决条件的背书。如果附有条件，该条件也不具有票据效力。[2]

---

〔1〕　参见联合国《国际汇票和国际本票公约》《统一支票法公约》，美国《统一商法典》商业票据部分，法国《商法典》汇票和本票部分、《支票法》，英国《金融服务法》《票据法》《支票法》，我国《票据法》《支付结算办法》《票据管理实施办法》等相关法律法规的规定。

〔2〕　美国《统一商法典》承认某些特定限制的效力，特别是在直接当事人之间的约束效力。

背书不仅具有严格的文义要求，还具有严格的要式要求。它必须在票据上的特定背书位置上实施，先后背书之间也都有特定位置的要求。如果背书位置出现失误，且没有明确背书文义，可能会导致权利义务的变化。它必须前后连续地记载于票据背面的预设表格内，如果票据背面位置记载完毕必须由最后一个被背书人附加粘单，并在粘接处签章证明该行为是合法有效行为。否则，可能由于背书的不连续而影响票据的效力。粘单是票据的组成部分，是为弥补票据背书位置的不足而粘附于原票据上的附加表格，它也具有法定的材质、要式和防伪等要求，通常只能由票据专业制作机构提供，不得由背书人任意制作。附加粘单的要求和效力，各国货币法的要求往往不完全一致，应严格按照相应法规的规定粘附。

背书必须由背书人签章，并将票据交付给被背书人才能生效，背书人签章是背书效力的绝对必要事项。完整的背书还要求记载被背书人姓名或名称、授予的权利内容，以及背书的日期；没有记载被背书人的姓名或名称应认定为授权进行任意符合权利文义的记载，最初被记载的被背书人即为该权利人；没有记载背书日期的视为到期日前背书，它们可能使背书人的初衷发生改变。同时，各背书人与被背书人的签章还必须依次前后衔接，才能仅以票据本身即证明持票人权利的正当性。如果背书不能连续，必须以其他有效的证据证明持票人取得票据权利的正当性；否则，背书不能连续的持票人不享有票据权利。如果背书内容是转让票据金额，则必须全额转让，部分转让票据金额或将其同时转让给多个被背书人，会改变票据权利不可分割的规则，使其失去流通转让功能，多数法规会认定为无效背书。

二、背书的种类

为最大限度地发挥票据的支付结算功能，货币法既强调它的统一性，也在一定程度上强调它的灵活性，因此会形成许多种背书的类型。按照背书的目的可以分为转让背书和非转让背书；按照转让背书转让的具体情况可以分为普通转让背书和特殊转让背书；按照特殊转让背书的特殊性可以分为回头背书、期后背书和无担保背书；按照非转让背书的内容可以分为设质背书、委任背书、禁止背书等；按照背书记载的内容可以分为完全背书和空白背书。其中，转让背书是以转让票据权利为目的的背书，合法持票人一旦进行了转让背书，并将票据交付给被背书人，被背书人在没有恶意取得票据权利的情形下，就成为票据权利人，依法按约享有票据权利。如果被认定为恶意取得票据权利，则该票据权利不具有效力。

回头背书又称还原背书或逆背书，是以票据上已有的前手为被背书人的背书，它的被背书人既可以是以出票人、背书人、承兑人，也可以是保证人。回头背书同其他转让背书并没有本质区别，只是会改变前手的数量和对象，并因此影响追索权的行使范围。期后背书是票据到期或做成拒绝证书后，或者做成拒绝证书且期限届满后做成的背书。期后权利转让背书转让的是普通请求权而非货币法意义上的请求权，这是由于此时货币法上的权利已经过期，票据已经不再是货币法意义上的票据，而只是普通债权债务的证明。无担保背书是背书人在背书中记载不承担担保责任的背书，包括免除担保承兑、担保付款责任的背书。许多法规禁止这种背书，即使记载也无票据效力；当然，也有法规承认它的效力。[1]

设质背书又称质押背书或质权背书，是持票人以票据权利设定质权为目的，在票据上记载相关内容并交付给质权人的行为。如果在票据有效期内因背书人违约，使被背书人有权行使质权，他就享有票据权利，但归还债务后的余额应偿还背书人。委任背书又称委托代理背书，是持票人以行使票据权利为目的而授予被背书人以代理权的背书行为，如委托被背书人收款、做成拒绝证书、行使追索权、提起诉讼等。通常，委任背书主要是委托收款背书，它是最后一次背书，受托人应向付款人收取票款并记入其货币账户。禁止背书是指出票人或背书人作出禁止性记载的背书，它主要是指出票人或背书人作出的禁止转让背书。票据被实施禁止转让的限定后，后手再转让票据，背书人将不再对其承担担保承兑和付款责任。

完全背书又称记名背书或正式背书，是记载被背书人的姓名或名称、背书人签章、背书日期等全部内容的背书行为。它主要强调记载被背书人姓名或名称和背书的日期，特别是被背书人的姓名或名称；如果完整要求还应记载背书的具体权利内容，如果没有具体权利内容应理解为权利转让背书。空白背书是背书人仅在票据上签章，不记载被背书人姓名或名称等的背书行为。通常主要强调不记载被背书人姓名或名称。空白背书有利于被背书人转

---

〔1〕　联合国《国际汇票和国际本票公约》承认无担保背书的效力，我国《票据法》及许多国家的相关法规不承认无担保背书的效力，担保付款、担保承兑是前手对后手的法定义务。

让票据，在转让票据时可不再进行背书，直接交付即发挥转让效力，受让人只需要按照授权补记自己的姓名或名称即为合法的权利人。但是，这样记载也会使原被背书人失去票据关系当事人的地位，既不再享有任何相关的票据权利，也不再承担相关的票据义务。

三、背书的效力

票据背书是变更票据权利义务关系的行为，背书行为生效后即会产生权利义务变更的效力。这些效力主要包括权利转移效力、担保责任效力、权利证明效力等。背书的权利转移效力是指在转让背书中，基于背书中的文义表达和票据客体的交付而产生的，将票据的付款请求权及相关权利转移给被背书人，被背书人基于背书文义和合法有效地持有票据的事实成为票据权利人的效力。只要背书转让行为成立要件完全具备，被背书人属于善意取得票据权利，不存在恶意取得票据的抗辩事由，该权利转移行为就具有货币法上的效力。他们之间的实质性财产或交易关系通常不影响转让的效力，除非存在直接的交易纠纷或其他影响票据转让效力的事由。

票据权利的转让不同于普通财产的转让，转让完成后通常就不再对已经转让的权利承担责任。为保障转让票据权利的质量，背书人还必须担保该票据权利的最终实现。如果转让的票据不能实现承兑或付款，还可以向背书人行使追索权和附属利益请求权，要求其偿付票据金额和因此发生的其他费用，并赔偿直接损失，以维护货币流通的秩序和效率。背书人承担的担保承兑、担保付款的责任是法定责任，当事人之间不得以其他约定免除担保责任，即使存在这样的约定也不具有货币法上的免责效力。除非其适用的相关法规允许背书转让人通过约定免除这些义务，多数国家通常都禁止免除担保责任。只有记载了"禁止转让"的背书人，在后手转让票据权利时才不对被背书人承担担保责任，这是其违反转让约定应承担的后果。

票据权利的证明不同于其他财产权利的证明，需要基于不动产的登记证书、重要动产的持有证书，以及普通动产占有的事实、权利授予证明等。票据权利的证明只需要持票人持有票据的事实，再加之票据存在合法有效的连续性背书，且不存在恶意取得票据的情形，就可以证明自己是合法的票据权利人，依法享有完全的票据权利。并且，即使中间存在某前手权利瑕疵的情况，只要后手支付了对价，且为善意取得票据，仍然能够证明持票人为票据权利人，且其票据权利不再存在瑕疵，不再需要其他证明文件或证据。如果背书不连续，只要存在合法有效的证据证明该不连续之处的合法性，也能够证明持票人为票据权利人；如果还能够证明支付了对价，就能够享有不具有任何瑕疵的票据权利。这是货币法为票据流通特别规定的形式性权利认定标准，它基本上不受实质性财产关系的影响。

第三节 票据的承兑行为

票据的承兑是在出票人与付款人不一致，且出票时将某主体记载为票据付款人，该付款人在票据上作出承诺到期支付票据金额的行为。它是商业汇票特有的票据行为，银行汇票的出票人与承兑人是同一主体，出票时即作出了付款承诺。支票的付款人只承诺在出票人存款充足时或提供保证时付款，且不是对某一票据的承诺，而是对全部支票的事先承诺。承兑行为的基本规范主要包括承兑的要件、承兑的种类、承兑的效力。[1]

一、承兑的要件

商业汇票是出票人单次委托付款人在收款人向其提示承兑时，向收款人作出保证付款的承诺，并在持票人提示付款时向其付款的票据。承兑人承诺付款实际上是存在先决条件的，或者出票人与承兑人存在特殊关系，或者出票人已经向其支付了保证金、提供了担保品，并支出了相应的承兑费用。承兑人或是基于同出票人的特殊关系为其承诺付款，或者是为了取得承兑费用收入为其承诺付款。通常，承诺付款的承兑人都是货币经营机构，它们凭借自己良好的社会信誉为出票人承诺付款并从中取得承兑费用收入。从出票人的角度来看，则可以提高其签发汇票的信用水平，以便使向其提供商品或服务的供应方接受该付款方式。就此而言，它同信用证书具有同等作用，特别是跟单汇票，同跟单信用证书更加接近。

汇票承兑是要式行为，必须满足成立要件的要求才能产生货币法上的效力。承兑行为成立的要件主要包括承兑主体、承兑方式、承兑位置、承兑签

---

〔1〕 参见联合国《国际汇票和国际本票公约》，美国《统一商法典》商业票据部分，法国《商法典》汇票和本票部分，英国《票据法》，我国《票据法》《支付结算办法》等相关法律法规的规定。

章等几个方面。首先，承兑主体必须是票据出票时明确记载的付款人，至少要保证付款人与承兑人一致。如果出票人委托的付款人拒绝承兑，经收款人同意也可以由其他人参加承兑，这时就会导致票据上的付款人与承兑人不一致，参加承兑人必须记载参加承兑，以明确他的票据当事人地位。其次，票据承兑的方式是在票据上的承兑栏内记载承兑文义，或者作出具有同等效力的到期付款承诺，并签字盖章、记载承兑日期。如果是参加承兑，必须在票据的承兑栏内记载参加承兑字样，或者作出具有同等效力的到期付款承诺，并签字盖章、记载参加承兑的日期。

汇票承兑必须在正确的位置上实施，如果承兑位置出现失误，且没有明确承兑文义，就可能会导致权利义务关系的变化。通常，承兑人与付款人是同一主体，是票据的基本当事人，承兑的位置在出票时就已经记载于票据正面，甚至记载了承兑的文义，只需要承兑人签章并记载承兑日期就具有完整的承兑效力。汇票应在规定期限内提示办理承兑，定日付款或出票后定期付款的汇票，持票人应当在到期日之前向付款人提示承兑，如果超过期限将会丧失对其前手的追索权。付款人通常必须进行无条件承兑，不得附加承兑生效或终止义务的条件，否则将被视为拒绝承兑。如果收款人或持票人接受部分承兑，已经承兑的部分可以到期获得付款，并应就拒绝的部分做成拒绝证书，向前手行使追索权和附属利益请求权。[1]

二、承兑的种类

票据承兑是承兑人享有决定权的行为，无论事实上出票人与承兑人的关系如何，只要没有在票据上实施承兑行为，就不承担票据承兑的义务或责任。承兑行为可以分为许多种类型，按照承兑的方式可以分为，完全承兑和略式承兑；按照承兑的条件可以分为，单纯承兑、部分承兑、附条件承兑；按照实际付款人的不同，可以分为付款人承兑和参加人承兑。完全承兑是按照承兑成立要件要求进行的行为要素齐全的承兑，它要求必须在汇票的正面记载承兑的承诺性文句或字样，并签字盖章、记载承兑时间。略式承兑是仅在票据正面签字盖章、记载承兑时间，并不记载任何承诺性文句或字样。它

---

〔1〕 参见联合国《国际汇票和国际本票公约》，美国《统一商法典》商业票据部分，法国《商法典》汇票和本票部分，英国《票据法》，我国《票据法》《支付结算办法》等相关法律法规的规定。

们之间并没有本质区别，只要在票据的承兑位置签字盖章，从相关因素分析就应该理解为进行了承兑、就具有相应效力。

单纯承兑是对票据的付款义务作出无条件承诺的承兑，付款人完全按照汇票的文义予以承兑。部分承兑是对票据的付款义务仅作出部分承诺的承兑，付款人仅承诺支付部分票据金额而非全部。通常认为，这种承兑与附条件承兑是有区别的，应该认定为是有效的而非完全拒绝承兑，只要收款人接受，也应承担承诺部分的付款义务。附条件承兑是在承兑时，附加承担付款责任前提条件的承兑，它又可以分为说明性条件和限制性条件。说明性条件主要是付款时间、地点的具体条件，是否接受主要取决于收款人的态度。限制性条件主要是附加有付款责任解除和停止等的条件，许多法规将这些限制条件认定为属于拒绝承兑。这是由于票据应为无条件支付的工具，如果附加了限制性条件，就会影响它的流通性。

付款人承兑是汇票承兑的正常情况，在签发票据时，出票人委托付款人在到期时向收款人支付确定金额的货币，只要付款人办理了承兑手续，该票据的付款请求权到期就能够行使。但是，付款人是否办理承兑，在货币法上完全是独立性事项，无论付款人与出票人之间的实际关系如何，在货币法上，付款人都有权无条件拒绝承兑。当然，也可能由于某些特定原因导致付款人不再能够办理承兑。在此条件下，并不当然导致收款人行使追索权，出票人还可以委托参加付款人或预备付款人代替原付款人的地位。参加人承兑是在票据上记载的原付款人拒绝或不能承兑的条件下，由预备付款人或第三人进行的承兑。参加人承兑与付款人承兑具有同等效力，只是不同付款人的付款信誉可能存在差别。在实施承兑行为的过程中，应记载参加承兑的文句或字样，并在参加承兑人处签章、记载承兑时间。

三、承兑的效力

票据的承兑是付款人承诺自己承担给付票据金额责任的行为，承兑行为完成后会产生特定的货币法效力。这些效力概括起来主要包括绝对付款效力、追偿补偿效力、处罚赔偿效力等。承兑的绝对付款效力是指承兑后，承兑人即应承担票据上独立的不可依据除抗辩权外任何理由拒绝付款的效力，它具体包括票据金额责任和票据付款责任。承兑人的票据付款责任是票据上记载的全部承兑的金额，除部分承兑外不得仅承担部分责任。承兑人的付款责任是独立的绝对的责任，即使出票人没有向其支付相应的款项，没有提供相应的担保，甚至肯定不能偿付该付款人代替其支付的款项，承兑人的付款责任也不能免除，该付款责任的履行不以原因关系为条件。

承兑的追偿补偿效力是指付款人支付票据上的款项后，对出票人产生的付款追偿效力和损失补偿效力。付款追偿效力是指在非出票人承兑，且出票人没有向其支付相应数额款项的情况下，承兑人付款后即取得对所付款项的追偿权。损失补偿效力是指承兑人付款后，有权向出票人索取代其支付的票据款项，并应对因此给承兑人造成的损失予以赔偿。但是，付款追偿效力与损失补偿效力已经不是货币法上的效力，而是出票人与付款人之间实质性的财产关系，这种财产关系不受货币法调整，应该按照实质性财产关系处理。同时，在参加付款人承兑的条件下，原记载的付款人即不再是票据关系当事人，全部付款人和承兑人的权利义务都由参加人享有和承担。

承兑的处罚赔偿效力是指承兑人承兑后，应严格按照票据上法定或约定的内容履行付款义务，否则将受到监管处罚并承担损失赔偿责任。在汇票为商业汇票、付款人为普通主体的条件下，它只需要承担普通的财产责任。在汇票为银行汇票或银行承兑汇票、付款人为货币经营机构的条件下，不能严格地按照票据上法定或约定的时间、地点、方式履行付款义务，需要承担票据法或普通财产法上的责任。同时，由于违法的性质还要接受监管机关的依法监管处罚，承担违法或违约经营票据业务的责任。如果由于货币经营机构付款的时间、地点、方式存在违法或违约的情形，给收款人或持票人带来财产损失，还必须按照法定的标准赔偿损失。

第四节　票据的担保行为

当代社会信用高度发达，如果交易当事人的信用水平有限，通常会通过附加担保关系的方式提高信用，或者将商业信用转化为银行业或支付结算机构的信用，以保证支付结算的顺利进行。在货币票据体系内，通常汇票和本票以附加保证的方式提高信用，支票则以将出票人的信用转化为直接付款人保付的方式提高信用，从而形成了汇票与本票的保证规范、支票的保付规范，这些规范都对原当事人的权利义务关系具有较大影响。

一、票据保证行为

票据的保证行为既同普通保证具有共性也有自身的特点，它是保证人对因票据产生的义务或责任提供担保的行为，是汇票和本票共有的票据行为。保证人既可以为付款人提供保证，也可以为其他当事人提供保证；既可以担保付款请求权的行使，也可以担保追索权和附属利益请求权的行使。只要存在被保证人不履行义务或责任的情况，保证人就必须承担保证责任。保证行为的基本规范主要包括保证的要件、保证的种类、保证的效力。[1]

（一）保证的要件

票据的保证是要式行为，必须满足成立要件的要求才能产生效力，并且不同的行为方式可能会产生不同的效力。保证行为成立的要件主要包括保证主体、保证方式、保证位置、记载事项等几个方面。首先，保证主体必须是票据义务人或责任人以外具有保证能力的第三人，义务人或责任人不得为自己履行义务提供保证。保证的方式为在票据上记载保证文义，或者作出具有同等效力的承诺。票据通常没有专门的保证栏，保证应在被保证人签章栏内或在签章栏附近，至少在距离上应更靠近被保证人签章的位置，以防止由于更靠近其他当事人的签章而被认定为是对其他当事人的保证。

保证行为必须记载特定的事项，以明确主体之间的保证关系，这些记载事项可以分为绝对必要事项和相对必要事项。保证的绝对必要事项是指保证行为中必须记载，如果没有记载将影响到保证行为效力的事项。这些事项通常主要包括保证的文句或字样、保证人的姓名或名称、住所、签字盖章等。它的核心内容是保证人的签字盖章，只要具有签字盖章再加之其他辅助因素就可以认定保证人的身份。保证的相对必须事项主要包括被保证人姓名或名称和保证日期等。如果没有记载被保证人姓名或名称，承兑后的承兑人或承兑前的出票人通常被推定为被保证人。同时，保证不得附有条件，即使附有条件，通常也不影响货币法上的保证责任。

（二）保证的种类

票据的保证也是文义行为，无论事实上形成的关系如何，只要没有在票

---

〔1〕　参见联合国《国际汇票和国际本票公约》，美国《统一商法典》商业票据部分，法国《商法典》汇票和本票部分，英国《票据法》，我国《民法典》合同编、《票据法》《支付结算办法》等的相关规定。

据上签章就不是该关系的当事人，既不享有票据权利也不承担票据义务。票据的保证行为可以分为许多种类型，按照保证的金额可以分为，全额保证和部分保证；按照保证人的数量可以分为，单独保证和共同保证；按照保证的前提条件可以分为，单纯保证和附条件保证；按照记载事项是否完备可以分为，完全保证和略式保证等。全额保证是保证人对被保证人的全部票据义务都承担履行责任的保证，它是保证的主要形式，以便为票据流通提供有利条件。部分保证是保证人仅对被保证人的部分票据义务承担履行责任的保证，它通常不是保证的主要形式，甚至有些法规明确规定禁止进行部分保证，或者规定部分保证也被依法认定为全额保证。

单独保证是某单个保证人独立承担全部保证责任的保证，共同保证是两个以上保证人共同承担保证责任的保证。在共同保证条件下，还可以进一步分为按份保证和连带保证。它们分别是按照各自约定的份额承担保证责任；或者各保证人之间，以及保证人与被保证人之间都相互承担连带责任。通常，票据保证的连带责任不是约定的、而是法定的，多数法规都明确规定保证责任为连带责任。单纯保证是保证人无条件承担责任的保证，附条件保证是保证人承担责任需要附加特定的条件，条件不成就不承担责任的保证。许多法规禁止当事人实施附条件保证行为，甚至直接规定附条件保证中的条件不具有货币法上的效力。也有些国家法规承认附条件保证，只有符合履行责任的特定前提条件，保证人才履行保证义务。

完全保证是在票据或粘单上记载有被保证人姓名或名称，保证人的保证文句或保证字样，以及保证人实施保证行为的日期和签章等全部内容的保证。略式保证是在票据或粘单上仅记载保证人的签章，而没有其他保证内容，特别是没有记载保证文句或字样的保证。保证行为中记载的事项既影响保证人的保证责任，也影响其他权利人保证责任的实现。虽然从法理上来讲，没有记载全部绝对必要事项会影响到保证的效力，现实中还是应承认略式保证的效力。只要保证人签章的位置合理，综合分析能够认定实施的是保证行为，签章人就应该对被保证人承担保证责任，除非有其他票据上的证据表明该签章属于其他票据行为的结果。

（三）保证的效力

票据的保证是选择性票据行为，是否实施都不影响票据的效力。然而，一旦实施了有效的保证行为就会产生票据上的效力。这些效力概括起来主要包括履行担保效力、代位追索效力、利益返还效力。票据上的主体除收款人或持票人外，都承担一定的担保承兑或担保付款的义务，虽然不同类型票据的内容不完全相同，他们的货币支付结算履行义务却具有连带性，保证行为成立后即对被保证人的履行行为承担责任。并且，保证人承担的履行责任既具有从属性又具有独立性。从属性是指保证人的责任从属于被保证人的责任，在责任的种类、金额、性质、时效等方面与被保证人的责任完全相同。独立性是指只要票据有效，即使被保证人的履行责任因伪造等原因无效，保证人也仍然要承担票据上的独立履行责任。

保证的代位追索效力是指保证人履行保证责任后，即取得了票据，成为票据持票人，他有权以持票人的身份向被保证人及其前手行使追索权，追索票据金额和附属利益损失。保证人的追索权也具有独立性，只要履行了保证人的责任，即使被保证人的票据权利有瑕疵，也不影响他的追索权。既然保证人的保证责任具有独立性，追索权也应该具有独立性。保证的利益返还效力是指保证人在履行了保证责任后，不能依据货币法规范通过票据本身获得利益补偿，还有权依据其他财产法通过实质性利益关系，向在此过程中实际获得利益的当事人请求返还因票据行为而获得的利益。这种利益返还在货币法意义上是不能获得支持的，货币法更强调的是形式利益，从最终财产关系的角度而言，还应强调实质性利益的损益。

二、票据保付行为

票据的保付是支票特有的行为，它既同汇票和本票的保证行为具有共性，也具有自己的特性。票据保付是直接付款人对支票持票人作出保证无条件付款的承诺，由于支票的直接付款人是货币经营机构，通常具有较高的货币支付结算信誉，它的保证付款承诺具有同银行承兑汇票同等的信用水平，可以免除最终付款人的责任，避免事实上变成空头支票的风险。保付行为的基本规范主要包括保付的要件、保付的种类、保付的效力。[1]

（一）保付的要件

票据的保付是要式行为，必须满足成立要件的要求才能产生货币法上的

---

〔1〕 参见联合国《统一支票法公约》，美国《统一商法典》商业票据部分，英国《支票法》，日本《支票法》，我国《民法典》合同编、《票据法》《支付结算办法》等相关法律法规的规定。

效力,才能承担独立的货币法责任。保付行为成立的要件主要包括保付主体、保付方式、保付位置、记载事项等几个方面。首先,保付主体必须是具有经营支票业务资格的货币经营机构,其他主体不具有作为保付主体的资格,即使作出相应表示也不具有货币法效力。其次,该经营机构必须是经营出票人支票业务的经营机构,其他货币经营机构通常不对非自己经营的支票实施保付行为。保付成立的方式和位置可以有两种,一是在印制支票时就在票据正面明确记载支票为保付支票,二是在普通支票签发前或签发后,请求货币经营机构在票据正面记载保付事项,成立保付关系。

保付行为必须记载特定的事项,以明确主体之间的保付关系,这些记载事项可以分为绝对必要事项和相对必要事项。保付的绝对必要事项是指在保付行为过程中必须记载,否则将影响到保付效力的事项。这些事项通常主要包括保付的文句或字样、保付机构名称、签字盖章等。它的核心内容是保付的文句、字样和保付机构的签字盖章,只要具有相关文义和签字盖章再加之其他辅助因素就可以认定保付关系的生效和效力。保付的相对必要事项主要包括被保付人的姓名或名称和保付日期等。如果没有记载被保付人姓名或名称,可以直接推定出票人即为被保付人。同时,保付不得附有条件,即使附有条件也不影响票据上的保付责任。

(二) 保付的种类

票据的保付也是文义行为,无论当事人之间的事实关系如何,只要在票据上实施了合法有效的保付行为,该行为就对特定的主体具有约束力。票据的保付行为可以分为许多种类型,按照保付的金额可以分为,全额保付和部分保付;按照保付的前提条件可以分为,单纯保付和附条件保付;按照保付的对象可以分为,特定保付和统一保付;按照记载事项是否完备可以分为,完全保付和略式保付。通常,货币经营机构统一印制的保付支票都采取全额保付,即使是单独记载的也基本上都属于全额保付。只有保付人进行单独记载、且特别说明,只担保某特定金额支付的支票存在部分保付的情况。如果没有单独记载或特别说明,应认定为全额保付支票。

保付行为通常都是单纯性保付,不附加任何保付生效的前提条件,特别是对于统一印制的保付支票而言,不在票面上进行特殊的保付条件批注即应推定为单纯性保付支票。保付的特定性和统一性通常是相关法规直接确定的,如果规定只担保提示付款,则并不担保对前手的追索权,如果规定是统一性担保，则必须承担全部的票据义务，其他票据关系当事人不需要再承担票据义务。保付的全部记载事项包括被保付人姓名或名称、保付文句或保付字样、保付日期和保付人的签字盖章等。保付的相对必要事项应是被保付人姓名或名称和日期，如果没有记载通常应推定为出票人和出票日。但是，即使是略式保付也应有保付人的签章，没有签章肯定不具有保付效力。

（三）保付的效力

票据保付是将出票人的信用转化为货币经营机构信用的行为，它对票据信用水平的提高程度通常要高于普通主体的保证，且一旦实施了有效的保付行为就会产生票据上的效力。这些效力概括起来主要包括绝对付款效力、责任免除效力、利益返还效力。保付的绝对付款效力是指合法有效的保付行为，直接付款人必须绝对担保票据的付款，只要不存在合法抗辩事由，该付款责任即是绝对的。即使是对特定主体的保付，也需要绝对担保票据付款，只是在此条件下不对追索权承担保付责任。如果是统一保付，则应对票据的全部责任人承担保付义务。当然，通常情况下只要承担了绝对的付款责任，持票人也不会再使用追索权。除非持票人没有在付款期内向直接付款人提示付款，才会形成对特定票据当事人的特定追索权。

保付的责任免除效力包括对全部义务人的责任免除效力和对特定义务人的责任免除效力。在统一保付的条件下，保付人承担了全部票据责任，对任何其他责任人来讲都可以免除票据上的义务，即统一保付支票并不存在追索权。但是，在特定保付的条件下，只免除了出票人到期最终付款的责任，该权利不能实现的持票人还对前手享有追索权，仍然不能免除其全部票据义务。利益返还效力是指保付人在履行了保付责任后，支票上的权利义务关系就已经归于消灭，如果出票人没有事先在支票账户上保存有足额的存款货币或结算货币，就事实上形成了对直接付款人的票据款项透支。这时，由于票据关系已经全部消灭，货币经营机构只能通过实质性财产关系向出票人主张利益返还请求权，偿还其垫付货币的本金和利息。

第五节　票据的付款行为

票据的付款行为是付款人或承兑人、参加付款人等，向合法持票人支付记载金额的货币，完成支付结算全部过程的票据行为。票据付款的过程同时也是行使抗辩权的过程，虽然在实施其他票据行为的过程中也应行使抗辩权，但它的行使往往主要集中在付款行为时。如果不能在付款过程中行使抗辩权、导致过失付款，应向最终付款人承担过失责任。票据付款行为的基本规范主要包括付款的程序、付款的种类、付款的效力。[1]

一、付款的程序

票据付款的程序包括三种基本类型：一是持票人亲自提示票据直接向付款人请求付款，无论是何种票据都可以采取这种付款程序；二是持票人将票据背书委托给其开立账户的货币经营机构，由该机构代理实施付款行为，直接请求付款人支付款项；三是持票人将票据背书委托给其开户账户的货币经营机构，由该机构通过货币清算系统将票据传递给付款人，由付款人审核将款项划转记入收款人账户。这三种付款方式持票人可以根据具体情况选择使用，通常普遍采取的是通过清算系统完成付款。特别是对于电子票据而言，可以通过清算网络实现全国、甚至国际的付款。采用这种付款方式可以节约付款时间，提高流通效率。无论采取何种付款方式，它们的基本程序都包括提示付款、审查票据、票款交付、签收票据四个基本步骤。

提示付款是持票人向付款人出示票据，要求付款人支付票据上记载的货币金额的过程。它既可以由持票人亲自完成也可以委托代理人完成，既可以直接完成也可以通过货币清算系统完成。在委托代理人完成的条件下，代理人通常是持票人开户的货币经营机构，应以委任背书的形式确定其代理人身份。如果被提示付款的是银行汇票、银行承兑汇票、银行本票、支票等银行票据，被提示人都是作为付款人的货币经营机构；如果提示付款的是商业承兑汇票、商业本票，被提示的付款人是普通的社会主体。如果该货币经营机构已经被接管，接管人或托管人为被提示人。如果被提示人已经进入破产程序，则破产财产管理人为被提示人。此时的付款请求权已经变成破产财产，持票人可以要求制作拒绝证书行使追索权。

---

[1] 参见联合国《国际汇票和国际本票公约》《统一支票法公约》，美国《统一商法典》商业票据部分，法国《商法典》汇票和本票部分、《支票法》，英国《金融服务法》《票据法》《支票法》，我国《商业银行法》《票据法》《支付结算办法》《票据管理实施办法》等相关法律法规的规定。

付款人收到提示付款的票据后，应对票据的付款事项进行认真审核。审核的内容主要包括，票据本身是否符合法定的有效要件，是否构成无效票据或存在瑕疵的票据，票据是否达到付款期限或超过付款期限等。如果未按照付款期限如期提示付款，经过最终付款人同意也可以给予付款；如果通过货币清算系统提示付款，作出委任背书并将票据交付给代理人的时间即为提示付款时间。在付款过程中，票据本身即使不存在可以抗辩的事由，也应对持票人进行抗辩权审核。审核持票人身份是否与最终的背书人一致，持票人是否存在恶意取得票据的情况，是否具有其他应知、能知、明知的抗辩事由等。如果付款人没有尽到应尽的审核义务，出于主观恶意或实质性重大过失而付款，应自行或向最终付款人承担付款责任。

票款交付是付款人在对票据本身，以及持票人和委托代理人进行严格审查后认为，票据为合法有效票据，持票人与代理人都是善意取得付款请求权和代理权的主体，也不具有任何其他方面的抗辩事由，必须向其给付票据上记载的货币金额的行为。通常，在持票人亲自提示付款的条件下，可将货币直接记入收款人账户，或者按照约定直接交付法定证券货币。在持票人委托货币经营机构代理收款的条件下，应由代理收款的经营机构直接将收取的货币记入收款人货币账户。在参加付款人付款的条件下，付款后参加付款人取得持票人资格和拒绝证书，并由收款人记载收款的事实。原持票人因取得票款而不再享有票据权利，参加付款人有权向被参加付款人及其前手行使追索权，被参加付款人的后手因此而解除票据上的责任。

签收票据是持票人在收到票款后，在票据上签章证明已经收到款项的事实，并将票据交付给付款人；付款人凭借已经签章收款的票据，进行减少付款人账户货币金额记载的行为。如果持票人拒绝签收票据，付款人有权拒绝付款。在持票人直接提示付款的条件下，如果付款人是普通经营主体，签收票据后可以直接支付法定货币。如果支付的是法定记账货币、结算货币或存款货币，可以通过委托付款程序向其开户经营机构发出付款指令，向收款人账户划转相应数量的相同性质的货币。在持票人通过清算系统提示付款的条件下，收款人开户的货币经营机构应通过清算系统将票据交付给付款人或付款人开户的经营机构，在审核合格并亲自或代理签收票据后，将款项划转至收款人账户，完成票据收款和签收的全部程序。

二、付款的种类

票据的具体功能和付款的具体状态不同，付款的种类也有较大的区别。按照不同的标准，可以将其分为不同的类型。按照付款时间的不同可以分为，期内付款、到期付款、期后付款；按照付款金额的不同可以分为，全额付款和部分付款。期内付款是所有票据都可以采用的付款类型，即在有效期内只要持票人提示票据付款人就必须向其支付票据款项。它适用于不存在具体付款时间的票据，或称之为见票即付的票据。如果仅希望票据具有支付结算功能，并不考虑将其作为融资工具使用，在出票时可以约定这种付款类型。这种付款类型的票据通常自出票日到过期日的时限比较短，或者付款人有能力随时支付票据款项，便于持票人灵活行使权利。

到期付款是指持票人于到期日提示票据付款人予以付款，它又可以分为定日付款、出票后定日付款、见票后定日付款三种类型。其中，定日付款是以票据上记载的付款时间作为实际付款时间，出票后定日付款是指以出票时间加票据上记载的付款时限作为实际付款时间，见票后定日付款是指以见票时间加票据上记载的付款时限作为实际付款时间。这些付款类型都是正常情况下票据的付款时间，期后付款是票据超过付款提示期限之后的付款。票据过期后提示付款会丧失对普通前手的追索权，只要不超过对特定主体的有效期，往往还对承兑人和出票人享有追索权，这时许多承兑人或出票人也会同意付款。并且，即使对特定主体的追索权也已经丧失，票据上的全部权利都已经过期，也可以经实际义务人同意而付款。

全额付款是指在持票人如期提示付款时，付款人支付了全部票据上记载货币金额的状况。票据全额付款后，它的全部权利义务关系即归于消灭，只有在参加付款的条件下，参加付款人仍享有对原付款人及其前手的追索权。部分付款是在持票人如期提示付款时，付款人仅同意支付票据记载金额中的一部分，不同意向其支付全部的票据金额的状况。在此条件下，各国法规通常有两种不同的处理办法：一是将部分付款认定为拒绝付款，由票据上记载的付款人出具《拒绝付款理由书》，持票人据此向其前手行使追索权；二是接受该部分已经支付的款项，在票据上记载部分付款的事实而不签收票据。同时，要求付款人出具部分《拒绝付款理由书》，仅就该未支付的款项部分行使追索权，这种处理方法更有利于持票人获得付款。

三、付款的效力

票据的付款通常是最终的票据行为，它并不是特指某单个的票据行为，而是同付款相关的一系列行为。票据的付款过程也是抗辩权行使的核心过程，特别是对于货币经营机构而言，它虽然通常是票据付款人，却往往不是实际付款人，而是实际付款人委托的付款人。如果事实上存在抗辩事由，而付款人没有行使抗辩权，导致主观恶意或重大过失付款。虽然可以免除票据上的责任、结束票据关系，却必须承担实际付款人的货币财产损失赔偿责任。因此，票据付款的效力主要包括权义消灭效力、责任承担效力、利益返还效力。票据付款的权义消灭效力是指付款人全额付款后，全体票据关系人的各种权利义务关系都归于消灭，不再存在票据关系。

付款的责任承担效力是指付款人出于主观恶意或重大过失而付款时，付款人应自行承担付款责任，或者需要向实际的付款人承担责任。这些情况主要包括明知票据存在纠纷而恶意支付票款，同非法持票人串通出于恶意支付票款，对应注意且能注意的事项没有尽到合理注意义务而付款，付款人支付的票据不符合法定要式、程序、手续等出于重大过失而付款等。这些事项都属于应该行使抗辩权的事项，如果付款人为委托的付款人，应属于没有尽到受托人义务而付款，应向委托人承担损失赔偿责任。

付款的利益返还效力包括，特定利益返还效力和实质利益返还效力。特定利益返还效力中的特定利益是指票据关系上的特定利益，主要包括参加付款人的特定利益和提前付款人的特定利益。参加付款人付款后，被参加付款人及其后手就不再承担票据的付款和追索义务，但参加付款人可以同时获得对被参加付款人及其前手的追索权，这种权利仍然属于票据关系上的权利。如果在票据没有到期的条件下，持票人提示付款时付款人给予提前付款，从货币法的角度而言是可以接受的。但是，这也会使其面临到期真正持票人提示付款的风险，如果是由于没有尽到审核义务而提前付款，在履行付款责任的同时只能通过实质财产关系进行追偿。

付款的实质利益返还效力是票据关系当事人，因履行票据义务过程中存在重大过失而损失的财产利益，在票据关系已经消灭、不能通过票据关系获得补偿的条件下，还仍然享有的通过实质性财产关系获得补偿的效力。货币财产关系主要强调它的形式效力性，这是追求货币流通秩序和效率的必然结果。就货币法的角度而言，是不存在法理问题的。但是，在维持高效、稳定的货币流通关系的基础上，还必须考虑到因此而获得财产利益的公正性和道德性，还应该在不影响货币流通关系的条件下，允许当事人之间就实质的财产关系而主张最终的财产利益。因此，从整个财产法角度还应该承认实质利益返还效力，在货币法之外对不同主体之间的财产关系予以实质性的均衡，最终实现整个社会财产关系的和谐稳定。

第十一章

货币流通清算规范

第一节　货币清算的原理

货币流通最初是付款人与收款人之间直接的货币交付，目前法定证券货币虽仍然采取这种形式，法定记账货币却已采取记账货币形式，除增加货币的确权登记系统外，仍然可以采用记账货币的网络直接交付方式。如果收付款主体同在一个货币经营机构开立账户，也可以实现货币的直接收付，网络约定货币即属于这种流通模式，它们都不需要进行货币的集中清算。如果收付款主体不在同一经营机构开立账户，往往需要进行货币清算。

一、货币清算沿革

货币流通清算是指当付款人与收款人在不同的货币经营机构开立账户，通过某货币和相关票证集中传递与清结机构和系统，实现收付款人之间货币流通与支付结算清结的程序。货币流通清算，起源于存款货币流通。最初，不同付款人或收款人如果通过货币经营机构完成支付结算，应由付款人向其开户机构发出向收款人付款的指令，或者由收款人向付款人开户机构发出收款指令，该指令通过对方的开户机构通知给收款人或付款人，在对方没有异议后对双方的开户机构和收付款人账户，依据记载有收款或付款指令的单证分别进行收款或付款的记载，从而完成付款人的付款或收款人的收款程序。如果收款人委托开户机构进行货币票据的收款，也同样需要进行票据的传递和交换，最终实现收款与付款的款项账户记载。

货币在不同开户机构之间的划转过程，既是付款人和收款人账户中货币减少或增加的过程，同时也是开户机构货币数量减少或增加的过程。存款人的存款与其开户机构的存款在账户记载上是分别的、在总额上是一致的。存款人账户货币的增加或减少的过程，同时也就是开户机构存款的增加或减少的过程，这一过程是通过各自账户分别以付款或收款单证为依据进行账户记载实现的。在严格的收付款程序下，首先应由付款人或收款人发出付款或收款指令，他们的开户机构收到该指令后进行存款人的付款记录，同时减少开户机构自身的存款总额，或向付款人和付款机构发出付款指令并进行账户记录，收款人和收款机构收到付款单证后再分别进行机构和收款人的账户记录，分别同等数额增加它们账户的存款数额。

采用这种支付结算方式虽然能够解决收款人与付款人之间的货币流通问题，却也会遇到许多困难。第一，在这种收付款模式下，必须亲自或通过邮寄传送付款或收款单证。这既会形成较长的货币在途时间，影响货币流通速度，也会消耗大量的流通资源。第二，如果收付款货币经营机构之间没有业务往来，则必须以同二者都有业务往来的第三方机构作为货币流通的代理机构。如果是国际性收付，可能需要的中间性货币经营机构会更多，需要更多的代理机构不断实现货币收付和账户记载之间的传递。第三，随着市场的发达和经济往来的增加，同一货币经营机构会形成大量的收付款委托，许多收付款是双向的，如果能够实现不同经营机构之间的差额结算，就可以较大地提高货币流通速度，节约相关的流通费用。第四，如果各经营机构都能够保证付款，还可以较大地提高货币流通的信用水平。

在此背景下，如果能够存在某个联合一定区域内主要货币经营机构的清算机构，使该区域内的主要货币经营机构都成为它的成员，各成员的票据和单证收付都在这一机构集中办理，货币通过这一机构进行集中收付，其他非成员机构可以通过成员机构代理其票据、单证、货币收付业务，则可以实现相关收付指令和货币的集中清结，从而形成一个完整的票据、单证、货币的清算体系。各货币经营机构之间既可以选择进行独立的业务往来联系，形成独立机构之间稳定的货币收付业务关系，也可以选择通过该集中清算体系建立交叉的货币收付业务往来联系，以避免只进行独立业务往来带来的种种不便。按照这样一个思路，1773 年英国伦敦成立了世界上第一家票据交换所，此后各种类型的货币流通清算机构不断产生，并随着中央银行的出现，开始形成以中央银行为核心的清算体系。特别是随着网络技术的发展，货币清算体系的机构制度、业务制度、货币制度、效力制度等不断完善。[1]

二、货币清算机制

当代社会需要进行清算的主要是流通中的存款货币和结算货币，其他货币基本上都可以在付款人与收款人之间，或直接通过某货币经营机构、货币确权登记系统等实现由付款人到收款人的给付或交付。货币流通的清算，首先由某付款人或收款人发起。他发起的手段既可以是委托开户机构向付款人通过他的开户机构收取票证款项，也可以是付款人向开户机构直接发出支付指令，要求将存款货币或结算货币以同样方式支付给某收款人。在持票人委托开户机构向付款人收取票证款项的条件下，付款人或付款人开户机构收到付款请求后，在不能行使抗辩权的条件下也会形成以票证为付款指令的付款程序，直接或间接向持票人开户机构支付票证款项。

在此过程中，收款人通过开户机构发出的收款票证、指令，必然是相应开户机构的付款票证、指令，直至该收款票证、指令被付款人开户机构接收。如果付款人及其开户机构不提出抗辩、同意付款，则会向收款人开户机构付款，直至收款人通过开户机构收到款项。在该收付款票证、指令和款项的传递过程中，某货币经营机构的付款票证、指令，必然是对应机构的收款票证、指令，某经营机构付出的款项必然是相应机构收到的款项，直至通过各机构之间的账户收付记录传递，形成付款人或收款人的在经营机构账户中的付款或收款记录。这些机构之间的收付款票证、指令以及收付款项都是对应的，完全可以通过清算机构集中进行清结。

在通过清算机构实现票证、指令和款项传递的条件下，将不再需要通过多层次的代理机构不断实现票证、指令和款项的传递，只需要收款人或付款人通过其开户的经营机构将票证、指令和款项传递到共同的清算机构，统一由清算机构进行票证、指令和款项的传递。货币经营机构只需要向清算机构发出收款或付款票证、指令，从清算机构接收付款或收款票证、指令，并按照该票证、指令的要求直接向清算机构支付款项，再根据相关票证、指令进

---

[1] 参见联合国《国际贷记划拨示范法》《电子资金划拨法律指南》，美国《电子资金划拨法》《统一商法典·4A 编》，欧盟《支付服务指令》，我国《中国人民银行法》《中国现代化支付系统运行管理办法》《大额支付系统业务处理办法》《小额支付系统业务处理办法》《人民币跨境支付系统业务规则》等的相关规定。

行账户记录就能够完成收款或付款行为。只是由于经营机构某时段内需要给付和接收的款项总额不一定相等，会出现给付和接收之间总额的差额，经营机构只要支付该差额就能完成清算。

当代社会已经是网络化、电子化社会，由于货币的本质只是价值的信用符号，特别是存款货币和结算货币本身就存储于经营机构的账户系统，完全可以通过网络电子化系统进行账户之间的传输和记录。并且，随着电子网络技术的发展，票据也已经实现了电子化，各种收付款票证、指令也完全可以进行网络传输，各种票据行为也可以通过网络电子化实施。在此条件下，传统的票证、指令、货币的实体化清算体系逐渐发展为网络电子化体系，这是网络化电子化技术发展的必然结果。虽然网络化、电子化会使货币流通的具体方式发生变化，但它们的原理是一致的，只是行为的实施方式、传递方式、当事人确认方式发生了变化，同时货币流通行为效力依据、货币账户记录依据、货币权利归属依据也发生了变化。

三、货币清算系统

货币清算并不是支付结算之外的体系，如果收款人与付款人的开户机构之间有直接的业务往来，可以不通过清算体系直接进行票证、指令的传递，直接通过双方开户机构进行货币的划转和流通。即使开户机构之间没有业务往来，也可以通过第三方机构进行间接的货币流通。只是在业务规模较大、数量较多的情况下，特别是需要多个中间环节的条件下，才需要选择通过清算机构实现货币流通。在当代网络化、电子化的条件下，通过清算机构完成货币流通可以简化程序、提高速度、降低成本。清算系统是一个复杂的体系，一个完整的清算系统由许多个子系统构成，按照不同的标准可以进行不同的划分，不同的划分反映清算体系的不同侧面。

按照运行方式，货币清算系统可以分为实体化票证、指令、货币系统和电子化票证、指令、货币系统。按照系统覆盖的区域范围，货币清算系统可以分为城市货币清算系统、国家货币清算系统、国际货币清算系统。按照流通的主权货币体系，货币清算系统可以为分为本国货币清算系统、外国货币清算系统等。按照网络电子化条件下各子系统功能的不同，可以分为清算传输网络系统、收付款账户系统、收付款指令系统、收付款货币系统、清算货币调节系统、清算行为规范系统、清算效力规范系统、清算运行监管系统等。按照清算体系的货币流通方式，货币清算系统可以分为实时全额清算系统、分时差额清算系统、分时净额清算系统。

传统货币清算体系的运行方式都是实体化的，随着网络电子技术的发展，虽然不能肯定实体化清算体系会完全消失，但绝大多数清算体系肯定会被网络电子体系所取代，即使目前多数清算体系也已经基本上实现了网络电子化。传统清算体系由于受到实体票证、指令等传输手段的影响，往往是以城市系统为基础的。网络电子技术的发展已经使时空不再具有重要性，目前的清算体系基本上都是以国家为核心的系统，城市清算体系不再具有基础地位。并且，虽然目前世界流通的货币还都是主权货币，还要受到国家主权的一定限制，但许多主要货币都已经实现了国际化流通。特别是存款货币和结算货币并没有太多的国际流通障碍，许多清算体系都是国内国际互相联通的，或者建立有相对独立的主权货币国际流通系统。

网络电子清算体系首先需要建立网络传输系统，它是当代清算体系的物质基础。货币流通清算除传统账户体系外，还需要各清算成员与清算机构之间建立清算账户体系，以使货币能够通过清算机构网络传输体系实现集中统一流通。清算系统需要建立专门的收付款票证、指令传递系统，由清算机构集中传递收付款票证、指令，作为进行货币划转、账户记录的依据。要实现货币的收付，必须有收付传递系统，通过清算账户实现货币在账户体系内的流通，并通过调节清算账户的货币数量，保证流通清算的最终实现。清算作为一个复杂的货币运行体系，还必须有严格的行为规范系统、效力规范系统、行为监管系统，它是清算体系正常运行的制度保障。

在传统的实体货币清算体系下，由于支付结算票据、指令等都是实体性的，集中清算需要较高的成本和时间，通常只能采取以日为单位的净额清算模式。在当代网络电子清算体系下，既不需要清算人员的流动，也不需要票据、指令的实体流动，可以随时进行自动化的网络电子传输和清算，能够方便地采用实时全额清算、分时差额清算、分时净额清算等多种具体模式。实时全额清算是通过清算系统随时进行单次的全额货币清算，不需要对某个时段的全部单证和货币收付进行一次性的集中统一清结。分时差额清算是分时段对某类单证和货币收付进行集中统一清算，以总计差额通过清算账户进行货币收付和划转。分时净额清算是分时段对全体成员的全部单证和货币收付进行集中统一清算，以总计净差额通过清算账户进行货币收付和划转。它们各自具有优缺点，应根据实际情况选择使用。[1]

第二节　货币清算的机构

货币清算必须在统一的清算机构的主导下进行，它是一种重要的金融机构，是专门为了组织实施货币清算行为设立的机构。最初的货币清算机构主要是票据交换所，当代社会已经发展成为特殊的金融机构体系。随着网络电子技术的发展，它还会得到进一步完善，成为货币流通管理、流通信息管理的核心主体，具有越来越重要的货币法地位。货币清算机构类型可以从业务内容、业务区域、组织形式三个方面进行比较系统的划分。

一、机构业务内容

按照清算机构的业务内容可以分为，内部清算机构、专业清算机构、综合清算机构三种基本类型。内部清算机构按照业务对象可以分为，对内清算机构和对外清算机构。对内清算机构是货币经营机构的总机构设立的，对内部各区域分支机构办理本机构内部货币清算的机构。它通常表现为货币经营总机构的清算业务部门，通过该部门在各分支机构之间建立内部清算体系，完成内部各分支机构之间付款人与收款人的货币清算，实现某货币经营机构内部货币流通的集中统一清结。对外清算机构既可以是总机构的清算业务部门，也可以是某分支机构的清算业务部门，对外作为货币清算体系的成员参加不同货币经营机构之间的货币收付清算。

专业清算机构是专门进行某类货币流通清算的机构。从整体上来讲，可以分为货币流通清算机构、证券流通清算机构、期货流通清算机构等，分别负责货币市场、证券市场、期货市场等的支付结算清算业务，构建起不同金融领域的支付结算清算体系。其中，货币市场清算机构主要负责货币经营机构之间货币账户收付的清算，形成相对独立的货币清算体系。证券市场清算

---

[1]　参见联合国《国际贷记划拨示范法》《电子商务示范法》《结算最终性指令》《电子资金划拨法律指南》，国际清算银行《系统重要性支付系统的核心原则》，美国《电子资金划拨法》《统一商法典·4A编》《HH条例》，欧盟《支付服务指令》《欧洲中央银行泛欧自动实时全额结算快速转账系统指引》，我国《中国现代化支付系统运行管理办法》《大额支付系统业务处理办法》《小额支付系统业务处理办法》《人民币跨境支付系统业务规则》等的相关规定。

机构主要负责各种证券集中交易场所投资人之间的货币与证券支付结算，既包括货币的支付结算也包括证券的交易账户登记，通常是相对独立的清算体系。期货市场清算机构主要负责各种期货集中交易场所全体交易人之间的合约持有转让、交易保证金收付等的支付结算和交易账户登记。

货币市场清算机构是整个金融领域货币清算的最终机构，按照业务内容可以进一步分为，大额货币清算机构、小额货币清算机构、银行卡片清算机构、移动支付清算机构、货币票据清算机构等。大额货币清算机构主要集中清算规定金额以上的支付结算业务，它的业务对象主要是企业单位；小额货币清算机构主要集中清算规定金额以下的支付结算业务，它的业务对象主要是社会公众。银行卡片与移动支付清算机构，分别集中清算利用银行卡片或移动支付工具进行的支付结算业务。货币票据清算机构主要集中清算，委托货币经营机构以票据进行收款或付款引起的支付结算业务。它们既可以采取实时全额、分时差额，也可以采取分时净额清算的方式。

货币清算机构的划分和设立既同清算业务的专业性相关，也同网络电子技术和社会的具体支付结算需求相关，还同货币清算的范围和复杂程度相关。在现实的货币清算体系中，各种划分和组合都是相对的。并且，世界各国和国际组织也在不断优化清算机构的设置。同时，随着金融基础设施建设和货币清算体系在金融体系中的地位越来越重要，清算机构具有不断向综合化方向发展的趋势。综合清算机构是对各种类型专业清算机构的功能进行整合，共同建立一个或多个综合性货币清算机构，在某清算机构内可以同时运行多种类型的货币清算系统。事实上，即使各类清算业务都分别设立清算机构，各清算机构之间也必然存在业务融合。[1]

二、机构业务区域

按照清算机构的业务区域可以分为，城市清算机构、全国清算机构、区域清算机构、本币清算机构、国际清算机构等。城市清算机构是在某中心城市设立的，主要负责本城市及附近区域内货币清算业务的机构。它通常是以

---

〔1〕　目前，我国的主要清算机构包括中国人民银行清算总中心、上海银行间市场清算所公司、跨境银行间支付清算公司、中国银联公司、网联清算公司、城市票据清算中心、中国证券登记结算公司、各期货交易场所交易清算机构等。

传统票据清算业务为基础建立起来的，该中心城市区域内的货币清算体系。全国清算机构主要是负责某专业领域或综合领域全国范围内货币清算业务的机构，传统的全国性货币清算机构也同票据的异地清算相关。目前，由于网络电子技术的发展，它们不仅可以经营票据清算业务，也可以经营其他类型的某专业支付结算领域的货币清算业务。但是，通常它们的业务区域仅限于本国境内或本货币区域内，不经营跨国货币清算业务。

区域清算机构主要负责某货币流通区域内，特定专业领域或综合领域货币清算业务的机构。它是一种跨国性的国际货币清算机构，主要由共同流通某特定货币的各国，以该货币的法定流通区域为核心，共同设立并为其提供统一的货币清算服务，它的业务区域通常不超过本货币流通区域。本币清算机构主要负责某主权货币在世界范围内的流通清算业务的机构，它既可能是跨国的货币清算机构，也可能仅是国内的货币清算机构。清算涉及的地域范围主要取决于该货币的流通区域，或者该货币国际流通的状况。世界各主要货币区域的国际流通货币，通常都设立有跨国货币清算机构；非国际流通货币仅设立国内清算机构，国际货币流通以其他货币替代。

国际清算机构理论上讲应该是对世界各国提供货币清算服务的全球性清算机构，但由于目前世界并没有统一的货币，国际货币流通以主要的主权货币替代。各核心主权货币国家或国家联盟都设立有自己的本币清算机构，也不需要再设立一个为世界各国服务的货币清算机构。并且，货币清算必须建立严格的业务规范体系，必须保证各种主要货币都能够通过本清算机构清结，需要承担较大的货币清算风险，许多问题也难以达成一致。因此，目前世界上还不存在统一清算的货币系统。但是，由于支付结算信息没有较强的主权性，可以设立统一的票证、指令通讯系统，它也是货币清算系统的重要系统部分。它通常并不负责各种货币的流通清算，仅负责世界范围内成员国之间的票证、指令传输。[1]

---

[1] 目前，国际主要清算机构是环球同业银行金融电讯协会（SWIFT）；美元支付清算系统主要包括，纽约清算所协会（CHIPS）、美国联邦储备委员会资金转账系统（FEDWIRE）；欧元支付清算系统主要包括，塔吉特公司管理的泛欧实时全额自动清算系统（TARGET）、欧洲银行业协会的欧元清算系统（EURO1）；英镑支付清算主要由伦敦票据交换所的伦敦自动支付清算系统（CHAPS）完成；人民币跨国支付清算主要由跨境银行间支付清算公司的人民币跨境支付系统（CIPS）完成。

三、机构组织形式

按照清算机构的组织形式可以分为，机关清算机构、事业清算机构、会员清算机构、公司清算机构四种基本类型。机关清算机构是指该清算机构本身就是某国家机关的组成部分，并以国家机关的身份组织货币流通的清算业务。这种组织形式的清算机构通常主要是各国的中央银行，它通过建立本国或本区域清算体系，统一实施货币政策、操作货币政策工具、调节控制货币供应数量，同时组织管理整个区域的货币流通清算。中央银行虽然是国家机关，在组织管理清算业务活动中也需要收取相关费用，以满足运营整个清算体系的需要，并为清算体系的正常运行提供最终的清算资金担保，向各清算体系的成员提供清算资金的融通等。

事业清算机构是以事业单位形式组织的清算机构，它在法学性质上属于公共事业组织。事业清算机构既可以由国家出资设立，也可以同时吸收社会资金共同设立，享有法定或法规调节的清算收费权利。但是，它的业务活动不以取得营利为目的，主要为社会提供收费的公共性质服务。货币清算机构无论服务的业务对象如何，通常都不是以营利为基本目标的。因此，以事业单位的形式设立清算机构具有比较好的业务性质与组织形式的适应性。许多直接由中央银行出资设立，或同时吸收一定的社会资金设立的清算机构均采取事业单位的机构组织形式。但是，采取这种组织形式往往难以为清算提供担保，一旦出现清算危机也难以及时为其融通清算资金。

会员清算机构是以货币经营机构为会员，按照社团组织形式设立的清算机构。它通常以货币经营行业自律组织作为组织主体，或者本身就是货币经营行业为设立清算机构而成立的自律组织。这种清算机构的最高决策机构应该是全体会员大会，日常决策机构是由全体会员大会选出的理事会，由理事会聘请管理清算机构日常业务的总负责人、副总负责人，并由日常业务负责人聘请各部门负责人和员工，共同构成完整的清算组织体系。会员清算机构设立的主要目的是为会员提供货币清算业务服务，虽然也必须收取合理的费用，但通常不以营利作为经营目的。许多国际性清算机构都采取这种组织形式，方便平等、自由地协调各会员之间的关系。

公司清算机构是以业务联系密切的机构为主要股东，按照公司组织形式设立的清算机构。它通常由中央银行、货币经营机构等相关机构作为股东，按照股份公司的形式组织设立。它的资本决策机构为股东会，由全体股东按照出资数额行使投票权；它的经营决策机构为董事会，由股东董事、独立董事构成，负责机构的经营性问题决策；由董事会聘请日常业务的总负责人、副总负责人，并由日常业务负责人聘请各部门负责人和员工，共同构成完整的清算组织体系。公司清算机构虽然是公司组织形式，却也不以营利作为经营目的。直接办理清算业务的货币经营机构都首先需要成为它的清算体系成员，它的主要经营宗旨也是为成员提供清算服务。

货币清算机构虽然在组织形式上可以分为机关清算机构、事业清算机构、会员清算机构、公司清算机构等，它们事实上却都属于公益性组织，基本上不以营利作为核心经营目标。虽然它们收取相关清算费用，却往往都有严格的收费标准，不得因其经营的垄断性而向会员或成员任意收费。它的收费标准主要以能够维持清算系统的正常运营，能够保证及时更新、升级清算系统各种设备，保障清算系统高效、稳定运行为原则。某清算机构具体采取何种组织形式，主要是考虑中央银行监督管理的需要，组织不同国家会员或成员加入清算系统的可能，对清算会员或成员进行清算资金管理和融通的方式，以及对清算体系进行危机救助的便利等因素。[1]

第三节　货币清算的规范

货币清算是一个非常复杂的体系，它不仅是某个城市、某个国家或某种主权货币的流通中心，也是社会一定范围内的经济活动中心，更是货币支付结算纠纷最终集中产生的场所。必须在支付结算规范的基础上进一步建立完善的货币清算规范，才能保证支付结算最终的顺利完成，保证货币清算体系能够高效、稳定、合理地运行。通常，货币清算的基本规范主要包括清算业务规范、清算效力规范、破产效力规范、责任分配规范等。

---

[1] 在目前世界主要的货币清算机构中，美国联邦储备委员会资金转账系统（FEDWIRE）、城市清算机构等属于机关清算机构，中国人民银行清算总中心等属于事业清算机构，环球同业银行金融电讯协会（SWIFT）、纽约清算所协会（CHIPS）、欧洲银行业协会的欧元清算系统（EURO1）、伦敦票据交换所的伦敦自动支付清算系统（CHAPS）等属于会员清算机构，塔吉特公司管理的泛欧实时全额自动清算系统（TARGET）、人民币跨国支付清算系统（CIPS）等属于公司清算机构。

一、清算业务规范

货币清算是在支付结算基础上形成的票证、指令、货币财产的集中清结体系。它必须在建立清算机构和机构组织体系的前提下，进一步建立货币清算的业务规范体系，没有系统严格的清算业务规范体系保障，不同货币收付主体、经营主体之间的，高速、稳定、合理的，大规模、跨区域，甚至跨国界的货币清算体系是无法正常运行的。货币清算的业务规范体系主要包括票证指令规范、清算账户规范、清算货币规范等。[1]

（一）票证指令规范

货币清算行为是由付款人或收款人，通过货币经营机构发出付款或收款指令或相应请求开始的。这些指令或请求可以表现为，提示付款或收款的货币票据，指示付款或收款的相关单据，或者是纯粹的付款指令或收款请求。在使用传统实体票证、指令，且清算机构采取人工方式处理清算业务的条件下，可以对这些票证、指令等没有严格统一的要求，只要符合法定标准就能够起到发布指令或请求收付款的效力。在采取机械化操作的条件下，为保证清算设备能够自动分拣票证、指令的需要，就必须对这些票证、指令等规定特定的形状、格式等要求。在采取网络电子化操作的条件下，为保证信息传输能够以电子方式安全、准确地进行，并明确表达具有法规效力的特定含义，必须规定更加严格的票据、单证、指令规范。

票证指令规范的具体内容，不同的清算系统根据需要会有不同的规定。它的基本规范主要包括书写文字规范、专业术语规范、术语含义规范、必要事项规范、书写格式规范、机构代码规范、货币符号规范、指令安全规范、指令确认规范等。这些规范既是技术性的，也是法规或有效约定性的。通常，支付结算指令是要通过货币经营机构直接进入清算系统的，它们往往是清算票证指令规范在支付结算规范中的具体体现。但是，也有许多票证指令

---

[1]　参见联合国《电子资金划拨法律指南》，国际清算银行《系统重要性支付系统的核心原则》，国际法协会《货币债务支付时间示范规则》《国际商事合同通则》，美国《电子资金划拨法》《CHIPS 规则和行政程序》《FEDWIRE 资金转账日间透支协定》，欧盟《欧洲市场基础设施监管规则》《系统重要性支付系统监管要求条例》《支付服务指令》《欧洲中央银行泛欧自动实时全额结算快速转账系统指引》，我国《中国现代化支付系统运行管理办法》《大额支付系统业务处理办法》《小额支付系统业务处理办法》《人民币跨境支付系统业务规则》，以及《SWIFT 章程》《SWIFT 服务条款和条件》等的规定。

规范是专门针对货币经营机构的，这些规范往往并不直接体现在支付结算规范之中，是清算业务系统对货币经营机构向其传输票据、单证、指令等的特别要求。要实现这些票据、单证、指令等在清算系统的传输，就必须遵守这些规范。否则，清算业务系统会拒绝接受。

票证指令规范是某个清算系统内部的统一要求，它的具体含义是完全独立的，既不取决于其他法规的规定，也不能按照普通法规的含义进行任意解释，更不能按照自己的意志进行理解，而必须严格按照本清算系统的内部规定和解释无条件地执行。只要行为人按照本清算系统规定的标准发布了某项指令，且该指令按照清算规则是可以执行的，清算系统就会按照本系统的规则执行该指令，该指令在本清算系统内部通常就具有被司法机关承认的效力。除非该清算系统规则违反本区域法规的规定，否则通常不会导致无效。如果这个可执行的指令是由于行为人失误而发出的，并非行为人的真实意思表示，也不得主张指令的无效或该清算行为无效，只能通过可执行的撤销指令将原指令撤销，在货币法领域没有其他的直接救济手段。

（二）清算账户规范

货币的收付款不仅是将付款人账户中的货币转移至收款人账户的过程，同时也是将付款人经营机构的货币转移至收款人经营机构账户的过程，两类账户和货币之间具有直接的连带性。并且，就货币流通和清算过程而言，首先是付款人的货币经营机构向收款人的经营机构付款的过程，如果不能实现货币经营机构之间的货币划转，也就不可能实现付款人与收款人之间的货币划转。付款人账户的结算货币或存款货币，从直接归属权的角度归属于付款人，从间接归属权的角度也间接归属于经营机构，它们是同一货币进行的两种不同性质归属关系的账户登记。货币的划转过程是经营机构货币的直接划转过程，也是付款人与收款人货币的间接划转过程。因此，要实现货币清算，货币经营机构必须首先在清算机构设立清算账户。

货币清算账户是货币经营机构设立在清算机构的货币账户，该账户内保存的是经营机构用于同其他经营机构之间进行划转的货币。无论清算机构具体采用的是实时全额清算系统、分时差额清算系统，还是分时净额清算系统，都需要从货币清算账户中划转该经营机构接受付款人或收款人委托，直接需要划出或划入的货币。只是实时全额清算系统是随时全额划出或划入；分时差额清算系统是分时段先对某类货币的收款数额和付款数额进行对冲，在清算账户中只进行差额收款或付款的清算；分时净额清算系统是分时段对经营机构的全部收款数额和付款数额实现对冲，在清算账户中只进行全部净额收款或付款的清算。货币经营机构清算完成后，再按照相关票据、单证、指令进行收款人或付款人最终的账户登记。

货币的清算过程实质上是付款人、付款经营机构、货币清算机构、收款经营机构、收款人账户之间，按照付款或收款票据、单证、指令不断进行账户登记变更的传递过程，每一次传递都需要变更当事人的账户登记内容，直至付款人账户作出纯粹减少相应货币的记录，经营机构、清算机构作出同等数额收款与付款的记录，收款人账户作出纯粹增加相应货币的记录，这一过程才最终完成，实现货币划转和清算的平衡。在货币划转和清算过程中，货币经营机构进行的是货币收付的双重登记，即同等减少付款人和付款经营机构的货币的同时，也同等增加收款人和收款经营机构的货币。并且，由于各经营机构的登记习惯和规则不完全相同，它们的登记顺序也不一定完全按照标准化的顺序进行。货币清算机构则只对经营机构账户进行单一性的收付登记，经营机构清算账户的货币并不归属于清算机构。

（三）清算货币规范

清算账户的货币在归属权上归属于经营机构，它是经营机构通过清算系统直接进行货币收付的枢纽。在货币清算完成后，才能最终将收付结果记入付款人或收款人的账户，完成货币的支付结算过程。因此，清算账户在货币划出前必须保证有充足的余额，否则该经营机构的货币清算就无法实际完成，这就要求必须规定严格的清算账户中的货币规范。通常，货币清算系统的基本清算货币规范主要包括货币余额规范、货币存取规范、货币透支规范、货币拆借规范、法定准备规范、违规处罚规范等。货币余额规范是货币清算机构根据某经营机构正常清算收支的状况，为其核定的清算账户保留最低清算货币余额数量的规范，如果账户清算货币不足，则必须采取补充措施。否则，禁止其利用清算系统支付结算货币。

货币存取规范是规定经营机构根据清算账户余额，有权在保障支付的条件下存入和提取账户货币的规范，以便将清算账户余额控制在合理的水平。货币透支规范是经营机构根据需要，有权支付超过账户余额的货币用于清算行为的规范，具体包括透支额度规范、透支利息规范、违规透支处罚规范等。清算账户透支相当于清算机构向经营机构提供了相应数额的贷款，应该严格按照透支规范实施，以控制清算系统风险。货币拆借规范是经营机构在清算账户余额不足的条件下，向其他金融机构借入短期货币用于弥补货币不足的规范。通常，经营机构既可以在金融市场拆借货币，也可以向中央银行、清算机构等拆借货币。法定准备规范是经营机构依据清算账户的收支结果，调整向中央银行缴存法定存款准备金数额的规范。

清算货币的违规处罚规范是收付款人或经营机构、清算机构等违反清算规定，应该受到监管机关或司法机关处罚的规范。货币清算业务规范是一个完整的体系，它系统地规定了清算机构、货币经营机构、收款人或付款人等相关主体，在货币清算过程中应该遵守的基本行为规则，是保障社会一定范围内清算体系正常运行的基本规范体系。货币清算的业务规范同机构规范一起，共同构成清算体系的基础规范体系。货币清算的机构和业务规范，既包括法规性规范，也包括内部自律性规范。内部自律性规范是属于合同性质的规范，只要加入某清算系统、实施清算行为，就应该遵守这些规范。否则，也会受到违约处理，即使是国际性清算业务规范也对全体参加人具有约束力。

二、清算效力规范

按照支付结算的基本规范，货币的归属权是以账户记录为最终依据的。在途货币属于交付中的货币，应归属于付款人。在货币清算过程中，由于在途货币是在经营机构清算账户中转移的，中间涉及整个货币清算过程，还必须考虑到社会清算体系的正常运行，甚至需要考虑到清算系统崩溃的系统性风险，这就必然产生清算货币的效力规范问题。它涉及的效力规范标准主要包括，效力认定标准、清算过程标准、最终效力标准。[1]

（一）效力认定标准

清算效力认定标准，是从不同角度主张的货币归属效力标准。它们既可以作为货币支付结算标准的参考，也可以作为货币流通清算标准的参考。这

---

〔1〕 参见联合国《电子资金划拨法律指南》，国际法协会《货币债务支付时间示范规则》《国际商事合同通则》，美国《统一商法典·4A 编》《电子资金划拨法》《CHIPS 规则和行政程序》《FEDWIRE 资金转账日间透支协定》，欧盟《支付服务指令》《欧洲中央银行泛欧自动实时全额结算快速转账系统指引》，我国《中国人民银行法》《商业银行法》《票据法》《支付结算办法》《中国现代化支付系统运行管理办法》《大额支付系统业务处理办法》《小额支付系统业务处理办法》《人民币跨境支付系统业务规则》，以及《SWIFT 章程》《SWIFT 服务条款和条件》等的规定。

些标准主要包括减记付款账户标准、增记收款账户标准、增记机构通知标准、增记机构接受标准、增记机构账户标准、附退汇权增记标准、增记账户通知标准、交付法定货币标准等。减记付款账户标准是指付款人货币经营机构已经在付款人账户上进行了减少登记，付款人账户余额因付款而减少相应数量的货币；这时付款人已经丧失了对货币的归属权利，货币付款已经发生效力，不能再对已经划转的货币主张归属权。增记收款账户标准是指收款人的货币经营机构已经在收款人账户上进行了货币增加登记，账户余额因收款而增加相应数量的货币；这时收款人已经享有该货币的归属权利，货币付款已经发生效力，其他任何主体不能再对其主张归属权。

增记机构通知标准是指货币经营机构通知收款人，付款人已经将应该收取的款项划转到该经营机构，这时收款人的货币归属权利已经得到证实，应以这一时点作为收款人享有货币归属权的认定标准。增记机构接受标准是指货币经营机构已经收到付款人划转来的货币，并且已经决定接受该货币，准备将划转来的货币记入收款人账户，这一时点应该作为收款人已经享有货币归属权的认定标准。这两个货币清算效力认定标准的共同点在于，货币经营机构已经收到付款人给付的货币。它们的区别在于，通知货币已经收到并未表明经营机构已经明确接收该货币，还存在付款人是否享有退汇权等附属权利的问题；增记机构接受标准强调经营机构已经接收该货币，至少不会主动退汇给付款人，具有更加明确的货币归属权确定性质。

增记机构账户标准是指货币经营机构已经收到付款人的货币划转，并且已经将其记入经营机构的货币账户，实际增加了经营机构货币账户的余额；这时货币经营机构已经确定享有该货币的财产归属权，只是还没有记入收款人的账户。既然已经记入了经营机构的账户，在正常情况下就应该按照约定记入收款人账户，收款人享有该货币的归属权已经基本上不可逆转，应该以此时认定收款人已经对该货币享有归属权利。附退汇权增记标准是指货币经营机构已经收到付款人划转来的货币，并且已经记入经营机构的货币账户；但是，对于该账户记录付款人保留了退汇权，可能会随时发出退汇指令要求将款项划转回付款人。由于行使退汇权的情况极少发生，可以认为即使是附有退汇权的账户登记，也应作为享有货币归属权的标志。

增记账户通知标准是指货币经营机构已经向收款人发出了准备将货币记入其货币账户的收账通知，货币已经记入收款人账户或正准备记入收款人账户；以这个时点作为认定收款人享有货币归属权的标准是适当的，此时该货币的归属权已经基本上不再可能被他人享有。交付法定货币标准是指收款人已经通过货币经营机构，将付款人划转来的货币转化为法定记账货币，或者将划转来的存款货币或结算货币提取为法定证券货币，实现了货币性质的转化。这时收款人已经享有了确定无疑的货币归属权，至少在货币法的范围内不再可能出现财产权被其他主体主张任何其他优先权的情况，应该以交付法定货币标准作为最终的货币归属权享有确认标准；在其他许多条件下，收款人享有的货币归属权都是不完全确定的。

（二）清算过程标准

清算效力的上述认定标准是各国和国际组织相关法规，以及专家学者等对货币清算效力认定的不同主张，这些主张从货币法角度都具有一定的法理依据，从支付结算角度而言，似乎都具有一定的说服力。但是，这些认定标准在很大程度上并没有考虑到货币清算的特殊性，特别是在当代网络电子化货币清算条件下，应该在认定标准上特别考虑的因素。对于许多国家或国际组织而言，当代货币清算体系是流通规模巨大、流通速度以分秒计量的体系。特别是对于一些世界主要货币的清算体系而言，各重要金融机构、甚至许多国家的中央银行都会成为它的清算会员或成员，它发生系统性风险的代价是难以用普通主体的财产能力衡量的。在此条件下，以货币清算体系作为确定归属权的清算过程准则就成为被广泛采纳的标准。

货币归属的清算过程标准是指以货币是否进入清算系统作为确认归属权的认定标准，付款人的货币财产一旦通过经营机构的清算账户进入清算系统，特别是净额清算系统，就不得以货币法为依据主张行使退汇权；或者可以具体表述为货币收付指令一旦进入清算系统，并被清算系统执行就不再享有货币法意义上的退汇权，该货币就会沿着收付款指令的路径最终被收款人经营机构接收，并按照约定记入收款人货币账户完成支付结算过程。因此，利用清算系统进行的支付结算行为，只要货币通过经营机构的清算账户进入清算系统，这种支付结算在货币法意义上就是不可逆的。在正常情况下，付款人就能够最终实现付款，收款人就能够最终实现收款，他们的货币归属关系变更可以从总体上按照是否已经进入清算系统确定。

货币清算系统同当代社会的其他大规模集中交易系统，如证券交易系统、期货交易系统一样，都是具有严格的交易程序和集中清结体系的金融基础设施，在该系统内进行货币清算或金融交易具有非常强的整体性和系统性。一旦清算或交易指令进入该系统，某方主体通常就不得主张撤销指令。否则，会导致整个清算或交易体系的混乱，甚至在技术上也是难以进行操作的。因此，清算系统或集中交易系统的指令执行结果应具有确定性和效力上的优先性，即使某方主体在此过程中存在过错，也通常不能支持撤销指令或交易无效的主张，它的执行结果往往是不可撤销或必须具有效力的。如果某方主体在此过程中存在过错，只能通过系统外部救济手段进行救济，在多数情况下只能将归属权转化为请求权，在首先尊重清算或交易结果的前提下，主张对货币或财产归属关系因过错而变更的修复请求权。

（三）最终效力标准

货币清算的效力认定标准和清算过程标准，提出了许多可供参考的货币支付结算和清算效力标准，应该说这些标准都是具有一定合理性的。但是，这些标准没有区别具体的支付结算和清算情况，有些没有充分考虑到货币法的基本原则，以及货币法同普通财产法之间的关系，还必须区别具体情况和不同财产法之间的关系，最终确定货币支付结算和清算的货币归属权认定标准。通常，货币的支付结算和清算归属权确定的最终效力标准应主要包括，清算外部标准和清算内部标准。清算内部标准又可以具体分为实时全额清算标准、分时净额清算标准、分时差额清算标准。清算外部标准还可以具体分为经营机构账户标准、收付款人账户标准。此外，还必须考虑到货币法之外的实质性财产利益的返还标准等。

在清算内部标准中，实时全额清算虽然也需要通过清算机构和清算系统完成支付结算行为，也需要通过货币经营机构的清算账户完成付款人与收款人之间的货币划转。但是，由于其清算行为是全额的实时的，即使付款人主张退汇也不会对清算系统的正常运行造成不利影响。因此，从最大限度地保护收付款双方当事人货币权益的角度来看，应按照普通支付结算的原则确认货币的归属权，不受通过清算系统进行支付结算的影响。即以收款的货币经营机构已经启动向收款人的账户登记程序的时点，作为收款人已经完全享有该货币归属权的最终标准。这时付款人或付款的货币经营机构已经不能再就该货币主张撤销权或退汇权，即使收款人无合法理由获得该货币财产，他人也不能从货币法的角度主张货币归属权。

在分时净额清算条件下，由于货币经营机构清算账户的货币是进行净额清算的，货币清算涉及来自许多方向的支付结算，涉及许多家货币经营机构不同数额货币的收付，这些收付又是划分为不同的时段集中统一完成清算过程的。如果清算规则支持付款人或货币经营机构主张撤销权或退汇权，必然导致本时段的全部清算结果都归于无效而全部恢复到清算前的状态。它不仅会导致整个清算系统的混乱，使全部清算系统的清算结果处于不稳定的状态，也会严重影响整个清算系统的运行效率和秩序。因此，应按照开始清算即不可撤销的原则确定货币的归属权。即付款人的付款一旦被经营机构执行、进入清算系统，就无权再主张撤销权或退汇权，不能再主张货币的归属权。如果存在问题，只能从普通财产权的角度主张请求权。

分时差额清算系统的清算程序，介于实时全额清算与分时净额清算之间。是否可以主张撤销权和退汇权，应根据清算系统的运行情况具体确定。既可以考虑不可撤销和退汇，也可以考虑可以主张撤销和退汇。具体认定标准应由清算系统内部规则确定，一旦确定就具有最终确认效力，接受这种清算方式的付款人和收款人都应受其效力规则的约束，不得以其他货币财产权归属规则提出抗辩。但是，在货币流通进入清算系统前或已经退出清算系统后，还是应该按照普通支付结算中货币财产权确认原则认定货币的归属权。分别以启动账户记录程序和已经实际登记入账作为归属权认定标准，以是否已经被经营机构或收付款人控制作为基本依据。当然，这种认定是货币法的认定，在货币法之外还可以考虑实质上的最终利益关系。

三、破产效力规范

企业破产效力规范是同货币清算效力规范具有冲突的，按照各国破产法的通常规定，收款人、付款人、货币经营机构一旦进入破产程序，他们的财产就变成了受管理人直接控制的破产财产，只能从破产财产权利人的角度主张对这些财产的权利。并且，还存在破产财产管理人对前期和正在履行约定的效力认定问题。因此，支付结算和清算的破产效力冲突认定标准应主要包括破产效力标准、清算效力标准、支付结算标准。[1]

---

〔1〕 参见联合国《电子资金划拨法律指南》，国际法协会《货币债务支付时间示范规则》，美国《统一商法典·4A编》，欧盟《关于支付和资金结算系统终结性指令》，英国《金融市场和破产（结算最终性）条例》，我国《企业破产法》《企业破产法司法解释（一）（二）（三）》《商业银行法》《支付结算办法》等的规定。

（一）破产效力标准

在货币支付结算和清算体系中，可能出现破产情况的主要是付款人、收款人、货币经营机构。清算机构由于基本上属于非营利性机构，且只办理清算业务收取相应费用，无论其组织形式如何，通常不会出现破产的情况。就支付结算和清算而言，无论是付款人、收款人还是货币经营机构破产，都会对他们的支付结算、清算效力和货币归属构成影响。特别是对于货币经营机构而言，由于每天都经营大量的收款和付款业务，一旦进入破产程序直接关系到大量收款与付款的效力，它们直接关系到该货币是否属于破产财产，不同财产性质的认定对付款人、收款人的财产利益具有重要的影响。这里，首先涉及的是这些主体进入破产程序的具体时点。这个时点的标准通常主要包括受理时点、通知时点、当日起点、解退时点等标准。

从法理上讲，法院决定受理付款人、收款人、货币经营机构破产案件的时点，应该作为确定破产财产与非破产财产的时点。在此之前取得的财产都应视为破产财产，已经给付完成的财产都不能作为破产财产。但是，法院作出受理破产案件的裁定与将该裁定送达破产企业或个人的时点之间是有差异的。无论破产主体或收付相关主体是收款人、付款人还是货币经营机构，他们都不可能在法院作出裁定的同时收到裁定通知。这时，如何确定破产案件和破产止付具体生效时间，对当事人的财产权益具有重要影响。同时，破产案件受理日或通知日与该日的具体生效时间起点，也对支付结算或清算效力具有重要影响。如果破产裁定以日为计算单位，支付结算与清算却是以分秒为计算单位的，它们也会存在巨大的时点差异。

通常，法院受理破产案件的裁定应该以裁定作出的当日作为时点。具体而言，应以当日零点作为具体生效的时间。理论上，在此之前取得的财产都应作为破产财产，在此之前已经具有支付结算或清算效力的付款都不应作为破产财产。但是，无论对于破产主体还是货币经营机构而言，都应以收到破产裁定或破产止付通知的时点作为确定破产财产的时点。如果以破产裁定当日零点作为确定破产财产的时点，就可能将许多在两个时点之间正常收到的财产认定为非破产财产，从而缩小破产财产的认定范围；同时将付出的财产纳入到破产财产之内，从而扩大破产财产的认定范围。在当事人不知情的情况下变更财产的性质和效力，也会导致违背其意志变更财产性质的结果，以此作为认定标准是不够公正合理的。

此外，还存在破产财产管理人对以前作出的货币支付结算决定的解退权问题。如果管理人认为，以前一定期限内作出的支付结算决定存在利益输出情况，该利益输出会导致债权人的利益受到损失，就有权请求法院确认该支付结算行为无效，追回该项财产。如果管理人主张该权利且被法院支持，也可能直接导致同该支付结算相关的清算行为失去效力，直接对已经进入清算程序或记入收款人账户的货币主张归属权。从货币清算的角度来看，货币清算的效力应优于其他财产权效力，无论出于何种理由，都不得直接主张货币清算结果的可撤销或无效。特别是对于净额清算而言，它的清算结果更应具有优先效力。在此条件下，只能将破产法中的归属权主张转化为请求权主张，向获取不当利益的收款人主张货币请求权。

（二）清算效力标准

按照货币法和清算机构规则的通常规定，实时全额清算系统是可以承认货币给付指令撤销或退汇权利的。在此条件下，如果破产主体是付款人或付款经营机构，在破产受理生效前以及收到止付通知前已经进入清算系统的付款，应该不因破产受理而享有撤销权和退汇权，收款人收到的款项也不能作为破产财产处理。如果是在破产受理生效或收到止付通知后再进入清算系统的付款，应该享有撤销权和退汇权；如果款项已经记入收款人账户，他就享有货币法上的归属权，破产主体只能主张请求权。如果破产主体是收款人或收款经营机构，在破产受理生效或收到止付通知前收到的款项应构成破产财产；在破产受理生效或收到止付通知后收到的款项应视具体情况而定，如果因破产受理而导致合同失效，则不应该作为破产财产；如果破产财产管理人选择继续履行合同，该款项也不应该作为破产财产处理。

在采用分时净额清算系统的条件下，通常是不享有撤销货币给付指令或退汇权利的。如果破产主体是付款人或付款经营机构，即使是破产受理或收到止付通知后进入清算系统的付款，也不享有因破产而要求撤销或退汇的权利，该财产因清算系统的特殊规则在货币法的范围内不能直接作为破产财产处理，只可能将货币归属权变为货币请求权。如果破产主体是收款人或收款经营机构，即使付款人或付款经营机构在其破产受理后付出的款项，也应享有完全的货币财产权，但却可能认定为属于破产财产。如果是由于过错而导致破产受理或收到止付通知后再发生付款的情况，也只能主张实质性的财产请求权，而不能依据在途货币规范主张财产归属权。在分时差额清算系统条件下，应该根据该系统的具体清算规则确定清算效力，或者按照实时全额清算，或者按照分时净额清算确定货币财产性质。

（三）支付结算标准

在货币清算过程的破产效力问题上，不仅存在清算系统内的破产效力问题，还可能存在清算系统外的破产效力问题。它主要是指付款人与付款经营机构的货币支付结算效力，以及收款人与收款经营机构的货币支付结算效力。在付款人为破产主体的条件下，如果已经将货币支付给付款经营机构，且已经在付款人账户上进行了货币减少的登记，在此之后破产受理关系才发生效力。这时该货币财产不应属于破产财产，付款人不能仅凭借破产受理而主张撤销或退汇，付款经营机构仍应执行原付款人的付款指令。如果付款经营机构发出付款指令，且该货币已经进入清算系统，也不能仅凭借破产受理而主张撤销或退汇，破产受理的财产效力仅及于破产主体享有现实归属权的财产，不能将这些财产也同时作为破产财产。

在收款人为破产主体的条件下，如果是已经启动货币记账程序后收到破产受理生效通知的，该货币财产应作为破产财产处理，这时该货币财产已经归属于收款人，付款人不能再主张撤销权或退汇权。如果该货币仍处于收款经营机构控制之下，且不是通过分时净额清算系统或执行相同规则的分时差额清算系统划转，则付款人有权主张撤销权或退汇权。在收款经营机构为破产主体的条件下，清算系统没有启动清算程序之前，付款人或付款经营机构有权行使撤销权或退汇权，但该撤销权或退汇权指令必须在没有启动清算程序前生效。如果已经起动了清算程序，该货币就事实上成为收款经营机构的货币，此时破产受理通知生效就会使其成为收款经营机构的破产财产，付款人只能向破产财产管理人主张破产财产权利。

四、责任分配规范

在货币清算系统中，清算账户必须有充足的清算货币，以保障清算系统正常运行。如果出现某经营机构清算账户余额不足以完成清算，在实时全额清算系统中可以暂停该清算行为。在分时差额或分时净额清算系统条件下，则会导致部分、甚至全部清算系统停止运行，它会带来巨额的损失，甚至引发系统性货币风险。为了防止出现这类系统性风险，清算系统必须设置货币经营机构清算货币不足时的责任分配规范。这些责任分配规范主要包括担保给付规范、比例分担规范、整体负担规范。[1]

(一) 担保给付规范

货币清算系统是以货币经营机构作为直接的清算会员或成员的，它只为会员或成员办理清算业务，没有成为清算会员或成员的经营机构只能委托其代理清算业务。作为清算会员或成员的货币经营机构，必须在清算机构开设清算账户，并保证账户内有足以完成清算行为的货币。同时，还规定有严格的货币余额规范、货币存取规范、货币透支规范、货币拆借规范、违规处罚规范等，以便在清算账户资金不足的情况下，通过透支、拆借等手段及时筹集清算货币，维持清算系统的正常运行。为预防货币经营机构出现破产申请被受理等情况，不能通过透支、拆借等正常手段筹集清算货币，通常还需要规定有严格的清算货币担保给付规范。

清算货币的担保给付规范要求经营机构必须通过向清算机构提供足额的动产质押、不动产抵押、第三方担保等措施，在清算货币不足以满足完成本次清算的条件下，由清算机构承担其完成本次清算的付款责任，为其垫付清算货币的差额。同时，有权向保证人行使保证权，或者对质押品、抵押品行使质押权、抵押权，以弥补为其垫付的清算货币。在货币经营机构破产申请被受理的条件下，清算机构承担本次清算责任的时点，是货币经营机构的清算程序已经启动、且必须启动，不代替其承担清算责任本次清算行为就无法正常进行。这时代其给付的货币应视为破产受理之前的货币，通常不应作为破产财产处理，不享有因破产而具有的撤销权或退汇权。同时，清算机构垫付的货币也应属于具有优先权的财产，货币经营机构应该按照垫付的数额全额予以偿付，或从行使担保权利中获得偿付。

(二) 比例分担规范

货币清算系统是货币流通的矛盾焦点，特别是在当代网络电子化清算技术条件下，对于分时差额和净额清算系统而言，某个清算账户的货币不足以完成本次清算，会导致全部相关清算都无法正常进行，甚至导致整个清算系统的崩溃，产生系统性风险。这种风险还会通过各货币经营机构不断向付款人、收款人蔓延。特别是在整个社会平均负债率普遍比较高的情况下，很可

---

[1] 参见国际清算银行《系统重要性支付系统的核心原则》，美国《CHIPS 规则和行政程序》《FEDWIRE 资金转账日间透支协定》，我国《中国现代化支付系统运行管理办法》等的规定。

能引发整个社会的流动性危机，导致巨大的利益损失。仅就清算系统而言，如果某会员或成员因账户余额不足无法完成清算，其他货币经营机构的清算也难以完成，也会给其他经营机构带来直接的损失，为防止这种现象出现，在经营机构之间分配损失也具有合理性。

在这种思路的指导下，许多清算系统建立起了清算风险的比例分担规范，以清算系统会员或成员之间约定或清算系统规则的方式确定，在某会员或成员清算账户货币不足，且无法通过其他方式及时筹集到清算货币，特别是在清算程序已经启动某会员或成员收到破产受理通知的情况下，由其余会员或成员按照约定或规定的比例分担本次清算货币，以维持清算系统正常完成本次清算和系统的正常运行。在此条件下，虽然被清算的货币不属于破产财产，破产财产管理人不得对其主张撤销权或退汇权，这些其他经营机构为破产被受理经营机构垫付的货币却会成为破产财产，除主张破产财产分配外，无法通过其他渠道获得补偿。这些垫付货币与破产财产分配之间的差额，只能作为全体会员或成员共同维护系统正常运行的损失。

（三）整体负担规范

清算货币依靠经营机构建立担保体系、其他会员或成员分担体系，都能够在一定程度上解决某次清算不能正常运行的问题。但是，如果遇到比较大的清算货币风险，这些手段往往难以进行较好的应对和解决。在这些手段无力解决的条件下，还必须考虑采取进一步的保障措施。这些措施主要包括，设立清算风险基金、中央银行救助贷款等。建立清算风险基金是在日常清算系统正常运行过程中，从每笔完成的清算业务收费中提取一定比例的清算风险基金，在货币清算系统遇到某会员或成员清算货币不足，且无法通过其他途径获得融资或救助的条件下，可以启动风险基金救助机制，以维护货币清算系统的正常运行。该风险基金平时可以用于某些流动性较强的投资，达到足以应对正常清算货币风险时应该不再继续提取。

清算系统某个或某些会员或成员清算货币不足，且无法通过其他途径获得足够的清算货币时，还可以考虑设立中央银行或中央银行集团弥补机制。通常，国内清算系统可以由中央银行提供最终的清算货币救助，国际清算系统可以由各国中央银行集团提供最终的清算货币救助。中央银行的救助在法规性质上应该属于临时性救助贷款，贷款的对象应该是某个或某些无法完成某次货币清算的货币经营机构。如果该经营机构已经收到法院的破产受理通知，是否能够再次继续作为会员或成员代理付款人或收款人的货币支付结算业务，应由破产财产管理人作出决定。但是，法院受理破产申请后继续代理的支付结算业务应该不作为破产财产处理。否则，付款人或收款人应该会选择其他经营机构代理其货币支付结算业务。[1]

---

〔1〕 参见联合国《结算最终性指令》《电子资金划拨法律指南》，国际清算银行《系统重要性支付系统的核心原则》，美国《联邦储备法案》《华尔街改革和消费者保护法》《美联储抵押品指引》《HH条例》《CHIPS规则》《CHIPS银行间赔付规则》，欧盟《欧洲市场基础设施监管规则》《欧洲中央银行体系与欧洲中央银行章程》《金融抵押品指令》《关于支付和资金结算系统终结性指令》，英国《金融市场和破产（结算最终性）条例》，我国《中国人民银行法》《商业银行法》《票据法》《企业破产法》《支付结算办法》《中国现代化支付系统运行管理办法》《大额支付系统业务处理办法》《小额支付系统业务处理办法》《人民币跨境支付系统业务规则》《中国人民银行紧急贷款管理暂行办法》等的相关规定。

第十二章

货币法的司法规范

第一节　货币权利救济规范

法规范的目的在于执行，货币法也不例外。只有规范的规定能够反映社会实际需要，又能够得到正确的理解和执行，才能最终实现货币法的目标。货币法的执行可以来自三个基本方向，一是监管机关的执法监督与处罚公诉，二是货币权利受侵害人的投诉与告诉，三是国家检察机关的执法监督与公诉，它们构成一个相对完整的法规执行体系。货币法的司法规范主要应包括权利救济规范、纠纷诉讼规范、责任认定规范。

一、货币法救济范围

当代货币既是经济调控工具、法定价值标准，又是通用的流通财产。货币法既是维护整体金融利益的法，又是维护个体财产利益的法，而不仅是普通的财产法；它既同普通的财产法相独立，又在最终的财产利益确定上同普通财产法具有必然的联系。货币法的救济范围要比普通财产法，如有体财产法、知识财产法、虚拟财产法等更加宽泛且复杂。概括起来，货币法的救济范围主要包括价值政策救济、流通归属救济、处罚处理救济。[1]

（一）价值政策救济

货币的基本价值追求包括微观和宏观两个主要方面，在宏观上主要是满

---

〔1〕　参见英国《英格兰银行条例》《英格兰银行法》《银行法》，美国《联邦储备法案》《充分就业与平衡增长法》《国际银行法》《统一商法典》，欧盟《欧洲联盟条约》《欧洲中央银行章程》，我国《宪法》《中国人民银行法》《商业银行法》《银行业监督管理法》《票据法》《支付结算管理办法》等的相关规定。

足整个社会现实货币政策目标的需要。当代社会各中央银行的基本货币政策目标主要包括，稳定币值、经济增长、充分就业、国际收支平衡四个主要方面。尽管它与微观价值追求有一定的矛盾，但它们最终的价值目标却是具有一致性的。任何主体如果对微观价值目标构成损害，或者实施阻挠、破坏、严重影响实现宏观价值目标的行为，都应该被视为对货币法权益的侵犯，相关主体应该享有相应的救济权利。但是，由于宏观价值追求涉及的是国家或国家联盟的宏观经济决策，司法系统除行为程序外基本上没有对此的评价能力。这些货币法价值的救济往往只能通过决策审核，以及专门的决策评价程序获得，不可能通过司法程序获得决策程序违法之外的救济。

货币政策目标执行的结果之一是影响货币价值水平，它同时关系到全部持有该货币和货币财产主体的利益。无论是法定货币，还是由法定货币衍化的由它计值的存款货币、结算货币等货币财产，它们的价值水平都是由法定货币的价值水平决定的。如果法定货币的价值水平降低，会导致货币财产持有人或特别约定持有人的财产损失。并且，该损失在正常范围之内，通常应被认为是为了实现其他宏观利益而应承受的负担，货币法及相关法规都不支持主体主张货币价值损失的补偿。但是，如果该损失的程度超过正常范围，产生了财产征收的效果。并且，货币发行机关又不能提出能够令全体损失承担者认为可以接受的理由，货币法应该支持主体主张货币价值损失的补偿权利，国家执法监督机关、社会监督机构等也应享有代表权。

货币整体价值水平的变化，必然会直接或间接地影响到汇率的变动。汇率变动既受法定货币价值变动的影响，也会受到同本货币相对应的其他货币供求关系、国际收支平衡状态等的影响。它会直接导致持有汇率贬值的货币或货币财产，或者以远期合约方式使未来持有贬值货币或货币财产的主体受到损失。如果该损失在正常范围之内，货币法及相关法规都不支持主体主张汇率损失的补偿。如果该损失的程度超过正常范围，产生财产征收效果。并且，相关机关被认定为具有操纵汇率或实施歧视汇率等行为，货币法应该支持主体主张货币价值损失的补偿权利。只是该权利的主张主体通常只能是受侵害的国家，而非货币财产价值受到侵害的货币财产持有主体。同时，即使国家主张该汇率变动属于非法性质，也往往只能采取宏观上的手段解决，通常不会对货币持有个体进行具体补偿。

货币的价值水平是中央银行执行货币政策的结果，各国货币法通常不支持财产受损失的个体直接向中央银行主张财产价值补偿。即使支持这种主张，也只能以受害国家或执法监督机关作为权利主张主体，普通社会公众无权直接对中央银行主张财产权利。并且，受害国家或执法监督机关也往往只能对中央银行货币价值的贬值水平进行制约，货币法通常也不支持对受到相应损失的主体进行直接的价值补偿。这既是由于货币贬值涉及的实际受到损失的主体众多、情况各异，难以从整体上进行合理的适当补偿。同时，中央银行进行货币贬值通常也是为了实现其他货币政策目标，往往也具有政策实施上的合理性。即使该合理性的理由不够充分，也只能促使其政策制定更加合理，或者通过适当升值的方式进行补偿。

法定货币价值水平变动虽然通常不能向中央银行主张直接的损失补偿，却可以向行为的相对方主张相关利益。当货币价值水平变动已经对相对方产生明确的财产征收或情事变更效果时，对方应该有权主张相应的损失补偿或停止产生更大的损失。这些权利主要包括，收益损失补偿权、给付价格调整权、给付数量变更权、约定撤销解除权等。收益损失补偿权是指约定支付某价值的财产，由于货币价值大幅度变动而使其同原约定数额相差巨大，应有权要求进行相应的补偿。如果是还未履行的约定，应有权要求进行适当的价格调整或数量变更。否则，有权拒绝履行会给其带来巨大损失的约定。如果相对方拒绝变更履行的价格或数量，为避免难以承受的损失，相对方应有权主张撤销原履行约定，或者解除原履行约定。

约定货币不同于法定货币，它是由私人主体发行的货币。并且，不存在多重追求的货币政策目标，必须以基本上保证货币价值的稳定作为发行与流通的基本原则，不得以任何货币价值的因素从中获取不合理利益。货币法不应允许发行人主动实施较大幅度的货币贬值行为，如果发生了较大幅度的贬值，使货币持有人的财产受到实际损失，应享有向发行人主张财产损失补偿的权利。如果持有人不再需要或使用该约定货币时，也应享有向发行人主张按照原购买价格或合理的兑换价格赎回的权利。如果约定货币的价值事实上发生了贬值，持有人也同样应享有收益损失补偿权、给付价格调整权、给付数量变更权、约定撤销解除权等。并且，因约定货币的使用给持有人带来其他损失，货币发行人或流通管理人也应该承担相应的财产责任。

（二）流通归属救济

货币不仅会存在价值变动引发的纠纷，更主要的是流通中归属权与请求权确认等引发的纠纷，这也是货币法救济规范的主要内容。它通常主要包括偿付效力救济、归属权利救济、请求权利救济、利益返还救济等。偿付效力救济，是对货币支付结算的优先效力和给付效力救济。它具体可以概括为法定偿付效力、视同法偿效力、习惯偿付效力、约定偿付效力等。法定偿付效力是对法定货币而言的，以法定货币进行支付结算应享有最高的优先效力，不得拒绝接受。结算货币由于不可能变为破产财产，也应视同具有法偿效力。银行业机构的存款货币通常不会成为破产财产，习惯上也往往被视为同法偿货币具有相近的支付结算效力。约定应该以某种货币进行的支付结算，具有除法定货币和视同法偿货币外的优先效力。

财产法的核心权利是归属权利和请求权利，虽然货币法与其他财产法具有较大的区别，它的归属权利只是货币价值的归属权利，且具有独立的确认标准。但是，这两项权利在权利救济中也占有重要地位。货币的归属权是以证券货币的持有和记账货币的记载作为核心依据的，无论该持有或记载结果的取得是否具有合法依据，都不影响权利人主张货币价值的归属权，都能够通过货币法进行权利救济。货币请求权在被请求对象具有给付能力时，区分其优先和劣后并没有多少现实意义。并且，在许多情况下，归属权与请求权往往是交织在一起的。特别是在支付结算和清算过程中，不同货币经营机构、付款人、收款人之间记账的顺序都是依习惯确定的情况下。

货币法的财产关系独立性并不是绝对的，它只在货币流通领域具有独立性，在离开货币流通系统，最终成为货币经营机构与付款人或收款人之间的关系时，在强调独立性的同时也必须考虑到实质利益关系。在通过纯粹的货币法关系无法得到权利救济时，在优先采用货币法规范确定货币财产关系的基础上，还可以通过普通财产关系主张实质性的财产权利，通过实质性的财产权利获得财产利益上的救济。财产的实质利益，应该是在有体财产法、知识财产法、货币财产法、虚拟财产法各自财产规范的基础上，最终调整实质性财产关系的规范。它应该在综合考虑不同类型财产法对财产权保护特殊性的同时，兼顾到实质性财产关系的普通属性，以该普通属性规范均衡各种特殊的法定财产利益，实现实质性救济。

（三）处罚处理救济

货币法不仅是维护个体财产利益的法，也是维护整体财产和经济利益的法；不仅存在个体财产权的纠纷，也还会因整体财产利益和经济利益上的处罚或处理而引起纠纷，需要对监管机关和自律组织的处罚或处理进行救济。这些内容主要包括违法或违约行为处罚或处理、违法或违约财产处罚或处理、违法或违约监管自律公诉等。货币法规范不仅包括维护整体利益的法规规范，还应包括相关的行业自律规范。虽然行业自律规范的性质属于当事人之间的约定，这些约定生效后同样对受约人具有约束力。当行为人违反相应规定或约定时，就要受到货币监管机关的处罚或自律组织的处理。如果被处罚人或被处理人认为，该处罚或处理存在程序或实体问题时，应有权就该处罚或处理提出异议，以获得相应救济。

货币监管机关或行业自律组织对货币关系人的处罚或处理，不仅包括行为方面，还包括财产方面。当货币监管机关或行业自律组织认为，货币关系人的行为违反了货币法的规定或统一的约定，还可以依据相关规定或约定对关系人进行直接的财产处罚或处理。如果被处罚人或被处理人认为，该处罚或处理存在程序或实体问题时，也应该有权提出异议获得相应的救济。货币监管机关或行业自律组织的处罚或处理虽然可能是依法按约进行的，然而被处罚或处理人的行为和财产权利也是受到法规严格保护的。通常，监管机关或自律组织只能就直接授予被处罚或处理人的权利或资格进行处罚或处理。并且，即使是这些处罚或处理，也应该接受严格的司法审查，普通财产权或行为权的剥夺必须经过第三方的诉讼程序才能生效。

任何法定或约定规范都是对权利义务或权力职责的分配，任何从整体财产和经济利益角度确立的规范，都是对相对人行为自由或财产自由的限制，不同思路的法规都应该是这些权利义务或权力职责的边际均衡点，都需要在不同权利义务或权力职责之间进行权衡，而不能仅考虑问题的某个方面。[1]货币监管机关和行业自律组织从原则上讲，只能处分自己赋予相对人的权利或资格，无权对相对人的行为或财产作出超出权力之外的处罚或处理。因此，当发现被监管或管理对象存在这些违法或违约行为时，只能向审判机关提起诉讼，由第三方机关对监管机关或自律机构告诉的事件进行评价，才能最终作出应进行如何处罚或处理的决定。如果监管机关或自律组织先行处罚或处理，就剥夺了被监管或管理人的直接救济权。

---

〔1〕　参见刘少军：《法边际均衡论——经济法哲学》，中国政法大学出版社 2017 年版。

二、货币法救济途径

货币法是利益涉及广泛的规范体系，既包括国际组织、国家机关的规范，也包括自律组织、当事人之间的约定，它们对货币关系都具有效力。为保证这些规范的实施，公正合理、经济节约、方便快捷地解决相关纠纷，许多国家都设有多层次、多渠道的救济途径，以满足不同类型、范围、程度救济的需要。这些救济途径主要包括，单位监管投诉、货币纠纷裁断、个体货币诉讼、代表集体诉讼、监管检察诉讼、国家主张权利等。[1]

（一）单位监管投诉

货币法的实施是以货币经营机构、货币清算机构，以及约定货币的发行机构为核心的，它们的基本业务是向付款人或收款人提供货币支付结算和清算服务，并以此获取正当的经济利益和财产利益。各国的货币法规通常都要求这些机构必须规定有严格的内部管理制度，同时严格执行各种自律规范和法规规范，并对其执行情况进行定期或不定期的监督检查。此外，还要求这些机构必须设立专门的客户投诉处理机构，专门处理付款人或收款人等同具体货币业务办理部门的纠纷。虽然，这些客户投诉处理机构只是货币经营主体的内部部门，它们的裁决也不具有强制执行效力，却可以为普通付款人或收款人提供方便快捷的纠纷救济途径。

在通过单位投诉机制不能使纠纷得到满意解决的条件下，付款人或收款人还可以向自律管理组织或货币监管机关进行投诉。自律管理组织虽然不是国家机关，却是自律协议的监督执行主体，在货币流通中主要表现为行业协会和清算机构等。当客户遇到它们的会员或成员有违反自律协议的行为时，也可以向这些机构投诉，许多该职责范围内的纠纷通过这种途径解决可能更加便利。货币监管机关是国家机关，负有监督各种货币法规执行的职责，如果付款人、收款人、经营机构发生货币关系纠纷，也应有权向监管机关进行投诉，监管机关也应依法调查纠纷情况，属于职权范围内能够处理的货币关系问题，有权从监管的角度作出纠纷裁决。

---

〔1〕 参见我国《中国人民银行法》《银行业监督管理法》《检察院组织法》《商业银行法》《支付结算办法》《民事诉讼法》《行政诉讼法》《刑事诉讼法》《关于全面推进金融纠纷多元化解机制建设的意见》《检察机关民事公益诉讼案件办案指南》《最高人民法院、最高人民检察院关于检察公益诉讼案件适用法律若干问题的解释》等的规定。

（二）货币纠纷裁断

近些年看来，随着货币类型的不断增加，货币流通规模和范围的不断扩大、手段的不断更新、速度的不断提高，以及货币流通关系的日益复杂、货币流通与融通的联系日益密切，同时涉及众多付款人和收款人的货币纠纷不断增多，传统的民事调解和仲裁手段往往难以满足这类同时涉及大量当事人纠纷解决的需要。特别是随着货币经营机构、货币清算机构的不断发展壮大，谈判能力和立约能力在不断增强，故意利用自身优势在格式条款中免除自身责任、加重对方责任、排除对方主要权利的现象不断发生。为了充分保护货币流通过程中普通付款人或收款人的利益，在新的形势下各国均开始尝试设立专业的货币裁断机构，集中解决货币纠纷。

货币纠纷裁断机构在性质上属于民间自律性组织，它的主要职责是集中解决付款人或收款人群体与经营机构之间的群体性纠纷。通过与经营机构、付款人或收款人等当事人的充分沟通协商，最终在各纠纷当事人之间达成统一的纠纷解决方案。该方案既不完全等同于调解协议，也不完全等同于仲裁结果，而是一种在专业性协商基础上形成的裁断。这种裁断一旦达成，就对各方具有约束力；如果经过法院确认，就具有强制执行力。并且，货币经营机构对该裁断不满意通常不享有向法院起诉的权利；相对方如果对裁断不满意，则享有向法院起诉的权利。甚至许多国家已经将专业货币裁断程序作为诉讼的法定前置程序，以便充分考虑到付款人或收款人群体的利益，突破现有规范的限制，科学合理地解决货币法纠纷。

（三）个体货币诉讼

在货币关系仅涉及某个体利益的条件下，或者虽然涉及许多个体但其他个体都没有提出主张的条件下，如果选择通过诉讼途径使自己的权利得到救济，该个体可用自己的名义向法院对加害主体提起诉讼。提起诉讼的权利应该是任何主体最基本的权利，如果某个体虽然享有实体上的权利，却没有诉讼的权利，该实体性权利事实上也难以有实际意义。没有权利请求在法院的主持下解决纠纷，该实体性权利就难以具有强制效力，也就不会得到社会的尊重。当然，在货币法中并不是任何权利侵害事件个体都享有诉讼权利。通常，货币贬值、汇率贬值等造成的直接损失，往往难以进行个体诉讼得到适当的补偿。虽然在产生征收效果时许多法规都规定应该得到补偿，但各国的诉讼法通常都不支持以诉讼的途径请求补偿。

在目前的诉讼法体系中，个体的货币关系诉讼主要针对的是个体之间的货币财产权利纠纷。如付款人与收款人之间的货币权利纠纷，付款人、收款人与其经营机构之间的货币权利纠纷，经营机构之间的货币权利纠纷，经营机构与清算机构之间的货币权利纠纷，个体与自律组织、监管机关之间的处罚或处理纠纷等。这些诉讼的成立前提是，原告人必须证明他与被告人之间存在货币关系，并就该货币关系提出自己明确的权益主张，同时提出能够证明自己主张的相关证据。如果案件还涉及其他主体，这些主体也应该作为案件审理的当事人共同参加诉讼。如果案件涉及多个当事人，这些当事人也可以作为原告人共同参加诉讼程序。

(四) 代表集体诉讼

货币流通是在货币经营机构、货币清算系统集中进行的，且同类行为往往涉及众多的付款人或收款人，甚至清算行为还往往涉及众多的货币经营机构。同一货币清算机构要面对众多经营机构，同一经营机构要面对众多的付款人或收款人，许多经营机构的侵害案件往往涉及众多的收款人或付款人，许多清算机构的侵害案件往往涉及众多的经营机构。在此条件下，采取个体诉讼的方式不仅会使该诉讼个体面临巨大的证明责任和诉讼费用压力，还可能由于"搭便车"心理导致全体受害人都怠于主张自己的权利，使个体的许多货币权利难以得到维护，货币法也就难以通过个体权利的主张而得以实施。这种现象的最终结果，只能是助长各种货币领域的违法犯罪行为。因此，应该采取代表集体诉讼的方式共同维护群体性货币利益。

代表集体诉讼是采取某种方式形成代表全体受害人集体利益的主体，由该主体作为全体受害人的共同代表提起诉讼，诉讼费用由全体受害人共同承担和分配。按照形成代表人的方式不同可以分为，共同选举代表诉讼、货币团体代表诉讼、监管机关代表诉讼、检察机关代表诉讼等。共同选举代表诉讼，是由全体受害人共同选举某代表人代表全体成员提起诉讼；货币团体代表诉讼，是由某货币关系人组成的社团组织作为代表人提起诉讼；监管机关代表诉讼，是由监管机关的相关部门作为代表人提起诉讼；检察机关代表诉讼，是由检察机关相关部门作为代表人提起诉讼。在诉讼代表人的产生方式上，应尽量依靠民间力量，在民间怠于主张权利时，才应该由监管机关或检察机关代为其主张群体货币利益。

（五）监管检察诉讼

货币权利的救济不仅包括个体权利的救济，还包括整体权利的救济。它是国家机关从整体货币利益的角度，监管货币法的实施，特别是维护整体货币利益规范的实施，以保障货币法不仅能够充分保护货币关系个体当事人的利益，同时也能够保护社会的整体货币利益。整体货币利益有些虽然也同个体利益相关，甚至可能存在通过个体维护其自身利益的同时，使整体利益也得到维护的情况。但是，这种情况不可能成为普遍现象，各国或各货币联盟也不能依靠搭个体利益维护的便车，而使整体货币利益从根本上得到维护。因此，各国或各货币联盟必须设立货币法执行的监督检察机关，监督涉及整体货币利益的货币规范实施。在目前社会条件下，监督这类整体利益实施的机构，只能是货币监管机关和司法检察机关。

货币监管机关是货币法的执法监督机关，它通常是各国或各货币联盟的中央银行，相关法规都会赋予其监督货币法实施的职责。如果在监督法规实施的过程中，发现违反货币法并侵害整体货币利益的行为，在依法授权的范围内，特别是在自己授予被监管人权利的范围内，有权依法直接对被监管人进行处罚。如果该处罚权力超出了其权力范围，就应该向法院提起整体货币利益诉讼，请求法院对该行为依法作出判断并给以相应的处罚。这是法治社会的基本要求，重要的责任追究应该交由第三方作出公正的裁判。如果货币监管机关怠于履行职责，或者由于过失没有对该行为向审判机关提出诉讼请求，作为法规实施的监督机关、司法检察机关应从执法监督的角度提起补充诉讼，追究行为人侵害整体货币利益的责任。

（六）国家主张权利

货币法不仅存在国内或某个货币区域内的纠纷，还存在大量的国际或不同货币区域之间的纠纷。这些纠纷通常由于国家和国家机关的司法豁免权不能由普通主体申请裁决，各国法院通常也不受理普通主体提起的针对某货币发行国家或相关国家机关的货币法诉讼。但是，许多国际组织却允许成员或成员的普通主体，就其他成员或普通主体违反相关国际协定的行为提起裁决申请，并依据该组织协定作出裁断并监督执行。否则，该国际组织有权在协定范围内作出对该违约国家不利的制裁。当然，这些制裁往往仅限于该国际组织能够提供的权利和利益范围内，超出这一范围该国际组织只能授予成员国相关的具体行为权力，以通过自身的努力维护国际货币秩序。

在取得国际组织授权的条件下，货币利益在国际经济往来中受到侵害的成员国，有权对加害国或加害国机关采取国际法允许的处罚措施。通常，能够采取的措施是同等数额或成比例地加征关税，限制某些方面的经济往来，要求加害国或加害机关纠正加害行为、赔偿受侵害主体的财产损失等。当然，受侵害国也可以依据国内法的域外效力条款，单方面对加害国或加害机关主张国家利益或普通主体利益，甚至也可以在一定程度上赋予司法机关案件受理权和管辖权。但是，国家之间或不同国家普通主体之间的纠纷解决，主要依靠的是国家之间、国家机关之间的执法协作。如果单方面主张权利对方不予以配合，也难以达到救济的效果。[1]

第二节 货币纠纷诉讼规范

货币权利既可以通过诉讼也可以通过其他途径得到救济，但除审判机关没有判断能力的复杂决策之外，最终必须能够从诉讼角度得到救济。它是任何其他救济手段的最终保障，可以说没有诉讼救济，其他救济手段的作用是很难得到正常发挥的。如果通过诉讼手段不能得到公正合理的救济，其他救济手段也难以做到公正合理，诉讼是法治的最终底线。货币纠纷的诉讼规范主要包括，案件管辖规范、案件裁判规范、证明责任规范。

一、案件管辖规范

货币法纠纷的诉讼首先是案件管辖法院的问题，确定了管辖法院才能具体实施诉讼。货币是当代社会最活跃的财产，它以不同形式在国内甚至国际流通。既可以由本国人享有也可以由外国人享有财产权，既可以为普通社会公众享有也可以为国家机关、甚至国际组织享有的财产权。不同主体既可以享有归属权也可以享有请求权或混合财产权，既可以用于国内也可以用于国际经济往来。因此，在因货币问题发生纠纷需要确定管辖法院时，既同普通

[1] 参见联合国《联合国国家及其财产管辖豁免公约》，国际货币基金组织《国际货币基金组织协定》《牙买加协定》，世界贸易组织《建立世界贸易组织协定》《关于争端解决规则与程序的谅解》，以及美国《外国主权豁免法》，欧盟《欧洲国家豁免公约》，我国《外国中央银行财产司法强制措施豁免法》等的规定。

财产纠纷有相同之处也有许多区别，这主要取决于货币案件管辖的确定原则。货币案件的管辖确定原则主要包括，地域管辖、发行管辖、级别管辖、先理管辖、专业管辖、普遍管辖等。[1]

货币案件的地域管辖是指以案件发生地域，作为管辖法院确定的首要依据。无论货币纠纷发生在域内还是域外，案件的行为发生地或结果发生地都是案件实际发生的场所，该场所通常也是货币经营机构或货币清算机构的营业场所，或者是货币客体涉及刑事问题的发生场所，也是监管机关实施监管行为的场所，刑事侦查机关实施刑事侦查的场所。依法首先按照地域确定管辖法院，有利于诉讼当事人方便、快捷地实施诉讼行为，有利于尽到最大可能查明案件的法律事实和客观事实，也有利于法院正确认识当地的货币流通习惯和交易习惯，正确判断纠纷的当事人过错与失误的性质，尽到最大的合理可能得出比较科学合理的案件处理结论。

货币案件的发行管辖，应该是货币法的特殊管辖原则。它是指约定货币的价值或经营纠纷，应以货币发行或经营机构所在地法院主导管辖。法定货币及其衍生货币的价值或清算纠纷，应以中央银行所在地法院主导管辖；至少货币发行机构所在地或所在国法院，应该享有主张管辖的权力。这是由于约定货币的价值或经营纠纷都直接同发行或经营机构相关，法定货币及其衍生货币的价值或清算纠纷都直接同中央银行相关。按照发行管辖的原则认定这些机构所在地法院享有管辖权，有利于更好地查清案件事实，各方当事人更方便实施诉讼行为、提供相关证据，理解当地的货币发行与流通习惯，更有利于法院得出适当的裁判结果，同时也有利于判决的最终执行。

货币案件的级别管辖是指按照案件性质，案件涉及的金额、范围、复杂程度等，确定由不同级别的法院管辖不同的案件。法院系统虽然与行政系统具有明显的区别，却也有一定的联系。它虽然不可能完全按照国家领土、领海、行政区域等划分案件的管辖范围，却也必须具有管辖区域的考虑。在不同区域范围内设立不同层级的法院体系，对案件按照涉案范围确定管辖法

---

　　[1]　参见我国《中国人民银行法》《银行业监督管理法》《商业银行法》《票据法》《支付结算法》《民事诉讼法》《行政诉讼法》《刑事诉讼法》《最高人民法院关于涉外民商事案件诉讼管辖若干问题的规定》，以及相关国际公约如《布鲁塞尔公约》《协议选择法院协议公约》《关于民商事案件管辖权及判决执行的公约》等的规定，也可参见刘少军："人民币国际化的基本法律问题研究"，载岳彩申、盛学军主编：《经济法论坛（第24卷）》，法律出版社2020年版。

院，有利于当事人的诉讼和法院对案件进行完整系统的审理。货币案件的审理级别不仅要考虑涉及的地域，还应进一步考虑案件的性质、金额、复杂程度等因素，不同的性质、金额、复杂程度会直接影响到案件审理的难度，这些决定因素也应与管辖法院的审判能力相适用。

货币案件的先理管辖，是按照受理的先后顺序确定管辖法院。最先按照地域管辖和级别管辖原则受理该案件的法院享有优先管辖权，其他该案件的纠纷诉讼都应统一交由最先受理的法院进行统一审理。这是由于，货币案件涉及的当事人可能来自广泛的地域，特别是在当代网络化、电子化货币流通的条件下，在某地发现的货币案件，它的涉案当事人可能遍及整个国家的不同地区，甚至涉及许多域外国家和地区。这时，如果仅按照地域管辖和级别管辖的原则确定审理法院，会导致案件审理的不断移转，甚至难以最终确定适当的管辖法院。在此条件下，只要最先受理的法院符合管辖的基本原则，就应该由该法院享有统一的管辖权。

货币案件的专业管辖是在地域、级别管辖的基础上，如果在该区域内设立有专业审理金融、货币类案件的法院或法庭，应该交由专业法院或法庭进行审理。随着经济、金融、货币关系的不断发展，这方面的立法也在不断发展，法规的规定日益复杂，审理货币案件需要掌握系统的货币法知识，传统的民事、行政、刑事等法院或法庭难以适应专业水平的需要。金融、货币类案件在法规关系、涉案当事人数量等方面，同传统案件具有较大的区别，在案件审理程序和审理方式上都会产生许多特殊要求，在审理法官专业素质和专业水平上的要求也会不断提高。特别是许多金融、货币案件往往是专业人士间的纠纷，需要由专业法院或法庭进行专门审理。

货币案件的普遍管辖是指货币领域的违法犯罪行为，如洗钱行为、伪造变造货币行为等，可以利用任何国家或国家联盟的法定货币或法定货币体系的货币实施，也可以利用国际流通的约定货币实施，在任何国籍、居住国、行为国都可以实施此类违法犯罪行为。对此，世界各国都应该依法对发生于本国的这类行为予以处罚。在此条件下，应赋予相关国家法院这类违法犯罪行为司法管辖权。特别是对于已经参加了有关国际条约的国家或地区，对这类案件进行管辖，不仅是权力同时也是职责，不得以该犯罪同本国或本地法院不存在地域管辖、发行管辖、专业管辖关系为由，放任该行为发生。当然，发生这类案件应首先尊重地域管辖、发行管辖、专业管辖等优先管辖关系，具体管辖法院的确定应该是这些原则之间的协调。[1]

二、案件裁判规范

货币案件管辖规范解决的是审理法院问题，案件裁判规范解决的是在审判过程中的基本规则的问题。货币法是在当代社会才逐渐独立出来的法规体系，它的案件裁判规范既同传统规范具有共性和必然的联系，也具有自己的特殊性和独立特征。既不能因特性否定了共性，也不能因共性与其他裁判规范混为一谈。货币案件裁判规范主要强调，独立裁判原则、尊重母法原则、预先裁判原则、合并裁判原则、综合裁判原则。[2]

（一）独立裁判原则

货币案件的独立裁判原则是指货币法纠纷，应优先依据货币法进行独立审理和裁判，不得直接或间接优先依据其他财产法进行裁判。这主要是由于：货币政策的基本目标包括，稳定币值、经济增长、充分就业、国际收支平衡，它要解决的问题是其他法不考虑的，至少其他财产法是不以其作为基本目标的；货币法的核心价值追求是提高流通效率，这也是同其他财产法形成明显区别的。在这些特殊目标和价值追求指导下制定的货币法，在货币归属规范的确定和归属关系的确认上明显区别于其他财产法，在流通规范上也明显区别于其他财产法。即使在货币请求权的规范上也同其他财产法形成明显的对照，只有独立裁判才能保证货币法的正确实施。

货币法的独立性不仅表现在其自身规范的独立性上，还表现在它与引起货币流通的原因关系的独立性上。就纯粹货币法而言，货币归属权的变化、请求权关系的变化，通常不受引起其变化原因关系的直接影响。货币财产关

---

〔1〕　参见联合国《制止向恐怖主义提供资助的国际公约》《反对非法交易麻醉药品和治疗精神病药物公约》《打击有组织跨国犯罪公约》《反腐败公约》《防止伪造货币国际公约》，我国《民事诉讼法》《刑事诉讼法》等的规定。

〔2〕　参见联合国《国际货币基金组织协议》及其附属文件，我国《中国人民银行法》《银行业监督管理法》《商业银行法》《票据法》《支付结算办法》《民事诉讼法》《行政诉讼法》《刑事诉讼法》《最高人民法院关于涉外民商事案件诉讼管辖若干问题的规定》《最高人民法院关于审理存单纠纷案件的若干规定》《最高人民法院关于审理票据纠纷案件若干问题的规定》《最高人民法院关于审理信用证纠纷案件若干问题的规定》《最高人民法院关于审理银行卡民事纠纷案件若干问题的规定》《最高人民法院关于审理民事纠纷案件中涉及刑事犯罪若干程序问题的处理意见》《最高人民法院关于刑事附带民事诉讼范围问题的规定》等的规定。

系中权利义务的判断基本不受因果关系的影响，无论引起货币归属和请求关系变化是由于何种原因，在货币法意义上都基本不影响货币归属关系和请求关系确定，货币关系中的权利义务应主要按照货币法的规范来确定。在此条件下，货币纠纷案件只能由具有适当管辖权的法院作为一类独立的案件进行相对单独的审理。既不得将同一案件中的非货币关系同货币关系直接一并审理，更不得直接依据其他财产法或行为法，以及普通财产作为审理货币案件的优先依据，应对货币案件进行独立审判。

（二）尊重母法原则

货币案件的尊重母法原则是指在货币法纠纷案件审理过程中，应以发行国或区域直接调整该货币的法规作为裁判的直接依据，其他层次的货币法规范只能作为辅助依据。必须按照发行国或区域的货币法优先，东道国及其他相关货币法劣后的顺序，适用不同区域的货币法规范。就法定货币及其衍生货币财产而言，无论它在哪个国家或货币区域流通，在发生该货币及其衍生货币财产纠纷时，第一层次应优先适用该货币发行国或货币发行区域直接针对该货币制定的货币法规范，任何国家或区域的司法裁判都不得直接违反该货币基础层面的母法规范。当代货币都是主权货币，如果本国或本区域不禁止某货币及其衍生货币财产的流通，就必须优先适用其母法。

在货币跨区域流通时，它的母法是该货币的基本法，在尊重母法的条件下东道国还有权制定与其母法不相违背的属地性监督管理规范，这些规范在东道国同样是调整该货币的法。但是，即使在该东道国的货币纠纷裁判中，东道国制定的该货币属地性规范也只能作为第二层次被适用的法，不得由于地域的变化而改变某货币母法的优先适用地位。就约定货币而言，在发行国内处于第一层次的是约定货币的国家规范，处于第二层次的是约定货币的自律管理规范；在国际流通中，处于第一层次的应是母国和东道国对它的统一规范；如果该货币区域没有关于约定货币的专门规范，约定货币的自律管理规范就应该成为全体货币经营主体和持有主体都应该遵守的规范。

（三）预先裁判原则

货币案件的预先裁判原则是指在案件审理过程中，如果存在证据不够充分、事实不够清楚。并且，货币财产纠纷还同其他财产案件或刑事案件具有直接或间接联系的情况，应首先依据货币法作出附裁判和执行前提的预先裁判，并预先执行该裁判结果。待案件证据充分、事实清楚，且同其他案件的关系明确时，如果发现预先的裁判和执行结果存在问题，再最终对裁判予以调整。在此过程中，既不应该在案件证据不够充分、事实不够清楚的条件下，暂时依据现有证据和事实作出具有明确最终效力的裁判；也不应该仅由于案件证据不够充分、事实不够清楚，或者同其他案件的关系不够明确，就拒绝作出任何裁判，使货币财产归属或请求关系久拖不决。

预先裁判原则是由货币法的特殊目标和价值决定的，货币服务于价值的流通和财产的交易，不是社会公众日常的生活消费。如果在货币流通领域内案件久拖不决，必然严重影响货币流通效率，影响货币法目标和价值的实现。正是由于这一原因，货币法才强调货币关系的独立性，强调仅在货币流通领域内确认货币的归属与请求权利。同时，由于存在证据不够充分、事实不够清楚等情况，以及同其他案件联系等因素，依据货币法和目前掌握的情况作出的裁判不一定是适当的，只能属于为保证正常的货币流通秩序预先作出的裁判，以便不影响正常的货币流通，尽可能充分地实现货币法的目标和价值，同时也不会导致最终不适当的裁判结果。

（四）合并裁判原则

货币案件的合并裁判原则是指在案件最终裁判过程中，应将货币财产案件与相关案件合并起来统一作出裁判，不应仅从货币财产的角度，或仅从财产法的角度作出货币权利的裁判。货币作为一种财产是不存在任何疑问的，它作为一种特殊类型的财产也是被各货币法共同承认的。但是，货币法不仅是财产法，货币关系规定的不仅包括财产关系，还包括其他相关财产关系、货币的行政管理关系、货币法实施的监督管理关系、严重侵害货币财产利益的刑事关系、利用货币进行刑事犯罪关系等。这就使货币案件在审理分类上可以同时进行许多方面的划分，按照案件审理类型的划分和法院审判的专业化分工，货币法案件可以同时作为多类案件进行审理。

同一货币案件在现实的司法裁判过程中，按照传统诉讼体系往往涉及多种审判分工和部门。如果将这一案件按照审判分工和部门同时作为多个案件进行审理，甚至分别交由不同的法院进行分别审理。在案件证据的使用、信息的互通、法规的联系、审理的时间、结果的一致等方面都会存在问题，完全按照审判机关内部分工和部门分类进行分别审理，甚至往往会出现审理结果上的相互冲突。除非同一案件的几种分工和法规关系方面完全没有联系，这种情况在现实生活中是几乎不存在的。货币案件的审判应该坚持合并裁判

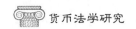

的原则，同一货币案件应交由同一法院的同一法庭进行合并审理，由该法庭进行综合考虑并形成预先裁判结果和最终裁判结果。[1]

（五）综合裁判原则

货币案件的综合裁判原则是指案件裁判过程中，在货币流通系统内部应严格按照货币法的独立原则进行裁判，在货币流通系统外部还应考虑货币法与其他法，特别是其他财产法的关系作出综合的最终裁判。这里的货币流通系统内部，是指货币经营机构、货币清算机构之内的流通体系。在该流通体系内部应主要强调货币关系的独立性，比较严格地按照货币法关系进行案件审理和裁判，保障货币法目标和价值的最终实现。这里的货币流通系统外部，是指货币经营机构与付款人、收款人之间的流通体系。在该体系中既应该强调货币法的独立性，同时又应该考虑货币法同其他法，特别是其他财产法之间的关系。不应仅强调效率，也要兼顾公平。

货币案件的综合裁判原则主要是对涉及个体利益的案件而言的，在付款人、收款人与货币经营机构之间，涉及的往往主要是个体的财产利益和相关利益，货币流通效率不再是核心的价值追求，不宜再过分强调货币法的独立性，完全按照货币法规范确定主体之间的财产利益关系。还应考虑到保护主体财产利益的享有和社会道德，考虑到普通财产法的一般性规范，考虑到个体财产利益的公正合理性。它的主要表现就是利益返还请求权的主张和支持，如果完全按照货币法规范是基本上不支持利益返还请求权的，如果考虑到个体的切身财产利益就不能不对这一主张给以支持。它实质上是货币法规范与普通财产法规范的综合，个体应该是各种利益主张的核心焦汇点。

三、证明责任规范

司法裁判是以法规和法理为标准，以证据证明的事实为依据，作出综合判断的过程。在此过程中，证据发挥着非常重要的作用，它向法官表明曾经发生的情况。然而，司法裁判同科学研究是有区别的，在尊重事实的前提下还必须考虑司法的成本和效率。特别是对财产案件而言，关于案件事实的探究，还需要辅之以证明责任规范。货币案件的证明责任规范主要包括，主张

---

[1] 参见刘少军："论司法的价值与案件审理的范围和原则"，载《晋阳学刊》2018 年第 1 期。

本证责任、经营本证责任、监检本证责任、均衡本证责任。[1]

(一) 主张本证责任

主张本证责任是指在诉讼各方具有同等证明能力的条件下，为节约司法成本、提高司法效率，应由主张权利的主体证明其权利存在，且已经受到相对方侵害，并由此给自己造成了直接和间接的损失。如果主张权利者的证明能够达到使法官确信的程度，就会获得有利于自己主张的裁判；如果主张权力者的证明不能达到使法官确信的程度，即使相对方没有提出反证或反证同样不能使法官确信，也应得到对主张者不利的裁判结果。简言之，主张本证责任即主张权利方需要承担本证责任，他必须通过向法庭提供合法有效的证据，使法官确信其主张能够依法成立；否则，法官就会作出不支持其主张的裁判。反证方即使不提供证据，也不影响裁判结果。

在货币案件中，这种证明责任分配规范主要适用于，收款人与付款人、或者经营机构之间，具有同等证据提供能力的纠纷案件处理，特别是法定证券货币、约定货币收付款纠纷的处理。在这类案件中，主张权利者与被主张权利者基本上具有同等的证明能力。简单地要求各方都承担证明责任，很可能各方都没有绝对证实某主张的能力。这时，就会导致案件处于事实真伪不明的状态，法官也无法作出适当的裁判决定。如果规定在这种条件下，应由主张权利的一方承担本证责任，在不能证明其主张时法官就可以判决主张不成立。有利于提高案件的裁判效率，节约司法成本。并且，主张权利的一方通常更有能力接近证据，这样分配也具有比较高的合理性。

(二) 经营本证责任

经营本证责任是指在收款人、付款人与货币经营机构的纠纷案件中，应主要由经营机构承担本证责任，证明自己的主张成立或收款人、付款人的主张不成立；如果经营机构不能证明自己的主张，就应该承担对其不利的裁判结果。在此过程中，如果收款人、付款人为原告主体，他们只需要证明主张的事件事实上存在即完成证明责任；如果收款人、付款人为被告主体，则不

---

[1] 参见我国《民事诉讼法》《行政诉讼法》《刑事诉讼法》《关于实施刑事诉讼法若干问题的规定》《最高人民法院关于行政诉讼证据若干问题的规定》《关于办理刑事案件严格排除非法证据若干问题的规定》《最高人民法院关于民事诉讼证据的若干规定》，以及《中国人民银行法》《银行业监督管理法》《商业银行法》《票据法》《支付结算办法》《非金融机构支付服务管理办法》等的相关规定。

需要承担任何其他证明责任；只有在担心货币经营机构能够证明他们的主张，法官据此可能作出不利于自己的裁判时才需要承担反证责任，举证证明经营机构的主张不能成立。在货币经营机构不能证明自己的主张或收款人、付款人能够反证其主张不成立时，都会作出不利于经营机构的裁判。

在收款人、付款人与货币经营机构的纠纷案件中，要求经营机构承担本证责任，主要是考虑到经营机构是货币流通行为的核心经营主体，收款人、付款人的货币流通行为都是通过经营机构实现的。在此过程中，货币经营机构掌握着基本的货币流通证据，收款人、付款人则基本上不掌握核心的货币流通证据。并且，收款人、付款人委托经营机构经营货币流通业务是需要支付相关费用的，经营机构有义务保护收款人、付款人的正当利益；否则，它就有义务承担收款人、付款人的相关损失赔偿责任。此外，即使将案件真伪不明时的货币责任分配给经营机构，它们也可以将其作为正常的业务损失而得到补偿，不应该将案件真伪不明时的损失直接分配给收款人、付款人。

（三）监检本证责任

监检本证责任是指在货币监管机关、国家检察机关提起的诉讼中，应由监管机关、检察机关承担本证责任，证明自己的主张成立。如果监管机关、检察机关不能证明自己的主张，就应该承担对其不利的裁判结果。货币法中不仅包括个体利益规范，还包括许多整体利益规范，这些规范是从维护货币发行区域内的整体货币利益考虑的，通常主要维护的是货币发行国或国家联盟的利益。在整体货币利益受到非法侵害时，虽然也可以赋予个体诉权，从个体利益保护的角度起到维护整体利益的作用，甚至赋予个体纯粹整体利益的诉权。但是，这只能作为货币法的补充性实施措施，维护货币法上的整体利益首先应是监管机关和检察机关的职责。

在国家机关提起的货币法诉讼中，货币监管机关应该是第一顺位的起诉机关，检察机关应该是补充的起诉机关，只能在监管机关怠于行使职责或由于某种原因没有行使职责时才需要承担这种职责。货币监管机关和检察机关是国家机关，具有较强的侦查能力和获取证据的能力。同时，这也是保护监管和检察相对人的一种司法措施，在国家机关没有确实充足的证据证明相对人违法犯罪的条件下，法官不应裁判相对人违法或犯罪。虽然这样分配证明责任，可能导致有些侵害整体货币利益的行为得不到追究，却也不能为了使每项责任都得到追究而要求相对人自证其罪。虽然我们应该尽量追求裁判的准确性，但社会科学却不可能像自然科学一样精确。

（四）均衡本证责任

均衡本证责任是指在证明责任分配过程中，虽然可以在具体的货币关系规范中作出一般性的规定，明确本证的主张责任、经营责任、监检责任等分配规范。但是，这些证明责任分配规范应理解为只是原则性的规定。在特定的纠纷审理过程中，由于会遇到非常多的特殊情况，还应该赋予法官一定的证明责任分配自由裁量权，根据具体情况适当决定证明责任的具体分配方向和分配比例，均衡原告与被告之间的证明责任关系。以最大限度地实现既努力查明案件事实真相，同时又能够提高审判效率、节约司法资源的目标。当然，对待不同类型的货币纠纷，特别是货币财产纠纷与货币刑事案件，它们的证明程度还是有明显区别的，它的证明责任也应区别对待。

本证的均衡责任还需要考虑诉讼过程中当事人的具体证明能力、地位、提供证据的可能性等因素。例如在收款人、付款人与货币经营机构之间的诉讼中，虽然应该主要由经营机构承担证明责任，但收款人、付款人不仅应证明收付款损失事实的存在，也应该尽量提供掌握的证据。并且，在收款人、付款人诉讼主体为个体，特别是自然人时，应适当减轻证明责任；在收款人、付款人诉讼主体为代表人时，则应根据代表人的能力适当加重其证明责任。在同为货币经营机构时，清算机构通常较货币经营机构具有更强的提供证据能力，应适当加重其证明责任。总之，在具体的证明责任分配过程中，应既坚持本证责任分配的原则性，也要有一定的灵活性。[1]

第三节　货币责任认定规范

货币纠纷诉讼的结果是明确主体之间应承担的责任，责任认定规范应是司法的最终规范，货币的权利救济规范、纠纷裁判规范最终都是为责任的认定服务的。没有责任的认定，就没有司法的终结。货币法同其他法的责任既有联系又有区别，联系在于作为责任体系组成部分，它应符合基本的责任规范，区别在于它有特殊的责任目标和标准。这些联系和区别集中体现在货币

---

〔1〕参见刘少军：《法边际均衡论——经济法哲学》"证明责任"部分，中国政法大学出版社2017年版。

法的责任类型、归责原则、责任程度三个主要方面。

一、责任类型规范

按照法的要素，它的本体规范包括主体、客体、行为三个基本部分，法的责任规范和程序规范是为了正确地实施本体规范而附带产生的规范，法的核心是主体权利义务、主体对客体的权利义务、主体行为的权利义务。这些权利义务是主体的基本利益界定，违法违约的责任设计只能围绕这些利益进行，通过利益的责任维护正常秩序。[1]货币法的责任类型只能从这三个方面进行设计，具体应包括人身责任、财产责任、行为责任。[2]

（一）人身责任规范

货币法的人身责任是以货币相关的主体要素为对象设计的违法违约责任承担方式，主要包括评价责任、资格责任、自由责任、生命责任等。这里的评价责任是指以主体的社会评价利益来承担货币法责任，包括对违法违约主体的名誉、荣誉等进行的处罚，通过作出负面的评价间接影响主体的利益，从而保障货币法的实施。资格责任是指以主体的货币行为资格利益来承担货币法责任，具体包括收款人和付款人的行为资格、货币经营机构的行为资格、货币清算机构的行为资格、货币发行单位的行为资格等。按照货币类型划分，可以分为法定货币、结算货币、存款货币、货币票证、约定货币等的行为资格。通过限制货币当事人的相关行为资格影响主体利益，从主体行为资格利益损失的角度保障货币法的实施。

主体的自由责任主要是针对自然人而言，在发生严重的货币违法行为时，可以通过限制行为人自由的措施，防止损失扩大或防止行为人逃脱处罚。同时，还可以设置限制人身自由的刑罚，当经过司法程序确认行为人的货币行为已经构成刑事犯罪时，应以限制人身自由的刑罚予以处罚，从而达到预防性的处罚目的。生命责任包括单位的生命责任和自然人的生命责任，单位的生命责任是剥夺单位的主体人格、依法予以强制撤销，自然人的生命责任是剥夺自然人的生命存在、消灭其生物个体。由于剥夺自然人的生命本

---

〔1〕 参见刘少军：《法边际均衡论——经济法哲学》，中国政法大学出版社 2017 年版。

〔2〕 参见我国《民法典》总则编、合同编、人格权编、侵权责任编，《中国人民银行法》《银行业监督管理法》《商业银行法》《票据法》《人民币管理条例》《支付结算办法》，以及《行政处罚法》《刑法》《行政处罚法》及相关司法解释等的相关规定。

身也是一种损失，并且货币法的违法犯罪行为主要是针对财产实施的，不是在特别需要的条件下，不应该设置剥夺生命的刑罚。但是，在特殊条件下，对非常严重的货币犯罪也有保留的必要。

（二）财产责任规范

货币法的核心是财产法，违反货币法的行为通常主要是为了获取某些特定的财产利益，从财产利益的角度预防违法违约行为往往会收到更为理想的效果。并且，绝大多数的货币法纠纷是关于货币财产利益的，纠纷的核心并不是对当事人的处罚，而是确认各方的货币财产权利。总体而言，货币财产责任规范主要包括货币侵权责任、货币违约责任、货币赔偿责任、货币处罚责任等。货币侵权责任是某当事人侵犯他人货币财产权应承担的责任，通常这种责任主要是以返还财产、赔偿损失等为基本形式。货币违约责任是某当事人违反法定或约定的货币请求权而应承担的责任，它的具体责任履行方式往往是通过给付相应数额的货币财产得到实现。

货币赔偿责任是某当事人发生非货币性侵权或违约行为，在不能直接以被侵权或违约财产承担责任的条件下，以货币的形式替代承担责任。各种侵权或违约行为之所以选择以货币代替原财产，主要是由于货币是通用财产，且法定货币为法偿性通用财产。在没有特别规定或约定的条件下，应优先选择以货币替代。货币处罚责任是某当事人发生违法或违约行为，特别是关于财产的违法违约行为，依法需要受到财产性处罚，被处罚的财产通常规定为货币财产比较适当，尤其是其中的法定货币财产。这是由于以财产为对象的处罚往往具有不确定性，法规事先难以规定最恰当的被处罚财产类型，只有规定货币的形式最为合理。当然，如果是对货币本身的违法犯罪行为进行处罚，更应该以货币作为财产处罚的对象。

（三）行为责任规范

货币财产的作用不在于占有和使用而在于它的流通转让，货币法的核心是货币流通法或货币行为法，这就决定了货币行为责任在责任规范体系中的地位。按照货币行为的基本类型，它的行为责任主要包括货币发行责任、货币价值责任、证券货币责任、记账货币责任、在途货币责任、货币清算责任等。货币发行行为、价值行为责任都应该是发行人的责任，包括法定货币发行人和约定货币发行人的责任。虽然它们的责任性质、责任追究形式存在区别，但当它们的行为违法违约时，甚至是违反基本的法理时，都应该承担相应的行为责任，以其特定的行为作为责任的承担方式。这些行为主要包括，纠正过错行为，甚至以行为弥补发生的过错。

证券货币、记账货币都是受货币法保护的货币，当收款人、付款人、货币经营机构、其他相关主体的权利受到侵害时，必须以加害人的某种行为承担责任，纠正其过错行为、调整货币账户记录、重新制作货币票据、单证等。在货币由付款人向收款人支付结算的过程中，会形成复杂的货币代理和收付记账关系，以及在途货币的归属与请求关系。当这些行为发生过错时，也必须以反向的代理和收付记账行为进行纠正，也必须以特定行为的方式承担责任、纠正过失。货币清算系统是记账货币的流通中心，虽然货币的净额清算结果通常不可直接撤销，但在清算系统出现过错时，也必须以新的清算行为进行纠正，通过承担行为责任，使合法利益得以恢复；即使将归属权转化为请求权，也需要特定的行为来实现。

二、归责原则规范

归责原则是在主体的法定或约定权利受到侵害，或者应该履行的义务没有履行给相对人造成损害时，确认该事件的责任归属主体的基本准则。通常其他领域的归责原则主要包括因果关系原则、主观过错原则、客观损害原则、成本比较原则等。这些原则对货币法的责任认定也有一定的参考价值，但货币法的归属原则明显区别于这些普通原则。它应该主要包括交付记录原则、业务标准原则、独立完整原则、最终融合原则。[1]

（一）交付记录原则

交付记录原则是对货币归属权纠纷而言的，在货币归属权纠纷处理过程中，证券货币以交付证券作为归属权确认的基本原则，记账货币以变更账户记录作为归属权确认的基本原则。其他情节和事实都不能作为归属权确认的核心依据，只能起到辅助证明交付和变更记录确定性的作用。就证券货币而言，无论付款人取得货币的手段是否合法，无论是否享有普通财产法意义上

---

[1] 参见我国《民法典》总则编、合同编、侵权责任编，《中国人民银行法》《银行业监督管理法》《商业银行法》《票据法》《支付结算办法》《国内信用证结算办法》《保理业务管理暂行办法》《非金融机构支付管理办法》《中国现代化支付系统运行管理办法》，《行政处罚法》《刑法》《民事诉讼法》《行政诉讼法》《刑事诉讼法》，以及各种国际组织关于货币流通与清算方面公约等的相关规定。

的财产权，只要存在持有证券货币的事实，只要该证券货币符合法定要件，他就享有完全的货币财产权。在付款人将证券货币交付给收款人后，只要收款人没有当场提出异议，或者已经事实上接受了该货币，该给付程序就已经完成，该货币归属权的转移就发生货币法效力，收款人就不得再主张瑕疵给付的责任，付款人也不再承担货币法上的其他义务。

就记账货币而言，货币的归属权以账户记录作为基本依据。无论是收款人、付款人，还是货币经营机构、清算机构，只要发生了账户记录的变更，就已经变更了货币的归属权。无论在记账习惯上是先收款再记账，还是先付款再记账，或者是先进行付款人或收款人的记账，或者是先进行货币经营机构的记账，都以账户记载确定直接的货币归属权。如果由于记账的先后顺序不同，导致付款人、收款人、经营机构、清算机构实际的货币财产损失，只能向直接相对方主张货币请求权，要求其承担归还相同性质和数量的货币财产责任。即使是货币经营机构和清算机构，也不得通过直接变更相对方的账户记录行使归属权利、直接进行抵消。除非收款人的账户还没有进行变更，该货币支付结算本身附有撤销权或退汇权，且该货币清算系统采取的是非净额清算规则；否则，货币的归属权利就是不可改变的。

（二）业务标准原则

业务标准原则是对全部货币行为而言的，在货币行为中只要货币法存在特定的业务行为标准，就必须按照这些标准处理相关业务。任何由于违反业务标准给相对方造成损害的行为，都必须承担相应货币法上的责任。在此，货币法业务标准相对于普通行为标准享有优先适用权，责任的确认优先以货币法的业务标准作为基本依据。在货币支付结算和集中清算系统内部，是由不同的货币经营机构、清算机构共同建立起来的社会一定范围的货币流通体系。为了提高货币流通效率、保障货币流通安全，在这个体系内部建立有严格的区别于其他财产流通系统的业务标准体系。在各方纠纷的责任认定过程中，应优先以该系统内的业务标准作为归责依据。

货币支付结算和集中清算系统的内部业务标准属于货币法标准，货币法相对于普通财产法属于特别财产法。按照一般法从特别法的原则，应该优先适用货币法标准确定责任归属。当然，货币流通也是财产流通系统的组成部分，在优先适用货币法业务标准的条件下，确定货币法责任归属也应该适用普通财产流通的基本行为标准。在货币法的制定和实施过程中，许多业务标准是货币法与其他财产法共同适用的。这些财产法共同适用的基本业务标准，货币法会视为当然存在的业务标准，不会在货币法中进行重复规定。因此，在优先适用货币法业务标准的前提下，其次应该适用的应是普通财产法流通标准，不能仅以货币法业务标准为全部依据。

（三）独立完整原则

独立完整原则是对货币法归责的依据和结果而言的，它要求在货币纠纷案件的责任归属判断标准中，不得将货币法关系与其他法关系混合，必须进行货币法上独立的判断。并且，货币关系的责任归属必须是完整的归属，不得直接发生对不同主体之间的货币法责任进行比例分配的情况。强调货币关系的独立性主要是由于货币法的目标和原则同其他法具有本质的区别，虽然在货币关系中也可以同时适用其他一般法的规定，但这种对一般法的适用并不等同于货币关系与其他关系的混同。货币关系同其他关系的区别是以财产客体作为划分标准的，不是以一般法与特别法的关系作为划分标准的，一般法的统一适用并不会影响货币关系的独立性。

货币责任的完整性是对责任归属结果而言的，在其他关系、特别是其他财产关系中，由于各方主体的过错程度不同，可以对责任进行比例分配、承担不同比例的责任。这种责任分配方式是以过错责任原则为依据的，不同程度的过错承担不同比例的责任。货币行为是在付款人与收款人之间，通过经营机构和清算机构实现货币划转的。它只可能存在两种情况，要么划转行为合法有效，全部流通中的货币由付款人归属于收款人；要么划转行为不符合业务标准，全部货币没有实现由付款人向收款人的划转，或者货币的划转中止在某经营机构或清算机构；在划转交付和记录过程中，不可能存在部分有效、部分无效的情况，必须是完整的。当然，货币流通的独立与完整性仅是货币流通系统内部的归责原则，不是它的最终归责原则。

（四）最终融合原则

货币法责任归属的交付记录原则、业务标准原则、独立完整原则，是由货币经营机构、清算机构构成的内部流通系统的归责原则。这些责任归属原则具有非常强烈的内部性、系统性、专业性、封闭性、独立性，它既是构建高效、安全的货币流通体系必须遵守的归责原则，也是货币专业经营机构之间的归责原则体系。在此过程中，几乎不含有任何道德、感情等的成分，也不考虑付款人、收款人的实质性财产归属关系，更不关注货币行为诱发的基础性原因关系，付款人与收款人之间的行为道义关系、债权债务关系、财产纠纷关系、违法违约关系等。但是，当货币流通同具体的收款人、付款人相结合，特别是涉及自然人时，就不得不考虑这些关系的影响。法学在涉及自然人因素时，必须对道义和公正给以足够的重视。

就整个法学体系的价值追求而言，无论是对普通的企业、事业单位，还是对自然人都必须强调基本的经营道德和正义。特别是对于自然人而言，道德和正义是任何法都必须重点考虑的因素。虽然企业是单位之间的经营道德与正义，同自然人之间的人性道德与正义具有较大的区别。但是，培养社会普遍的道德与正义意识是任何法都必须考虑的重要因素。如果因为严格执行各种法规使社会道德与正义水平下降，事实上该法规在一定程度上就成了残害社会的工具，这是任何法学理论与实践都不可能容忍的。因此，在最终判断付款人或收款人的责任归属时，在货币流通涉及普通企业、事业单位，特别是自然人的责任时，最终还必须考虑因果关系、主观过错、客观损害、成本比较等普通归责原则，据此具体确定其最终责任。

三、责任程度规范

在货币责任认定过程中，责任类型规范、归责原则规范确定的是货币责任的归属主体。在此基础上，还应进一步确定责任的程度规范，才能最终明确责任主体应该具体承担责任的大小，也才能使货币法体系得以最终完成。货币法责任程度不是可以任意规定的，这其中既应该体现法学的实证价值追求，也应该体现功利和道义价值追求。货币法的责任程度规范主要包括，个体补偿责任、整体预防责任、概率累计责任。[1]

（一）个体补偿责任

货币法的个体补偿责任是指在最终的责任承担上，应该能够达到使个体恢复被侵害前状态的程度。在货币流通系统内部，甚至在货币法体系内部，都是按照特殊的归责原则来确认货币财产权利的，这种确认虽然能够提高流通效率、保障流通安全，却很少考虑货币法之外的主观、客观等因素。这种责任确认方式，在货币法内部是具有合理性的。但是，如果综合考虑个体的全面利益，就会存在不合理之处，不能做到实质意义上的公正合理。最终，

---

〔1〕 参见刘少军：《法边际均衡论——经济法哲学》，中国政法大学出版社 2017 年版。

在涉及个体利益的问题上，还应该进行综合考虑。在基本上不影响货币流通效率和安全的条件下，应该努力恢复被违法违约行为破坏的财产利益关系，使个体的货币财产利益恢复到未被破坏之前的状态。

货币个体利益的最终恢复程度，也应该是有严格标准的。并且，货币法的标准同其他法也有许多不同之处。第一，在正常的市场风险之内，由于货币价值、汇率变动造成的个体利益损失，应该属于正常的合理损失，通常不得主张进行赔偿；超过正常的市场风险之外，往往也只能向交易相对方主张情势变更性的利益调整。第二，货币支付结算过程中需要的时间，不得主张货币增值收益。这是由于，在理论上货币流通过程中是不产生增值的，只能主张原数额的货币归属权或请求权。第三，在货币流通的正常期限之外，可以主张货币价值的增值收益。但是，收益标准应以社会平均利息率作为基本标准，不再支持其他关于直接收益或间接收益的利益主张。

（二）整体预防责任

个体利益补偿责任是就个体性货币纠纷而言的，货币不仅是个体问题，同时也是整体问题。货币违法违约行为也可能对整体利益产生影响或破坏，这时也需要从整体利益的角度考虑责任程度问题。货币的整体预防责任是从整体的角度，为预防正常条件下货币违法犯罪行为再次普遍发生而设置的责任程度。整体预防责任同个人补偿责任考虑的角度是有明显区别的，它主要是从功利主义哲学的角度考虑问题，使责任的设置程度足以达到限制违法犯罪行为普遍发生的程度，而不是仅考虑对个体利益损害的补偿。它涉及的标准主要包括违法犯罪收益、整体利益损害、全体个体补偿。

第一，为预防货币违法犯罪而设计的责任程度，至少需要等同于他的违法犯罪收益。如果违法犯罪应承担的责任低于可以取得的收益，责任规范就不是预防而是鼓励违法犯罪，它是决定责任程度的重要标准之一。第二，在确定货币违法犯罪的整体责任时，还必须考虑该行为给社会造成的整体性损害情况，正常的责任标准应能够恢复被违法犯罪破坏的整体利益。它往往需要非常高额的赔偿，通常是行为人无力承担的，在此条件下就只能辅之以刑事责任。第三，对整体利益的损害也必然涉及对许多个体利益的损害，还必须对全体个体利益受到损害的主体予以补偿，在确定货币的整体预防责任程度时，应综合考虑这些因素。

（三）概率累计责任

货币法的个体利益纠纷，主要通过个体对自身利益关心的角度解决。整体利益纠纷则只能通过货币监管机关、检察机关的执法监督得以解决。虽然，从个体利益的角度也会在一定程度上有助于这些规范的实施，但这不可能成为这类货币规范实施的主要途径。货币监管机关、检察机关的监管从本质上讲是被动性质的，很可能出现怠于监管、疏于监管的情况。并且，即使监管机关、检察机关能够尽职尽责地实施监管，也不能保证全部对整体利益实施的违法犯罪行为都被发现和侦查清楚，或者不能保证都能够及时发现和侦查清楚。在此条件下，货币整体利益的维护就必然会存在违法犯罪被追究的概率问题，这也直接影响到责任的程度。

货币领域的违法犯罪基本上都是财产性质的，违法犯罪的核心目标指向的是货币财产能够带来的利益，实施违法犯罪行为往往都是经过了充分评估的。即使货币责任规范从整体预防的角度考虑到了违法犯罪收益、整体利益损害、全体个体补偿等因素，也会因为被追究的概率问题而使其有利可图。只要不是违法犯罪利益能够被全部追究，整体预防责任就会因为没有考虑概率问题而被严重低估。因此，在具体追究某货币领域的违法犯罪行为时，还必须考虑被追究的概率，按照被追究的概率增加责任承担的程度。法学是一个完整系统的体系，任何部分出现漏洞都必须及时弥补。否则，就会导致法治的失能或失效。在司法中的弥补应有完整系统的法学理论依据，没有法理上的全面思考，就难以有真正的法学和法治。